国家社科基金
GUOJIA SHEKE JIJIN HOUQI ZIZHU XIANGMU
后期资助项目

横连与纵合

近代民族企业战略研究

Horizontal Combination and Vertical Integration:
A Strategic Study of Modern National Enterprises

赵 伟 著

社会科学文献出版社
SOCIAL SCIENCES ACADEMIC PRESS (CHINA)

国家社科基金后期资助项目
出版说明

后期资助项目是国家社科基金设立的一类重要项目，旨在鼓励广大社科研究者潜心治学，支持基础研究多出优秀成果。它是经过严格评审，从接近完成的科研成果中遴选立项的。为扩大后期资助项目的影响，更好地推动学术发展，促进成果转化，全国哲学社会科学工作办公室按照"统一设计、统一标识、统一版式、形成系列"的总体要求，组织出版国家社科基金后期资助项目成果。

全国哲学社会科学工作办公室

序　一

本书所说的民族企业亦称民营企业，是中国近代经济发展的主体力量，也是近代经济史的重要研究对象。特别是自改革开放以来，学界对近代民族企业的制度史、经营史研究颇多，并引用制度经济学、企业管理学等西方经济理论，开辟新的研究视野。目前，有关学者的研究较多关注企业制度中的规则制度、非正式制度，以及企业与社会，即经营者的社会网络、社会责任和员工的社会生活方面，至于企业经营史方面的研究似乎成果较少。赵伟所著《横连与纵合：近代民族企业战略研究》一书，跳出以往经营策略的战术层面之囿，以一体化战略为视角研究近代民族企业的经营发展，可谓开辟了一条新的路径，别开生面。

其实，关于近代民族企业的经营发展现象，从民国时期开始即有学者论及，其实质即资本集中，不同时代的学者对此均有不同程度的探讨。民族企业的兼并重组和规模经营，以及由此形成的近代民族企业集团，是20世纪90年代至21世纪初学界讨论较多的内容。扩张的具体形式，如纺织染联营、产供销联营、铁棉联营，亦是耳熟能详。尽管相关的成果颇多，但是近代民族企业扩张经营的具体状态尚未得到全面细致的呈现，究其原因是缺少一种体系性的考察分析。企业的横向（水平）、纵向（垂直）、混合（多元）扩张虽在以往个别研究中出现过，却从未作为核心概念和中心线索贯穿始终。本书则引用企业一体化的相关概念和理论，实现了对近代民族企业扩张经营史的体系性解释。

总体而言，本书虽然说的是近代中国的民族企业，但并没有将眼光局限在近代中国的范围，而是将中国民族企业的扩张经营战略置入近代世界的历史环境中进行考察，从先于国外掀起的企业一体化战略潮流引入。作者认为，在经营实践及世界趋势的影响下，近代中国民族企业家逐渐产生了一体化的战略意识，相关的历史话语普遍出现在当时的报刊及著作中，而且在一些企业的章程中亦有制度性体现。书中对"横连""纵合""多角"三种企业战略扩张的基本类型，分别选取若干典型企业进行了详尽的个案研究，清晰地展现了各企业的一体化扩张脉络。除了对每个企业的一体化战略实施进行分析，还通过比较总结各企业的战略实施特点，呈现了丰富多彩的企业战略史画卷。最后，本书从正向效应和负向效应两个方面对企业的一体化战略进行分析评价，归纳和印证了一些企业战略的基本规律，并指出其具有追赶性、自主性、多样性的特点。这一切无不显示本书的独到之见和启迪之义。

作者在充分借鉴前人研究成果的基础上，在研究的思路、方法、观点等方面均有不同程度的创新。战略层面的经营史研究为近代中国民族企业发展史呈现了令人耳目一新的叙事体系。借助企业一体化相关概念及理论，一些原本已成定式的论述有了新的解读。具体而言，有以下四个方面值得重视。

第一，借鉴概念史的研究方法，归纳总结当代经济学概念及理论在近代中国历史语境中的表述方式。作者搜集了两类人物的大量相关言论史料，一是作为实践者的近代企业家及企业高管，二是作为理论者的近代经济学者及报刊评论者，并指出这些言论是具有表述一体化含义的近代中国话语。如，当时出现的"事业集合"一词，可谓近代中国话语对企业一体化的总体表述；"横连""纵合""多角经营"，则是近代中国话语对横向一体化、纵向一体化、多元一体化的分别表述。这些言辞，对企业一体化的趋势、概念、利益、弊端等方面均有详细的认识及论述。有的近代中国企业家甚至表达了对企业一体化理论核心内容的某些看法，如卢作孚认为纵向一体化使企业能够"自己供给自己需求"，从而避免机会主义造成的"恐慌"。可见，当代企业一体化概念及理论在近代中国的历史话语中亦有丰富的表达。"事业集合"及其相关论述是当代企业一体化概念及理论演进过程的一部分，也是中国话语体系的历史内容，对中国经济学自主话语体系的构建具有重要的参考价值。

第二，基于详细的数据统计，既有整体进程的分析，又有个案具象的考察，从而尽可能地达到了全面呈现战略史面貌的目的。作者查阅了大量史料，分行业对近代民族企业的发轫、"横连"、"纵合"的行为次数进行了细致的统计，对比分析每五年段的数据，得出企业一体化主流维度从"横连"向"纵合"转变的结论；通过对主要民族企业的资产在各行业中所占比重的考察，认为其后出现了充分"多角"化的趋势。在个案研究中，相关企业各类数据的使用非常到位和恰当，不仅引用已有史料汇编中的数据，而且能够根据研究需要，合理选择、汇总及计算数据，对每个案例企业的一体化行为均有详细的列表统计。本书的绝大多数图表均为作者创制，从纷繁芜杂的史料中析出有用信息，最终设计形成统计图表，体现了作者研究工作之扎实和细致。

第三，充分展开华洋企业之间和民族企业之间的比较研究，使中国企业一体化进程的讨论更加深入，民族企业的整体个性和个案企业的具体个性更加鲜明。在普遍一体化之前，美国企业经历了一个单一单位小企业发展时期，拥有大约五六十年的充分积累时间，而近代中国民族企业却没有这样的发展时段，在发轫后不久即遭受外商优势大企业的竞争逼迫。尽管如此，中国民族企业仍然紧跟世界潮流，出现积累与扩张并举的局面，使一体化发展在整体上带有明显的追赶性，在个案企业之间则实现多对象及多对次的频繁比较。如申新公司主要通过大举外债推行一体化，而永安公司和裕大华公司的扩张则主要通过内部挪借资本实施一体化；与大生公司直接深入原料生产单位——垦牧公司不同，永泰公司的原料供应体系重点控制收购单位——茧行，通过蚕种和技术服务间接控制原料生产源头，效果更好。此外，对实施同类方式的大成公司与丽新公司、大成公司与庆丰公司，作为中外竞争对手的南洋兄弟烟草公司与英美烟草公司、永利公司与卜内门公司，书中均有不同程度的对比研究。在这些研究中，作者广泛和熟练地运用历史比较法，使读者对近代中国民族企业一体化战略的共性和个性特征有了更明确的认识。

第四，合理借用经济学概念及理论，对近代民族企业扩张经营的史实进行更清晰、更细致、更深入的解读。作者使用横向、纵向、混合企业一体化三个维度概念，厘清了企业的扩张脉络。运用交易成本范式，更加深刻地解释了民族染织厂后向一体化纺纱生产的现象。运用产业链的概念，对纺、织、染、印联营实现过程进行动态性考察，发现相同战略类型采用不同的战略路径会产生不同的战略效果，这是以往学者未能注意到的。此外，参鉴企业一体化理论关于正负效应的框架及结论，使得其功效评价的论述更具体系性，从而实现了经济学与历史学两个学科的较好结合。

本书作为近代中国企业一体化发展史研究的开创之作，其所选择的研究对象虽然只是近代中国民族工业中的几个行业、几个企业，但其所蕴含的学术潜力是远大于此的，可以继续研究的余地亦是远大于此的。本书的研究方法和范围取决于两个主体概念，即"企业一体化"和"企业战略"。就企业一体化而言，窃以为究其实质，就是企业通过资本、业务、逐利、垄断等各种路径和动机，将其经营活动的范围广泛扩张，或推向供、产、销一体的系统化，或推向行业、区域覆盖的全面化，或推向跨业、跨行、跨区的综合化。这一概念虽是一个现代经济学的概念，大约产生于 20 世纪 30 年代之后，但其所指的包括设立分部、增开上下游厂号、兼并他人相关企业、与他人联营、包揽地方产业开发等在内的企业经营扩张行动及其方式，则在此之前就早已遍及中国近代企业乃至传统工商业之中，并且不仅限于民营企业，也存在于官营、国营企业中。如金融业中的近代银行、保险和传统票号、钱庄大多有总分行号之设；商业中的销售和贸易商号不乏本地乃至外地的连锁分号之设；工业中的某些传统手工业著名制品亦有别设店号自产自销之举，近代工业的此类现象在本书所涉几个行业之外的其他行业中亦不无存在。这些历史现象同样值得运用企业一体化的理论和方法加以新的研究，以彰显中国人的智慧和中国经济史的价值所在。

就企业战略而言，一般来说，它是企业创办者和经营者事先主动制定的有目标、有计划、有政策的长远发展方案，其中最重要的特性是主动性、事先性和预设性。但是从本书所涉及的企业和本人所谈及的史实来看，近代中国企业的扩张过程基本没有这种主动事先制定的发展战略，大多属于边干边扩的随机行为。其中把一体化程度做得最大的民族企业家张謇在谈及自己的企业扩张过程和动机时说："因纱厂必需棉花，棉花必待农业，于是设垦牧公司；又因棉子制油为副业而设油厂；又为畅销途、利交通计，而设轮船公司。"这一扩张路径并非张謇创办大生纱厂时所预定，而是随着企业生产的进展逐步展开的，其中一环扣一环的随机扩展路径非常明显。大生系统企业的扩张如此，其他民族企业的扩张亦大体如此。至于有些企业所制定章程中，有关于设立总、分公司，设立相关厂店的规定，大多是对该公司已经存在事实的确认，而不全是以后发展的必行新方向，其战略性不强。再者，书中所列举的显示企业战略性的章程，只有极少数是 20 世纪 20 年代时的创办章程，大多数是 20 世纪 30 年代，乃至抗战结束后制定的，属于企业发展中途所制定的章程，亦存在一定的随机性。所以近代中国企业扩张究竟有多大的一体化战略因素，也是一个值得继续深入探讨的问题。

本书以历史事实与一体化理论相结合，既对近代中国民族企业的发展状态进行了新颖研究，也对一体化理论的实施和功效进行了实证研究，在推进近代企业史研究的同时，也有助于一体化理论的完善。愿作者进一步致力于此，获取更大的成绩。

虞和平

2021 年 5 月 18 日

于北京未来科学城寓所

序　二

　　赵伟这部著作的最初基础是他在 2008 年的硕士学位论文，我参加了他的硕士学位论文答辩，当时的答辩委员会对他的论文给予好评，这得益于孙海泉教授的精心指导。当年他考入我的门下攻读博士学位，在讨论确定博士学位论文选题的时候，考虑到他硕士学位论文已有相当的基础和规模，将硕士学位论文题目再作为博士学位论文选题，有利于将问题向纵深推进，由于有一定史料的积累和基本学养的储备，又是自己感兴趣的选题，博士阶段的学习会更加得心应手，论文的写作和学术的训练，也会更加顺利和愉快。最终，我同意了他的要求和设想。

　　但是，以硕士学位论文题目作为博士学位论文选题也有一定的局限性，一是原有研究思维定式的限制，使研究问题的思路一时间难以打开，二是满足于已有的积累和规模，在思想上也容易懈怠，不像面对新选题有较强烈的紧迫感。赵伟是有学术追求和学术志趣的青年人，博士入学以后，在时间上抓得很紧，在态度上很诚恳主动，我们经常交流如何在硕士学位论文的基础上丰富研究的内容、探寻史料的线索和开阔学术的视野，以开拓近代民族企业发展战略史的新领域作为学术的目标，逐步形成了明确的思路。当然，在具体的写作过程中也还有所调整和完善。2011 年博士论文完成，论文答辩时同样获得很高的学术评价。到苏州科技大学工作后，赵伟又以博士论文为基础成功申报国家社科基金后期资助项目，通过两年的修改，得以顺利结项。现在正式出版，正是展现他多年研究成果的良机。我为他所取得的进步和成绩表示衷心的祝贺。

　　中国近代民族企业产生和发展于艰难复杂的历史环境，内有官僚企业的挤压和侵夺，外有外资企业的逼迫和压榨，求生于夹缝之中。每一家企业，每一个创业者或每一位企业家，都必须考虑如何生存和发展的问题。这种考虑可能会有不同的层次，不是所有的企业和企业家从一开始就有战略高度的，从个别企业家的战略自觉到企业家群体的战略自觉有一个历史的过程，因此，近代民族企业的战略史在某种程度上就是民族企业的成长史。

有战略自觉的企业或企业家，并不一定就能生存或发展得很好。这其中的因素很多。战略本身的问题，就是一个重要原因。某些企业战略是与特定的企业发展阶段或发展水平相联系的，战略超前或战略滞后都可能导致企业生存的困境。这就是说，合理的战略计划才是问题的关键。适合自身发展水平和特点，适应当时客观形势的要求，战略计划才有可能发挥作用。当然，即便是合理的战略计划，也要得到有效的实施，也才能产生应有的战略预期，实现战略绩效。如果回到具体的历史场景，战略计划的实施有时是非常细致的，某种产品的生产和销售，某种生产工艺和生产程序的变革，都必须稳步有序地符合战略轨道的要求，否则就可能功亏一篑，全盘皆输。这种情形，在书中有精细的反映，使人印象深刻。

企业竞争对手的实力和战略反制，也往往是近代民族企业未取得很好战略绩效的原因。在特定的行业领域，特别是重工业领域，近代民族企业没有发展的优势和话语权，战略的实施常常遭到外资企业和官僚企业的战略反制，甚至是它们的联合反制。在这种情形之下，民族企业的任何战略都不可能产生相应的绩效。在这些行业领域，民族企业生存的艰难或发展的困境与企业战略的有无或战略水平的高下都不太有密切的关系。弱小者的战略努力注定是徒劳的，这是由近代中国半殖民地半封建的社会性质决定的。民族企业生存或发展的机遇来自中国革命形势的高涨和民主革命的最终胜利，从这个意义上说，真正有战略长远眼光的企业家都应当真诚地同情中国革命、支持中国革命，甚至参加中国革命。审时度势，是企业战略的应有之义，这里的时势就不只是市场晴雨表，还应包括国际国内的革命形势。

企业的发展离不开良好的发展环境，得益于政府提供的制度安排。近代中国曾有过三次经济立法的高潮，为民族企业的发展创造了一定的条件。民族企业的战略及其实施顺应制度安排的要求，企业的发展速度也许就会快一些，发展水平也将更高一些。近代的一些民族企业家在政府的制度安排决策中发挥了相应的作用，制度安排反映或体现了他们自身的经济诉求，因此，一些民族企业的战略形成与制度安排的内在逻辑是一致的，在特定的历史阶段取得了较好的战略绩效。但是，那些较小规模的企业或社会影响不大的企业家，无缘参加制度安排决策，他们的战略取向有时不那么顺应制度安排的逻辑，因此，这些企业的战略实施起来阻力就会大很多，短时间内难以产生良好的战略绩效。

战略既与一定规模的企业相联系，也是一定规模的企业发展所必需的。生产者或商人的精明算计或误打误撞，有可能造就一定规模的企业。小聪明式的算计或盘算，谈不上是战略眼光或战略高度。但是，这些企业要想求得进一步的生存和发展，就必须有企业发展战略。这里的问题是，民族企业达到什么样的规模，或在什么样的发展阶段，才会有战略自觉，才更有战略发展的诉求？这个问题值得探讨。生产、销售和管理的部门化和专业化是现代企业应有的常态，近代民族企业出现生产、销售和管理的部门化和专业化则是有一个过程的，公司制的管理和企业内部的治理结构都有一个发展的过程，在特定阶段，具有战略自觉的企业领导者的出现至关重要。企业未达到一定规模，或未发展到一定水平，战略自觉就有可能是缺位的，或者说，具有战略自觉的企业领导者也不会出现。通过历史的研究，我们能否思考这样的问题，即什么样的企业更需要战略？或什么样的企业需要何种相应的战略？这样的思考，更能揭示企业战略史的规律，对当代中国的民营企业家也许更有意义。

战略自觉在历史语境中与战略意识、明确的战略话语表述相联系。战略意识的证明，既可以挖掘企业家陈述文本中特定的词句，也可以分析企业的实际措施或规章制度所蕴含的战略意义。历史学出身的学者喜用历史词句，经济学出身的学者惯用当代概念，在历史感和学理之间取得平衡，应当是一种理想的选择。关于企业战略史的研究，既要体现历史的厚度，充分展现历史感的魅力，也要为当代企业家所容易接受，并能从中理解企业战略的基本规律，从而有益于当代中国经济的发展。我认为这些应是这部书的价值所在吧。

赵伟从开始研究近代民族企业的战略问题，到现在正式出版著作，有意识地开创新领域的研究范式，有近15年的时间。人们常说十年磨一剑，也有人说十年磨出的未必是好剑。剑好与否，任人评说。但是，长时间专注地研究一个问题，这在学风浮躁的当下，是我内心真诚地倡导的，我嘉许赵伟的治学态度。是为序。

朱从兵

2021 年 5 月 19 日

摘　要

本书主要内容由战略形成、战略实施、战略评价三部分构成。

第一部分战略形成，从历史环境、历史话语、历史进程三方面勾画近代中国民族企业一体化战略的总体历史面貌。

历史环境，即国际背景，介绍主要资本主义国家典型企业的一体化战略实施情况，展现世界企业扩张经营的潮流。历史话语，即国内意识，对近代中国的企业评论人、经济学家有关一体化的观点和主张，以及民族企业家的一体化战略意识进行总结。从趋势的认识、概念的确定、利益的分析、弊端的总结四方面归纳近代话语表达体系。历史进程，即国内趋势，确定近代民族企业一体化战略所经历的三个阶段，并分行业分析战略态势及特点。

第二部分战略实施，划分横向、纵向及混合三种一体化战略类型，分别选取典型的近代中国民族企业进行个案研究。

横向一体化战略的实施在棉纺织业、面粉业、缲丝业、火柴业比较突出。例如，实施棉纺织生产规模经营的荣氏申新棉纺织公司，实施面粉生产规模经营的荣氏茂新面粉公司和福新面粉公司，实现缲丝业区域垄断的无锡兴业制丝公司，在火柴业推行兼并联合的大中华火柴公司。对每个企业的战略实施过程、规模、实现方式及特点等方面都予以详细讨论。

纵向一体化战略主要有纺织染联营、铁棉联营、产供销联营三种形式。对实施纺织染联营的常州大成纺织染公司，先考察其战略实施的进程、规模及特点，再将其与无锡庆丰纺织漂染公司进行比较，探讨在同一市场环境下选择相同战略整合类型，但战略实施路径不同导致不同战略效果的问题。对实施铁棉联营的光裕营业公司，揭示了其战略成功背后的隐患，以及后续战略选择失误导致错失战略转机的问题。对实施产供销联营的南洋兄弟烟草公司，在论述其战略实施情况的同时，将其与英美烟草公司进行比较，总结其战略特点及在竞争中的战略得失。

混合一体化战略会涉及多种生产或业务单元，其间关系一般分为同类关联、有限关联、无关联三种。实施盐碱酸联营的范旭东企业集团主要生产化工类原料。棉粉联营的荣氏集团以棉纺织厂生产布袋供应面粉厂。典型的多角经营企业是刘鸿生企业集团，涉及轻工业、商业、金融业等行业，生产及业务单元跨度较大。在对战略实施情况考察的同时，此部分还重点讨论了同类关联和有限关联的关联形式及作用，以及混合一体化企业建立中枢管理机构的努力。

第三部分战略评价，讨论一体化战略的实施对近代中国民族企业发展产生的经济效应，从正负两方面对三种类型的一体化战略分别进行阐述。

横向一体化战略可获得规模效应，但组织不善也会增加管理成本。对此，荣氏集团的申新棉纺织系统既有经验可循又有教训可鉴。纵向一体化战略可以节省交易成本，但也可能带来纵向链条上下游环节的生产平衡问题。光裕营业公司内部棉纺织机械修造与棉纺织生产之间供需矛盾即典型的案例。混合一体化战略在获得范围经济效应方面较为突出。不过，过度分散投资也会使企业陷入危机。由于其下多数事业经营失败，刘鸿生企业集团曾出现资金周转危机。当然，面对负向效应，各企业均采取了相应的应对措施，亦可理解为中国民族企业经营管理完善和发展的过程。

最后，总结分析近代中国民族企业一体化战略追赶性的特点，初步思考中国企业战略史研究的基本问题。

关键词： 近代中国　民族企业　企业一体化　企业战略

目　录

图表索引

绪　论

一　为什么要研究中国近代民族企业发展战略

19 世纪中期开始，科学技术获得重大突进，第二次工业革命在世界范围内展开，一系列重大科技成果被运用于企业生产。同时，全球化进程启动，世界有效市场范围逐步扩大。为了适应这一发展形势，增强竞争优势，企业的边界亟待扩张，一体化战略也成为必然选择。大企业及企业集团纷纷形成，为便于原料采购和产品销售，更是出现了跨国公司。总之，这一时期世界企业一体化战略发展成为潮流，"大型工业企业在所有主要的国家中，在推动国际经济的发展及推动经济转型方面，一直扮演着中心角色"①。

在企业一体化战略发展的世界趋势之下，中国民族企业步入 1895～1937 年的快速增长时期。迫于外国强大企业的压力，为了寻求自身的生存和发展，虽然起步晚、积累少，一批有远见、有魄力的民族企业仍然奋起实施追赶性一体化战略，"先后出现了不少形式各异、规模不等的民营企业集团，成为企业发展的一项重要内容"②。这些大型民族企业及企业集团主要集中于上海、苏南、京津、武汉等地，如江南地区的大生集团、荣氏集团、刘鸿生企业集团、永安集团、永泰缫丝集团、大成纺织染公司、光裕营业公司，华北地区的周学熙企业集团、范旭东企业集团，中部地区的裕大华纺织集团等。这一时期民族企业的扩张经营行为是值得研究的对象，虽然以往的相关成果颇多，但仍可借助新的研究视角拓展研究的空间。本研究具有以下学术及应用价值。

---

① 〔美〕A. D. 钱德勒等主编《大企业和国民财富》，柳卸林主译与主审，北京大学出版社，2004，第 27 页。

② 吴承明、江泰新主编《中国企业史·近代卷》，企业管理出版社，2004，第 528 页。按语：江泰新应为江太新。

第一，提出对中国企业战略史进行研究。中国经济学界已开始关注1978年至今的中国企业战略史，但对近代中国企业战略史鲜有论述，而计划经济时代的中国企业是否有战略经营行为，仍是可以探讨的问题。一体化战略是中国企业战略史的开端，企业战略又随着环境的变化而转变，从而形成中国企业战略的发展历史。本课题尝试为近代中国企业史研究开辟新领域。

第二，重新认识近代中国民族企业的扩张经营行为。以资本集中解释企业扩张经营行为，虽揭示了本质，却疏于对扩张脉络的分析。一体化理论观照企业扩张的每个实体环节，并进行关联性和动态性考察，可使我们对近代中国民族企业扩张经营行为有更为深入和细致的认识。本书从战略高度探究近代中国民族企业扩张行为的内在机理，分析群体在扩张进程中的阶段性战略展开维度的演变，以及个体扩张发展的战略类型、模式、路径、方式等，同时，通过个体间的比较，总结近代中国主要民族企业扩张发展过程中的特点。因此，本研究可以提高近代中国民族企业扩张发展历史图像的"分辨率"，厘清扩张发展行为的内在机理和脉络。

第三，探究近代中国民族企业发展的个性特征。大转变的社会经济环境下，近代中国民族企业发轫晚，发展面临重重困难。在没有充分积累的情况下，部分民族企业仍然出现了迅速扩张的现象，值得研究。对此进行全面细致的考察将有助于揭示近代中国民族企业特殊的发展路径。近代中国民族企业，一方面，发展环境和条件大不如欧美国家；另一方面，由于产生较晚，缺少一个长期积累发展的时期，面对19世纪末20世纪初世界范围内的企业一体化发展浪潮，选择一体化战略是否合理，怎样实施一体化战略，其中应该具有中国特殊性的道路选择问题。

第四，补充一体化理论演进中的中国近代话语表述。现有的对一体化理论演进的梳理多为西方话语体系，缺少中国话语的表达。归纳总结该理论的中国近代话语表达方式将有助于完善对该理论演进过程的论述，也是构建该理论中国话语体系的尝试。不仅如此，中国经济学理论积极构建自主话语体系，必然要基于对中国近代经济史的研究。

第五，为当今中国民族企业的战略发展提供可借鉴的经验。当前，根据市场环境，怎样选择企业战略，怎样实施一体化，怎样在战略实施过程中做好制度跟进，都是中国民族企业需要面对的问题。对历史上民族企业一体化战略的考察于当下必有所裨益。近代中国民族企业一体化战略的实施，既有达到战略预期的成功范例，也有战略贻误错过发展机遇的遗憾，还有战略失误导致严重的危机。此选题将总结其中的经验和教训，归纳企业实施一体化战略的一般规律，以期发挥一定的现实应用价值。

二　近代中国民族企业研究状况

企业史属于经济史研究领域的一个重要部分。经济史研究素来重视理论范式，尤其强调历史学研究方法与经济学理论方法的结合。吴承明先生认为，一方面，"经济史首先还是史，是历史学的一个分支"；另一方面，"在经济史研究中一切经济学理论都应视为方法论"[①]。近年来，经济史研究的范式危机引发学者对引入新理论研究中国经济史的讨论。梁捷认为，中国经济史研究"借鉴吸收西方经济学工具比较迟缓，所以前辈遗留下来的大量初步整理的史料没有得到有效利用"，应该"更多吸收和借鉴较新的经济学乃至社会学、政治学理论，在各种局部问题和短时段的问题上，进行创造性的研究和阐释，加深我们对整个中国历史传统的认识"[②]。可见，尽管经济史研究当然地要求历史学研究方法与经济学理论方法相结合，但就经济史研究现状而言，学者们还是应该在借鉴新式理论方法和构建研究范式方面加倍努力，可以从"基本概念、经济学理论、分析方法等三个具体层面，来借鉴经济学的研究范式"[③]。学界对经济史理论范式运用思路的拓宽启发了企业史研究的新指向。李玉认为，目前企业史研究"对企业制度建设关注不够，亦即企业制度史研究在企业史学术领域尚很薄弱。在企业制度建设方面，尤其是近代中国的公司制度更应引起广泛重视"[④]。这就需要借鉴制度经济学的公司、产权等理论，但这些还仅仅是企业的正式制度部分。高超群指出，中国近

---

① 吴承明：《经济史：历史观与方法论》，商务印书馆，2014，第242、279页。
② 梁捷：《中国经济史：范式的讨论更为重要》，《社会科学报》2008年9月25日，第4版。
③ 孙圣民：《经济学范式的应用——基于经济史研究的分析》，社会科学文献出版社，2019，第51页。
④ 李玉：《中国近代企业史研究概述》，《史学月刊》2004年第4期，第116页。

代企业史的研究应该更切实深入地把企业制度的发生和变迁放到具体的历史环境、商业习惯、经济和技术条件中去观察，进而更新我们的研究范式。[①] 在企业发展进程中，尤其是在近代中国环境下，非正式制度的作用非常大，如企业内部组织和外部联络关系网的运用、中国传统文化中的非正式约束等。因此，将交易成本范式引入中国企业史研究亦是必要和迫切的。

企业作为经济发展的微观载体，必然受到宏观环境的影响。学界对近代中国资本主义及主要工业产业的宏观性研究成果颇丰。[②] 其基本内容涉及中国民族资本主义发展的阶段、状况、特点，中国民族工业所涉棉纺织业、缫丝业、面粉业三大产业的基本发展脉络，国内贸易总值和市场规模的情况等。

企业扩张有多个面向，一体化是其中之一，有横向、纵向、混合三种整合类型。此理论源于新古典经济学派创始人马歇尔。1937 年，新制度经济学开创者科斯对企业一体化进行了深入的研究。一体化理论是基于产业链整合的基本概念。在中国近代话语中，1912 年有论者把一体化表述为"事业集合"，1923 年又有论者指出"横连""纵合""综合"三种"基本线"。

---

① 高超群：《中国近代企业史的研究范式及其转型》，《清华大学学报》（哲学社会科学版）2015 年第 6 期，第 155 页。

② 关于近代中国资本主义发展的研究成果主要有：许涤新、吴承明主编的《中国资本主义发展史》全三卷（人民出版社，2003），杜恂诚所著《民族资本主义与旧中国政府（1840—1937）》（上海社会科学院出版社，1991）及《中国的民族资本主义（1927—1937）》（上海财经大学出版社，2019）等。作为本书的研究对象，民族工业企业所涉及的棉纺织业、缫丝业、面粉业、化学工业、火柴业、卷烟业等产业发展通论的成果主要有：方显廷所著《中国之棉纺织业》（商务印书馆，2011），严中平著《中国棉纺织史稿》（科学出版社，1955），中国近代纺织史编委会编著《中国近代纺织史》上下卷（中国纺织出版社，1997），日本学者森时彦著、袁广泉翻译的《中国近代棉纺织业史研究》（社会科学文献出版社，2010），徐新吾主编的《中国近代缫丝工业史》（上海人民出版社，1990），陈慈玉所撰写的《近代中国的机械缫丝工业（1860～1945）》（中央研究院近代史研究所，1989），上海市粮食局、上海市工商行政管理局、上海社会科学院经济研究所经济史研究室编《中国近代面粉工业史》（中华书局，1987），陈歆文编著《中国近代化学工业史（1860～1949）》（化学工业出版社，2006），青岛市工商行政管理局史料组编《中国民族火柴工业》（中华书局，1963），方宪堂主编《上海近代民族卷烟工业》（上海社会科学院出版社，1989），上海社会科学院经济研究所、轻工业发展战略研究中心所著《中国近代造纸工业史》（上海社会科学院出版社，1989）等。

国内外相关的研究有如下三个方面。

第一，近代中国民族企业的扩张经营行为研究。以往的研究多以资本集中解释企业扩张，如杜恂诚的《抗战前上海民营企业的资本集中》一文。代表性成果是马俊亚著译的《规模经济与区域发展——近代江南地区企业经营现代化研究》一书。该书指出资本集中是近代中国民族企业发展的趋势，具有一系列经济优势，推动了企业发展。然而，资本框架侧重于揭示企业扩张的实质，不易清晰地描述企业扩张脉络。纺织染联营是近代棉纺织企业的纵向一体化行为。以资本概念解释，任何企业的此种整合行为都是资本集中的静态结果，而从纵向链条的一体化来看，纺织染联营可以在纺纱、织布、染色、印花四个连贯的生产环节之间有不同的实现路径，由此带来的战略效果也可截然相反。因此，我们有必要在一体化理论框架下重新梳理近代中国民族企业的扩张脉络。

类型、方式及特点是考察近代民族企业扩张经营的基本点，以往研究多为零散性论述。黄汉民和陆兴龙在其所著《近代上海工业企业发展史论》一书中指出扩张经营形成了横向型、纵向型、联合型三种企业集团，但并未具体讨论其内部生产链条的关联形式及作用。杜恂诚在《近代中国民族企业的兼并与重组》一文中集中考察了兼并的方式，但未论及企业联合，且把租办归入兼并，这一点值得商榷。吴承明和江泰新（应为江太新）在其主编的《中国企业史·近代卷》一书中认为近代中国民族企业集团的形成具有"超前性"，但没有详细论证。如此，一体化理论的体系性将有助于全面深入的研究。

扩张经营行为的具体形式有纺织染联营、铁棉联营等。相关论述很多，但几乎都是战术层面的分析。以纺织染联营为例，史全生、张士杰在《刘国钧经营大成公司的特点》一文中指出这种对连续生产环节统一管理的行为可以降低成本、提高利润。此后的研究都没有跳出成本及利润的战术分析思维。实际上，上升到战略层面看，这种经营行为使后发小资本的常州大成纺织染公司（1918年始为准近代化染织小工厂）最终于1930年挺进高壁垒的棉纺织业，并以印染为核心竞争力，在大型棉纺织企业云集的棉纺织业立足。这是企业夺取战略空间的成功。对其他扩张形式的论述也有类似问题，在此不详述。

同样，国外的研究也少有战略层面的考察。美国学者高家龙（Sherman Cochran）在其所著的《中国的大企业——烟草工业中的中外竞争（1890～1930）》（*Big Business in China*）一书中对南洋兄弟和英美烟两公司的竞争战术进行了研究。日本学者中井英基所撰《清末民初无锡荣宗敬、荣德生兄弟与茂新、振新的经营》一文肯定了荣氏兄弟高效组织有限资源的做法。其实，这正是一体化战略的表现之一。中国社会科学院世界经济与政治研究所康荣平等在《中国企业战略：实践、理论与展望》一文中呼吁进行中国企业战略史研究，值得历史学界重视。近代中国民族企业的扩张经营行为有待从企业战略视角重新考察。

此外，对近代民族企业的扩张，多数学者持肯定态度。不过，林刚在《试论列强主导格局下的中国民族企业行为——以近代棉纺织工业企业为例》一文中认为1932年开始的民族棉纺织企业扩张是奇异行为，造成了恶果。可见，评价方面还可再讨论，一体化框架中对经济效应的结论有助于深入分析。

第二，近代中国民族企业管理制度研究。以往对作为正式制度的公司制的研究较为成熟，代表作是张忠民所著《艰难的变迁——近代中国公司制度研究》。当然，公司制并非近代中国企业制度内涵的全部。还有学者注意到了中国传统非正式制度的社会关系网。黄汉民在《荣氏家族企业的公司制度变革》一文中指出该企业既效法西方的层级管理制，也建立了家族式网络组织体系。对此，美国学者高家龙有进一步的认识。他在《大公司与关系网——中国境内的西方、日本和华商大企业（1880～1937）》一书中提出了公司制和社会关系网动态互动的观点，但对两者在企业制度内相对静态的地位如何，或者说总体的制度体系状态是怎样的，没有明确的结论。近代民族企业制度有怎样的个性特征，尤其是中国传统社会关系网规则如何适变，仍是需要进一步讨论的问题。一体化战略的实施会造成企业组织结构的扩大化和复杂化，管理大型企业对制度提出了新的更高的要求，促使其跟进变革。因此，我们可以从战略实施与企业制度关系入手，探讨近代民族企业制度的个性问题。

第三，近代中国民族企业经济思想研究。以往的研究主要关注民族企业家，且鲜有对企业战略思想的总结。赵靖在其主编的《中国近代民族实业家的经营管理思想》一书中介绍了张謇等6位民族企业家的经营管理思想。钟祥财在《中国近代民族企业家经济思想史》一书中考察了更多的民族企业家，但仍没有专门总结企业战略经营思想。周三多、邹统钎在《战略管理思想史》一书中指出近代中国一些民族企业家以战略指导企业获得了成功，但未展开论述。近代中国企业战略思想的研究，既要补充对近代民族企业家战略经营意识的总结，又要充分挖掘近代报刊等资料，考察企业评论人及经济学家对企业战略的认识水平。

基于以上述评，本课题从一体化战略的视角对近代中国民族企业扩张经营行为进行全面系统的研究，以期有新的学术发现。

三　企业与企业一体化战略

在研究之前，一些重要的概念有必要界定明确。如企业及企业集团、企业战略、一体化及一体化战略、一体化实现方式、一体化与资本积聚及集中、一体化与垄断等。

1. 企业及企业集团

关于企业（enterprise）的定义，学界尚无一致的看法，这里引用《中国企业管理百科全书》中的表述。企业是"从事生产、流通等经济活动，为满足社会需要并获取盈利，进行自主经营、实行独立经济核算，具有法人资格的基本经济单位"①。需要指出的是，当代也有非营利性企业，但其不在本研究的讨论范围内。

企业集团（enterprise group）是由结构化的多个企业组成的一个企业群体。这些企业进行彼此关联的经营活动，可以同处一个产业链的上下游，也可共享某种资源，或处于同一行业或采用同样的行业标准，一般拥有共同的利益，以产权纽带联结在一起。②

以上是当代企业及企业集团的定义。近代中国出现的企业集团则带有时代特点，学界曾有过专门的讨论。

张耕在《中国近代民营工业企业集团研究》一书中提到："一般认为企业集团是由不同的法人企业组成的企业联合体，是第二次世界大战以后

---

① 中国企业管理百科全书编辑委员会、中国企业管理百科全书编辑部编《中国企业管理百科全书》（上），企业管理出版社，1984，第1页。
② 胡宗良、臧维编著《集团公司战略：分析、制定、实施与评价》，清华大学出版社，2005，"附录·词汇表"第1页。

发展起来的一种新的企业组织形式。本书不采用这个观点。因为即使同一个法人也可以拥有多个生产单位，形成一个企业的联合体。在中国近代，属于同一资本的，由多个生产单位组成的企业联合体就可以称为企业集团。"①

朱以青在《论近代中国企业集团》一文中认为："我们使用的'企业集团'这一概念，与现代意义上的'企业集团'并非完全一致。本文所说的'企业集团'指的是这样一种经济组织：以拥有一定地位或资金的人物为核心，建立起一系列以资金为主要联系纽带，在原料供应、产品销售等方面互相联系，进行某种行业或多种行业生产或经营的企业。"②

吴承明与江泰新主编的《中国企业史·近代卷》一书对近代中国的企业集团也有类似的定义。李一翔所撰的该卷第八章开篇即述："所谓'企业集团'指的是这样一种经济组织：以拥有一定社会地位或资金实力的人物为核心，逐步建立起以资金为主要联系纽带，在原料供应、产品销售、人事安排等方面互相联系，从事某种行业或多种行业生产或经营的企业群体。"③

在《近代中国企业：制度和发展》一书中，沈祖炜对近代中国的企业集团也有过简短的论述："企业规模的扩展，一般都通过资本积累和资本集中的方式，由一个企业扩大为多个企业，形成大型的和集团型的企业，这是大机器工业企业的发展规律。"④

可见，一些著名经济史学者均认同近代中国存在企业集团的观点。本书所论近代中国企业集团亦基本采纳上述观点。

另外，关于"企业"与"企业集团"的关系，笔者认为：一般来讲，企业的范围要比企业集团大，广义上的企业也可包含企业集团，但企业集团须是结构化的多个企业组成的企业群体，集团化实质上是企业一体化在组织上的表现形式。

本研究所涉及的企业是指通过实施一体化战略，形成大中型规模的近代中国民族企业及企业集团（主要在工业企业范围），如江南地区的大生集团、荣氏集团、刘鸿生企业集团、永安集团、兴业制丝公司、大

① 张耕：《中国近代民营工业企业集团研究》，人民出版社，2015，第1页。
② 朱以青：《论近代中国企业集团》，《中国经济史研究》1994年第3期，第44页。
③ 吴承明、江泰新主编《中国企业史·近代卷》，企业管理出版社，2004，第528页。
④ 沈祖炜：《近代中国企业：制度和发展》，上海社会科学院出版社，1999，第163页。

成纺织染公司、光裕营业公司，华北地区的周学熙企业集团、范旭东企业集团，中部地区的裕大华纺织集团等。

2. 企业战略

本书提到的战略是经济学意义上的企业战略。贝赞可等人所撰《战略经济学》（第三版）一书介绍了企业战略领域三大权威人物对战略的定义。

      ……决定了企业基本的长期目标（goal）和目的（objective），明确了实现目标所必需的一系列行动及资源配置。——艾尔弗雷德·钱德勒（Alfred Chandler）

      ……目的、宗旨（purpose）或者目标的模式，以及实现这些目标的主要政策（policy）和计划（plan）。通过这种方式定义了公司正在从事的或应该从事的业务，以及它现在所属于的或应当属于的企业类别。——肯尼斯·安德鲁斯（Kenneth Andrews）

      ……决定了一个企业经营活动的框架，为企业协调行动提供了指导方针，使企业可以应对并影响不断变化的环境。战略清楚明白地指出企业所倾向的环境，以及它努力追求的组织类型。——伊丹敬之（Hiroyuki Itami）[1]

这些定义有许多相似之处。"长期目标"和"主要政策"这些词说明战略与企业组织所面临的"重大"决策有关系，这些决策最终会决定组织的成败。"战略的定义强调'目的的模式'和'企业经营的框架'，这说明战略表现的是企业一贯性的行为，而这又意味着战略一旦确定，就不容易更改。最后，战略明确了'企业现在所属于的或应该属于的企业类别'，这个观点说明战略决策塑造了企业的竞争角色以及企业领导层对于如何在竞争环境中获得成功的总体理解。"[2]

企业战略指引着近代中国民族企业发展的方向。荣氏集团从创建开始就一直把扩大棉纺织生产和面粉生产作为集团的长期目标和主要政策，为

---

[1] 〔美〕贝赞可、德雷诺夫、尚利、谢弗：《战略经济学》（第三版），詹正茂、冯海红、林民旺、李诺丽译，中国人民大学出版社，2006，第1页。

[2] 〔美〕贝赞可、德雷诺夫、尚利、谢弗：《战略经济学》（第三版），詹正茂、冯海红、林民旺、李诺丽译，中国人民大学出版社，2006，第1~2页。

实现此战略目标，企业集中了绝大部分的资源，从而成就了中国近代民族工业史上的"棉纱大王"和"面粉大王"。周三多、邹统钎在《战略管理思想史》一书中也认为："在近代民族资本主义时期，企业经营战略实践一度活跃，一批民族实业家，如张謇、穆藕初、范旭东、卢作孚、陈嘉庚等在'实业救国'的大旗下，成功地应用战略来指导企业的发展。"① 当然，近代企业的战略与当代相比还是有区别的。当代企业战略过程的规范化和制度化程度较高，而近代企业战略基本出自企业家个人的朴素战略观念。但不管怎样，企业战略的核心属性——"长期目标"和"主要政策"在近代中国企业发展过程中是存在的。

３. 一体化及一体化战略

一体化是本研究的核心概念，相关表述有很多。在考察几种主要的定义的前提之下，本书将根据研究需要确定其定义的内涵与外延。

（１）一体化概念的内涵

首先需要说明的是，本研究所论一体化非中观及宏观经济层面的产业间、区域间和国家间的经济一体化，也非政治范畴的一体化，如欧洲一体化，甚非更宏大范围的全球一体化概念，而是在微观经济层面的以企业为主体的一体化概念。

对一体化理论的思考应是被誉为新制度经济学开创者的罗纳德·H.科斯的重要成就之一。1987 年，在庆祝"企业的性质"发表 50 周年的研讨会上，他谈到这项研究的起源：1932 年打算去美国"研究我定义为产业的纵向一体化和横向一体化问题……主要是探寻一体化理论"，其间与福勒的通信"足以表明我在考察一体化问题时的体会……主题是提出一个一体化理论"②。然而，此后科斯发现一体化理论体系的构建并非一朝一夕能完成，也并非他一个人所能完成，现在要做的就是回答"这种全面理论的一般特征是什么"③。

---

① 周三多、邹统钎：《战略管理思想史》，复旦大学出版社，2002，第 322 页。
② 〔英〕罗纳德·H. 科斯：《企业的性质：起源》，〔美〕奥利弗·E. 威廉姆森、西德尼·G. 温特编《企业的性质——起源、演变和发展》，姚海鑫、邢源源译，商务印书馆，2009，第 46、48～49 页。
③ 〔英〕罗纳德·H. 科斯：《企业的性质：影响》，〔美〕奥利弗·E. 威廉姆森、西德尼·G. 温特编《企业的性质——起源、演变和发展》，姚海鑫、邢源源译，商务印书馆，2009，第 91 页。

　　那么，他给出了一体化理论的哪些特征呢？最重要的当然是交易成本的提出。他认为："建立企业是有利可图的主要原因似乎是利用价格机制是有成本的。通过价格机制'组织'生产活动的最明显的成本就是发现相关价格的成本。"① 科斯表示：企业一体化的理由"我找到了，当然答案就在交易成本中"②，即"一个交易是在企业内组织（用信中的话说就是是否存在一体化），还是由独立的签约者在市场中进行，取决于进行市场交易的成本与在企业内进行交易的成本的比较"③。简言之，原来将市场行为纳入企业内部组织就是一体化，即企业一体化的本质。那么，怎样实现一体化呢？他说："消费企业可以自己购置这种特定设备，即使这个设备可能在另一企业的工厂里。"④ 这句话实际上揭示出两种实现的方式：一种是"自己购置"设备，即自建；另一种是购置"另一企业的工厂里"的设备，即收购。

　　科斯所述其在 20 世纪 30 年代关于一体化理论的研究缘起，正是建立在 19 世纪末以来世界企业一体化战略实践的基础上。因此，从史学角度看，企业一体化理论是从彼时（产生）发展至今的一个经济学概念。

　　科斯最著名的后继者之一是奥利弗·E. 威廉姆森。他对纵向一体化有如下分类定义："我们最好是把纵向一体化及与此有关的例证分成两类。第一类我称之为普通型纵向一体化，指的是不超出核心技术范围、对生产的连续阶段实行的一体化。第二类则比较特殊，包括边缘行为或效率边界以外的各种行为——后向一体化以进入基本原材料行

---

① 〔英〕罗纳德·H. 科斯：《企业的性质（1937）》，〔美〕奥利弗·E. 威廉姆森、西德尼·G. 温特编《企业的性质——起源、演变和发展》，姚海鑫、邢源源译，商务印书馆，2009，第 25 页。

② 〔英〕罗纳德·H. 科斯：《企业的性质：意义》，〔美〕奥利弗·E. 威廉姆森、西德尼·G. 温特编《企业的性质——起源、演变和发展》，姚海鑫、邢源源译，商务印书馆，2009，第 68 页。

③ 〔英〕罗纳德·H. 科斯：《企业的性质：起源》，〔美〕奥利弗·E. 威廉姆森、西德尼·G. 温特编《企业的性质——起源、演变和发展》，姚海鑫、邢源源译，商务印书馆，2009，第 58 页。

④ 〔英〕罗纳德·H. 科斯：《企业的性质：起源》，〔美〕奥利弗·E. 威廉姆森、西德尼·G. 温特编《企业的性质——起源、演变和发展》，姚海鑫、邢源源译，商务印书馆，2009，第 56 页。

业；横向一体化以进入零部件行业；前向一体化以进入销售分配领域等等。"①

威廉姆森也曾说过：这些理论的研究在实用领域的应用之一是"企业战略"②。我们来看看战略经济学是怎样认识一体化的。本书所论一体化的概念即在企业战略经济学意义上的一体化概念。

战略经济学认为，"企业的横向边界（horizontal boundaries）指的是企业生产的产品和提供的服务的种类与数量"，"最佳的企业横向边界主要取决于规模经济（economies of scale）和范围经济（economies of scope）"③。这里没有直接定义横向一体化，实质上横向一体化即企业横向边界的扩展，即企业增加相同生产或服务数量，以及不同生产或服务种类的行为。

对于纵向边界，战略经济学认为这与"一家企业需要决定是自己生产，还是从其他独立企业购买某些活动"有关，这一过程被称为"自制或外购（make-or-buy）决策"④。为了进一步解释，战略经济学又介绍了一个概念，即纵向链条，"一般而言，在一个经济体系中，商品沿纵向链条'移动'——从原材料和零部件到生产，再经过运送和零售。经济学家认为，处于纵向链条前面步骤的是生产过程的上游，处于后面步骤的则是生产过程的下游"，"纵向链条包括与加工和分配投入品和产出品直接相关的加工和处理活动，以及专业的支持性活动"⑤。那么，"组织纵向链条是企业的一个选择"，企业可以"通过公平市场交易来组织交换，也可以在内部来组织交换，即纵向一体化"⑥。换言之，企业将纵向链条

① 〔美〕奥利弗·E.威廉姆森：《资本主义经济制度——论企业签约与市场签约》，段毅才、王伟译，商务印书馆，2002，第146~147页。
② 〔美〕奥利弗·E.威廉姆森：《导论》，〔美〕奥利弗·E.威廉姆森、西德尼·G.温特编《企业的性质——起源、演变和发展》，姚海鑫、邢源源译，商务印书馆，2009，第16页。
③ 〔美〕贝赞可、德雷诺夫、尚利、谢弗：《战略经济学》（第三版），詹正茂、冯海红、林民旺、李诺丽译，中国人民大学出版社，2006，第75页。
④ 〔美〕贝赞可、德雷诺夫、尚利、谢弗：《战略经济学》（第三版），詹正茂、冯海红、林民旺、李诺丽译，中国人民大学出版社，2006，第111页。
⑤ 〔美〕贝赞可、德雷诺夫、尚利、谢弗：《战略经济学》（第三版），詹正茂、冯海红、林民旺、李诺丽译，中国人民大学出版社，2006，第112、142页。
⑥ 〔美〕贝赞可、德雷诺夫、尚利、谢弗：《战略经济学》（第三版），詹正茂、冯海红、林民旺、李诺丽译，中国人民大学出版社，2006，第147页。

上游或下游原属于市场交易范围的生产和服务环节纳入企业边界进行组织的行为即纵向一体化。

企业战略管理研究学者迈克尔·波特对纵向一体化也有类似的定义。他认为，纵向一体化是指"在某一企业范围内把技术上不同的生产、分销和/或其他经济过程结合起来。它表示了企业决定用内部的或行政管理上的交易来代替市场交易去实现其经济目的"，因而"许多纵向一体化的决策都是有关'生产还是购买'的"①，或者说"纵向整合的强大优势将一个业务单元的界限拓宽，包含上游或下游的活动，而整合的微弱优势则意味着每一阶段都是一个明显的业务单元"②。对于横向一体化及多元化，波特虽未直接定义，但提出了横向战略的概念。他认为横向战略即"对既相互区别又相互联系的各业务单元的目标和政策的统一协调"。他还认为，如果没有横向战略，"多元化经营企业的存在就缺乏令人信服的理由"，而现在企业大多"强调相互关联的多元化经营"③。可见，波特所解释的横向战略包含了多元化，而如果从企业内各业务单元的关联度的角度来看，理论上的完全关联实际上就是同种生产及业务，即通常所说的横向一体化，而零关联度即无关联，有些学者认为其是高度多元化的特征。④ 我国学者芮明杰等在《论产业链整合》一书中认为波特"强调了在实行混合整合的多角化战略过程中，辩识业务单元之间关联的重要性"⑤。此处，所谓混合一体化，实际上是不同关联度的生产及业务单元之间的整合。

综观新制度经济学、战略经济学、战略管理学的观点，定义各有不同。本研究选择相关定义介绍如下。

首先需要说明的是有些定义使用价值链概念解释一体化。价值链概念由波特提出，他认为："每一个企业都是用来进行设计、生产、营销、交货以及对产品起辅助作用的各种活动的集合。所有这些活动都可以用价值链表示出来。一个企业的价值链和它所从事的单个活动的方式反映

---

① 〔美〕迈克尔·波特:《竞争战略》,陈小悦译,华夏出版社,2005,第281~282页。
② 〔美〕迈克尔·波特:《竞争优势》,陈小悦译,华夏出版社,2005,第56~57页。
③ 〔美〕迈克尔·波特:《竞争优势》,陈小悦译,华夏出版社,2005,第308~310页。
④ 孟卫东主编《战略管理:创建持续竞争优势》(2版),科学出版社,2014,第241页。
⑤ 芮明杰、刘明宇、任江波:《论产业链整合》,复旦大学出版社,2006,第48页。

了其历史、战略、推行战略的途径以及这些活动本身的根本经济效益。"① 价值链和纵向链条都源于产业链的概念，即"涵盖了商品或服务在创造过程中所经历的从原料到最终消费品的所有阶段"②。三个概念均可用来解释企业一体化战略。

一体化战略（integration strategy）是"企业充分利用自己在产品、技术、市场上的优势，根据企业的控制程度和物资流动的方向，使企业不断地向深度和广度发展的一种战略"③。此处所谓企业的"深度"和"广度"，即战略经济学表述的企业横向和纵向的边界。一体化战略包括纵向一体化、横向一体化和混合一体化三种类型。④

纵向一体化（又称垂直一体化，vertical integration），即"一个企业沿着某种产品或服务的价值链的前后方向进行延伸和扩展"。"前后方向"的含义可结合纵向链条上游和下游概念进行理解。向下游延伸为前向一体化（forward vertical integration），企业"将业务向消费它的产品或服务的行业扩展，包括对自己的产品做进一步的深加工，或对资源进行综合利用，或建立自己的销售组织和渠道销售产品或服务等"。向上游延伸为后向一体化（backward vertical integration），即"企业向为它目前的生产或服务提供作为原料的产品或服务的行业扩展，包括企业自己生产原材料、自己形成配套体系等"⑤。

横向一体化（又称水平一体化，horizontal integration），即企业"开展那些与企业当前业务相竞争或相互补充的活动"⑥。相同或相近的生产及业务即存在"相竞争"或"相互补充"的市场关系。

混合一体化（conglomeration intigration），即企业"生产经营内容显现出多元化的特征"⑦，可以理解为多样化或多元化经营，即企业"生产

---

① 〔美〕迈克尔·波特：《竞争优势》，陈小悦译，华夏出版社，2005，第36页。
② 芮明杰、刘明宇、任江波：《论产业链整合》，复旦大学出版社，2006，"前言"第1页。
③ 孟卫东、张卫国、龙勇编著《战略管理：创建持续竞争优势》，科学出版社，2004，第209～210页。
④ 陈继祥主编《战略管理——基于三元论视角》，清华大学出版社，2013，第153页。
⑤ 孟卫东、张卫国、龙勇编著《战略管理：创建持续竞争优势》，科学出版社，2004，第210～211页。
⑥ 金占明编著《战略管理——超竞争环境下的选择》，清华大学出版社，1999，第242页。
⑦ 万志芳：《国有林区林业微观主体重构论》，东北林业大学出版社，2004，第182页。

不同种类的产品，甚至经营彼此毫不相关的不同行业"①。多元化经营又称"多样化、多角化经营"，是指"一个企业同时在两个或两个以上的行业中进行经营，向不同的行业市场提供产品和服务"②。

另外，我们应区分一体化与一体化实现方式。欧美企业的一体化战略主要以并购方式实现，加之垄断组织的呈现，因而"从组织形式上看，人们习惯于把一体化简单地理解为联合化，即把两个或两个以上的原本分散的企业联合起来，组成一个统一的经济组织。……很显然，按组织形式和联合企业的活动方式来对一体化进行定义或概括并不充分。换句话说，一体化并不完全等同于企业联合，尽管在很多情况下企业的一体化可能是通过企业之间的联合和收购实现的"③。在当代经济学话语中，产业链整合及企业一体化被定义为通过收购、合并、兼并（或统称并购）的方式实现，并未把企业自建行为纳入考察范围。其实，并购只是企业一体化战略实现的方式之一。尽管当代企业一体化战略普遍以并购方式实现，但并不能把企业一体化完全等同于企业之间的并购。从近代中国企业一体化战略的实际情况来看，自建和租办方式也是实现企业一体化战略的重要方式。笔者认为应该回到问题的本源，即对企业边界的认识。企业边界的扩张，从不同角度来解释，既可以是产业链整合，也可以是组织结构的一体化，但共同之处都是企业生产及业务的扩展，即近代中国话语"事业集合"中的"事业"之意。横向、纵向、多元则是企业边界扩张的形式（或类型、方向），即本书所谓维度。实现企业边界扩张的方式有多种，可以是合并、收购，也可以是自建、租办。前两种是美国企业扩张的主要方式，后两种是近代中国民族棉纺织企业扩张的特殊方式。1925年前较多采用自建的方式（1925年后并购和租办的方式居多），租办方式在缫丝生产企业中出现也较多。以资本概念解释，自建实质上是资本积聚型的边界扩张方式，合并则是资本集中型的边界扩张方式。这与近代中国民族棉纺织企业发轫与扩张并举、边积累边扩张

---

① 薛荣久、王绍熙、刘舒年、雷荣迪主编《当代国际贸易与金融大辞典》，对外经济贸易大学出版社，1998，第620页。

② 孟卫东、张卫国、龙勇编著《战略管理：创建持续竞争优势》，科学出版社，2004，第232页。

③ 金占明编著《战略管理——超竞争环境下的选择》，清华大学出版社，1999，第241～242页。

的特点有关，也是追赶性或超前性边界扩张行为的表现。

一体化概念在中国近代也有相关的话语表述方式。在中国近代话语中，1912 年即有论者把一体化表述为"事业集合"，1923 年又有论者提出企业"横连""纵合""综合"三种"基本线"。

综合以上各种定义，基于近代话语表述方式，本研究将企业一体化相关概念界定如下。一体化指企业对生产或业务单元的集合。类型有三种：横向一体化，即企业对相同生产或业务单元的集合；纵向一体化，指企业对产业链上下游生产或业务单元的集合；混合一体化，指企业对相异生产或业务单元的集合。一体化的实现方式有多种，如自建、收购、兼并、合并、租办等。如果企业把某种一体化类型作为发展的长期目标、全局规划及主要政策，即视为企业的战略经营行为。

（2）一体化概念的外延

解释一体化概念的内涵之后，我们再讨论一体化的外延，如此可以对一体化有更清楚、更全面的认识。

科斯撰写的《企业的性质（1937）》一文把企业内部组织（一体化）作为市场交易的替代。之后，有学者认为其"关于企业内部的交易与在市场上的交易之间的基本区分往往过于简单化。许多长期合约关系（如特许权）模糊了市场和企业之间的界线"[1]。对此，科斯虽有辩解，但他承认"的确没有提到特许经营"[2]。然后，他对长期合约与一体化做了简要的比较，指出："长期合约的缺点，即合约另一方可能死亡或不再有效，而一体化却意味着合约关系得到有关主体的终生保证。"[3] 换言之，长期合约虽然比纯粹的市场交易更具稳定性，但与一体化相比还存在本质区别。因此，他认为"长期合约也许被视为对实际运营一体化的一种

---

[1] 〔美〕本杰明·克莱因、罗伯特·G. 克劳福德、阿曼·阿尔奇安：《纵向一体化、专用租金与竞争性缔约过程》，转引自〔美〕奥利弗·E. 威廉姆森、西德尼·G. 温特编《企业的性质——起源、演变和发展》，姚海鑫、邢源源译，商务印书馆，2009，第 68 页。

[2] 〔英〕罗纳德·H. 科斯：《企业的性质：意义》，〔美〕奥利弗·E. 威廉姆森、西德尼·G. 温特编《企业的性质——起源、演变和发展》，姚海鑫、邢源源译，商务印书馆，2009，第 68 页。

[3] 〔英〕罗纳德·H. 科斯：《企业的性质：意义》，〔美〕奥利弗·E. 威廉姆森、西德尼·G. 温特编《企业的性质——起源、演变和发展》，姚海鑫、邢源源译，商务印书馆，2009，第 71 页。

替代"①，但"这样一种关系只是接近于企业关系"，而"作为促使企业形成的因素相对来说是不重要的"②。

战略经济学则引用了一个"自制或外购连续谱"。

自制或外购连续谱

公开市场交易	长期契约	战略联盟和合营企业	母公司/子公司关系	活动在企业内部完成
一体化程度较低	→ → →		一体化程度较高	

对此的解释是："自制和外购是纵向一体化连续谱中的两极……在略靠近'自制'一侧，一体化企业可以进行公司部分分离或完全拥有子公司。在略靠近'外购'一侧，销售商可能会与某家厂商签订一份长期契约"，"战略联盟和合资企业介于公平市场交易和完全纵向一体化之间。就如同在公平市场交易中一样，结成联盟的各方保持独立。"③

可见，如该连续谱所示，除单一公司组织的企业内部活动外，母公司与子公司，即控股公司形成，也属于一体化企业的范围。战略联盟和合营企业、长期契约、公开市场交易属于一体化企业的外延。

波特对联盟也有类似的解释："协调一致的价值链，将支持企业在相关产业的竞争中获取竞争优势。企业可以利用内部扩展的范围而获利或者也可以通过与其他企业形成联盟来做到这一点。联盟是与其他企业形成的长期联合而并不是彻底的兼并，例如合资企业、许可经营和供给协议。"④

长期合约在企业战略上的应用即合作战略，是"多个企业为了各自的战略利益而形成的一种共同行动"。合作战略有共谋战略（collusive strategy）和战略联盟（strategic alliance）两种类型。共谋战略指"同一

---

① 〔英〕罗纳德·H. 科斯：《企业的性质：起源》，〔美〕奥利弗·E. 威廉姆森、西德尼·G. 温特编《企业的性质——起源、演变和发展》，姚海鑫、邢源源译，商务印书馆，2009，第53页。

② 〔英〕罗纳德·H. 科斯：《企业的性质：影响》，〔美〕奥利弗·E. 威廉姆森、西德尼·G. 温特编《企业的性质——起源、演变和发展》，姚海鑫、邢源源译，商务印书馆，2009，第84~86页。

③ 〔美〕贝赞可、德雷诺夫、尚利、谢弗：《战略经济学》（第三版），詹正茂、冯海红、林民旺、李诺丽译，中国人民大学出版社，2006，第111、162页。

④ 〔美〕迈克尔·波特：《竞争优势》，陈小悦译，华夏出版社，2005，第35页。

行业的数个企业为了谋取高于正常经济利润的收益而采取共同协议产出和定价决策或其他共同行动的行为"。战略联盟是"由两个或两个以上有着共同战略利益和对等经营实力的企业，为达到共同拥有市场、共同使用资源等战略目标，通过各种协议、契约而结成的优势互补或优势相长、风险共担、生产要素水平式双向或多向流动的一种松散的合作模式"①。

由此可知，一体化企业内部强调一种有效的控制力。这种控制力不一定是所有权，但也不仅仅是经营权，"实际上就是对与企业资源配置的决策权"②。近代中国民族企业之间长期合约的战略联盟形成并不多见，较多的情况是企业参股、特许经营等。这些行为不应该纳入企业一体化范畴，当然也非本研究考察的内容。

（3）一体化概念与两个重要概念的关系

其一，一体化与资本积聚和资本集中的关系。

关于资本的积累、积聚、集中，马克思在《资本论》中曾有这样的解释：

> 把剩余价值当做资本使用，或者说，把剩余价值再转化为资本，叫做资本积累。③

> 每一单个资本都是生产资料的或大或小的积聚，并且相应地指挥着一支或大或小的劳动军。每一个积累都成为新的积累的手段。这种积累随着执行资本职能的财富数量的增多而扩大这种财富在单个资本家手中的积聚，从而扩大大规模生产和特殊的资本主义的生产方法的基础。社会资本的增长是通过许多单个资本的增长来实现的。④

> 社会总资本这样分散为许多单个资本，或它的各部分间的互相排斥，又遇到各部分间的互相吸引的反作用。这已不再是生产资料和对劳动的支配权的简单的、和积累等同的积聚。这是已经形成的各资本的积聚，是它们的个体独立性的消灭，是资本家剥夺资本家，

---

① 孟卫东、张卫国、龙勇编著《战略管理：创建持续竞争优势》，科学出版社，2004，第140～141、144～145页。
② 胡晓阳：《企业控制权的理论解释与实证分析》，经济科学出版社，2005，第5页。
③ 马克思：《资本论》（纪念版）（第一卷），人民出版社，2018，第668页。
④ 马克思：《资本论》（纪念版）（第一卷），人民出版社，2018，第721页。

是许多小资本转化为少数大资本。这一过程和前一过程不同的地方就在于，它仅仅以已经存在的并且执行职能的资本在分配上的变化为前提，因而，它的作用范围不受社会财富的绝对增长或积累的绝对界限的限制。资本所以能在这里，在一个人手中膨胀成很大的量，是因为它在那里，在许多人手中丧失了。这是不同于积累和积聚的本来意义的集中。①

随着资本主义生产和积累的发展，竞争和信用——集中的两个最强有力的杠杆，也以同样的程度发展起来。……虽然集中运动的相对广度和强度在一定程度上由资本主义财富已经达到的数量和经济机构的优越程度来决定，但是集中的进展决不取决于社会资本的实际增长量。这正是集中与积聚——它不过是规模扩大的再生产的另一种表现——特别不同的地方。集中可以通过单纯改变既有资本的分配，通过单纯改变社会资本各组成部分的量的组合来实现。②

不过很明显，积累，即由圆形运动变为螺旋形运动的再生产所引起的资本的逐渐增大，同仅仅要求改变社会各组成部分的量的组合的集中比较起来，是一个极缓慢的过程。③

一体化与资本积聚和集中概念实质上是对企业扩张现象的两种不同解释。一体化是从企业组织角度来看企业扩张，而积聚和集中则是基于资本的角度。当然，两者也有联系。资本积聚和集中是企业一体化的实质，而一体化是其表现形式之一。换言之，如果一个企业完全使用自身的盈利资金自建了一个企业内部单位，即资本积聚；如果一个企业并入另一个企业，或两者合并为一个新的企业，即资本集中。但现实情况中的一体化行为往往比较复杂，资本积聚与集中往往混合在一起推动企业资本的增长。例如，一个企业再次自建一个生产或业务单位时，可能会用自己的盈利资金去购买土地和设备、建设厂房等，当企业单位建成后，又将这些固定资产拿到银行去抵押贷款，以此作为运营的启动资金，这样，资本的积聚与集中便都出现了。再如，一个企业并购另一个企业，

①　马克思：《资本论》（纪念版）（第一卷），人民出版社，2018，第721～722页。
②　马克思：《资本论》（纪念版）（第一卷），人民出版社，2018，第722～723页。
③　马克思：《资本论》（纪念版）（第一卷），人民出版社，2018，第724页。

因为资金不足，于是自身出并购资金的 60%（这些资金来自本身的盈利），同时要求对方出 40%，这实际上组成了一个母公司下的控股公司。于是，这一行为也混合了资本积聚与集中。

本研究尝试运用一体化理论解释近代中国民族企业的扩张经营现象，以期厘清资本角度难以解释的企业扩张脉络。譬如，大成、丽新、庆丰三个棉纺织企业均实现了纺织染联营，即一体化概念所谓棉纺织生产的纵向一体化。如果用资本理论解释，可知这是三家企业资本积聚和集中的结果，但如果运用纵向一体化概念，三家企业实现纺织染联营选择了不同的战略路径。沿棉纺织生产纵向链条，大成、丽新的一体化过程是从织布前向到染色，再后向回到纺纱，然后又前向至印花，而庆丰是从纺纱到织布再到染色。如果不运用纵向一体化概念去考察的话，本研究将无法深入分析企业扩张的内在机理。当然，资本理论同样重要，它揭示了企业扩张经营现象的本质。我们没有理由要求一种理论体系能够解释所有的问题，这样也将有悖于马克思主义的科学态度。

此外，从资本角度看，企业扩张还包括资本参股等形式，近代中国民族企业普遍存在这种现象。一个企业在其他企业内有一定的资本股份，若达不到控股的程度，这种行为对其他企业的控制力基本不存在，也就无法达到一体化后实现内部指令交易的目的。因此，投资参股的企业扩张行为不是一体化行为，也不是本书所要讨论的对象。

其二，一体化与垄断的关系。

一体化与垄断是有关联的两个概念。两者的相似之处在于均反映了企业在广泛产业范围内的扩张情况，然则，两者之间更多的是不同。

两者反映的企业扩张状态不一样。一体化反映了企业扩张的过程，而垄断反映了企业扩张的结果，并且这个结果是企业一体化达到一定程度的表现。

两者反映的企业扩张程度不一样。一体化可以是不同的扩张程度，其定义中并无对企业扩张程度的规定，而垄断则是企业扩张到较高程度后状态的界定，判定的依据一般是行业"集中率"[①] 的标准。

---

① 集中率是反映在一定的行业中少数最大的企业在整个行业的业务方面的控制程度的指标。郭吴新主编《国际经济辞典》，武汉大学出版社，1988，第 498 页。

两者反映的企业扩张内涵不一样。我们通常所说的垄断组织有四种："在资本主义工业发展史上，按企业之间结合紧密程度的不同，联合企业又有低级形式和高级形式之分。首先出现的一种低级联合形式叫卡特尔（Cartel），它是指同类性质的企业为避免互相竞争而对一时期内的产量和价格等达成协议，采取统一的行动。参加卡特尔的企业只需要遵守共同的协议，各参加企业仍是独立的法人，独立性较强。随后又出现另一种低级形式叫辛迪加（Syndicate），其特点是设立一个统一的销售机构，各企业的产品都要集中到这个机构，自己不能自行销售其产品。由于统一销售，参加辛迪加的企业的独立性比参加卡特尔的要差，但各企业仍是独立的法人。再晚出现的联合企业叫托拉斯（Trust），它是企业联合的高级形式，其特点是把各参加企业的生产销售活动都统一起来，组织得更严密。参加托拉斯的企业已无独立性可言。它们只是联合企业的股东，而不是法人。最后出现的联合企业叫康采恩，它是多个企业以一个大垄断企业为核心的联合，各组成企业是独立法人，但总部要对各组成企业的投资和产品开发等进行总体协调。"① 一体化强调企业内部的控制力，这里有较强控制力的只有托拉斯，其他三种均是不同程度的企业联合组织。

（4）一体化战略

结合企业战略和一体化的定义，企业一体化战略的概念便易于理解。如果一个企业把一体化作为其发展的长期目标和主要政策，即可称此企业实施了一体化战略；如果企业虽有某种形式的一体化现象，但并没有把其作为长期目标和主要政策，则可以称企业实施了一体化行为。"一体化"一词可以看作"一体化行为"和"一体化战略"的统称。同样，纵向一体化、纵向一体化行为与纵向一体化战略，横向一体化、横向一体化行为与横向一体化战略，混合一体化、混合一体化行为与混合一体化战略也均是同样性质上的区别。事实上，企业一体化扩张过程中，没有绝对的或纯粹的某种一体化形式，企业以哪种维度的一体化为主，并将其作为长期的目标，即以此为企业战略。例如，一个企业实施纵向一体

---

① 金占明编著《战略管理——超竞争环境下的选择》，清华大学出版社，1999，第 241～242 页。

化战略，并不代表其没有横向一体化行为，只不过纵向一体化是其长期
目标和主要政策。

四　本书的研究思路及方法

1. 研究思路

本研究以企业战略史的视角建立框架，由历史学和经济学的基本方
法提供支撑。纵线逐步深入，由背景及条件的形成，到实施情况的考察，
再评价效应。横线逐个展开，战略形成从国外到国内，国内状况由意识
和进程构成，战略实施以类型将企业分类进行个案解析，战略评价从正
负两方面客观分析影响。研究思路见图 1 - 1。

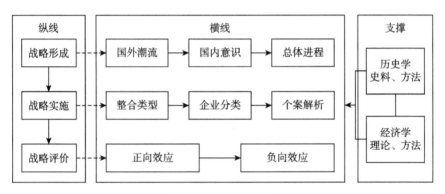

图 1 - 1　研究思路

2. 研究方法

本研究结合运用历史学和经济学方法。由于近代话语对一体化没有
完整的表述体系，论述对象零星分散，表达形式多样化，这方面的考察
需要运用归纳法构建近代话语表述体系。在讨论历史进程时，某时段以
何种战略类型为主，需要通过定量分析来确定。具体办法是：以 5 年度
为单位坐标，统计 1985 ~ 1937 年各种类型一体化战略行为的次数（每集
合 1 项生产或业务单元视为 1 次整合行为）。若某时期某种整合战略行为
次数明显较多，即是此种整合战略行为为主的阶段。战略实施部分是本
研究的重点。这部分将结合历史学个案研究法和经济学案例分析法。借
鉴前者重于史料的实证方法，力求真实全面地反映研究对象；借鉴后者
重理论分析及评价的方式，对典型企业进行深入剖析；同时，还将运用

历史比较法，加强企业间的比较，以便发现问题，深入分析。

五　本书研究的创新与不足

近代中国民族企业的研究成果颇为丰富，相比以往的研究，本书具有以下四点创新之处。

第一，学术思想方面，本研究从企业战略的新角度出发，开拓中国企业战略史研究的新领域。以往的研究大多关注战术层面的企业经营策略，而本研究从企业战略的新角度对近代中国民族企业扩张经营行为进行全面系统的论述，尝试开拓中国企业战略史研究的新领域。

第二，学术观点方面，本研究提出近代中国民族企业的一体化战略具有追赶性特点的观点。近代民族企业发展的个性问题尚无完满回答。本研究认为，与西方企业先充分积累再大行扩张不同，在外商优势大企业的竞争逼迫下，部分近代中国民族企业将积累与扩张并行，一体化战略具有追赶性。

第三，研究方法方面，本研究以一体化理论重新剖析近代民族企业扩张经营的战略行为，当可发覆此前资本集中概念不易解释的内容。

第四，史料方面，本研究深入发掘近代企业史料，一些档案及报刊资料属首次使用。

当然，本书也存在不足之处。

第一，个别企业的研究由于资料收集的困难而受到影响。如周学熙企业集团、孙氏通孚丰集团等企业的资料较少，使得研究较浅，只对一体化的概况做了简单的叙述。

第二，运用经济学理论来帮助解释近代中国民族企业扩张经营的现象是本书的一大特点，但理论和历史感的尺度较难把握，书中难免有个别地方的理论运用显得较为生硬，如第五章分析一体化效应还需进一步加强理论与史实的结合。

第三，本书在论述近代中国民族企业一体化扩张的外部过程和形态的变化时，疏于对企业内部组织结构的应变的探讨。企业战略管理理论认为：企业战略决定了企业的内部组织结构，是更深层的内容。本书对此缺乏论述是一大缺陷，有待以后进行研究。

第一章　战略形成：一体化战略的
引进、吸收、创新

　　企业作为资本时代经济发展的"细胞"，从 18 世纪 60 年代的第一次工业革命开始，一直伴随着世界经济发展的步伐而前进。由于市场规模和技术水平的限制，"直到十九世纪四十年代为止，由于同样的理由，在生产中也和在商业中一样，仍然保留着传统的企业形式。各种活动的数量并不大，老板们在管理他们的企业时没有什么困难。在农业、伐木业、采矿业、制造业和建筑业中，企业仍然是小规模的和个人经营方式的"①。企业组织的力量尚未有根本上的提升，市场作用成为其必须依赖的规则。然而，19 世纪最后 25 年，当市场需求的扩大、生产技术的进步以及自有资本的积累达到一定程度后，现代工业企业②"几乎是突然出现"③。它们积极推进一体化战略，尽可能地把原属企业边界外的经营单位或关系纳入企业内部，充分利用规模、范围经济效应以及降低交易成本，以加速企业的发展。美国经济历史学家小艾尔弗雷德·D.钱德勒指出："当管理上的协调比市场机制的协调能带来更大的生产力、较低的成本和较高的利润时，现代多单位的工商企业就会取代传统的小公司。"④ 19 世纪末，中国民族企业在未获得充分发展的情况下也纷纷选择一体化战略，"先后出现了不少形式各异、规模不等的民营企业集团，成为企业发展的一项重要内容"⑤。一体化战略成为 19 世纪末

---

① 〔美〕小艾尔弗雷德·D. 钱德勒：《看得见的手——美国企业的管理革命》，重武译，商务印书馆，1987，第 56 页。

② 钱德勒认为现代工商企业有两个特点："包含许多不同的营业单位，且由各层级支薪的行政人员所管理。"〔美〕小艾尔弗雷德·D. 钱德勒：《看得见的手——美国企业的管理革命》，重武译，商务印书馆，1987，第 2 页。

③ 〔美〕钱德勒：《规模与范围：工业资本主义的原动力》，张逸人、陆钦炎、徐振东、罗仲伟译，华夏出版社，2006，第 17 页。

④ 〔美〕小艾尔弗雷德·D. 钱德勒：《看得见的手——美国企业的管理革命》，重武译，商务印书馆，1987，第 6 页。

⑤ 吴承明、江泰新主编《中国企业史·近代卷》，企业管理出版社，2004，第 528 页。

20 世纪初世界现代工业企业发展的潮流。从此，大企业"成为了现代经济发展的动力"①。

第一节　历史环境：国外近代企业一体化战略潮流

19 世纪中期的第二次工业革命至第二次世界大战爆发前，美国、英国、德国、日本等主要资本主义国家的工业企业普遍实施了一体化战略，横向相同、混合相异的经营单位之间和纵向链条上下游各单位之间进行了充分有效的整合，形成了一批具有相当规模的一体化大型企业及企业集团。

一　美国：标准石油公司和福特汽车公司

1959 年，钱德勒在《企业史评论》杂志上发表《美国历史上"大企业"的开端》一文，指出：20 世纪初，一体化、合并化、多元化、管理化的明确形式影响着巨型公司和寡头垄断行业的增长，并被其影响着。(Then, as a new century began to unfold…Discernible patterns of integration, combination, diversification, and administration influenced and were influenced by the rise of huge companies and oligopolistic industries. ②) 一体化战略是这一时期美国企业发展的显著特征，纵向一体化是"企业走向巨大规模的重要步骤"，而"如果产品销路稳定，横向联合往往先于纵向一体化"③。

美国工业企业"发生在 19 世纪末 20 世纪初的第一次并购浪潮，是以横向并购为主要特征的并购活动"④。这一阶段的美国企业强调通过横向一体化扩大企业规模以达到控制市场的目的。横向一体化的方式主要是强势企业间的联盟，企业联盟组织从松散到紧密，直至横向合并。这一时期"美国的企业被三个人所统治，他们每一个人都有自己的势力范

---

① 〔美〕A. D. 钱德勒等主编《大企业和国民财富》，柳卸林主译与主审，北京大学出版社，2004，第 56 页。
② Alfred D. Chandler, Jr., "The Beginnings of ' Big Business ' in American Industry," *The Business History Review* 1959, 33（1）: 1.
③ 张隆高、张晖、张农编著《美国企业史》，东北财经大学出版社，2005，第 129 页。
④ 邵万钦：《美国企业并购浪潮》，中国商务出版社，2005，第 41 页。

围。钢铁——卡内基，石油——洛克菲勒，华尔街——J. P. 摩根"[1]。

　　自 1870 年成立始，标准石油公司的一体化战略经历了四个阶段，最终以托拉斯垄断组织的形式达到了一体化的顶峰。第一阶段是联合阶段，即准一体化战略阶段。为了消除生产过剩以及价格竞争所带来的不利影响，标准石油公司联合其他炼油商组成了一个松散联盟。第二阶段是合并阶段，即横向整合阶段。标准石油公司将松散联盟结合成一个紧密的公司联合体，具有中央控制和合理的组织。第三阶段是纵向一体化阶段。企业集团购买油田，建设运送原油和精炼油的输油管线，建造油船，设立国外销售公司，建立全国范围的经销商体系。第四阶段是一体化战略局部解体阶段。一体化发展到极致形成了垄断，从而产生了很多负面影响。1890 年，美国国会通过了"谢尔曼反托拉斯法"，标准石油公司不断受到抨击。1911 年 5 月，联邦法院下令解散标准石油公司，但该公司在全美炼油能力所占的比例仍然有 60%。[2]

　　解散标准石油公司的目的只是打击垄断组织，并非阻止石油工业企业实施一体化战略。当 1911 年标准石油公司解体时，得克萨斯与加利福尼亚油田已是"完全一体化的公司"。标准石油公司解体后，新泽西与加利福尼亚两家标准石油公司"仍然是充分一体化的"。进入 1917 年，工业企业 200 强的 7 家石油类厂商之中较少一体化的有 6 家，后来均被兼并，只有辛克莱石油与炼油公司例外。该公司原是经营管道输油的，后进入原油生产与炼制领域，20 世纪 20 年代建立了国内外全面的营销与分销组织，并扩充了自己的管理部门。石油工业企业普遍实施一体化战略的结果是：1937 年美国原油生产的 52.5% 及石油储备的 96.5%，由 20 家最大的一体化石油公司控制。[3]

　　正如标准石油公司一体化战略进程所反映的：横向一体化发展到极致所形成的行业垄断违反了市场自由竞争的准则，不利于整个行业的长远发展，也遭到了国家法律的制止。于是，20 世纪二三十年代，美国工

① 〔美〕本·巴鲁克·塞利格曼：《美国企业史》，复旦大学资本主义国家经济研究所译，上海人民出版社，1975，第 263 页。
② 张隆高、张晖、张农编著《美国企业史》，东北财经大学出版社，2005，第 125～126 页。
③ 张隆高、张晖、张农编著《美国企业史》，东北财经大学出版社，2005，第 181 页。

业企业进入一体化的第二次高潮，"纵向并购是第二次并购浪潮的一大特点"①。这一时期，企业一体化组织方式也有所转变。由于企业联盟组织托拉斯被宣布为非法，"要对联合起来的各公司进行更有效的控制，需要把各成员公司合并而成为一个单一的，在法律上能予以承认的实体"，"能够满足这些需要的、显而易见的、合法的形式就是控股公司"②。

　　这一时期的代表性企业是美国福特汽车公司。20 世纪 20 年代，该企业通过纵向一体化战略形成了完备的纵向链条体系。生产系统包括初级原料的生产，如焦炭、生铁、钢材等，当时福特汽车公司在肯塔基州和西弗吉尼亚州拥有煤炭藏量 6 亿吨，在密执安州有 50 万英亩（1 英亩 = 0.0040469 平方千米）的木材和矿石，鲁奇河制造厂是汽车原料的主要供给厂家；再加工生产，如铸件、锻造、汽车零部件等，公司主生产基地在底特律的高地公园，汽车的年产量为 250 万辆；辅助配件生产，如车用冰箱、皮革、玻璃、塑料、橡胶、蓄电池等，车用冰箱厂的产量比全国冰箱总产量还要多，皮革厂每天可以生产 8 万码（1 码 = 0.9144 米）皮革，玻璃厂每天可以制造 1 万平方英尺（1 平方英尺 = 0.093 平方米）的玻璃板。福特汽车公司从原料到成品的生产基本实现自给。销售系统中，福特汽车公司构建了广泛密集的全美销售网络，1000 人以上城镇均有其销售机构。③

二　英国：帝国烟草公司和凯德伯里兄弟公司

　　近代英国企业"有较大的比例生产消费品，而不是工业品"④，其中实施一体化战略比较典型的是凯德伯里兄弟公司和帝国烟草公司。

　　凯德伯里兄弟公司始创于 1861 年，是生产高级巧克力的企业。1879 年，公司建造了一个有先进加工设备的大厂，从此，企业规模逐步增大。该企业于 1911 年开始后向一体化发展，建设加工牛奶的小型工厂，至

① 邵万钦：《美国企业并购浪潮》，中国商务出版社，2005，第 87 页。
② 〔美〕小艾尔弗雷德·D. 钱德勒：《看得见的手——美国企业的管理革命》，重武译，商务印书馆，1987，第 370 页。
③ 邵万钦：《美国企业并购浪潮》，中国商务出版社，2005，第 88 页；张隆高、张晖、张农编著《美国企业史》，东北财经大学出版社，2005，第 159~160 页。
④ 〔美〕钱德勒：《规模与范围：工业资本主义的原动力》，张逸人、陆钦炎、徐振东、罗仲伟译，华夏出版社，2006，第 263、267 页。

1939 年拥有 4 家牛奶加工厂，1921 年进行后向综合化，整合包装材料供应源，建立了生产箱子、匣子、罐头、纸和其他包装材料的工厂。该公司在销售和批发业务方面的初步投资较少，主要利用现有的批发商和大的零售商，仅在英联邦内的澳大利亚、新西兰、南非、印度以及国外的西班牙设立了销售办事处。由于产量的不断增加，该公司于 1921 年开始后向整合仓储业和运输业，在各大城市建立"仓库分配"系统，设有大型仓库，以及拥有一个规模不断扩大的卡车队，从工厂运送产品直至顾客手中。1931 年，全国建有 15 个这种仓库，并在公司专门成立了运输科，公司 70% 的产品通过仓库运送。在后向一体化原料供应源方面，公司于 1910 年在非洲阿克拉建立了常设采购办事处，后又分别于 1917 年和 1919 年在尼日利亚建立两处。横向一体化于第一次世界大战结束后开始，该公司与 J. S. 弗赖伊父子公司合作，1920 年在澳大利亚，1930 年在新西兰，1933 年在爱尔兰，1937 年在南非，分别建立了工厂。①

为了应对美国烟草公司在英国的横向扩张，1901 年 W. D. 和 H. O. 威尔斯公司联合了 16 家小烟草公司，组建帝国烟草公司。随后不久，为了避免在竞争中两败俱伤，1902 年与美国烟草公司合并，成立英美烟草公司。② 英美烟草公司不但原封不动地继承了加入托拉斯的各公司在海外的业务和销路，而且在德、俄两国新辟了市场，确保了它在埃及、南非联邦、澳大利亚、印度以及海峡殖民地等本来的独占地盘，又向远东，特别是中国、日本、朝鲜等地进行新的活动。③ 同时，公司形成了包括烟叶收购、储存、烟草机械制造、原料处理、半成品加工、包装材料生产印刷、产品包装、成品销售部门等的一整套纵向一体化体系。

三　德国：西门子公司和蓄电池制造股份公司

与美国一样，随着市场的扩大和技术的进步，德国现代工业企业也积极展开一体化战略，代表为西门子公司和蓄电池制造股份公司。

---

① 〔美〕钱德勒：《规模与范围：工业资本主义的原动力》，张逸人、陆钦炎、徐振东、罗仲伟译，华夏出版社，2006，第 267~269 页。
② 〔美〕钱德勒：《规模与范围：工业资本主义的原动力》，张逸人、陆钦炎、徐振东、罗仲伟译，华夏出版社，2006，第 271~272 页。
③ 上海社会科学院经济研究所编《英美烟公司在华企业资料汇编》（全四册），中华书局，1983，第 4 页。

西门子是当时世界四大电气公司之一，其他三家为德国通用电气公司、美国通用电气公司、威斯汀豪斯电气公司（又称西屋电气公司）。19 世纪下半叶，西门子公司开始在海外扩张。除德国柏林的生产厂外，五六十年代，该企业在俄罗斯的圣彼得堡和英国的伍利奇设厂，1879 年又在维也纳设厂，此后为抵御德国通用电气公司在瑞士的横向一体化扩张，于 1896 年建立了瑞士电力业股份公司。在销售领域，20 世纪开始前的西门子公司主要聘请一批独家代理，并没有实施对销售环节的前向一体化。之后，其逐渐认识到电力机械销售活动以及售后维修服务的复杂性，于是开始建立自己的办事机构。到 1903 年，西门子公司在德国国内有 22 个技术处，在国外有 8 个，各处都任命有专职的销售和技术服务人员。同时，西门子公司"对相关产品进行了多元化"，甚至设立了拜耳制氯厂，实现了电气与化学生产的联营。①

1889 年，米勒和爱因贝克公司与德国通用电气公司（AEG）、西门子－哈尔斯公司（S&H）合作创建了蓄电池制造公司（AFA），总部位于柏林。在制造工厂竣工的同时，米勒与他的合伙人建立了一个世界范围的分支机构网络，以销售、安装和服务他们生产的蓄电池。英国和法国此行业的企业"都没有进行基本的生产、销售和管理的三维投资"，以至美国和德国的企业迅速控制了世界市场。为了抵御美国企业购买英国克洛里德蓄电池公司的横向战略行为，AFA 于 1905 年在曼彻斯特建立了一座工厂，并且实施前向一体化，在 4 个英国工业城市以及悉尼和加尔各答设立了销售机构。除在德国哈根和柏林的工厂外，AFA 于 1897 年在西班牙的扎佐塔，1899 年在奥地利的维也纳和匈牙利的拉柏，1903 年在俄罗斯的圣彼得堡，1904 年在匈牙利的布达佩斯，1906 年在加利西亚的莱姆贝格，1909 年在波希米亚的朱布兹诺，1911 年在罗马尼亚的布加勒斯特，1914 年在瑞典的诺尔等地都建立或合并了其他的工厂。德国蓄电池制造公司通过实施横向一体化战略，"系统地应用了企业的竞争能力去获得海外市场"②。

---

① 〔美〕钱德勒：《规模与范围：工业资本主义的原动力》，张逸人、陆钦炎、徐振东、罗仲伟译，华夏出版社，2006，第 539～543 页。

② 〔美〕钱德勒：《规模与范围：工业资本主义的原动力》，张逸人、陆钦炎、徐振东、罗仲伟译，华夏出版社，2006，第 470～472 页。

四　日本：三井和三菱

近代日本一体化企业的代表是三井和三菱。它们"是与政府的振兴实业政策相配合的特权商人——政商"①。

三井集团最初从事金融业和商业贸易，开办有三井银行和三井物产公司。明治 20~29 年（1887~1896 年），三井开始了第一阶段的一体化战略。一方面，三井利用政府出售官办产业的机会，以收购政府工矿企业资产的形式实施它在工业领域的扩张。这一时期，三井实现了纺织业、制丝业、煤矿业的混合一体化，分别于 1887 年、1888 年、1893 年收购政府企业新町纺织所、三池煤矿、富冈制丝厂。② 为节省三池煤矿的运输费用（原来由三菱轮船公司承运），于 1892 年设立了共同运输公司。③ 另一方面，三井集团从商业金融资本向产业资本转变的过程中，对三井银行进行整顿，通过收回债权的抵押品和放款收购的方式，整合了前桥纺织所、大岛缫丝厂、田中制造所（改称芝浦制作所）、钟渊纺织公司、王子造纸公司。此外，三井还自设了三重和名古屋两家缫丝厂。④

第二阶段，明治 30~45 年（1897~1912 年）和大正早期是三井集团一体化战略迅速推进的时期。此阶段，三井着重发展基于煤矿原料的化学工业，分别于明治 44 年（1911）设立三锌制炼所，明治 45 年（1912）安装了煤气焦油工厂和硫酸铵工厂，大正 2 年（1913）设立七浦煤气发电所，大正 7 年（1918）设立三池燃料工厂。此外，三井于明治 33 年（1900）设立了台湾制糖公司，于大正 2 年（1913）兼并了北

---

① 〔日〕柴垣和夫：《三井和三菱》，复旦大学历史系日本史组译，上海译文出版社，1978，第 5 页。

② 〔日〕柴垣和夫：《三井和三菱》，复旦大学历史系日本史组译，上海译文出版社，1978，第 26~30 页。

③ 三菱的兴起，特别是它垄断了海运事业，当然引起三井的反应。每年向三菱付运费 70 万日元以上的三井物产公司，于明治 13 年（1880）纠集地方批发商和船运业者，创立了资本 30 万日元的东京帆船公司，后因遭到三菱的反击而失败了。之后，三菱的庇护者大久保被刺杀以及大隈下台，三井借日本政局变动之机获得新政府的支持，于 1892 年成立了共同运输公司。〔日〕柴垣和夫：《三井和三菱》，复旦大学历史系日本史组译，上海译文出版社，1978，第 24~25 页。

④ 〔日〕柴垣和夫：《三井和三菱》，复旦大学历史系日本史组译，上海译文出版社，1978，第 36~44 页。

海道煤业轮船公司。①

第三阶段，大正9年至昭和4年（1920～1929年）是三井集团一体化战略基本完成的时期。三井在前一阶段的基础上又有新的扩张，形成了囊括重工业（矿冶业、石油工业、电力、化工、机械制造等）、轻工业（纺织业、丝绸业、造纸业、制粉业、制糖业等）、金融保险业（银行、保险、证券、信托等）、物流业（运输业、仓储业）的混合一体化企业集团——三井合名公司。②

三菱集团开端于海运业，于明治三年（1870）成立了土佐开成商店，明治8年（1875）5月改称三菱轮船公司，9月又改称邮政轮船三菱公司，从此采用公司的组织形式。以海运业为主体之外，三菱集团亦兼营与之有关的押汇、保险、仓库等业务，为此成立了三菱汇兑店。在其与三井共同运输公司的激烈竞争中，为避免两败俱伤，日本政府出面促成两公司合并为日本邮船公司，不过最终由三菱获得支配权。③ 此后，三菱基于海运业开始实施混合一体化战略。

第一阶段，明治20～29年（1887～1896年），与三井集团一样，三菱集团也通过收购官办企业开始其一体化战略。三菱承购了高岛煤矿、左渡和生野两矿山等，为此于明治21年（1888）专门设立了矿山课，决心把事业的中心从海运转移至矿业方面。至于原有海运业，三菱早于明治8年（1875）就用10万美元与罗伊德公司共同购进石井梁平设在横滨的造船器械所，改名为三菱制铁所，以专营本公司的船舶修理业务。明治17年（1884）租用长崎造船所，继而于明治20年（1887）购入。之后，三菱进一步多元扩张，于明治23年（1890）投资150万日元买进东京丸之内一带十多万坪地皮④，开始从事地产经营。基于这一阶段的一

---

① 〔日〕柴垣和夫：《三井和三菱》，复旦大学历史系日本史组译，上海译文出版社，1978，第59～63页。
② 《三井系各公司系统图（昭和3年前后）》，〔日〕柴垣和夫：《三井和三菱》，复旦大学历史系日本史组译，上海译文出版社，1978，第86～87页。
③ 〔日〕柴垣和夫：《三井和三菱》，复旦大学历史系日本史组译，上海译文出版社，1978，第19～20、23～25页。
④ 丸之内为地名，位于东京都千代田区，靠近东京车站，日本主要的金融机构均集中于此，有日本华尔街之称。一坪等于三十六平方尺。

体化成果，明治 27 年（1894）统合以上产业成立了三菱合资公司。① 此时，三菱已经拥有尾去泽、面谷、吉冈、槙峰等金属矿，又有新入、鲶田、碓井、高岛、端岛等煤矿，还有销售这些矿产物的大阪、下关、若松、长崎各分公司，以及三菱造船所、新潟事务所。在此基础上，明治 28 年（1895），后向一体化资金供应源，在集团内部设立银行部。明治 29 年（1896），三菱集团从采矿业前向冶炼业扩张，收购大阪冶炼所，精炼由本公司铜矿出产的矿砂。②

第二阶段，明治 30~45 年（1897~1912 年）和大正早期，三菱集团进一步推进一体化战略，多元经营的范围更加广泛。首先是在原有产业内继续一体化，相继获得了九州和北海道部分煤矿，并于明治 44 年（1911）在朝鲜兼二浦矿山设立炼铁所，即后来的三菱炼铁公司。大正 3 年（1914）和 5 年（1916），三菱分别收购了美呗、大夕张两大煤矿。大正 3 年（1914），三菱在原有长崎造船所之外，设立了彦岛造船所，大正 6 年（1917）新设长崎兵器制作所，大正 8 年（1919）设立长崎炼钢所。这一时期，三菱集团的岩家崎向轻工业扩张，投资设立旭玻璃公司。③ 至此，三菱集团在矿业、造船业、机械制造业、地产业、银行业、轻工业等中已经各有程度不同的涉及，初具多元混合一体化的规模。

第三阶段，大正 9 年至昭和 4 年（1920~1929 年）是三菱集团一体化战略完成时期。这一阶段，三菱集团在原有多元经营的基础上进一步扩张：重工业，包括了煤、铁矿开采冶炼，造船、电机、飞机等制造等；轻工业，包括了棉纺织、蚕丝、面粉、制糖、造纸等；金融保险业，包括银行、保险、证券、信托等；其他还涉及渔业、百货业等。④ 总之，三菱成为类似三井的混合一体化企业集团。

---

① 〔日〕柴垣和夫：《三井和三菱》，复旦大学历史系日本史组译，上海译文出版社，1978，第 27~30、35~44 页。
② "银行部不是独立的法人，它是在三菱合资公司内部设立的……既是它们的出纳机关，又是它们的资金供应者"，是三菱各企业的"机关银行"。〔日〕柴垣和夫：《三井和三菱》，复旦大学历史系日本史组译，上海译文出版社，1978，第 45~46 页。
③ 〔日〕柴垣和夫：《三井和三菱》，复旦大学历史系日本史组译，上海译文出版社，1978，第 59~63 页。
④ 《三菱系各公司系统图（昭和 3 年前后）》，〔日〕柴垣和夫：《三井和三菱》，复旦大学历史系日本史组译，上海译文出版社，1978，第 90~91 页。

第二节　历史话语：“事业集合”

近代中国民族企业的一体化意识首先当然是植根于企业扩张经营的实践之中。不过，由于后发性的特点，世界主要资本主义国家企业战略发展的趋势对当时民族企业一体化意识的产生起到了十分重要的引导作用，而民族企业家的人格和精神因素也成为酝酿一体化意识的“酵母”。一体化的相关理论在中国近代话语中有一定程度的表现，主要出现在企业经济评论人、经济学家以及民族企业家的言论中。近代企业发展的理论者和实践者以不同的语言表达方式展现了一体化的近代中国话语，尽管理论水平尚未达到当今的层次，但已经对一体化的世界趋势、基本概念及利弊分析有一定的认识。近代中国民族企业家对企业扩张模式和理想的勾画中也都体现出一体化的意识。不仅如此，这些一体化发展的意识，在企业规章中也有制度化语言的体现。

一　一体化意识的产生来源

近代中国民族企业的一体化意识，自然地产生于民族企业扩张经营的实践中。在近代中国的特殊环境下，民族企业的发展困难重重，如国外一体化先进大型企业及企业集团的竞争逼迫、市场经济环境稚弱、政府作用乏力等。因此，在经营管理企业的过程中，它们发现：原本应该踏实地积累企业经济实力，但受国外大型企业及企业集团的逼迫，亟待迅速实施一体化战略以防御之；很多本应该由市场提供的经济要素，近代的中国却无法充分具备，民族企业只能自我谋取；一些本应由政府维持的经济秩序，近代中国历届当政者均未能实现，因而一些市场交易行为有必要纳入企业内部以确保稳定进行。总之，企业只能依靠自己扫清从供应源到销售终端的障碍，以保证生产的顺利进行，谋求企业的生存与发展。这样，在解决企业发展困难的过程中，有实力的近代中国民族企业家们逐步认识到必须实施一体化战略，横向扩张以增强企业抵御竞争的力量，纵向整合以保证企业整个产业链条的顺利运行，混合多元经营以分散市场风险。近代中国民族企业一体化意识主要来源于经营管理实践、对国外企业经验的借鉴、企业家人格精神三个方面。

　　第一，近代中国企业一体化意识在经营管理实践中产生。

　　近代中国民族工业企业发展的环境十分恶劣。对此，民族企业家们一直在寻求解决的路径。在经营管理的实践中，他们认识到必须通过实施一体化战略以适应恶劣的环境。换言之，既然市场与政府的能效不能很好地保证企业发展的需要，那么企业不如通过自身的力量整合发展所需的经济部门和渠道，从而确保自身的生存和发展。

　　1948年，荣氏集团第二代企业家荣毅仁在《面粉工业》杂志中提到：中国面粉发展有诸多不利的环境因素，如原料产区、产品销售区、生产区的分离，国内运输体系不健全，仓库制度不完善，土磨粉消耗原料太多等问题。他认为："设厂地域如不广布分配，麦仓与买卖制度不力求健全，人才不设法训练，生产与技术不力求合理，则前途亦难乐观。"[①] 可见，为了适应国内环境不利的情况，近代中国民族企业必须实施一体化战略。通过实施横向一体化战略，在异地设厂，可以解决原料和产品市场与生产地相分离的问题；通过实施纵向一体化战略，在原料产地和产品销售市场设立麦庄和批发处等采购和销售机构，可以应对麦仓与买卖制度不健全的情况；建立职员养成所，企业自己培养员工，可以应对近代中国市场缺少现代人力资源的问题。

　　近代中国民族企业不仅要适应不成熟的近代市场环境，还要应对近代中国政府管理乏力所带来的不利环境。近代经济史学者史全生、张士杰认为："各地军阀割据，关卡林立，高利贷活跃，民族资本主义企业要求得生存与发展，就必须采用一些独特的经营方式，在这种条件下，大成纺织染公司就采取了供产销联营的办法，即在产棉区广设棉花收购行庄，在主要消费区设立棉布推销处，实行供产销'一条龙'。"[②] 近代中国历届政府始终未能完全确立中央政府统一管理的权威，在市场方面的治理表现，尽管逐步有所改善，但仍存在诸多问题，如市场的不统一、公共经济部门不发达等。这些都会影响企业经营活动的顺利开展。大成纺织染公司的企业家刘国钧即认识到供产销联营的重要性，认为必须实

---

① 荣毅仁：《中国面粉工业前途瞻望》，上海大学、江南大学《乐农史料》整理研究小组选编《荣德生与企业经营管理》下册，上海古籍出版社，2004，第1263~1264页。

② 史全生、张士杰：《刘国钧经营大成公司的特点》，李文瑞主编《刘国钧文集·附录》，南京师范大学出版社，2001，第132页。

施后向一体化，在原料产区设立中间采购部门，实施前向一体化，在销售区设立中间批发部门，主动涉入采购和销售活动以减轻政府治理不力所带来的原料和销售市场的不稳定的威胁，从而可以使企业在如此不利的环境中生存下来。

为了应对不利的环境，谋求企业的发展，近代中国民族企业的高层管理者们产生了一体化战略的意识。同时，国外一体化先进企业的影响也不可忽视。这种影响的一种表现是对近代中国民族企业的竞争逼迫。部分中国民族企业家意识到必须实施一体化战略才能抵御国外一体化企业的逼迫。

1929 年 4 月，《无锡杂志》刊登了一篇题为《申新第三纺织厂概略》的报道。文章在第一部分"创办之动机"中提到："迨民国元年，稍添设备。继思非多创工厂，仍不足以与世界先进国相颉颃。适欧战发生，需要益亟，乃决意另组较大之纱厂，先设申新一、二两厂于上海。惟察内地状况，购用日纱仍多，乃有添设三厂于无锡之计划，以期振兴实业，挽回利权；并派族兄月泉等分赴欧美考察机械，为取法之资。此宗敬创办本厂之动机也。"[1] 荣氏申新的企业家认为"非多创工厂"，"不足以与世界先进国相颉颃"，实际上含有必须实施横向一体化战略以抵御国外一体化先进企业逼迫之意。正是基于这种认识，申新一厂、二厂才会诞生。在发现内地"购用日纱仍多"之后，荣氏又继续横向一体化创建申新三厂。荣氏申新企业家以横向一体化为其扩张战略，然对纵向生产一体化的防御效应亦有所认识，尽管并未有效实施。1929 年，《茂新福新申新总公司三十周年纪念册》提到："外人揣摩社会之时尚……故所织布匹，式样新颖……是故我国纺织工厂，亦非注意整理、染色，不足以言竞争。故增加整理、染色等工程，为本厂预定计划之一。"[2] 可见，荣氏申新深知在国外一体化先进企业的逼迫下，实施横向一体化战略是必要的选择。

近代中国民族棉纺织业中的企业绝大多数是纺纱厂或纺织厂，极少

---

[1] 《申新第三纺织厂概略》，上海大学、江南大学《乐农史料》整理研究小组选编《荣德生与企业经营管理》上册，上海古籍出版社，2004，第 26 页。

[2] 《申新第三纺织厂概况》，上海大学、江南大学《乐农史料》整理研究小组选编《荣德生与企业经营管理》上册，上海古籍出版社，2004，第 358 页。

有纺织染印联营的全能厂，"常常要为棉纱或坯布产品的去向，售价的高低而受制于人"。这一弱点被日本等外国资本主义企业利用，"他们以资本、技术上的优势，不平等条约给予的特权，在市场上，千方百计地抑制棉纱、坯布的价格，实行削价倾销的政策"①。刘国钧在其自传中感叹："日本人用贬低纱价、抬高布价的办法，是欺侮中国厂没有染色设备，申新纱厂没有染色设备，就吃了大亏，宝成纱厂也是如此。"② 对此，民族棉纺织企业"要抵制外国货物的倾销，争回利权，求得自身的发展，只有向印染方面发展"，刘国钧"将其独资经营的广益染织厂并入大成公司，改称'大成二厂'，增加印染设备"，"大成公司成为一个纺织印染的全能企业"③。可见，在外国棉纺织一体化企业的逼迫下，民族企业家产生了实施纺织染印生产纵向一体化战略的意识。

丽新纺织印染整理公司也遇到类似的问题："由于国内棉织事业，向用土法漂棉纱线后再行织布，较诸外人径以坯布漂染，且加以整理，其在技术上未免落后。外货光采夺目，经久不变，故为国人所乐用，每年漏卮甚巨。"外国棉纺织企业实现了生产纵向一体化，产品可以进行深加工，销售的利润率提高，逐步抢占中国市场。受此逼迫，为防御竞争逼迫，丽新企业家认为必须加快推进生产纵向一体化战略，即"发起创立一较完整的织布、漂染、整理工厂"④。

由此可见，在经营管理的实践中，面对恶劣的生存环境和强大对手的竞争逼迫，近代中国民族企业家产生了实施一体化战略的意识。

第二，近代中国企业一体化意识亦是借鉴于国外企业经验。

国外一体化企业对中国民族企业影响的另一表现是"引导"，即近代中国民族企业的高层管理者受到西方发达国家企业一体化战略潮流的启发和促动，从借鉴外国企业发展经验中产生一体化战略意识。

---

① 史全生、张士杰：《刘国钧经营大成公司的特点》，李文瑞主编《刘国钧文集·附录》，南京师范大学出版社，2001，第129页。
② 刘国钧：《自述》，李文瑞主编《刘国钧文集·传记卷》，南京师范大学出版社，2001，第18页。
③ 史全生、张士杰：《刘国钧经营大成公司的特点》，李文瑞主编《刘国钧文集·附录》，南京师范大学出版社，2001，第130页。
④ 钱钟汉：《无锡五个主要产业资本系统的形成与发展》，中国人民政治协商会议全国委员会文史资料研究委员会编《文史资料选辑》第二十四辑，中华书局，1962，第135页。

荣氏集团的创始人之一荣德生早在1900年经营钱庄时即"看《事业》杂志、《美十大富豪传》"，并"常到书店，选事业可观之书"①。《事业》杂志是介绍西方经济发展的刊物，而20世纪伊始正是西方工业企业一体化如火如荼展开之时。《美十大富豪传》介绍了美国卡耐基、摩根等十位大企业家的成长经历，从中可获取国外企业家经营管理的经验。这些企业家均实现了自身企业的一体化战略，建立了某个产业领域的企业帝国。目前虽未发现荣德生表述企业一体化战略时引用这些书刊中的话语，但如果说其未从中吸取相关的战略意识也是不合理的。总之，荣德生应该或多或少地从早期阅读的介绍西方企业家及企业发展的刊物和书籍中吸收了一体化战略的意识，使其在以后思考自身企业战略时自觉或不自觉地选择了一体化。

有些企业家亲自赴国外探寻企业发展之道，了解国外企业实施一体化战略的形势。刘国钧考察了欧美纺织企业之后认为："美国纱厂组织为纵式连合，多数皆有纺、织两部，少数亦有染整部分……其前部工程互相衔接而成标准化。英国组织则多纺厂、织厂分立，而成横式连合，所制纱布，由粗而细，应市场需要而定。"② 可见，从国外企业发展的实情中，刘国钧已经意识到一体化的两种基本形式，即纵向一体化和横向一体化。

留学至西方国家学习企业经验管理知识也是近代中国民族企业的管理者获得一体化意识的重要途径。

荣德生早年受到欧美企业及企业家的影响，对西方企业管理理念自然十分向往。创办面粉及纺织企业后不久，他在第一次全国工商会议上提交了《请选派海外实业练习生案》，认为派员工赴海外学习可以"一到彼国之后，学何项营业，即能与何项商人狎昵相近，直接咨访，而探听其情形，可随时报告。则中外情形，亦自能渐渐贯通，而少隔阂之虑"③。在荣德生看来，派员工赴海外学习可以"探听其情形"，而当时西方企业

① 荣德生：《乐农自订行年纪事》，乐农史料选编《荣德生文集》，上海古籍出版社，2002，第31页。
② 《刘国钧演讲考察欧美纺织事业经过》，李文瑞主编《刘国钧文集·附录》，南京师范大学出版社，2001，第23页。
③ 《在第一次全国工商会议上提出的三个议案》，上海大学、江南大学《乐农史料》整理研究小组选编《荣德生与企业经营管理》上册，上海古籍出版社，2004，第4页。

发展的一大潮流便是一体化战略；"随时报告"可使国内民族企业管理高层了解国外企业一体化战略的形势及理念；"渐渐贯通，而少隔阂之虑"表明他有意借鉴西方企业经营管理的经验，紧跟世界企业一体化战略趋势，将一体化经营理念运用到中国企业的发展中，而不至于闭门造车，脱离世界企业发展大势。

事实上，海外留学人员回国任民族企业高层管理者的不在少数。荣氏注重家族成员的留学深造，以之作为家族企业高层管理人员的后备。仅翻查申新三厂的大事记就可发现：荣德生"女婿唐熊源，毕业于美国惠罗尔纺织大学，来厂任副经理，协助管理改革，颇得力"，"三儿荣一心从美国罗惠尔纺织大学毕业回来，得工程师学位，在三厂任副经理，与唐熊源同"①。抗日战争胜利前夕，荣德生次子荣尔仁提出"大申新计划"，受到两位高层管理者的影响：一位是汪孚礼，主张推行资本主义企业管理制度，受到荣尔仁的支持；另一位是上海派到申新的银团代表顾鼎吉，他曾留学美国，专攻企业管理，对美国财阀"托拉斯"的一套很熟悉。② 这里所谓"托拉斯"的一套实际上是一体化的战略管理模式，"大申新计划"体现了近代中国民族企业的战略选择走向正规化。事实上，荣尔仁的"大申新计划"的制订依靠了其在重庆设立的公益工商研究所。该机构将组织一个"帮助他实现计划的专家智囊团"，荣尔仁说，"智囊团的人员也就是未来的企业重要干部"。核心人选有：顾鼎吉、秦德芳、沈维经（原上海银行人事部副经理，后任重庆茂新、福新、申新总公司协理，抗战胜利后脱离）、翟克恭（原中央信托局总稽核，抗战胜利后任申新二厂、五厂协理，后又任天元实业公司副总经理）、郑家朴（原沙市纱厂总工程师，后任申新二厂、五厂协理）、丁忱（后曾任钱昌照、荣尔仁的私人秘书）、邵习勤（原大学教授，后任申新二、三、五厂，茂新，天元，合丰总管理处计划处长）。以上核心人物"除郑家朴外，全都是英、美留学生"。此外，荣尔仁"还不断吸收曾在英、美留

---

① 《申新第三纺织厂大事记》，上海大学、江南大学《乐农史料》整理研究小组选编《荣德生与企业经营管理》下册，上海古籍出版社，2004，第895、897页。

② 钱钟汉：《有关申新二、三、五厂　茂新　天元　合丰总管理处的片段回忆》，上海大学、江南大学《乐农史料》整理研究小组选编《荣德生与企业经营管理》上册，上海古籍出版社，2004，第569页。

学的专家，如俞庆棠、费福寿、吕德宽、杨同德、李昌第等，组成以智囊团为核心的专家集团"①。这些留学英美的战略管理的高才生们将自己在国外学到的一体化战略管理理念和见识到的、感受到的企业一体化战略潮流带到了中国，利用自己担任企业高层管理人员的机会，使西方企业一体化战略理念浸入整个民族企业集团管理高层的思维。

不仅荣氏集团，其他近代中国民族企业管理高层中亦存在具有留学背景并接受国外企业一体化战略理念的人员。大成纺织染公司创始人刘国钧十分器重的一名高级管理人员——陆绍云，曾就读于日本东京高等工业学校，学习纺织专业并获得学士学位。永泰缫丝集团的第二代企业家——薛寿萱，曾留学美国学习经济，1925 年回国后参与家族企业的管理，确立了一体化的发展战略。正是在他的主持下，永泰缫丝集团进入了快速扩张的时期，最终取得了区域垄断的地位，薛氏亦被称为"缫丝大王"。

可见，经济管理专业的留学生一定程度上推动了近代中国民族企业的管理高层一体化战略意识的形成和发展。

第三，近代中国民族企业家在早期成长阅历中形成的人格精神是酝酿一体化战略意识不可忽略的因素。

近代中国民族企业的创始人大多经历过学徒时代，生活和工作的阅历使他们懂得独立自主的重要性，而独立自主在思路上与企业一体化的精神实质是相通的。一体化战略就是要求企业把原本依赖企业外部市场获得生产经营要素的方式转变为把外部交易纳为企业内部组织之间的指令交易以降低交易成本的经营战略。简言之，企业以独立自主（自己独立组合交易部门）的方式避免资源外取所带来的额外交易成本。因此，企业一体化的内涵具有独立自主的精神，一些近代中国民族企业家在早期的经历中即养成了这种品质和性格。荣德生在钱庄当学徒时产生了"思求人不如求己"②的观念。他评价其兄荣宗敬时用

① 钱钟汉：《有关申新二、三、五厂　茂新　天元　合丰总管理处的片段回忆》，上海大学、江南大学《乐农史料》整理研究小组选编《荣德生与企业经营管理》上册，上海古籍出版社，2004，第 572 页。

② 荣德生：《乐农自订行年纪事》，乐农史料选编《荣德生文集》，上海古籍出版社，2002，第 10 页。

"气魄宽广，大度磅礴，遇事勇往直前"来形容，并认为"事业之大，实由兄主持，才有此成就也"①。荣德生认为荣氏集团能取得"事业之大"的成就与其兄的"宽广""大度"的性格有关，而"事业之大"需要通过实施一体化战略完成。荣宗敬的性格与一体化战略中要求扩张并购的方式有相通之处。大成纺织染公司的创始人刘国钧在早年的经历中亦有总结："'靠人都是假，跌倒自己爬'，一切都要靠自己的努力。"②1944年11月号的重庆《新世界》杂志刊登了一篇题为《无锡荣氏企业家族及其起家的面粉业》的文章。文中这样分析荣氏集团成就取得的原因："第一，要从无锡人的性格上去求解答。一般的无锡人，喜欢独立，喜欢创造，这种爱好自由的精神，极容易转变成为企业精神。"③ 这句话肯定了企业家性格可以转变为企业精神，从而对其战略方向的制定产生影响。换言之，近代中国民族企业家的人格精神诱发了其在企业经营中的一体化战略意识。

二　一体化意识的中国近代话语表达

20世纪开始后，中国民族企业逐渐认识到扩张发展的世界趋势，形成了"事业集合"的经营思想，包括"横连""纵合""多角"三种扩张维度，并对其利弊有详细的分析和总结。"横连"可以降低成本，易于研发和改良，避免恶性竞争等，但规模过大会导致内部管理问题。"纵合"避免了交易成本，但易出现生产平衡问题。"多角经营法"能分散风险，内部挹注，但处理不当会造成危机扩散和内部拖累。因此，企业必须比较利害得失以断定是否实行。此经营思想与现代经济学的企业一体化理论有一定渊源，具有重要的理论价值，对近代中国民族企业的发展也具有积极的指导意义。

---

① 荣德生：《先兄宗敬纪事述略》，乐农史料选编《荣德生文集》，上海古籍出版社，2002，第316～317页。
② 刘国钧：《自述》，李文瑞主编《刘国钧文集·传记卷》，南京师范大学出版社，2001，第10页。
③ 《无锡荣氏企业家族及其起家的面粉业》，《新世界》1944年11月号，1944年11月15日，第19页。

企业扩张有多个面向，以往学界多关注资本的积聚和集中①，对生产及业务的整合虽有提及，然论述不够全面、系统及深入。就企业扩张的思想意识而言，近代中国企业界在提出"资本之聚集"的同时，也认识到"一单位事业所用资本分量之增大，事业之规模，亦随所用资本而增大也"②。这里的"事业"实际上指的是企业所涉及的生产及业务，企业扩张又可认为是"事业集合"。较之资本概念，这一思想非扩张本质的揭示，而是扩张形式的总结。对其进行的梳理，一方面有助于从资本之外的另一面认识近代民族企业扩张的脉络，另一方面也有利于追溯现代经济学理论及概念的近代中国话语表述方式。对中国近代民族企业经营管理思想的总结，现有的考察对象主要局限在作为实践者的企业家及企业高管范围内③，作为理论者的企业评论人及企业经济学者的思想则鲜有论及。笔者将结合对这两类群体的认识考察，对近代民族企业扩张的"事业集合"思想做简单梳理。④

（一）趋势的认识

19世纪末20世纪初，世界企业出现大规模生产的趋势，大型企业纷纷出现。对此，近代中国民族企业界的理论者和实践者都有及时、充分和普遍的认识。

1912年，已有论者认识到，"企业之法乃日趋于集合"。所谓"集合"不仅仅是企业"以吸收资本者而吸收事权"，"更以吸收事权者而集合事业"。可见，资本和事业是企业扩张的两个面向，"事权"是指对某一生产及业务经营管理的控制权，"集合事业"实际上就是整合生产及

① 代表性成果：专著方面是马俊亚的《规模经济与区域发展——近代江南地区企业经营现代化研究》（南京大学出版社，1999），论文方面有王双的《早期招商局的多元化经营战略》（《学术月刊》1995年第10期）、陈自芳的《论近代民族资本的企业联合》（《北方论丛》1996年第4期）、张朔人的《20世纪20年代民族资本在水泥业的整合》[《华中科技大学学报》（社会科学版）2006年第1期]、李福英的《规模扩张与近代企业集团的兴衰》（《贵州社会科学》2007年第11期）、兰日旭的《近代中国银行联合兼并活动探析》（《青海社会科学》2009年第3期）等。
② 现有的专门性讨论有江满情的《论刘鸿生的同业合并思想及其实践》（《安徽史学》2006年第3期）。
③ 代表性专著有钟祥财所著的《中国近代民族企业家经济思想史》（上海社会科学院出版社，1992）。
④ 吴应图编《资本问题》，中华书局，1929，第46页。

业务的意思。该论者相信，20 世纪的企业"遂由分业一变而为集中企业焉"①。这里的"集中企业"即大型企业及企业集团的意思。此类论辞并非个别现象。还有论者指出，"自产业革命后，先进国生产事业，莫不趋于大规模之组织"②。也有工商管理类书中提到，"大规模事业是近代事业界的一个特色"，而所谓"大规模事业（Large scale business）"，"与大规模企业（Large scale enterprise）大致差不多"③。可见，"事业集合"的结果是形成大规模的企业。这种大企业则是"许多小工厂的大集合，内中部分极多"④。由于从欧美企业发展的经验来看，企业"集合事业"主要由企业家主持下的企业合并联合来完成，当时有论者把"集合事业"理解为"企业家的结合"，认为"在任何工商业国，且实际在经济事务每部分中，自十九世纪后期，企业家的结合已成了最重要的发达了"⑤。不管表述的多样化，企业"集合事业"的趋势在近代中国企业界中已有较多的讨论。

尽管民族企业起步较晚，但如果不顺应这一趋势，将"不能与世界之大商工业相角逐耳"，不"集合事业"而"以为对抗外人计"，则"中国人之生路必为外人垄断罄尽"。故中国企业推行"事业集合"是"人民生死问题，国家之存亡问题，非特工商业发展失败之关系而已也"。民族企业应"于资力及经营上实行合并主义"；如果"欲于世界之工商战场中占一位置"，就必须"以集资主义为唯一之政策，唯一之商略焉"⑥。这实际上把近代民族企业集合资本进而"集合事业"的必要性从企业经营层面提到了国家和民族意义的高度。

关于大规模企业的"事业集合"，实践者们有更直接的感悟。近代中国首个民族大企业大生集团的创建者张謇指出，"实业在农、工、商"，紧接着又强调"在大农、大工、大商"⑦，其中暗含了发展农、工、

① 《资力集合论》，《东方杂志》第 9 卷第 2 号，1912 年 8 月 1 日，"内外时报"第 14 页。
② 龙：《述大规模生产事业》，《钱业月报》第 3 卷第 5 号，1923 年 6 月 15 日，第 17 页。
③ 杨端六：《工商组织与管理》，商务印书馆，1944，第 18 页。
④ 潘念祖：《提倡工厂的积极办法》，《申报》1919 年 6 月 23 日，第 3 张第 11 版。
⑤ 《企业的结合》，蔡庆宪译述，大东书局，1929，第 15 页。
⑥ 《资力集合论》，《东方杂志》第 9 卷第 2 号，1912 年 8 月 1 日，"内外时报"第 16～17 页。
⑦ 《为南通保坍会及垦地致陈省长函》，张怡祖编《张季子九录·自治录》（卷四），文海出版社，1983，第 1966 页。

商事业大规模企业的观点。在国外工商界打拼多年的郭乐认为，不能"孜孜然博蝇利而自足，既无规模组织，更茫然于商战之形势"①，于是才有了庞大的永安公司。中国企业经营公司的主持者刘鸿生认为，"经济社会之组织，其始由简单而趋于复杂者……此自然之趋势，而各业大规模之联合及合并所由产生也"②。荣德生是茂、福、申新荣氏集团的创立者之一，早年经营钱庄的时候就"看《事业》杂志、《美十大富豪传》"，并"常到书店，选事业可观之书"③。其兄荣宗敬则更多的源自自身"气魄宽广，大度磅礴，遇事勇往直前"的性格，一贯"力图扩大"和追求"事业之大"④。此外，民生实业公司的创办人卢作孚提出，本企业的发展战略是"要求航业化零为整，合并许多公司"⑤。

由于棉纺织业在民族工业中的重要地位，该产业的企业发展趋势受到特别关注，尤其是竞争对手日本棉纺织企业的发展情况。学者王子建认为，日本棉纺织业"大的公司逐渐膨胀，小的公司遂难于立脚"，虽然"未见得是少数威权者所能完全支配操纵"，但"'联合'（Combine）的局势已成，迟早总会有这一天的"⑥。近代棉业专家和企业家穆藕初指出，"日本纺织家正在预备一伟大计划……从事于大组合"⑦，而民族棉纺织企业"应世界之新运，非从速组织我国纺织业托赖斯不为功"⑧。

由此可见，近代中国民族企业界已经普遍认识到了"事业集合"的趋势。当然，由于表意侧重点和用词方式的不同，含有"事业集合"意

① 上海市纺织工业局、上海棉纺织工业公司、上海市工商行政管理局永安纺织印染公司史料组编《永安纺织印染公司》，中华书局，1964，第11页。

② 上海社会科学院经济研究所编《刘鸿生企业史料（1931～1937年）》中册，上海人民出版社，1981，第15页。

③ 荣德生：《乐农自订行年纪事》，乐农史料选编《荣德生文集》，上海古籍出版社，2002，第31页。

④ 荣德生：《先兄宗敬纪事述略》，乐农史料选编《荣德生文集》，上海古籍出版社，2002，第316～317页。

⑤ 卢作孚：《一桩事业的几个要求（代序）》，民生实业公司十一周年纪念刊编辑委员会编《民生实业公司十一周年纪念刊》，民生实业股份有限公司，1937，第4页。

⑥ 王子建：《日本之棉纺织工业》，社会调查所，1933，第31页。

⑦ 《日本纺织托赖斯之大计划》，穆湘玥：《藕初五十自述》，商务印书馆，1928，"附刊·藕初文录"（上卷），第14页。

⑧ 《今后东方纺织业竞争之大势》，穆湘玥《藕初五十自述》，商务印书馆，1928，"附刊·藕初文录"（上卷），第45～46页。

思的表述呈现多样化特征。"集合事业"和"集中企业"是企业行为的特性表述，即聚集业务，统一组织。"大规模之组织"是企业行为结果的状态性表述。企业"集合事业"必然会造成单位和机构的扩大，往往会形成庞大体型的企业集团，甚至是"托赖斯"组织（托拉斯垄断组织）。更多的则是企业行为方式的动态性表述。企业实现"集合事业"要通过"小工厂的大集合""企业家的结合""合并主义""大规模之联合及合并""大组合"等。当然，除了独立企业之间的"合"外，单个企业的自建也能达到"集合事业"的目的。综合考量各类表述，笔者认为"事业集合"能更直观地和明确地反映企业扩张的内容及行为特征，遂用来概括近代中国此类企业经营思想。

19 世纪末世界企业出现"事业集合"的扩张趋势后不久，20 世纪初的近代中国民族企业界便认识到这一潮流，为民族企业的发展观念同步于世界提供了依据，也明确了民族企业现阶段的发展战略，实质上也为相对落后的民族企业提出了追赶性发展的要求。

（二）概念的确定

关于"事业集合"，近代企业界有论者认为是把"事业"置于"同一管理之下"，由"一机关为之"①。由于企业的"事业"的承担者是具体的单位及机构组织，又有论者认为"事业集合"是"生产机构合并"，即"集合几个大工厂在一个管理机构之下"②。这样必然导致"大规模组织（Large scale organisation）"企业的出现，即"某种事业在一个最高管理之下进行的状况"③。具体到棉纺织企业，有论者指出："日本纺织公司之大者，均自办织布工厂以求工程之'单一制'。大团体四家，于织布之外，更设漂染印花工厂，其工程又进展于'全单一制'。"④ 换句话说，即日本大规模纺织企业集合纺纱、织布、漂染、印花事业进行统一管理。因此，企业"集合事业"概念内涵的核心意思是大规模生产或业

---

① 龙：《述大规模生产事业》，《钱业月报》第 3 卷第 5 号，1923 年 6 月 15 日，第 21 页。
② 应远涛：《大规模的工业生产与合并制度》，《中国工业》第 2 卷第 4 期，1944 年 4 月 15 日，第 20 页。
③ 杨端六：《工商组织与管理》，商务印书馆，1944，第 18 页。
④ 汪孟言：《英人之日本纺织观》，《纺织周刊》第 5 卷第 6 期，1935 年 2 月 16 日，第 165 页。

务的"统一管理"，而规模达到一定程度就会形成垄断或寡头垄断。

"事业集合"主要有三种维度："横连"、"纵合"与"多角"。

由于横与纵是相对的两个维度，二者往往会被放在一起定义。有杂志在"名词浅释"栏目解释"大规模生产"，可以是"同种产业的工场，集合于单一管理之下"，称为"横的资本结合"；也可以是"连续生产阶段的工场，（如造币厂，印刷厂等）集合于同一管理之下"的"纵的资本结合"①。虽然概念名称尚未脱离"资本"表述，但在定义内容中都使用了"产业"及"生产阶段"的解释，实际上就是当时所称企业的"事业"，而"单一"和"同一"管理已具有"集合事业"的核心意思。横与纵的区别在于所集合的事业的种类及关系，前者是"同种"的，而后者是"连续"的。当然，也有论者把横及纵的结合简单地以"同类的结合"与"异类的结合"作为区别。②不过，仅仅用"异类"来解释纵的"事业集合"并不确切。《企业的结合》一书有更直接的解释，指出"横断的结合（Horizontal combinations）"就是"各种相同事业的结合"，而"纵断的结合"为"不同一的阶段内生产"的结合，并进一步解释纵断结合的各事业是"经营一种物品生产的各阶段的，但他们并不超越于这种范围之外"③。还有更明确的定义认为，"横连（Horizontal Combinations）"即"置同类之事业于同一管理之下"；"纵合（Vertical Combination or Integrity of industry）"是"对于一种事业，自产生原料，制成商品，以至销售此商品，皆由一机关为之"④。其中，对于纵的"事业集合"的理解，已把"连续阶段"的范围从加工生产扩展到"产生原料"（可以是自产，也可以是采购）和销售阶段。

另一类定义从事业的承载单位去理解。有工商类著作认为，企业扩大规模有两种模式，一种是"同种部门的横断的（水平的）结合"，另一种是"上下异种部门间之纵断的（垂直的）结合"⑤。企业的事业以部门的组织形式进行管理，"集合事业"也就是结合部门。同时，值得注

---

① 乐天辑：《名词浅释》，《自修》第 221 期，1942 年 6 月 2 日，第 5 页。
② 简贯三：《论大规模的工业组织》，《申报》1946 年 12 月 23 日，第 3 张第 9 版。
③ 《企业的结合》，蔡庆宪译述，大东书局，1929，第 8～9 页。
④ 龙：《述大规模生产事业》，《钱业月报》第 3 卷第 5 号，1923 年 6 月 15 日，第 21 页。
⑤ 曾广勋编著《世界经济与产业合理化》，上海社会书店，1932，第 74 页。

意的是，纵断的解释中出现"上下异种部门"的概念。这里的"上下"实际上有现代企业战略学中"纵向链条"上游和下游的意思。[1] 还有一些定义对事业承载单位有不同理解，并突出强调了"事业集合"所含统一管理的核心意思。例如，有工商类著作把"横式合并（Horizontal Combination）"解释为"两个以上制造相同产品之企业，共受另一主脑机关管理之组织方式"，而"纵式合并（Vertical Combination）"是"两个以上制造不相同产品之企业，共同受另一主脑机关管理之方式"[2]。此处关于纵的方面的解释只表达了结合企业生产不同产品的意思，但并未强调乃是为了完成最终产品，在不同生产阶段产出的加工品。还有论者认为"平面性的合并"是"将几个出产同样出品的工厂联合在一个管理机构之下"，而"立体性的合并"即"将若干有关制造的必要手续集合在一个管理机构之下"，并进一步解释"这些制造手续大致有共同的性质"，还举例"在美国，纺和织往往由一家工厂担任"[3]。虽然"立体性"的名称不好理解，但从所举例子来看，就是指的"纵合"，其解释较上一处深入，指出了制造手续的同质性。这些定义把事业的承载单位理解为"企业""工厂"，与"部门"并无实质性区别。单个企业的小规模"事业集合"体现为部门数量的增加；而企业集团的大规模"事业集合"则表现为总公司下属企业或工厂数量的增多。

可见，"横"与"纵"是此类概念名称的关键字。与"横"同义的用词还有"水平""平面"，英文即"horizontal"，核心意思是"同"，即"同种产业""相同事业""同类事业""同种部门""制造相同产品之企业""同样出品的工厂"等；与"纵"同义的用词还有"垂直""立体"，英文即"vertical"，核心意思是"连续""同质"，即"连续生产阶段"、"不同一的阶段内生产"、有"共同的性质"的"制造手续"，并

---

[1] 一般而言，在一个经济体系中，商品沿纵向链条"移动"——从原材料和零部件到生产，再经过运送和零售。经济学家认为，处于纵向链条前面步骤的是生产过程的上游，处于后面步骤的则是生产过程的下游。〔美〕贝赞可、德雷诺夫、尚利、谢弗：《战略经济学》（第三版），詹正茂、冯海红、林民旺、李诺丽译，中国人民大学出版社，2006，第112页。

[2] 财政部财务人员训练所、盐务人员训练班编《工商管理》，1943，第41页。

[3] 应远涛：《大规模的工业生产与合并制度》，《中国工业》第2卷第4期，1944年4月15日，第20~21页。

可以扩展到原料的生产或采购以及产品的销售阶段。

除抽象的概念定义外，"事业集合"横与纵的概念也出现在对国外棉纺织企业发展状况的认识中。著名经济学家马寅初认为日本纺织业形成托拉斯，"其组织又有纵横之不同"。"横的结合"是"同种类之许多企业，集合于一个管理之下"，"如各纺纱厂共同结合成一极大纺纱厂团体"；"纵的结合"则将纺纱厂、织布厂、染色厂"集合于一个管理之下"[1]。棉纺织业专家王子建指出日本棉业界出现"纵断的组织"，即"从纺纱，织布以至于漂染加工，在同一企业之下依着生产的程序从事一贯的工作"[2]。除日本外，民族棉纺织企业家刘国钧考察欧美纺织企业时发现，美国纱厂多数为"纵式连合"，"皆有纺、织两部，少数亦有染整部分"，英国则"多纺厂、织厂分立"，为"横式连合"[3]。面对世界主要工业国棉纺织企业"事业集合"的发展趋势，有论者认为"今后新办工厂，当以中大规模联合工场为最宜，每一集团自纺而织而染而印"[4]。这些对国外棉纺织企业发展状况描述及解释的词句也体现了"事业集合"基本观念的存在。

"事业集合"的横与纵的扩张思想也出现在民族企业家的朴素语言中。申新棉纺织公司的荣氏兄弟一直致力于纺纱事业的"横连"。早年兄弟二人与人合办无锡振新纱厂时，荣德生就向董事会提出分别在上海、南京、郑州创办分厂，认为"要拿大钱，所以要大量生产"[5]。其兄荣宗敬表示，发展家族企业，一方面通过自建方式，"造厂力求其快"，"扩展力求其多"[6]；另一方面通过并购方式，"厂子不管好坏，只要肯卖，我就要买"[7]，

① 《日本工业进步之原因》，《马寅初全集》第九卷，浙江人民出版社，1999，第351~352页。
② 王子建：《日本之棉纺织工业》，社会调查所，1933，第19~20页。
③ 《刘国钧演讲考察欧美纺织事业经过》，李文瑞主编《刘国钧文集·附录》，南京师范大学出版社，2001，第23页。
④ 陈思新：《吾国纺织业将来之展望》，《纺工》第1卷第2期，1941年4月，第4页。
⑤ 荣德生：《乐农自订行年纪事》，乐农史料选编《荣德生文集》，上海古籍出版社，2002，第71页。
⑥ 李国伟：《荣家经营纺织和制粉企业六十年》，中国人民政治协商会议全国委员会文史资料研究委员会编《工商史料》第一辑，文史资料出版社，1980，第6页。
⑦ 薛明剑：《协助荣德生办理申新三厂的会议》，上海大学、江南大学《乐农史料》整理研究小组选编《荣德生与企业经营管理》下册，上海古籍出版社，2004，第864页。

目的就是要"多办面粉厂与纺织厂"①。无锡永泰丝厂的企业主薛寿萱有一个"筹设丝厂托辣斯的设想"，拟定了一份《兴业丝茧贸易公司》的文件。② 大中华火柴公司总经理刘鸿生从欧美国家考察回国后，深感"美国联合事业之发达"，认为我国民族火柴企业"必须同业联合起来，作大规模之制造，方能有成功之望"③。这些言论实际上就是企业横向"集合事业"的主张。还有的民族企业家表达出了纵向"集合事业"的诉求。永安纺织印染公司的创办者郭乐认为纱厂应"有织布厂相助，用本厂纱，织本厂布"，并且"业纺织者必须兼办印染厂，然后对于纱线之染色、制光、布匹之印花、漂染，始克利便工作，而适合时趋"④。常州大成纺织染公司的刘国钧极力倡导纺织企业"以纺、以织、以染，三位联营"⑤，又在致查秉初的信中强调"集纱厂、织厂、染厂于一堂"⑥，以图发展。这些认识实际上是近代中国民族企业家关于"事业集合"的战略经营思想。

当然，除有论者把横与纵称作企业扩张的第一和第二基本线之外，还有论者提出第三种基本线，即"纵横综合的结合之扩大"⑦，换句话说，即"横连与纵合政策，可以兼行而不废"⑧。不过，纵横综合或纵横兼行，实际上是两种扩张基本线的结合使用，并未有扩张维度上的实质性差别。

"多角经营法"可以看作第三种基本线。"多角经营法"是企业"兼

---

① 《总经理自述》，《茂新福新申新总公司卅周年纪念册》，茂新福新申新总公司，1929，第1页。

② 高景岳、严学熙编《近代无锡蚕丝业资料选辑》，江苏人民出版社、江苏古籍出版社，1987，第357页。

③ 上海社会科学院经济研究所编《刘鸿生企业史料（1911～1931年）》上册，上海人民出版社，1981，第127页。

④ 上海市纺织工业局、上海棉纺织工业公司、上海市工商行政管理局永安纺织印染公司史料组编《永安纺织印染公司》，中华书局，1964，第43；117页。

⑤ 刘国钧：《建设纺织公司计划书》，李文瑞主编《刘国钧文集·论著卷》，南京师范大学出版社，2001，第41页。

⑥ 刘国钧：《致查秉初》，李文瑞主编《刘国钧文集·函电与其他卷》，南京师范大学出版社，2001，第59页。

⑦ 曾广勋编著《世界经济与产业合理化》，上海社会书店，1932，"上编"第74页。

⑧ 龙：《述大规模生产事业》，《钱业月报》第3卷第5号，1923年6月15日，第22页。

营数种事业"①的扩张形式，即企业集合无关联的异种事业的行为。这一点在当时的企业案例中有直观的反映。1926 年，《纺织时报》第 1300 号头版报道称，在华日资纱厂钟渊纺织会社"力谋多角经营之扩大"，所涉及事业"不特纱线织物之整理与销售"，而将扩展到"各种原料之生产及副产物之利用"，已经决定设立苎麻工场和芦苇造纸厂。②关于"多角经营法"，民族企业家郭乐以简单的语言表达了相近的意思，他认为"多财善贾，各业皆然，而兴办实业则尤为愈多愈好也"③。刘鸿生则有更朴实形象的比喻式解释，他在给五子刘念孝的信中说："我并没有让我所有的鸡蛋都放在一个篮子里，那就是说，所有我的资财都是分开投资的。"④

　　更有甚者，荣氏集团的主持人之一荣德生，勾画了"天元实业公司"的宏伟蓝图。这一构想包括："（一）属于'土'的方面：凡煤、石灰、水泥、砖瓦等类皆是；（二）属于'金'、'木'方面：如开采矿苗、冶金、铸锻、铁工、化学、塑胶，以至筒管、棉条筒的制造均是；（三）属于'食品'方面：则面粉、饼干、点心之属皆是；（四）属于'水'的方面：如漂粉水之类；（五）属于'火'的方面：即电气等是；（六）属于'纺织'方面：包括棉、麻、毛、丝、人造纤维的纺、织、印染、整理、裁制、缝纫等等。"⑤这实际上是一个"横连""纵合""多角"三种基本线相结合的"事业集合"设想。

　　"事业集合"的"横连"、"纵合"与"多角"三种维度的确定，为民族企业能够根据自身内外环境选择具体的战略方向提供了指引，促成了多样的大型民族企业及企业集团的形成。"横连"较为典型的是武汉裕大华纺织集团，实行的是棉纺生产同类事业的集合；无锡永泰缫丝集团，实行的是制丝生产同类事业的集合；荣氏集团，则分别是棉

①　《新词诠：多角经营法》，《中华周报》第 42 号，1932 年 8 月 20 日，第 1045 页（每一年统一编页）。

②　《钟纺扩大多角经营》，《纺织时报》第 1300 号，1926 年 7 月 16 日，第 1 版。

③　上海市纺织工业局、上海棉纺织工业公司、上海市工商行政管理局永安纺织印染公司史料组编《永安纺织印染公司》，中华书局，1964，第 21 页。

④　上海社会科学院经济研究所编《刘鸿生企业史料（1911～1931 年）》上册，上海人民出版社，1981，第 282 页。

⑤　荣德生：《乐农自订行年纪事续编》，乐农史料选编《荣德生文集》，上海古籍出版社，2002，第 152 页。

纺生产和面粉生产的同类事业的集合。裕大华和永泰是"横连"形式。"纵合"在棉纺织业比较明显，有常州大成纺织染公司、无锡丽新纺织印染整理公司、上海鸿章纺织染公司等，实行的是纺织印染生产连续阶段的"事业集合"。荣氏集团是二元联营，申新系统是棉纺织生产的"横连"，茂新和福新是面粉生产的"横连"。实施"多角经营法"的民族企业有大生集团（涉及棉纺织业等各种轻工业、交通运输业、金融业、商业、服务业等）、刘鸿生企业集团（涉及火柴生产、水泥生产、毛纺织生产、搪瓷制品生产、煤球生产、煤炭销售、银行、保险等事业）、周学熙企业集团（涉及煤矿业、水泥业、棉纺织业、银行业等）、孙氏通孚丰集团（"通"指的是通惠实业公司，"孚"指的是中孚银行，"丰"指的是阜丰面粉厂）、永安集团（涉及工、商、贸易、金融各业）等。

（三）利益的分析

张謇曾向大生纱厂的股东们明确表示："纱厂必谋扩张耳，扩张则必有利耳。"[1]"横连""纵合""多角"三种基本线的"事业集合"方式，利的表现各有不同。

对以"横连"方式"集合事业"的企业，有论者认为"既然大量生产，成本就可以减轻"[2]，或者说"有种种经济，便利或优待"，"就是减轻成本，易于获利"[3]。专门研究棉纺织工厂设计与管理的学者也认为："欲减轻成本，必须将原有设备，加以扩充，使生产增加，而开支得以扯轻。"[4] 这实际上就是现代经济学中所讲的规模经济效应。

归纳相关论述[5]，降低成本主要体现在以下五个方面。

（1）"节省动力"。其节省是在"开办费方面"。以发电机为例，小规模工厂至少需要一个发电机，规模扩大数倍却并不需要发电机个数也

① 沈云龙主编《近代中国史料丛刊续编》第九十七辑，张怡祖编《张季子九录·实业录》（卷五），文海出版社，1983，第1337页。
② 王云五：《科学管理法的原则》，中国工商管理协会，1930，第11页。
③ 屠哲隐：《工商企业管理》，世界书局，1947，第8页。
④ 张方佐：《棉纺织工场之设计与管理》，崇文印刷所，1945，第311页。
⑤ 应远涛：《大规模的工业生产与合并制度》，《中国工业》第2卷第4期，1944年4月15日，第18~19页；龙：《述大规模生产事业》，《钱业月报》第3卷第5号，1923年6月15日，第18~19、21页；新德：《联合企业之利益》，《申报》1926年8月20日，第5张第18版。

随之增加相应倍数，因而装配费和用量便会节省。

（2）"节省机器"。大规模工厂"机工之不息"，"可以日夜开工"，机器使用时间长，机器使用数量可以减少。从成本方面来看，"每小时工作内所占成本之成份必然减低"。

（3）"分功既精则管理之费用省"。大规模生产利于分工，"使一般职工更趋于专门化，制造步骤分得更精密"。这样可以充分发挥单个生产者或管理者的效能，从而节省成本。同时，由于同类事业于同一管理之下，"其制度咸取一致"，管理则"经济而有效力"。

（4）"购进原料与售出货品，经济上实具有效力"。由于大批量地采购，对原料，厂家可给予"较大之折扣"，批原料的手续费用也不会随之增加。由于销售量规模很大，"费用特减"，如"担客及售货人旅行费是也"。无论是原料还是出品，大规模运货都导致"运输费之减省"。

（5）"充分利用生产事业的副产"。工厂进行制造都会产生副产品。小规模事业的副产品量小，不宜专门进行加工利用，丢弃则是成本的浪费，卖给其他相关加工工厂则获利微薄。"在大规模之事业，另行设厂，经理此副产物，方可无弃材之憾"，还能获得不菲的收益。

关于企业"横连"事业能降低成本，民族企业及企业家有更直接的认识。荣氏茂福申新总公司1932年度营业报告书中写到，同类"事业集合"，"产额愈多，则进料、销货亦愈便易，而管理、营业各费亦愈节省也"[1]。卢作孚总结民生公司的经营经验时认为，"将同类的生产事业统一为一个……节省人力、节省物力、节省财力"[2]。1928年，为倡导民族火柴生产企业合并，刘鸿生在告同业书中列数合并的利益，认为各厂合并后"各种经费均可通盘筹算，最合经济原则"，"直接定购大宗原料，可省洋行佣金，并可得廉价利益，每年为数不赀"[3]。1930年，随着企业规模的扩大，刘鸿生在拟定的《实行集中管理之计划及其方案》中指出，大规模公司集中管理，有"财用之经济"的优点。他认为："经济

① 上海社会科学院经济研究所编《荣家企业史料（1896～1937年）》上册，上海人民出版社，1962，第254页。
② 《民生公司的三个运动》，卢作孚：《中国的建设问题与人的训练》，生活书店，1934，第166页。
③ 上海社会科学院经济研究所编《刘鸿生企业史料（1911～1931年）》上册，上海人民出版社，1981，第104页。

之作用，以集合而消费省……大宗采办、多量运输、以及各项消耗物品，均宜集中于同一公司之下，俾以较少劳费，获得较大效果。"①

可见，减低成本是"横连"式"事业集合"最主要的利处。除此之外，易于研发和改良、避免恶性竞争、管理复制、信用共享也都是利益的表现。

实现"横连"的企业往往资力较为雄厚，能支持"耗费的自然很多"的"专门性的实验与研究工作"②，"专门人才可以聘任，来改良出品或研究市场"③。刘鸿生在告火柴同业书中也说道："各厂合并后，新公司规模宏大，即可聘请专门技师，改良出品，以与外货相竞……一切改良事宜，均可次第实行，前途光明，不可限量。"④

在异常激烈的产业竞争环境下，近代民族企业家认识到：同业企业的"横连"并购可以避免民族企业的恶性竞争，便于整合力量与外商相抗衡。1931年，荣宗敬收买三新和厚生纱厂便是考虑到："减少一家纱厂，也可减少竞争对手；而在申新方面，并进一家，力量便更加增大，竞争也就更为有利。"⑤ 1928年，面对国内火柴业民族企业自相残杀，有被外商各个击破的危险的境况，刘鸿生认为，主要的民族火柴厂合并后，可调剂出产数量，以期供求之适合，减少对内竞争。⑥ 1931年，他宣称，民族火柴业的"横连"企业大中华火柴公司的成立，"消弭同业竞争，增厚对外力量，则目前固已著有成效矣"⑦。

由于"横连"式企业经营的事业属于同类，某生产单位的管理人员及制度便于复制转移到其他单位。荣宗敬认为收买纱厂，实现棉纱生产

---

① 上海社会科学院经济研究所编《刘鸿生企业史料（1931～1937年）》中册，上海人民出版社，1981，第16页。

② 应远涛：《大规模的工业生产与合并制度》，《中国工业》第2卷第4期，1944年4月15日，第19页。

③ 屠哲隐：《工商企业管理》，世界书局，1947，第8页。

④ 上海社会科学院经济研究所编《刘鸿生企业史料（1911～1931年）》上册，上海人民出版社，1981，第104页。

⑤ 上海社会科学院经济研究所编《荣家企业史料（1896～1937年）》上册，上海人民出版社，1962，第254页。

⑥ 上海社会科学院经济研究所编《刘鸿生企业史料（1911～1931年）》上册，上海人民出版社，1981，第104页。

⑦ 刘鸿生：《救济新工业应提倡同业合并》，中国工商管理协会编《工商问题之研究》，中国工商管理协会，1931，第6页。

事业的"横连"，"申新不需要添人，只要从各厂抽调，负担反可减轻"，"在总公司方面，只需添一本帐簿，也不要专门设立一个经营管理机构"①。公司内某一生产单位管理改革的经验也易于被其他单位借鉴。荣氏家族企业的申新第三厂在 20 世纪 30 年代进行的管理制度改革卓有成效，使该厂焕然一新，成为模范厂，荣德生"力劝各厂整理革新"，"申一等亦改良"②。刘鸿生指出"横连"式大公司内"每有良法美意，苟能适用于一处者，即无不可适用于全部"③。

商标及信誉易于在全公司范围内共享。有论者指出："联合若干小公司而成一大公司，故各小公司原有之商标及特许权，均归大公司管辖，因此公司之信用倍增。"④ 荣氏福新面粉公司成立之初，荣宗敬让浦文汀使用茂新面粉公司已有较好口碑和知名度的绿兵船商标，并利用茂新的关系和信用，把福新所需小麦与之一起采办，很快打开了经营局面。⑤永泰缫丝集团扩张后的丝厂都用母厂永泰丝厂的商标，也达到了同样的效果。⑥

由于集合维度不同，尽管企业"纵合"事业的主要利处仍是节省成本，其发生缘由与"横连"却有本质区别。"横连"能够降低成本是因规模而产生的效应，且内容包括生产成本、管理成本、交易费用等，而"纵合"节省成本是缘于把原本在市场中完成的交易行为纳入企业内部，通过直接简练的组织管理行为来完成，从而避免由烦琐和复杂的市场行为产生的交易成本。

"纵合"式"集合事业"可分为两种情况：一种是生产连续阶段的集

---

① 上海社会科学院经济研究所编《荣家企业史料（1896～1937 年）》上册，上海人民出版社，1962，第 254 页。
② 荣德生：《乐农自订行年纪事》，乐农史料选编《荣德生文集》，上海古籍出版社，2002，第 93 页。
③ 上海社会科学院经济研究所编《刘鸿生企业史料（1931～1937 年）》中册，上海人民出版社，1981，第 17 页。
④ 新德：《联合企业之利益》，《申报》1926 年 8 月 20 日，第 18 版。
⑤ 上海社会科学院经济研究所编《荣家企业史料（1896～1937 年）》上册，上海人民出版社，1962，第 34 页。
⑥ 无锡市政协文史资料研究委员会整理《无锡永泰丝厂史料片断》，中国人民政治协商会议江苏省无锡市委员会文史资料研究委员会编《无锡文史资料》第二辑，1981，第 55 页。

合，一种是购（供）、产、销的集合。纺织科学家蒋乃镛认为，纵的"'联系组织'（Integration）"具有"连环之特性"，"将轧光，纺织、漂染、印整各部门成一大公司，在经济学上极为合理"①。另有学者指出，企业"添购货物，加设商铺，一方自销本厂货物，以免受间接之挫折回扣"②。对此，经济学家马寅初通过比较来阐述。他指出英国棉纺织企业"以纺、织、染、印工作往往皆独立设厂经营"。这样，连续的生产阶段要通过市场交易才能连接起来，"中间之买卖转输，皆不免多若干之浪费也"③。日本棉纺织企业购买原料和推销产品都"有联合机关"，不必通过中间商进行，"熟货推行，畅旺无阻，无形利益，不可胜算"④。

民族企业家在实践中也有更贴近实际的总结。荣德生意识到，企业产品通过商贩到顾主要经过几次手续，"中间有运费之增减，税法之繁简，时日之快慢，利息轻重，随在均与本业有利害消长之关系"⑤。因此，如果企业自设采购和销售机构，可节省很多中间交易成本。1936 年无锡丽新纺织印染整理公司董事会报告总结："自纺纱织布，成本减轻，而以前购买他厂棉纱时所不能仿造者，均能次第制造，解除困难不少。"⑥ 常州大成纺织染公司经理刘国钧发现，向南通等地购买坯布，"成本既大，规格亦不能统一"⑦，添设织布厂后节省了交易成本，避免了规格不一造成的生产衔接方面的困难。上海永安纺织印染公司的主持者郭乐也认为，纺织染联营，"互相为用，计至善也"，"始克利便工作，而适合时趋"⑧。

---

① 蒋乃镛：《中国纺织染业概论》，中华书局，1946，第 16～17 页。
② 周纬编著《工厂管理法》，商务印书馆，1931，第 24 页。
③ 《日本工业进步之原因》，马寅初：《马寅初全集》第九卷，浙江人民出版社，1999，第 353 页。
④ 《中国之棉织业问题》，马寅初：《马寅初全集》第六卷，浙江人民出版社，1999，第 439 页。
⑤ 荣德生：《欲纺织业之发展全在认真》，上海大学、江南大学《乐农史料》整理研究小组选编《荣德生与企业经营管理》上册，上海古籍出版社，2004，第 43 页。
⑥ 无锡国棉三厂编史组编《三十年代的无锡丽新厂》，中国人民政治协商会议江苏省委员会文史资料研究委员会编《江苏文史资料选辑》第十一辑，江苏人民出版社，1983，第 111 页。
⑦ 《实业家刘国钧》，李文瑞主编《刘国钧文集·附录》，南京师范大学出版社，2001，第 111 页。
⑧ 上海市纺织工业局、上海棉纺织工业公司、上海市工商行政管理局永安纺织印染公司史料组编《永安纺织印染公司》，中华书局，1964，第 43、117 页。

卢作孚总结民生公司的经营经验，"连带的生产事业统一为一个或谋全部的联络……此亦所以谋供求适应之直接联络，自己供给自己需求，使双方都不至感有恐慌"①。这里的"感有恐慌"用现代经济学理论解释，透露出双方对市场交易过程中容易出现机会主义行为②的担忧。"纵合"使交易行为企业内部指令化，从而消除此类"恐慌"。

"多角经营法"的利益表现也与"事业集合"的维度有关。由于兼营数种不同类事业，彼此不存在生产或业务上主要或关键性的联系，企业"遇一种东西的价格暴落或且原价腾贵，而其他几种事业的利益还可弥补"，可起到"分散工商业经营上危险"的作用。③ 也有论者总结，"多角"式"事业集合"的企业内各单位之间"能相维于不敝"，"其利在相倚为用"，"一处有损失，可以他处之盈余补充之"④。简言之，即分散风险，互相挹注。

马寅初发现，日本棉纺织企业"于纺厂之外，又兼营银行、堆栈、轮船等等营业"，实施"多角经营"的战略。这样，企业"万一因冒风险而亏损，亦可以他业之利益弥补此业之损失"⑤。

民族企业家们在经营中也有相应的体会。刘鸿生在给五子刘念孝的信中说："如果一个企业组织亏损了，其余的还可以赚到大量利润。总起来看，在收支差额上还会表现出一种盈余的情况。"⑥ 范旭东把企业内部各单位比喻成兄弟，认为范旭东企业集团之所以能够在艰难的条件下发

---

① 《民生公司的三个运动》，卢作孚：《中国的建设问题与人的训练》，生活书店，1934，第 166～167 页。

② "机会主义是交易费用经济理论的一个基本假设，指的是人或企业为了自身利益的考虑和追求，可能会采用非常微妙的手段或玩弄伎俩。这一行为假设指出，人们单靠契约并不一定能最终完成交易，契约是不完备的……机会主义是依靠市场协议来组织生产所造成的一种成本。"王迎军、柳茂平主编《战略管理》，南开大学出版社，2003，第239 页；〔美〕埃里克·弗鲁博顿、〔德〕鲁道夫·芮切特：《新制度经济学——一个交易费用分析范式》，姜建强、罗长远译，上海三联书店、上海人民出版社，2006，第5～6 页。

③ 《新词诠：多角经营法》，《中华周报》第 42 号，1932 年 8 月 20 日，第 1044 页（每一年统一编页）。

④ 龙：《述大规模生产事业》，《钱业月报》第 3 卷第 5 号，1923 年 6 月 15 日，第 21 页。

⑤ 《日本工业进步之原因》，马寅初：《马寅初全集》第九卷，浙江人民出版社，1999，第 358 页。

⑥ 上海社会科学院经济研究所编《刘鸿生企业史料（1911～1931 年）》上册，上海人民出版社，1981，第 282 页。

展壮大，就是因为"久大和他一群弱弟，的确，做到了兄兄弟弟，相得益彰"①。严庆祥指出了大隆机器厂在困境中的生存之道："在第一次大战后的不景气的年代里，大隆所以能屹立不动，就在于严家有房地产的经营。"② 荣德生也庆幸申新棉纺织厂在本行业不景气时"因粉厂小小帮助，尚堪存在"③。这方面做得较为完善的是永安公司。总经理郭泉把"多角经营"的优点制度化和规范化。他认为，虽然集团内各联号企业处于统一管理之下，便于"随时相助"，但"事前素乏准备，临时必诸费周章"。于是，永安公司专门建立"联号公共准备金"，让营业状况好的企业"就其余力，拨出若干"，存作准备金，"平时用诸生利之途，一遇联号有受风潮影响，须要接济者，即拨用该准备金，以为资助"④。

（四）弊端的总结

关于"横连""纵合""多角"三种维度"事业集合"的利处，近代民族企业界分析颇多。不过，其弊端也并没有被忽视。

有论者将大规模生产事业的利弊分而述之，分析完"好的结果"后，列出"坏的结果"，如"增加开支"，"成败结果，影响社会甚巨"，"易成独占，垄断市场"，等等。⑤ 还有学者称之为"弱点"，认为大规模企业在管理上，执行者难以顾及所有人和事，层层监管缺乏弹性，也不易有急进的改革。⑥ 马寅初则明确指出，企业"大规模之程度，亦有一定限制"，这是因为扩张"已达生产工具之最高生产力"，若"再行扩大规模"，则会产生"机器之运用，管理之费用，反将超比例地增大"的情况，随之会导致"不经济之结果"⑦。

规模过大导致管理费用增加的情况在"横连"集合的企业较为典

---

① 范旭东：《久大第一个三十年（续）》，《海王》第 17 年第 3 期，1944 年 10 月 10 日，第 18 页。
② 中国科学院上海经济研究所、上海社会科学院经济研究所编《大隆机器厂的发生发展与改造》，上海人民出版社，1958，第 25 页。
③ 荣德生：《乐农自订行年纪事》，乐农史料选编《荣德生文集》，上海古籍出版社，2002，第 93 页。
④ 《郭泉自述：四十一年来营商之经过》，《档案与史学》2003 年第 3 期，第 16 页。
⑤ 财政部财务人员训练所、盐务人员训练班编《工商管理》，1943，第 39 页。
⑥ 屠哲隐：《工商企业管理》，世界书局，1947，第 8～9 页。
⑦ 《日本工业进步之原因》，马寅初：《马寅初全集》第九卷，浙江人民出版社，1999，第 351 页。

型。随着荣氏家族企业规模膨胀，多名高管表达了类似的担忧。荣德生素来对其兄荣宗敬的激进式"横连"集合经营战略持有异议，主张稳健扩张家族事业。茂、福、申新总公司成立后，他认为："用人既多，耗费日加。"① 其次子荣尔仁也有同样的看法。他认为家族企业"范围既广，则管理恒难于周密；事业既博，则措施每艰于一致"②。长期参与荣家企业管理的薛明剑则提出了严厉的批评。他指出，虽然上海茂、福、申新总公司对荣家所有企业"总其成"，但"一切办法，不免相差"，"尚无绝对划一办法，各厂营业方针，时有相反，同辖公司，政出多门，实不相宜"；人员及机构"每不十分划清，以致自恃聪明者，动辄越俎。不求闻达者，往往尸位，甚致〔至〕徒唱高调，无所事事，因循敷衍，聊以塞责，更有互相倾轧，暗分派别"；企业内部的规章制度，"执行者有之，视为具文者有之，无规则而全视当轴者之意旨随时指定者又有之"③。诸如此类的弊端一直没有得到根本性的消除。1934 年，荣氏申新棉纺织公司的"搁浅"与之不无关系。

与"横连"不同，"纵合"的弊端集中表现在连续生产阶段之间的平衡问题上。实现纺织染事业"纵合"的大成纺织染公司便存在这一生产上的矛盾。大成二厂的厂长朱希武回忆：由于大成二厂印染设备扩充，大成一厂虽亦增加纱锭与布机，然仍不能满足大成二厂日需五千余匹坯布的需要，须向本地及南通等地购进布匹。④ 然而，新中国成立前夕的情况却相反，大成"所出棉布一部销售，一部作染漂之坯布"⑤。可见，"纵合"的企业连续生产阶段之间很难做到完全供用切合，通过市场交易进行调节十分必要。类似的问题也出现在严氏光裕营业公司的机器厂

---

① 荣德生：《乐农自订行年纪事》，乐农史料选编《荣德生文集》，上海古籍出版社，2002，第 91 页。
② 荣尔仁：《本总公司成立生产部之商榷》，《人钟月刊》第 1 卷第 4 期，1931 年 12 月 1 日，"言论"第 2 页。
③ 薛明剑：《本社之希望及所负之使命》，《人钟月刊》第 1 卷第 1 期，1931 年 9 月 1 日，"言论"第 4~5 页。
④ 朱希武：《大成纺织染公司与刘国钧》，中国人民政治协商会议全国委员会文史资料研究委员会编《文史资料选辑》第三十一辑，文史资料出版社，1962，第 214 页。
⑤ 《关于大成公司的历史——摘自大成纺织染公司对书面调查的解答（一九五〇年夏）》，常州市地方志编纂委员会办公室、常州市档案局编《常州地方史料选编》第一辑《工商业史料专辑》，1982，第 143 页。

和纱厂之间。1936年底，大隆机器厂达到年产4万纱锭机器的能力，现有联营纱厂总锭数不过10万锭，"远非与它联营的纱厂所能容纳"，而国内市场又"绝无纯粹用大隆机器之纺织厂"①。由于缺乏市场交易的有效调节，光裕营业公司的"纵合"事业，即棉纺织机器生产与棉纺织生产事业之间的生产平衡问题较为严重。

　　"多角"的"事业集合"在理论上可以分散公司局部经营风险，实现内部各单位之间的互相挹注。然而，如果"多角"事业种类过多且过于分散，反而会使公司资金周转出现问题，且局部经营不利的情况过多，内部挹注以转移风险的目的将无法达到，反成危机的扩散，将不利于整个公司的发展。素以"多角经营"为战略的刘鸿生之子刘念智指出父亲过度分散投资的弊端，使企业"遇到许多困难问题，特别是资金上的问题"②。1927年，上海金融界传出刘鸿生因企业资金周转不灵而出逃国外的谣言，也属空穴来风。谣传平息后，账房秘书袁子巍写信向刘鸿生进言说："此种谣风，无谓之至。但责人总不如守己。若专营开滦煤、南北栈、火柴厂数种事业，不出三年，非但庄款可以扫清，即押款亦可透还半数（押款多，亦危险），岂不风险小、心力宽，利益亦未始不厚。"③实际上就是建议刘鸿生集中力量经营几种业绩较好的事业，"多角经营"并非事业越多越广就越好。无独有偶，1943年，荣氏集团主持申新四厂的李国伟致函集团公益铁工厂负责人章剑慧说："公益工作不能亏本，申四不能再填……势不宜令人日填亏蚀。"④可见，过度的内部挹注让盈利单位感到十分吃力，反成拖累，"多角经营"的利处转变成弊端。

　　因此，关于选择"事业集合"的经营战略，有论者提醒企业，应"比较其利害得失，以断定其可否实行。则因地点及环境而异，非有深切

① 中国科学院上海经济研究所、上海社会科学院经济研究所编《大隆机器厂的发生发展与改造》，上海人民出版社，1958，第56页。
② 上海社会科学院经济研究所编《刘鸿生企业史料（1911～1931年）》上册，上海人民出版社，1981，第290页。
③ 上海社会科学院经济研究所编《刘鸿生企业史料（1911～1931年）》上册，上海人民出版社，1981，第291页。
④ 上海社会科学院经济研究所编《荣家企业史料（1937～1949年）》下册，上海人民出版社，1980，第246页。

之经验，不易断定也"①。刘鸿生在倡导同类事业合并时也强调："虽前途利纯，仍应视管理之是否合宜以为断。"②

利弊问题的分析是近代民族企业对"事业集合"更深入的理解。一方面，对利弊的了解及权衡是民族企业进行战略选择的根据。荣氏申新系统从积极推行棉纺织生产"横连"战略到"搁浅"后停止进一步"横连"扩张，刘鸿生企业集团从一开始迅猛推进多角化转向后来的反多角化行为，都是权衡利弊下战略选择的结果。另一方面，对弊尤其重视，并予以应对处理，促使民族企业在经营管理技术上有所进步。荣氏申新"横连"扩张的同时伴随着弊端的出现及加深。20世纪中期的自觉改革取得一定效果，但并不彻底，弊端依然存在并不断积累。1934年"搁浅"后，外力督促下的深度整改才使得申新内部管理有了显著改进。

第一，近代中国民族企业的"事业集合"思想具有及时性。这对于后发国家的企业来说尤为重要。只有认识到趋势，才能知道追赶的方向。这也是民族企业发展主动性的体现。第二，"事业集合"思想的基本概念和框架已经形成。这表明当时的民族企业界对企业的扩张经营行为已经有了较为成熟和全面的思考，有利于指导民族企业的经营实践。第三，"事业集合"思想可看作经济学理论演变进程的一部分。从内涵来看，该思想意识实际上与一体化理论有一定的渊源，是其近代中国话语表达的方式。当然，近代的"事业集合"思想在理论体系的构建、术语的规范统一以及学理思考的深度等方面还远不完善。不过，中国经济学理论③的发展，尤

---

① 龙：《述大规模生产事业》，《钱业月报》第3卷第5号，1923年6月15日，第21页。

② 刘鸿生：《救济新工业应提倡同业合并》，中国工商管理协会编《工商问题之研究》，1931，第6页。

③ 战略经济学认为，商品"沿纵向链条'移动'——从原材料和零部件到生产，再经过运送和零售"。一体化理论是基于产业链概念之上的，有横向（水平）、纵向（垂直）、混合三种类型。该理论源于1890年马歇尔的经济学说，随着企业经济的发展，有了广泛和丰富的内容。从基本概念来看，笔者认为"事业集合"思想与一体化理论有一定渊源，是该理论的近代中国话语表达方式。芮明杰、刘明宇、任江波：《论产业链整合》，复旦大学出版社，2006，第1页；白永秀、惠宁主编《产业经济学基本问题研究》，中国经济出版社，2008，第136~137页；〔美〕贝赞可、德雷诺夫、尚利、谢弗：《战略经济学》（第三版），詹正茂、冯海红、林民旺、李诺丽译，中国人民大学出版社，2006，第112页；孟卫东、张卫国、龙勇编著《战略管理：创建持续竞争优势》，科学出版社，2004，第209~210页；陈继祥主编《战略管理——基于三元论视角》，清华大学出版社，2013，第153页。

其是自主话语体系的构建，有必要从中国经济史，尤其是近代经济史的研究中获取养分。因此，近代中国民族企业界出现的"事业集合"思想具有重要的理论价值。

推行"事业集合"是抗战胜利前中国民族企业的主要经营战略。一方面，这是民族工业自身发展壮大的方式。民族工业的发展需要通过每个民族企业的发展来实现。近代中国民族企业在产业间及个体企业间的发展水平极不平衡。一些先进的优势企业通过"事业集合"的战略经营方式，既可以增加中国民族工业中先进部分的分量，也可以向传统工业及准近代工业部分扩张空间。另一方面，这也是与洋商企业竞争的必由之路。一战后，尽管民族企业总体发展水平不及国外企业和在华外资企业，但在市场竞争中也并非没有任何成绩可言。例如，民族棉纺织企业挤走外来品；基本控制国内粗纱市场①，民族面粉企业在产量上全面赶超外资企业②；化工企业的代表范旭东企业集团的永利碱厂，在中国市场的销售量反超竞争对手英商卜内门洋碱公司（Brunner，Mond & Company，Ltd.）③ 等。这些成绩的取得都有赖于民族企业积极推行"事业集合"的发展战略。可见，"事业集合"的思想对近代民族企业发展有积极的指导意义。

三　一体化意识的制度化体现

近代中国企业界实践者和理论者的一体化意识在企业公司章程条款中也有所反映，这也是企业对一体化战略认识的制度化体现。下面列出了荣氏集团所属公司、大成纺织染公司、南洋兄弟烟草公司、范旭东企业集团所属久大精盐公司的组织章程中体现一体化意识的条款。

1933 年的《无锡申新第三纺织无限公司章程》第三条规定：

　　　　第三条　本公司……设本店于无锡北塘钱家弄口，设总公司于上

---

① 严中平：《中国棉纺织史稿》，科学出版社，1955，第 215～216 页。
② 上海市粮食局、上海市工商行政管理局、上海社会科学院经济研究所经济史研究室编《中国近代面粉工业史》，中华书局，1987，第 36、44、52 页。
③ 陈调甫：《永利碱厂奋斗回忆录》，《化工先导范旭东》，中国文史出版社，1987，第68 页。

海……随时视营业之必要，得于他省、他县酌设支店及采办点。①

1935 年的《上海申新纺织第一厂无限公司章程》第三条规定：

第三条 本公司设上海……并分设支店于九江、南昌、济南、广州、天津、芜湖、长沙、南京、青岛……随时视营业之必要，得于他省、他县，酌设支店及采办处。②

1946 年的《申新纺织第九厂无限公司合同》第三条规定：

第三条 本公司设总公司及厂于上海，必要时得在国内各商埠设立分公司或分厂。③

1945 年 8 月 10 通过的《茂新福新申新面粉纺织股份有限公司章程》第二条和第五条规定：

第二条 本公司设总公司于重庆，视营业上之需要，得经董事会决议，设立分公司、分厂或办事处于国内外各地。
……
第五条 本公司经营机器面粉工业、纺织工业及有关生产事业，办理下列业务：

（一）自办或投资机器面粉厂，制造面粉及麦麸。

（二）自办或投资纺织、染整、漂印工厂，制造各种纺织品及漂染、整理、印花工程。

（三）自办或投资以粉厂产品或副产品加工制造之有关生产事业。

（四）自办或投资以纺织品或副产品加工制造之有关生产事业。

① 《无锡申新第三纺织无限公司章程（一九三三年）》，上海大学、江南大学《乐农史料》整理研究小组选编《荣德生与企业经营管理》下册，上海古籍出版社，2004，第 927 页。
② 《上海申新纺织第一厂无限公司章程（一九三五年）》，上海大学、江南大学《乐农史料》整理研究小组选编《荣德生与企业经营管理》下册，上海古籍出版社，2004，第 921 页。
③ 《申新纺织第九厂无限公司合同（一九四六年）》，上海大学、江南大学《乐农史料》整理研究小组选编《荣德生与企业经营管理》下册，上海古籍出版社，2004，第 932 页。

（五）面粉、麦麸及各种纺织品之销售。

（六）接受其他一般工厂之委托，代为管理与经营。①

1945年8月10日通过的《茂新福新申新面粉纺织股份有限公司组织规程》第三项和第四项规定：

> 三、本公司得随业务之需要，在国内外各地设厂，制造本公司业务范围内之各种制品。
> 四、本公司得视业务之需要，在国内外设分公司（或称办事处）、分庄或经销处，经营购销业务。②

1945年7月11日通过的《茂福申新职员养成所章程》第十条规定：

> 第十条　本所毕业学员，由茂福申新总公司分派所属各工厂办事。自正式任用之日起，至少服务三年。服务期间，其有托故他去或不听调遣者，得向其家长或保证人追偿修业期间各项费用。③

1932年常州大成纺织染公司第四次股东会修正通过的《大成纺织染股份有限公司章程》第二条和第三条规定：

> 第二条　本公司经营纺纱织布染色事业
> 第三条　本公司事务所设上海山东路松柏里，第一工场设武进大南门外，第二工场设武进大东门外。经董事会之议决于必要地点

---

① 《茂新福新申新面粉纺织股份有限公司章程（一九四五年八月十日）》，上海大学、江南大学《乐农史料》整理研究小组选编《荣德生与企业经营管理》下册，上海古籍出版社，2004，第936~937页。

② 《茂新福新申新面粉纺织股份有限公司组织规程（一九四五年八月十日）》，上海大学、江南大学《乐农史料》整理研究小组选编《荣德生与企业经营管理》下册，上海古籍出版社，2004，第944页。

③ 《茂福申新职员养成所章程》，上海大学、江南大学《乐农史料》整理研究小组选编《荣德生与企业经营管理》下册，上海古籍出版社，2004，第1137页。

得添设分事务所及收花处①

1935 年第九次和 1937 年第十一次大成股东会对公司章程做了修正。其中，第二条关于经营事业范围的规定，均增加了印花一项。②

1946 年 11 月 7 日大成纺织染公司股东临时会修正章程第三条、第四条和第三十四条对企业一体化有了更详细的条款规定：

第三条　本公司之事业规定范围如下：

一、各种纺织工业及各种纺织成品之染色、印花、整理等工业；

二、有关前述各工业所需原物料和机械器材等之工商业、农业及其他副业；

三、发卖本厂出品并经售同业出品；

四、接受同业委托，代为设计或管理经营其业务。

第四条　本公司设于上海市，设工厂于江苏武进。经董事会决议，得添设工厂及分支店于国内外各地。

……

第卅四条　总管理处暨各厂各分支店之组织规程，均由董事会另定之。③

1920 年 11 月 8 日，南洋兄弟烟草公司第 6 次董事会通过了本公司改组后的组织章程，其中第 1 条和第 3 条规定：

第 1 条　本公司定名曰南洋兄弟烟草股份有限公司，经营制造各种烟草及与有关系之各种营业。

……

---

① 《大成纺织染股份有限公司章程（第四次股东会修正）》（1932 年），常州市档案馆藏大成公司档案，档案号：E9 - 1。

② 《大成纺织染股份有限公司章程（第九次股东会修正）》（1935 年），常州市档案馆藏大成公司档案，档案号：E9 - 3；《大成纺织染股份有限公司章程（第十一次股东会修正）》（1937 年），常州档案馆藏大成公司档案，档案号：E9 - 6。

③ 《大成纺织染股份有限公司章程（民国三十五年［公元 1946 年］11 月 27 日股东临时会修正通过）》，李文瑞主编《刘国钧文集·附录》，南京师范大学出版社，2001，第 1～5 页。

第 3 条　本公司总公司设在上海，制造工厂分设上海、香港两处，并设分公司于天津、北京、营口、济南、青岛、汉口、南京、镇江、广东、汕头、厦门、云南、香港、新加坡、泗水、暹罗等处；其他各大埠，按照营业情形陆续增设分工厂及分公司。①

1914 年和 1915 年，此时久大精盐厂刚刚建成，仅有塘沽一处制盐工厂，甚至连晒制粗盐原料的盐滩都尚未拥有，但公司章程的第三条款依然称"本公司工厂暂设塘沽，俟发达时再行推广"②，体现了久大一体化战略经营的意识。

1921 年久大精盐公司第二条对企业一体化扩张做了明确规定：

第二条　本公司设总店于直隶省天津城，设支店于中外各大埠，设总厂于直隶省塘沽，设分厂于产盐适宜区域。……③

1938 年 10 月，久大更名为"久大盐业股份有限公司"，新公司章程中第二条内容略有改动：

第二条　本公司设总店于上海市，分设支店及经销处于中外各大埠，设第一精盐厂于河北省塘沽，及第二精盐厂于江苏省之淮北……④

从以上各企业的公司章程内容来看，一体化对公司组织职能的要求已经写入正式文件。在章程的规定下，公司企业可以在必要的时候于国内外各地设立各种分支机构。"分厂""分公司"主要是指企业业务在横

---

① 中国科学院上海经济研究所、上海社会科学院经济研究所编《南洋兄弟烟草公司史料》，上海人民出版社，1958，第 140 页。
② 赵津主编《"永久黄"团体档案汇编——久大精盐公司专辑》上册，天津人民出版社，2010，第 22、24 页。
③ 赵津主编《"永久黄"团体档案汇编——久大精盐公司专辑》上册，天津人民出版社，2010，第 26 页。
④ 赵津主编《"永久黄"团体档案汇编——久大精盐公司专辑》上册，天津人民出版社，2010，第 43 页。

向或纵向上扩展设立的分支机构。"经销处""支店"主要指支持企业主体业务销售活动的分支机构。"分庄""采办处"主要指支持企业主体业务采购活动的分支机构。"总公司""总管理处""总店""分店""支店""办事处""分事务所"是整个企业组织管理的中枢机构及其派出机构。由这些规定可见：一体化的意识已经在近代中国民族企业发展过程中得到制度性的保障和深化。

以上各企业的公司章程对企业业务范围的规定也体现了一体化的意识。1945 年《茂新福新申新面粉纺织股份有限公司章程》第五条规定了"制造各种纺织品及漂染、整理、印花工程"，实际上体现了荣氏集团对纺织生产纵向一体化的认识及要求，至于抗战前申新实施横向一体化战略则是一种转变。而大成章程中对业务规定从战前"纺纱织布染色事业"扩大到战后所规定的与之相关的"所需原物料和机械器材等之工商业、农业及其他副业"和"发卖本厂出品"，是纵向一体化战略深度拓展的意识体现。南洋兄弟烟草公司章程提到：经营制造各种烟草"及与有关系之各种营业"。这里虽未明指各种营业为何，但基于该公司的实际营业范围，"有关系之各种营业"是指纵向链条上游的收烟、烤烟、印刷、制罐等生产，以及下游的烟草销售业务，亦是纵向一体化意识的体现。

一体化强调对分支机构及其活动的控制力以区别市场交易的关系。《茂福申新职员养成所章程》中规定，由养成所培养出来的学员要为企业"至少服务三年"，否则将"追偿修业期间各项费用"。可见，企业用制度的形式强制规定一体化的企业教育培训机构培育的人力资源成果必须为自身享有，并以一定责罚条款保障强制规定的有效执行。这些均表明，一体化意识在近代中国民族企业制度上得到体现及确立。

以上各企业的公司规章条文，一方面体现了企业管理高层的一体化意识；另一方面也规定了一体化企业内部的基本组织结构、总公司及其领导下的分公司和分厂，以及纵向扩展的各生产及业务部门，并明确了它们各自的职权。总之，公司规章简单勾勒了一体化企业的整体结构，反映了作为表述一体化企业整体的"企业集团"意识的出现。企业集团概念是企业一体化的产物，其相关认识的出现也标志着近代中国民族企业一体化战略发展到了一个新阶段。较早提出荣氏企业系统为企业集团的是重庆《新世界》杂志 1944 年 11 月号刊登的《无锡荣氏企业家族及其起家的面粉业》一文。文中提到："研究中国工业史的人们，不会忽略福新面粉厂的成就。无锡荣家这个企业集团，由面粉业做到纺纱业，而创业者荣宗敬氏的面粉大王的盛名，指出他是以面粉工业起家的。"①

总之，荣氏茂福申新、大成、南洋兄弟、久大等企业的公司章程内容均体现了一体化的意识，表明近代中国民族企业的一体化意识已经逐步制度化，是企业一体化战略趋向成熟的初步表现。

第三节　历史进程："横连"→"纵合"→"多角"

19 世纪末至 20 世纪 60 年代，美国企业并购进程大致经历了三个阶段：19 世纪末到 20 世纪初的第一阶段，以横向并购为主；20 世纪二三十年代的第二阶段，纵向并购盛行；20 世纪 60 年代的第三阶段，出现混合并购的高潮。② 1895 ~ 1937 年，中国民族企业一体化战略也大致经历了类似的进程，当然也存在自身特殊的表现。相较于美国，中国民族企业是在尚未充分积累的情况下推行一体化战略，发轫蓄力与扩张兴起相隔的时间较短，甚至几乎同时进入高潮。由于生产水平、加工工序、资本投入、市场结构等因素的不同，各行业企业一体化进程的具体呈现存在差异。棉纺织业在三个阶段先后均有充分、鲜明的表现，面粉业和火柴业在第一阶段一体化态势较为明显，缫丝业、卷烟业、造纸业、制碱业、橡胶业、制药业、水泥业等各行业中个别企业一体化战略较为突出，但整体的一体化水平不高。因此，就棉纺织业、面粉业和火柴业企业群体及其他行业的个别企业而言，近代中国民族企业的一体化历史进程总体上呈现了从"横连"到"纵合"再到"多角"三个维度阶段的主线及方向。

一　第一阶段："横连"为主

1895 年以后，华商设厂的障碍被逐步破除，国家在政策、法律、制度

---

① 《无锡荣氏企业家族及其起家的面粉业》，《新世界》1944 年 11 月号，1944 年 11 月 15 日，第 22 页。

② 并购为一体化战略最普遍的实现方式，尤其是在美国，因此，美国企业并购进程实际上也就反映了其一体化战略的进程。邵万钦：《美国企业并购浪潮》，中国商务出版社，2005，第 41、79、90 页。

上的新政给予民族企业相应的鼓励和保障，社会观念、风气、思潮的转变也为其发展起到了推动作用。一方面，现代化启动以来形成的经济技术成果对其发展不断累加推力；另一方面，适应性改良后的传统经济因素也为其扩张提供条件。当然，市场需求的变化则是民族工业企业横向一体化战略发生的重要前提。第一次世界大战的爆发给中国民族工业企业带来了机遇。由于战争的影响，西方列强无力向中国大量倾销商品，从 1913 年到 1915 年，进口货物量减少了接近 30%，到 1918 年更比 1913 年减少 34%。① 商品市场的巨大空缺是民族棉纺织企业能够迅速"横连"扩张的最直接因素。

（一）棉纺织企业的"横连"：抢占粗纱市场，扩张与发轫并举

19 世纪末中国民族棉纺织业发轫后不久，面对恶劣的市场条件和强大的竞争对手，一部分优势企业开始推行扩张经营战略。这一现象始于 20 世纪初，盛于 20 世纪二三十年代，既是民族企业谋求生存的必由之路，也顺应了世界企业发展的潮流。民国经济学家方显廷曾指出：一战后，中国纱厂"企望扩张控制本业之权力"，故有"集合之趋势"。②

鉴于目前学界对近代民族棉纺织染印企业的扩张行为尚无集中、全面的梳理③，为使本研究具备必要的史实基础，笔者根据既有的整理好的

① 许涤新、吴承明主编《中国资本主义发展史》第二卷《旧民主主义革命时期的中国资本主义》，人民出版社，2003，第 849 页。
② 方显廷：《中国之棉纺织业》，商务印书馆，2011，第 271 页。
③ 严中平所著《中国棉纺织史稿》一书中"附录一"（科学出版社，1955，第 341～366 页）提供了 1890～1937 年中国机器纱厂沿革的信息，所有纱厂的简要扩张情况大致可知。不过，该表是以单一工厂为对象进行介绍，导致统一企业集团下的多个生产单位分散开来，不能清晰地展现一体化过程，而且部分企业的一体化行为记录并不完全，需要以企业集团为对象进行集中梳理，并另外查找史料补充内容。杜恂诚著《民族资本主义与旧中国政府（1840—1937）》（上海社会科学院出版社，1991，第 285 页）一书附录所列《历年所设本国民用工矿、航运及新式金融企业一览表（1840～1927 年）》，加上《中国的民族资本主义（1927—1937）》（上海财经大学出版社，2019，第 307 页）一书附录《历年所设本国企业一览表（1928～1937 年）》列出了较为完整的纱厂和染织厂名录。不过，二表只提供了基本信息，没有介绍沿革情况。民国纺织专家蒋乃镛著《中国纺织染业概论》（中华书局，1946，第 17～18 页）一书中的《民二五年全国漂染整理工厂统计表》和《抗战前全国印花工厂统计表》，列出了具备机器染色或印花的企业名单。由于纵向一体化企业都会整合染色生产，以此为线索可以基本确定纵向扩张的企业。需要说明的是：第一，本研究所针对的扩张企业是使用机器生产的近代生产单位，民族染厂中有很大一部分是手工或准近代的生产单位，采用改进的铁轮机织布，或土法印染，这些不在考察范围内；第二，部分企业涉及多种经营，此部分仅先介绍在纺织染印生产行业的扩张情况，在其他行业的扩张情况将在之后论述。

企业资料，结合报刊、工商史志、文史资料等记载，对相关企业个体的扩张行为按时间顺序进行简要整理，遂成表1-1，并据此分时段及维度统计次数，制作了表1-2。

表1-1　1895~1937年近代中国民族棉纺织企业"事业集合"行为一览

序号	企业名称	"事业集合"行为
1	恒丰纱厂	①1891 华新纺织新局，官督商办（F上海）；③1909 聂氏收购，改为恒丰纺织新局；⑥1921 二厂（H自），1922 控股大中华纱厂（H自）；⑦1925 大中华（-H中购）；⑧1931 三厂（H自）
2	苏纶纱厂	①1897 开工，官督商办（F苏州）；②1903 始由商租；⑦1925 严氏租办，1927 严氏光裕营业公司收购，大隆机器厂与之联营（V先租后购中用）；⑧1930 第二工场（V自用）；⑨1935 二厂（V购中用）
3	大生纱厂	①1899 一厂开工（F南通）；③1907 二厂（H自）；⑥1921 三厂（H自），1924 八厂建成出租（H自-H中租）；⑦1927 副厂（H八厂收回）；⑨1935 二厂所有权归中国银行和交通银行（-H），1937 三厂委托中管（-H）
4	业勤、广勤纱厂	①1897 业勤开工；⑤1915 长房资本退出，另建广勤，1917 开工（F无锡）；⑧1930 筹建布厂和漂染部未成。两厂皆由杨氏创办，但长房、二房分治，未结成家族企业的一体化经营，广勤实施多元化经营
5	华澄布厂	③1905 建厂，手拉唆机（F江阴）；⑥1924 引擎动力织机及漂染设备（V自染）。华澄布厂拥有七个分厂，仅二厂的部分和七厂的全部机器利用引擎动力全铁织机及漂染设备，其他均为手拉机或铁木机
6	利泰纱厂	③1906 济泰纱厂（F太仓）；⑧1930 改为利泰纱厂，1932 二厂（H租中），1934 解租（-H）
7	达丰染织厂	④1911 染纱线作坊，1913 达丰染织厂，仅丝光线漂染（F上海）；⑤1919 迁建新厂，织部（V自织）；⑥1921 振泰纱厂（V自纺）；⑦1927 添印花机（V自印），1929 宝兴纱厂（V自纺）；⑧1934 大纬染织厂（V购中织）
8	三友实业社	④1912 建厂，仅制棉线灯芯（F上海）；⑤1917 迁厂，织造毛巾；⑥1920 生产日用棉织品；⑦1928 杭州鼎新纱厂、布厂，增设漂染部（V购中纺 V自染），称杭州制造厂；⑧1932 上海厂被日军炸毁（-V）
9	启明染织厂	④1913 启明丝光染厂（F上海）；⑤1916 立大织布厂为织部（V购中织）
10	申新纱厂	⑤1915 一厂（F上海），1919 二厂（H购中）；⑥1922 三厂（H自），四厂（H自）；⑦1925 五厂（H购中）、六厂（H租中），1929 七厂（H购英）；⑧1930 八厂（H自），1931 续六厂（-H解租H购中）、九厂（H购英）；⑨1937 四厂漂染整理（V自染）

续表

序号	企业名称	"事业集合"行为
11	溥益纺织厂	⑤1918 建厂（F 上海）；⑥1921 二厂（H 自）；⑨1935 改组称新裕，1937 委托中管
12	丽华布厂	⑤1916 购冠华布厂为丽华布厂（F 无锡），1919 丽华二厂；⑥1922 实现机器染织，改组为丽新布厂（V 自染）；⑧1931 棉纺工厂（V 自纺），1933 购印花机（V 自印）
13	恒源布厂	⑤1916 恒源帆布厂，织布和染整设备（F 天津 V 自染）；⑥1920 直隶模范纱厂并入（V 并中纺）；⑧1934 委托中管
14	鸿章布厂	⑤1918 鸿章布厂（F 上海），1919 染厂（V 自染）；⑥1921 纺纱部（V 自纺）
15	广益布厂	⑤1918 广益布厂（F 常州）；⑥1923 二厂，手拉木机和土法染色；⑦1925~1927 完成机械化，两厂合并（V 自染）；⑧1930 大成一厂（V 购中纺），1932 广益并入大成为二厂，1934 印花部（V 自印）；⑨1936 四厂局部开工，1937 三厂未成
16	恒丰盛布厂	⑤1918 建厂，染部（F 常州 V 自染）
17	常州纱厂	⑤1919 建厂（F 常州）；⑧1931 改组为民丰纱厂；⑨1935 织布厂（V 自织），1937 染部（V 自染）
18	华新纱厂	⑥1920 天津一厂（F），1921 青岛二厂（H 自），1922 唐山三厂（H 自）、卫辉四厂（H 自），设华新总公司；⑦1929 三厂设布厂（V 自织）；⑧1931 总公司撤销，1932 三厂设漂染厂（V 自染）；⑨1935、1936、1937 二厂设布厂、染厂、印花部（-H3V 自织染印），1936 一厂（-H 日购）、三厂（-H-2V 日购），四厂巨兴纱厂（H 租中）
19	统益纺织厂	⑥1920 一厂（F 上海）、二厂（H 自）；⑦1927 委托英管（-H）
20	汉口第一纱厂	⑥1920 建厂（F 汉口），1923 南厂（H 自）；⑦1927 停工，1929 英租（-H）；⑨1936 中租（H）
21	宝成纱厂	⑥1920 一厂（F 上海）、二厂（H 自），1922 天津三厂（H 自），翌年归美商洋行（-H）；⑦1925 一、二厂（-H 日购）；⑧1931 三厂收回；⑨1935 三厂停工，1936 日购
22	中国内衣织布厂	⑥1920 建厂（F 上海）；⑧1931 漂染部（V 自染），1934 纺纱厂（未成）
23	民生纱厂	⑥1921 开工（F 上海）；⑧1931 棉织、染部（2V 自织自染）；⑨1935 停业，1937 中租
24	永安纱厂	⑥1922 一厂（F 上海），1924 布厂（V 自织）；⑦1925 二厂（H 购中），1928 三厂（H 购中）；⑧1930 四厂（V 自纺），1931 纬通纱厂为五厂（V 购中纺）；⑨1935 大华印染厂（V 自染）

序号	企业名称	"事业集合"行为
25	裕华纱厂	⑥1922 开工（F 武昌）、石家庄大兴纱厂（H 自）；⑨1936 大华纱厂（H 自），大兴漂染场（V 自染）
26	庆丰纱厂	⑥1922 开工（F 无锡）；⑧1933 第二工场，纺部和织部（V 自织），1934 漂染工场（V 自染）；⑨1937 第三工场印花（未成）
27	光华漂染厂	⑥1923 开工（F 上海）；⑦1928 购进完整染色设备；⑨1935 织布车间（V 自织）
28	勤康染整厂	⑥1923 收购（F 江阴）、万源白织厂（V 自织）、上海第二分厂（V 自织）
29	晋华纺织厂	⑥1924 开工纺纱（F 榆次）；⑧1933 织毯厂（V 自织）、租办祁县益晋织染厂（2V 租织染），太原晋生染厂（F1930 太原），1932 改印染车间为纺纱车间；⑨1935 与晋华合并（V 合织）
30	华阳染织厂	⑥1924 建厂（F 上海）；⑧1934 达到自织自染之目的（V 自染）
31	元通布厂	⑦1926 建厂（F 上海）；⑨1937 全套漂染整理设备（V 自染）
32	勤丰染织厂	⑦1927 建厂，仅染色（F 上海），1928 织布厂（V 自织）
33	上海印染厂	⑦1929 建厂，漂染和印花（F 上海 V 自印）；⑧1933 织布厂（V 自织），纺纱部（V 自纺）；⑨1935 委托中营
34	光中机器染织厂	⑦1929 建厂，仅漂染（F 上海）；⑧1933 织布二厂（V 自织），1934 印花三厂（V 自印）、织布四厂（V 自织）、拉绒五厂、漂染六厂（V 自染）、织布七厂（V 自织）
35	仁丰染织厂	⑦1929 建厂，土法染色（F 上海）；⑧1934 机器织布和染部（V 自织）
36	鼎新染织厂	⑧1931 建厂，仅织布（F 上海），1934 二厂，附设染色厂（V 自染）
37	成通纺织厂	⑧1933 投产（F 济南）；⑨1936 租办鲁丰纱厂，1937 购进该厂称成大纱厂（H 先租后购中）
38	天一染织厂	⑧1933 建厂（F 上海）；⑨1937 织布和染色（V 自染）
39	仁丰纱厂	⑧1934 开工（F 济南）；⑨1935 染织厂（2V 自织染）
40	阳本染织厂	⑧1934 投产，织布、染色、印花（F 济南 2V 自染印）
41	嘉丰纺织整染厂	⑨1935 创办，粗纱、细纱、织布、染色各部（F 上海 2V 自织染）

表1-2　1895～1937年中国民族棉纺织企业发轫、横连及纵合行为次数统计

单位：次

	①1895～1899年	②1900～1904年	③1905～1909年	④1910～1914年	⑤1915～1919年	⑥1920～1924年	⑦1925～1929年	⑧1930～1934年	⑨1935～1937年
发轫次数（F）	3（3+0）	0（0+0）	2（1+1）	3（1+2）	9（4+5）	13（9+4）	5（0+5）	6（1+5）	1（0+1）
横连次数（H）	0	0	1（1-0）	0（0-0）	1（1-0）	13（15-2）	2（6-4）	3（5-2）	-1（4-5）
纵合次数（V）	0	0	0	0	5（5-0）	8（8-0）	9（9-0）	28（29-1）	15（17-2）

注：

(1) 对象内容

表格统计的对象是41家近代民族棉纺织企业，内容是机器棉业生产的一体化行为，主要涉及纺纱、织布、染色、印花、棉纺织机器生产单位的扩张联营。表1-1是分企业的简明梳理，以明确时间、类型、实现方式等要素，表1-2是分时段、分类型的数量统计，以显示维度的变化。

(2) 字符简称

字母代表行为类型：F（Foundation）特指首个生产单位的创办，即发轫；H（Horizontal Integration）指横向一体化；V（Vertical Integration）指纵向一体化。

汉字：第一，实现方式，"自"指自建，"购"指收购，"租"指租办，"并"指兼并，"合"指合并；第二，行为对象，"英"指英商，"日"指日商，"中"指华商，"购中"意为收购华商生产单位；第三，生产环节，"纺"即纺纱，"织"即织布，"染"即染色，"印"即印花，"用"即装备修理机器，"购中纺"意为收购华商纺纱生产单位。带圈数字①～⑨分别指代1895～1937年8个5年和1个3年的统计时段，用以表1-2对照表1-1统计数量。

(3) 行为认定

横向一体化主要是指纱生产单位的增加；纵向一体化主要指纺、织、染、印向链条各生产环节的增加。近代民族纱厂附设布机的行为较为普遍，但不视为横向一体化，纵向一体化是附属性质，此行为也没有改变企业以纺纱横向为主体上以纱纺横向为主的一体化维度；且大部分产品为粗布、非机器印染的主要原料，不具备纵向链条式的关联性。另，发轫、横向一体化行为同以正式建厂开工年份为准；合并的原各企业发轫不视为横向生产或业务单位的增加，织、染、印纱向链条各生产环节的增加。其中，某一生产或业务单位（工厂或部门）的增加，记为数量1。一次纵向一体化即生产向生产或业务环节上1个单位的增加，记为数量1。

(4) 数量单位

一次横向一体化行为即企业发轫后，1个相同生产或业务单位（工厂或部门）的增加，记为数量1。其中，某一生产序列的单位先租办后收购的方式之获得，视为不同实现方式的相继性一体化行为，仅计数量1。一次纵向一体化即生产向生产或业务环节上1个单位的增加（工厂或部门）的增加，记为数量1。

反之，一次解体行为，即企业一体化关系中，1个生产单位（工厂或部门）的消减，记为数量-1，如工厂被收购，被债权人接管，解除租办关系，委托经营，被战火摧毁等。其中，企业整体被另一华商接收，一体化关系未变，不视为解体；若被外商接收，民族性质发生改变，则视为解体。

另，表1-2中，发轫次数一行若号内是纺纱和染织单位数量相加，横向及纵向次数一行括号内是正向与负向行为次数相减。

资料来源：

1. 中国科学院上海经济研究所、上海市工商行政管理局永安纺织印染公司史料组编《永安纺织印染公司》，上海人民出版社，1958，第1、16、23～24、53页；上海市棉纺织工业局：《苏纶纱厂纪略》，《江苏文史资料集粹·经济卷》编辑部，1995，第72～77页；《隆茂改称苏纶第二厂》，《纺织时报》第1159号，1935年2月14日，第5版。

2. 徐仁甫：《苏纶纱厂纪略》，江苏省政协文史资料委员会编《江苏文史资料》。

3. 《大生系统企业史》编写组编《大生系统企业史》，江苏古籍出版社，1990，第16、43、145、148、226页；严中平：《中国棉纺织史稿》，科学出版社，1955，第350、359、363页。

4. 杨世奎主编《慎终追远——无锡杨氏（杨菊仙系）创业纪实》，澳门天成（国际）文化艺术出版社，2003，第122～123、145、147～148页；严中平：《中国棉纺织史稿》，科学出版社，1955，第344、353页。

5. 张謇彬：《江阴布厂的鼻祖华澄布》，中国人民政治协商会议江阴县委员会文史资料研究委员会编《江阴文史资料》第五辑，1984，第35～36页；江阴市地方志编纂委员会编《江阴市志》，上海人民出版社，1992，第372页；新华布厂志编写组编《江阴新华布厂志》，1988，第8页。

6. 严中平：《中国棉纺织史稿》，科学出版社，1955，第348页。

7. 中国近代纺织史编委会编著《中国近代纺织史》下卷，中国纺织出版社，1997，第289～290页；金普森、孙善根主编《宁波帮大辞典》，宁波出版社，2001，第109页；臧：《达丰染织公司》，《染织周刊》第1卷第42期，1936年6月3日（原本为每卷统编页码）。

8. 陈真、姚洛合编《中国近代工业史资料》（第一辑）：民族资本创办和经营的工业，生活·读书·新知三联书店，1957，第467～468页；严中平：《中国棉纺织史稿》，科学出版社，1955，第345页。

9. 中国近代纺织史编委会编著《中国近代纺织史》上卷，中国纺织出版社，1997，第392页。

10. 上海社会科学院经济研究所编《荣家企业史料（1896～1937年）》上册，上海人民出版社，1962，第54、59、86、176、179、220、249、252页；李国伟：《荣家经营纺织和制粉企业六十年概述》，中国人民政治协商会议全国委员会文史资料研究委员会编《文史资料选辑》第二十四辑，中华书局，1960，第31页。

11. 严中平：《中国棉纺织史稿》，科学出版社，1955，第353页。

12. 钱仲汉，1962，第134～136页；朱复康：《唐骧庭、程敬堂与丽新厂》，寿充一、寿墨卿、寿乐英编《三十年代的无锡丽新厂》，中国人民政治协商会议江苏省委员会文史资料研究委员会编《江苏文史资料》，1996，第553～554页；无锡国棉三厂编史组编《三十年代的无锡丽新厂》。

料选辑》第十一辑，江苏人民出版社，1983，第111页。

13. 董权甫、刘申之：《曹锟家族与天津恒源纺织有限公司》，中国人民政治协商会议全国委员会文史资料研究委员会编《文史资料选辑》第四十四辑，文史资料出版社，1964，第85、95、101页。

14. "由纺纱厂而入织布厂，由织布厂而进漂染同，各部整理有条不紊。" 杨国标：《鸿章纺织厂观察记》，《经济汇报》第3卷第1期，1924年6月，第1689页。

15. 常州东风印染厂厂志编纂办公室编《常州东风印染厂志》，铅印本，1988，第1~3页；巢福甫：《实业家刘国钧》，中国人民政治协商会议《工商经济史料》，文史资料出版社，1985，第272~276页，第30页。

16. 江苏省地方志编纂委员会编著《江苏省志·纺织工业志》，江苏古籍出版社，1997，第107页。

17. 陈蘅风：《民丰纺织厂的历史沿革》，常州市地方志编纂委员会办公室、常州市档案局编《常州地方史料选编（第一辑）·工业史料专辑》，1982，第128、131页。

18. 中国近代纺织史编委会编著《中国近代纺织史》下卷，中国纺织出版社，1997，第356页；中国人民政治协商会议河北省委员会文史资料研究委员会编辑部编《河北文史资料》第三十三辑，河北人民出版社，1990，第55~56页；王天奇：《卫辉华新纱厂的变迁》，中国人民政治协商会议河南省委员会文史资料研究委员会编《河南文史资料》总第四十二辑，1992，第115页；周志俊：《青岛华新纱厂概况和华北棉纺业一瞥》，中国人民政治协商会议全国委员会文史资料研究委员会编《工商史料》第一辑，文史资料出版社，1983，第24~25页；《华新纱厂十八年生产能力扩展表》，周小鹃：《周志俊小传》，兰州大学出版社，1987，第30页；唐山华新纺织厂厂史办公室：《唐山华新纺织厂的历史》，1990，第210~212页；华新纺织厂史资料。

19. 严中平：《中国棉纺织史稿》，科学出版社，1955，第356页。

20. 严中平：《中国棉纺织史稿》，科学出版社，1955，第356、361页。

21. 严中平：《中国棉纺织史稿》，科学出版社，1955，第356、361页。

22. 星：《中国内衣织布公司之国货事业》，《经济周报》第4卷第6期，1947年2月6日，第20页。"织布机350部，漂染机器全套。" 上海市机器业同业公会编《染织业国货证信集》1938，第31页；记者：《实业家黄鸿钧之发达原因》，《商业杂志》第5卷第1号（1930年1月），正文第29页（原刊每篇文章重新编页，第3页）。

23. 《民生纱厂举行创立会》，《新闻报》1921年9月3日，第5张第2版；《民生纱厂复业开工》，《纺织时报》第1378号，1937年4月26日，第2版；张若文、方庆秋、黄美真主编《中华民国史大辞典》，江苏古籍出版社，2001，第611页。

24. 《民生纱厂复业》，《纺织时报》1935年5月2日，第2版；上海市工商行政管理局永安纺织印染公司史料组编《永安纺织印染公司》，中国人民政治协商会议全国委员会文史资料研究委员会编《文史资料选辑》第四十四辑，文史资料出版社，1964，第24~25、43、45、47、113~117页。

25. 黄师让：《裕大华企业四十年》，上海市棉纺织工业公司，上海市纺织工业局，中国人民政治协商会议全国委员会文史资料研究委员会编《文史资料选辑》第四十四辑，文史资料出版社，1964，第1页；《裕大华纺织资本集团史料》编写组编《裕大华纺织资本集团史料》，湖北人民出版社，1984，第33、37、229、237页；中国人民政治协商会议石家庄市委员会文史资料委员会编《石家庄文史资料》第十辑，1989，第119、248页。

26. 唐星海设想"先建第二工场，再建漂染加工厂，为增强漂染加工能力，再增建第三工场"。《无锡第二棉纺织厂厂史》，油印本，1984，第10、24、30～32页。

27. 中国近代纺织史编委会编著《中国近代纺织史》下卷，中国纺织出版社，1997，第291～292页。

28. 中国近代纺织史编委会编著《中国近代纺织史》上卷，中国纺织出版社，1997，第392页。

29. 实业部国际贸易局编纂《中国实业志·山西省》，实业部国际贸易局，1937，"第六编工业"第7～9页；徐崇寿：《晋华纺织股份有限公司概况》，中国人民政治协商会议山西省委员会文史资料研究委员会编《山西文史资料》第四十九辑，1987，第63～66页；山西省史志研究院编《山西通志》第二十卷《纺织工业志》，中华书局，1997，第196页；《太原晋生纺织厂》，山西资料汇编编辑委员会编《山西资料汇编》，山西人民出版社，1960，第178页。

30. 《上海华阳染织厂十年来之回顾》，上海市商会商品陈列所编辑《工商必备》，1934，"工厂小史"第33～34页。

31. 中国近代纺织史编委会编著《中国近代纺织史》下卷，中国纺织出版社，1997，第293页；上海市机器染织业同业公会编《染织业国货证信集》，1938，第156页。

32. 金普森、孙善根主编《宁波帮大辞典》，宁波出版社，2001，第232页。

33. 《上海印染公司开业》，《纺织时报》第658号，1929年12月19日，第2版；记者：《上海印染公司之中兴史》，《近东月报》第1卷第2期，1933年6月15日，第48页；《上海印染厂纺织部之设施》，《纺织时报》第1107号，1934年8月2日，第3版；《上海印染公司复工》，《染织纺周刊》第1卷第13期，1935年10月30日，总第203页。

34. 上海印染行业修志办公室编《上海印染行业史料汇编》，1996，第54页。

35. 《仁丰染织厂小史》，《国货月报》第1卷第1期，1934年2月1日，第86～87页；简：《仁丰染织厂与朱赓陶先生》，《染织纺周刊》第1卷第50期，1936年7月29日，总第833页。

36. 上海印染行业修志办公室编《上海印染行业史料汇编》，1996，第48页；上海市机器染织业同业公会编《染织业国货证信集》，2001，第665页。

37. 张宪文、方庆秋、黄美真主编《中华民国史大辞典》，江苏古籍出版社，2001，第452页；《济南仁丰纱厂正式开幕》，《纺织时报》第944号，1932年12月1日，第3版；济南市档案馆编《济南市档案馆指南》，江苏古籍出版社，2001，第3版。

38. 上海市机器染织业同业公会编《染织业国货证信集》，1938，第34页。

39. 《济南创办仁丰纱厂》，《纺织时报》第944号，1932年12月1日，第3版；张宪文、方庆秋、黄美真主编《中华民国史大辞典》，中国人民政治协商会议青岛市委员会文史资料研究委员会编《青岛文史资料》第七辑，1986，第39页。

40. 朱羊、谢恩光：《陈孟元先生事略》，《纺织时报》第1243号，1935年12月12日，第2版；金普森、孙善根主编《宁波帮大辞典》，宁波出版社，2001，第239页。

41. 《嘉丰纱厂积极筹备开工》，总第646页。

1895～1937年，约有41家民族棉纺织企业实施了"事业集合"的经营行为。"发轫""横连""纵合"三种行为在九个连续时段内统计数量的变化，为分析"集合"维度的总体演进情况提供了依据。

1920年前后是发轫为主的阶段。民族棉纺织业中采取扩张经营的企业，虽于19世纪末即已出现，但一战爆发前20年内总共才开办了8家，1915年后才明显增加，5年内增添了9家，20年代前半期达到了高峰，共开设了13家。此后，呈减少趋势，5年期的发轫次数均再未超过这一时段，抗战全面爆发前3年内只有1次发轫数。

20世纪20年代是"横连"为主的阶段。民族棉纺织企业的"横连"行为最早出现于1907年，但时隔12年之后才发生了第二次，20年代前半期则迅速攀升至顶峰，5年内正向"横连"达15次之多，加上2次解体行为，横向行为总数达到了17次，整体扩张效果为13次。20年代后半期解体行为次数增加，且接近正向行为次数，仅相差2次，整体"横连"效果已不明显，然正负向行为次数之和仍有10次，反映了横向维度的行为依然处于活跃状态。其实，此5年是"横连"向"纵合"转向的时期，"纵合"行为虽不在少数，共9次，仍不及正负横向行为次数之和，也未显著多于正向"横连"次数。溯前所观，"纵合"次数略有增长，然并未占据主流地位。

值得注意的是，"横连"与发轫行为同时进入高潮。一般情况下，企业创建后需经过一段时期的积累才具备整合扩张的条件，这也是近代欧美企业普遍经历的过程。美国自18世纪末19世纪初出现机器生产的工业企业后，直到19世纪40年代"在生产中也和在商业中一样，仍然保留着传统的企业形式"，即"单一单位的企业"，制造厂商"采取以合并方式成长的最初的步骤"要到70年代才出现。[1] 这之间至少相隔五六十年，而中国的情况则是相隔不到十年，且建厂高峰期亦是"横连"风行之时。在尚未获得充分积累的情况下，中国民族棉纺织企业的"事业集中"行为具有追赶性，而在中国民族资本主义经济"尚未获得充分发展的状态下形成的企业集团，便具有明显的超前性"[2]。

---

[1] 〔美〕小艾尔弗雷德·D. 钱德勒：《看得见的手——美国企业的管理革命》，重武译，商务印书馆，1987，第56、366～367页。

[2] 吴承明、江泰新主编《中国企业史·近代卷》，企业管理出版社，2004，第529页。

　　追赶性"横连"扩张能够发生是诸多因素作用的结果，其中有两个原因需特别指出。其一，技术进步成本的消减。钱德勒指出工厂扩大的限制"主要是技术上的"，"新的能源以及运输和通讯方面新的速度和规则性，促使业主们一体化他们的经营活动"①。美国花费了五六十年时间完成了技术上的累积进步，而中国通过技术引进消减了绝大部分的时间、试验、改进成本。其二，传统经济因素的适应性。企业扩张首要的是资金支持。清末民初"新式银行开设不多，亦不做商业往来。工商业资金融通完全依靠钱业……对那时方在成长的民族工商业发展起到了一定的扶助作用"②。传统金融机构对现代企业发展的业务适应为"横连"扩张提供了资金支持。二者在实质上都是中国作为后发国家所拥有的特殊条件。

　　追赶性"横连"扩张的出现也具有一定的必要性。1920年前后，"横连"扩张的一个重要目的是抢占棉纱市场。一战爆发后，日、印两国"趋向于细支纱的生产"，以粗纱为主的中国市场上洋粗纱进口量在逐步减少，而此时日本为"在中国生产已失去竞争力的粗纱"，开始加快投资设厂，至1921年、1922年达到了"最盛时期"③。这样，民族纱厂与在华日资纱厂必有一战，当然，民族纱厂之间亦存在竞争关系。于是，部分优势企业通过实施"横连"经营战略争夺粗纱市场。多厂联营的大型企业可以获得规模效应，在竞争中胜算更大。其时，由于全国纱厂总数不多，市场尚有较大空间，棉纺织企业主要通过自建纱厂的方式来实现"横连"扩张，以便占据更多的市场份额。表1-3显示，1925年前的17次正向"横连"行为中，自建次数是16次，超过了九成。至1930年左右，民族纱厂已基本占据本国粗纱市场。④ 近代

---

① 〔美〕小艾尔弗雷德·D.钱德勒：《看得见的手——美国企业的管理革命》，重武译，商务印书馆，1987，第86、89页。
② 中国人民银行上海市分行编《上海钱庄史料》，上海人民出版社，1960，第170页。从现代金融机构来看，中国银行业在初始阶段（1897~1927年）的业务活动"与产业资本的关系度极低"，1927年以后才"趋于密切起来"。李一翔：《近代中国银行与企业的关系（1897~1945）》，东大图书股份有限公司，1997，第55、92页。
③ 严中平：《中国棉纺织史稿》，科学出版社，1955，第163、176页；〔日〕森时彦：《中国近代棉纺织业史研究》，袁广泉译，社会科学文献出版社，2010，第275页。
④ 严中平：《中国棉纺织史稿》，科学出版社，1955，第216页；〔日〕森时彦：《中国近代棉纺织业史研究》，袁广泉译，社会科学文献出版社，2010，第281~282页。

中国五大棉纺织企业集团，大生、申新、永安、华新、裕大华都在这一时期形成。

其中，申新纺织公司是近代中国规模最大的棉纺织企业，其创办者——荣氏兄弟一贯主张"横连"扩张。兄弟二人早年曾在无锡与人合伙开办振新纱厂，1914年全国纱业"横连"尚未兴起，荣德生发现纱厂的纱锭规模"内地无过三万者"，提出添建纱厂三所，"二厂在申，三厂在宁，四厂在郑"，然董事会"目光不远"，"闻之大骇"。[1]翌年，二人退出，在上海创办了申新纱厂，以"多办面粉厂与纺织厂"[2]为战略经营理念，最终功成名就，而振新"却还是振新，寂寞地留在了无锡"[3]。

表 1-3　1895~1937 年中国民族棉纺织企业"横连"实现方式统计

单位：次

	自建		并购		租办		委托	
	正向	转向	正向	反向	正向	反向	正向	反向
1925 年前	16	0	1	-1（1）	0	-1	0	0
1925 年后	3	-1	7（2）	-5（3）	5	-3（1）	0	-2（2）

注：（1）本表数据依据表 1-1 统计；（2）括号内数字是指与外商有关的次数；（3）自建转向 1 次系指华新总公司撤销后二厂转向"纵合"，三厂亦有转向，但后被日商并购，此处不计入；（4）大生二厂归银行及宝成三厂归美商，均以并购计；（5）成通租办鲁丰后并购称成大，"横连"效果为 1 次，此处为考察实现形式，各计 1 次。

20 年代后半期到抗战全面爆发前，正向和反向"横连"行为是中国棉纺织业重组的重要途径。民族纱厂和日资纱厂无序竞相扩张，纱厂数量激增，导致产能过剩，造成了"1923 年萧条"。由此，中国棉纺织业进入调整时期，并购重组之风盛行，正反向并购行为总共达到了 12 次，以较少资金达到联合经营目的的租办行为也较多出现，正反向共 8 次。优势民族企业进一步"横连"扩张，多厂联营以实现有序

①　荣德生：《乐农自订行年纪事》，乐农史料选编《荣德生文集》，上海古籍出版社，2002，第 71 页。
②　《总经理自述》，《茂新福新申新总公司卅周年纪念册》，茂新福新申新总公司，1929，第 1 页。
③　黄裳：《荣德生访问记》，上海大学、江南大学《乐农史料》整理研究小组选编《荣德生与企业经营管理》上册，上海古籍出版社，2004，第 172 页。

生产，充分发挥规模经营优势，挤占市场；劣势华商纱厂则通过"横连"解体减少损失。与此同时，在华日资纱厂亦有"集合"的趋势，程度"尤在华商纱厂之上"①，并与之针锋相对。华商纱厂有5次横向解体的被并购案，其中3次与日商有关，却无并购日商纱厂的记录，仅有2次收买英商纱厂的行为。华厂面临来自在华日厂的横向扩张的压力可想而知，进一步的"横连"带有明显的防御目的，且具有企业和民族双重意义。

不过，需要指出的是：与华商纱厂不同，日厂在"横连"的同时还伴随着实施棉纱"高支化措施"②。这是因为：鉴于中国市场对粗纱的需求"已经没有增长余地"，而1920年以后近代织布业的兴起使得20支以上细纱市场正逐步打开，与其继续在供应过剩的粗纱市场与华厂倾轧，不如转而生产细纱，开拓新的市场，何况细支化本就是当时机纺棉纱的趋势。这样，日资纱厂对华厂的并购，反之即华厂的"横连"解体，客观上削减了粗纱产能，缓解了危机。然而，民族纱厂"坚持生产面向农村市场的粗纱"③，缓于推动高支化进程，即使通过"横连"的正反向活动能够获得短暂的喘息时间，进入30年代，随着粗纱市场缩减和细纱需求的扩大，仍将直面怎样推进、扩大，甚至转向细纱生产的问题。接下来，扩张维度的转变将从行业格局上对民族纱厂予以促进。

（二）面粉企业的"横连"：抓住出口机遇，实现行业重组

中国民族机器面粉业发轫于19世纪末20世纪初，一战爆发后获得了大发展，"在整个民族资本近代工业的地位与机器纺织工业并驾齐驱，成为两个最大的行业"④。"横连"扩张的经营行为在机制面粉企业中盛行。表1-4较为全面地呈现了17家面粉企业的横向一体化行为，表1-5则按时间段进行了次数统计。

---

① 方显廷：《中国之棉纺织业》，商务印书馆，2011，第271页。
② 〔日〕森时彦：《中国近代棉纺织业史研究》，袁广泉译，社会科学文献出版社，2010，第276页。
③ 〔日〕森时彦：《中国近代棉纺织业史研究》，袁广泉译，社会科学文献出版社，2010，第308页。
④ 上海市粮食局、上海市工商行政管理局、上海社会科学院经济研究所经济史研究室编《中国近代面粉工业史》，中华书局，1987，第43页。

表 1 - 4　1895～1937 年近代中国民族面粉企业"横连"行为一览

序号	企业名称	"横连"行为
1	阜丰面粉厂	②1900 正式投产（F 上海）；⑤1916 济丰（H 自建），1919 通丰（H 自建）；⑥1923 长丰（H 租中），1924 泰隆（H 租中）；⑦1926 裕通（H 租中），1927 长丰（－H 焚毁）、泰隆（－H 解租）；⑨1935 祥新（H 租中），1936 信大（H 租中）
2	茂新面粉系统	②1902 保兴（F 无锡），1903 改组为茂新；⑤1916 二厂（H 先租后 1917 购中）、三厂（H 租中），1917 四厂（H 租中），1918 三厂（－H 解租），1919 三厂（H 自建）、四厂（－H 解租）；⑥1920 四厂（H 自建），1921 三厂（－H 停业）；⑦1925 三厂（H 复开），1926 三厂（－H 焚毁），1927 二厂（H 重建），1928 三厂（－H 附于一厂）
3	福新面粉系统	④1913 一厂（H 自建）、四厂（H 先租后 1920 购中），1914 二厂（H 自建）；⑤1916 三厂（H 自建），1917 六厂（H 租中），1918 元丰恒记（H 租中），1919 二厂（－H 焚毁）、五厂（H 自建）、七厂（H 自建）；⑥1920 二厂（H 重建），1921 八厂（H 自建），1922 一厂焚毁，三、六厂改为一厂（－2H），元丰恒记（－H 解租）；⑦1926 三厂（H 购中）；⑧1934 二、四、八厂合并（－2H）
4	泰隆面粉厂	④1914 开设（F 无锡）；⑤1916 出租，1918 收回；⑨1936 中华隆记（H 租中）
5	益发合	⑥1924 设立（F 长春，购日）；⑦1928 二厂（H 租中），1929 三厂（H 购中）；⑧1931 二厂（－H 解租）；⑨1936 制粉厂（H 购中）
6	黑爱联合粉厂	永济（④F1914，瑷珲）、万丰益（⑥F1920，黑河）、德昌（⑥F1920，黑河）；⑦1926 合并（2H）；⑧1933 停业（－2H）
7	东盛火磨	⑤1918 一厂（F 哈尔滨）；⑥1920 二厂（H 自建）；⑧1931 一、二厂（－H 停业）
8	裕昌源火磨	④1914 长春厂（F）；⑥1921 长春厂分支（H 自建）；⑧1930 宾县厂（H 购中）
9	天兴福	⑤1918 一厂（F 长春）；⑥1921 二厂（H 自建）、三厂（H 自建）；⑦1926 四厂（H 自建）、四厂分厂（H 购日）；⑨1936 二厂分厂（H 并中）
10	三津寿丰面粉厂	⑤1919 寿星改寿丰（F 天津，中日合资改为华商资本）；⑦1925 改组为三津寿丰；⑧ 1932 二厂（H 并中），三厂（H 购中）
11	福星面粉厂	⑥1920 开设（F 天津）；⑧1933 二厂（H 租中），1934 二厂（－H 停业）
12	长丰面粉厂	⑤1916 开设（F 上海），1919 三厂（H 购中）；⑥1922 二厂（H 自建），1923 一厂（－H 中租）；⑦1926 二厂（－H 中租），1928 三厂（中购）
13	恒兴面粉厂	⑥1920 开设（F 济南），1924 二厂（H 自建）；⑦1926 一厂（－H 停业），1929 二厂转让经营
14	乾义面粉厂	⑥1920 开设（F 保定）；⑦1925 分厂（H 自建），1926 分厂（－H 停业）

序号	企业名称	"横连" 行为
15	永发成火磨	⑦1925 望奎厂（F）、绥化厂（H 自建）
16	宝兴面粉厂	⑥1921 开设（F 徐州）；⑧1930 二厂（H 自建）
17	同大制粉厂	⑧1930 开设（F 海伦）、二厂（H 自建）

注：

（1）制表所使用的概念及规则参见表 1 - 1 和表 1 - 2 的"注"。

（2）茂新系统和福新系统同属茂福申新总公司，福新一厂虽为福新系统首个企业，仍作为荣氏集团面粉生产系统横向一体化行为统计。

（3）关于福新二、四、八厂合并的年代，上海市粮食局、上海市工商行政管理局、上海社会科学院经济研究所经济史研究室编《中国近代面粉工业史》（中华书局，1987）第 151 页记述二、四厂合并的时间为 1934 年，第 439 页记述了八厂与二、四厂合并的史实，但未指明时间。此处暂以 1934 年为三个工厂合并的时间，可进一步考证。

（4）资料显示长丰二厂开设的年代晚于三厂，尚需进一步考证。上海市粮食局、上海市工商行政管理局、上海社会科学院经济研究所经济史研究室编《中国近代面粉工业史》，中华书局，1987，第 220、442 页。

资料来源：

1. 上海市粮食局、上海市工商行政管理局、上海社会科学院经济研究所经济史研究室编《中国近代面粉工业史》，中华书局，1987，第 200 ~ 201 页。

2. 《茂新面粉公司史略》，上海大学、江南大学《乐农史料》整理研究小组选编《荣德生与企业经营管理》上册，上海古籍出版社，2004，第 248 ~ 256 页；《茂新第二面粉厂概况》，上海大学、江南大学《乐农史料》整理研究小组选编《荣德生与企业经营管理》上册，上海古籍出版社，2004，第 259 页；《茂新第四面粉厂概况》，上海大学、江南大学《乐农史料》整理研究小组选编《荣德生与企业经营管理》上册，上海古籍出版社，2004，第 261 页。

3. 《福新面粉公司史略》，上海大学、江南大学《乐农史料》整理研究小组选编《荣德生与企业经营管理》上册，上海古籍出版社，2004，第 295 ~ 300 页；上海社会科学院经济研究所编《荣家企业史料（1896 ~ 1937 年）》上册，上海人民出版社，1962，第 37、82 页；上海市粮食局、上海市工商行政管理局、上海社会科学院经济研究所经济史研究室编《中国近代面粉工业史》，中华书局，1987，第 151、439 页。

4. 上海市粮食局、上海市工商行政管理局、上海社会科学院经济研究所经济史研究室编《中国近代面粉工业史》，中华书局，1987，第 432 ~ 433 页。

5. 上海市粮食局、上海市工商行政管理局、上海社会科学院经济研究所经济史研究室编《中国近代面粉工业史》，中华书局，1987，第 444 ~ 445、448 ~ 449、452 ~ 453 页。

6. 上海市粮食局、上海市工商行政管理局、上海社会科学院经济研究所经济史研究室编《中国近代面粉工业史》，中华书局，1987，第 426 ~ 427、438 ~ 439 页。

7. 上海市粮食局、上海市工商行政管理局、上海社会科学院经济研究所经济史研究室编《中国近代面粉工业史》，中华书局，1987，第 434 ~ 435、438 ~ 439 页。

8. 上海市粮食局、上海市工商行政管理局、上海社会科学院经济研究所经济史研究室编《中国近代面粉工业史》，中华书局，1987，第 426 ~ 427、440 ~ 441、452 ~ 453 页。

9. 上海市粮食局、上海市工商行政管理局、上海社会科学院经济研究所经济史研究室编《中国近代面粉工业史》，中华书局，1987，第 434 ~ 435、440 ~ 441、448 ~ 449 页。

10. 上海市粮食局、上海市工商行政管理局、上海社会科学院经济研究所经济史研究室编《中国近代面粉工业史》，中华书局，1987，第 436 ~ 437、446 ~ 447、454 ~ 456 页。

11. 上海市粮食局、上海市工商行政管理局、上海社会科学院经济研究所经济史研究室编

《中国近代面粉工业史》，中华书局，1987，第436～437、454～455页。

12. 上海市粮食局、上海市工商行政管理局、上海社会科学院经济研究所经济史研究室编《中国近代面粉工业史》，中华书局，1987，第220、430～431、442～443页。

13. 上海市粮食局、上海市工商行政管理局、上海社会科学院经济研究所经济史研究室编《中国近代面粉工业史》，中华书局，1987，第436～437、444～445页。

14. 上海市粮食局、上海市工商行政管理局、上海社会科学院经济研究所经济史研究室编《中国近代面粉工业史》，中华书局，1987，第438～439、446～447页。

15. 上海市粮食局、上海市工商行政管理局、上海社会科学院经济研究所经济史研究室编《中国近代面粉工业史》，中华书局，1987，第446～447页。

16. 上海市粮食局、上海市工商行政管理局、上海社会科学院经济研究所经济史研究室编《中国近代面粉工业史》，中华书局，1987，第440～441、452～453页。

17. 上海市粮食局、上海市工商行政管理局、上海社会科学院经济研究所经济史研究室编《中国近代面粉工业史》，中华书局，1987，第452～453页。

1895～1937年，约有17家民族面粉企业实施了"横连"经营行为。相较于棉纺织企业，"发轫"为主的阶段依然是在1920年前后，20年代前半期达到了最多，为7家；"横连"为主的阶段时间跨度较大，向前延展了5年，从1915年至1929年，依然符合扩张与发轫并举的结论。在这三个五年中，总体扩张效果除第一个五年达到了最高的9次外，后两个时段的数值并不是很突出。尽管如此，正向行为数值及正负行为数值之和的两个指标都体现出：这15年是民族面粉企业以横向一体化为主的阶段。正向"横连"三个阶段均稳定在略高于10次的水平上，正负扩张行为总数逐段递增，分别为15次、16次、19次，横向行为次数持续居高，且这两个指标的数值明显高于其他五年时段。进入30年代，前半期正向行为次数下降近一半，仅6次，总体扩张效果成负值；尽管抗战全面爆发前几年未出现负向行为，扩张效果为5次，似有所回升，但很显然，当时民族面粉企业的横向行为已达不到之前的活跃程度。

这一阶段制粉企业"横连"扩张的经营行为盛行的原因，在1925年前后各有不同。

1925年前，一战爆发后市场需求的激增仍是主要原因。战争导致欧洲粮食紧缺，洋粉急速退出中国市场。如表1-6所示，1915年比1914年下降达91.9%，1918年更是跌入4551关担的最低谷。与此同时，欧洲对面粉的需求量却激增，1915年面粉出口数量比1914年增加近两倍，1918～1921年，每年均超过200万关担，其中，1920年达到了最高峰，接近400万关担，较1914年增加了接近56倍。因此，与棉纺织业不同，

表1-5　1895~1937年中国民族面粉企业发轫、横连行为次数统计

单位：次

	①1895~1899年	②1900~1904年	③1905~1909年	④1910~1914年	⑤1915~1919年	⑥1920~1924年	⑦1925~1929年	⑧1930~1934年	⑨1935~1937年
发轫次数（F）	0	2	0	3	4	7	1	1	0
横连次数（H）	0	0	0	3（3-0）	9（12-3）	6（11-5）	5（12-7）	-1（6-7）	5（5-0）

注：
（1）制表所使用的概念及规则参见表1-1和表1-2的"注"。
（2）茂新系统和福新系统同属茂福新总公司，福新一厂虽为福新系统首个企业，仍做横向一体化行为统计。
（3）资料显示长丰一厂开设的年代晚于三厂，尚需进一步查证。
（4）表中未做说明的面粉厂均为自建而成。

资料来源：《民族资本近代机器面粉工厂一览表》，上海市粮食局、上海市工商行政管理局，上海市工商行政管理局、上海市粮食局、中国社会科学院经济研究所经济史研究室编《中国近代面粉工业史》，中华书局，1987，第418~458页，附录十一；《茂新面粉工厂生产能力统计表》，中华书局，1987，第201页；《茂新面粉公司史略》，上海大学、江南大学《乐农史料》整理研究小组选编《荣德生与企业经营管理》上册，上海古籍出版社，2004，第248~256页；《福新面粉公司史略》，上海大学、江南大学《乐农史料》整理研究小组选编《荣德生与企业经营管理》上册，上海古籍出版社，2004，第295~300页。

一战给面粉业带来的不仅有内需，还有外需，抓住出口机遇是制粉企业"横连"扩张的关键因素。巨大的国内外市场使得面粉业只要办厂生产即可获利，自建扩张成为主要的"横连"方式，表1-7显示1925年前达到了16次。由于缺少资金，租办他厂实现扩张的方式也不在少数，但以这种方式实现一体化的企业组织关系不够稳定，8次租办的同时有4次解租行为，如表1-7所示。

表1-6　全国面粉进出口数量及价值（1914~1924年）

单位：关担

年份	进口数量	出口数量
1914	2197241	69932
1915	177367	196596
1916	233464	289747
1917	678849	798031
1918	4551	2011899
1919	271328	2694271
1920	511021	3960779
1921	752673	2047004
1922	3600967	593255
1923	5733503	131553
1924	6577390	157285

资料来源：中国科学院经济研究所、中央工商行政管理局资本主义经济改造研究室主编《旧中国机制面粉工业统计资料》，中华书局，1966，第70页。

表1-7　1895~1937年中国民族面粉企业"横连"实现方式次数统计

单位：次

	自建		并购		租办		合并	
	正向	停业	正向	反向	正向	反向	正向	反向
1925年前	16	-1	3	0	8	-4	0	0
1925年后	5	-6	8	0	6	-3	2	-4

注：（1）本表数据依据表1-4统计；（2）重建或复开为原先生产单位的恢复，不以自建计；（3）先租后购，"横连"效果为1次，此处为考察实现形式，各计1次；（4）并购即兼并或收购方式；（5）1922年福新三、六厂合并改为一厂，以及1928年茂新三厂附于一厂，做合并解体行为计；（6）焚毁导致的反向一体化的行为属于非经营的意外情形，不计。

1925 年后，优势企业的横向扩张成为行业重组的重要途径。洋粉卷土重来，民族面粉企业不仅失去了海外市场，内销也受到挤压，许多粉厂难以为继。战争灾荒频发，小麦供应陷入困境，30 年代政府层面的借款小麦分配不均，加剧了企业间发展的不平衡，民族面粉业的内部重组势在必行。表 1-7 中显示，1925 年以后，粉厂的自建扩张行为锐减，仅有 5 次，停业数量则反超，有 6 次；并购次数达到了 8 次，租办正反行为共有 9 次，合并的正反行为则有 6 次。企业间频繁地横向整合和解体，实现了民族面粉业的行业重组，形成了阜丰、茂新、福新等有实力的大型企业，增强了与洋粉的竞争力量，民族机制面粉业"总的说仍是增长趋势"①。

（三）火柴企业的"横连"：避免互相倾轧，并合抵御外商

民族火柴业的起步较棉纺织和面粉业都要早，19 世纪 70 年代末在广东已有火柴厂出现，但发展比较缓慢，其"横连"的进程与前两者也略有不同。表 1-8 和表 1-9 是对 14 家民族火柴企业一体化行为的统计。

表 1-8　1895~1937 年近代中国民族火柴企业"事业集合"行为一览

序号	企业名称	"事业集合"行为
1	巧明火柴厂	1879 开设（F 佛山）；⑧1930 改为巧明公记，第一支厂（H 自建）
2	燮昌火柴厂	1890 燮昌（F 上海）；①1897 汉口厂（H 自建）；⑥1923 苏州厂（H 自建）；⑦1927 上海厂、苏州厂（-2H 停业）；⑧1931 汉口厂出售
3	荧昌火柴厂	④1911 开设（F 上海）；⑥1920 一分厂（H 自建），二分厂（H 自建）
4	大中华火柴公司	⑥1920 鸿生（F 苏州），1924 燮昌（H 购中，上海）；⑧1930 鸿生与中华（⑥F1920，上海）及荧昌（④F1911，上海）、荧昌第一分厂、荧昌第二分厂合并为大中华（4H 合中），1931 裕生（H 并中），燮昌改炎昌（H 并中，汉口），大昌（H 租中），耀扬（H 购中），东沟梗片厂（V 自建），1934 光华（H 并中）；⑨1936 大昌（-H 解租）
5	三民火柴厂	益民（⑦F1926，资中）、民安（⑨F1935，宜宾）、利民（⑨F1935 前，广安）；⑨1936 合并为三民（2H 合中）
6	惠昌火柴厂	惠川（⑤F1915，贵阳）、协昌（⑤F1918，贵阳）；⑦1928 合并为惠昌（H 合中）；⑨1935 解体（-H）

① 许涤新、吴承明主编《中国资本主义发展史》第三卷《新民主主义革命时期的中国资本主义》，人民出版社，2003，第 143 页。

续表

序号	企业名称	"事业集合"行为
7	丹华火柴厂	丹凤（③F1905，北京）、华昌（④F1910，天津）；⑤1918 合并为丹华（H合并）；⑥1920 分厂，制匣料、轴木和箱板三种半制品（V自建）；⑦1925 分厂改为火柴厂（－V＋H）
8	北洋火柴厂	③1909 开设（F天津）；④1914 分厂（H自建）；⑤1919 梗片厂（V自建）
9	振业火柴厂	④1913 济南厂（F）；⑥1920 济宁厂（H自建）；⑦1928 青岛厂（H自建），制梗厂（V自建）
10	胶东中蚨火柴厂	④1914 开设（F烟台）；⑥1920 分厂（H自建）
11	振东火柴厂	⑥1922 开设（F即墨）；⑦1928 分厂（H自建）
12	洪泰火柴厂	⑥1923 开设（F胶县）；⑧1930 济南厂（H自建），1931 青岛厂（H自建）
13	协和新火柴厂	⑤1915 燧昌（F西安）；⑦1928 改组为协和火柴厂；⑧1931 迁至虢镇；⑨1937 改组为协和新，分厂（H自建）
14	惠临火柴公司	⑥1922 开设（F沈阳），1924 分厂（H购日），原附设梗片厂（V购日）

注：

（1）制表所使用的概念及规则参见表1－1和表1－2的"注"。

（2）《附录一：民族资本创办的火柴工厂一览表（1879年~1949年）》显示协和新火柴厂于1938年设立，但其重庆分厂却开办于1937年。据《虢镇火柴厂》（中国人民政治协商会议陕西省宝鸡县委员会文史资料研究委员会：《宝鸡县文史资料》第一辑，1983，第229~231页）记录，1937年9月方善育和沈佐清派符瑞祥接管工厂，原所有者郭家退出，企业遂改组为"协和新"。

资料来源：

1.《附录一：民族资本创办的火柴工厂一览表（1879年~1949年）》，青岛市工商行政管理局史料组编《中国民族火柴工业》，中华书局，1963，第284~285页。

2.《附录一：民族资本创办的火柴工厂一览表（1879年~1949年）》，青岛市工商行政管理局史料组编《中国民族火柴工业》，中华书局，1963，第286~288页。

3.《附录一：民族资本创办的火柴工厂一览表（1879年~1949年）》，青岛市工商行政管理局史料组编《中国民族火柴工业》，中华书局，1963，第286~287页。

4. 上海社会科学院经济研究所编《刘鸿生企业史料（1911~1931年）》上册，上海人民出版社，1981，第76~78、81~82、134~135、140~146页；《附录一：民族资本创办的火柴工厂一览表（1879年—1949年）》，青岛市工商行政管理局史料组编《中国民族火柴工业》，中华书局，1963，第288页。

5.《附录一：民族资本创办的火柴工厂一览表（1879年~1949年）》，青岛市工商行政管理局史料组编《中国民族火柴工业》，中华书局，1963，第289~290页。

6.《附录一：民族资本创办的火柴工厂一览表（1879年~1949年）》，青岛市工商行政管理局史料组编《中国民族火柴工业》，中华书局，1963，第292页。

7.《附录一：民族资本创办的火柴工厂一览表（1879年~1949年）》，青岛市工商行政管理局史料组编《中国民族火柴工业》，中华书局，1963，第293、298页；张新吾：《丹华火柴公司沿革》，中国人民政治协商会议全国委员会文史资料研究委员会编《文史资料选辑》第十九辑，中华书局，1961，第129页。

　8.《附录一：民族资本创办的火柴工厂一览表（1879年～1949年）》，青岛市工商行政管理局史料组编《中国民族火柴工业》，中华书局，1963，第20、293页。

　9.《附录一：民族资本创办的火柴工厂一览表（1879年～1949年）》，青岛市工商行政管理局史料组编《中国民族火柴工业》，中华书局，1963，第294页；蔡吉庭、张锐：《济南振业火柴股份有限公司》，中国人民政治协商会议济南市市中区委员会文史资料委员会编《市中区文史资料》第一辑，1991，第30页。

　10.《附录一：民族资本创办的火柴工厂一览表（1879年～1949年）》，青岛市工商行政管理局史料组编《中国民族火柴工业》，中华书局，1963，第294、298页。

　11.《附录一：民族资本创办的火柴工厂一览表（1879年～1949年）》，青岛市工商行政管理局史料组编《中国民族火柴工业》，中华书局，1963，第294～295页。

　12.《附录一：民族资本创办的火柴工厂一览表（1879年～1949年）》，青岛市工商行政管理局史料组编《中国民族火柴工业》，中华书局，1963，第294～295页。

　13.《附录一：民族资本创办的火柴工厂一览表（1879年～1949年）》，青岛市工商行政管理局史料组编《中国民族火柴工业》，中华书局，1963，第290、296～297页；刘铨、曹慎斋、符瑞祥口述，俱志青整理《虢镇火柴厂》，中国人民政治协商会议陕西省宝鸡县委员会文史资料研究委员会：《宝鸡县文史资料》第一辑，1983，第229～231页。

　14.《附录一：民族资本创办的火柴工厂一览表（1879年～1949年）》，青岛市工商行政管理局史料组编《中国民族火柴工业》，中华书局，1963，第292、298页。

　　至1936年，全国约有250家民族火柴厂，有近2/3属于工场手工业性质，生产力水平低，资本力量微薄。[①] 其中，约有14家民族火柴企业在1895～1937年实行了"横连"经营行为。扩张企业的发轫期主要集中在1910～1924年的15年间，没有明显的高峰段。"横连"行为次数则出现两个峰期，分别是20年代前半期的7次和30年代前半期的12次。

　　前一峰期的出现自然是与一战后外洋火柴进口数值的持续下降有关，尽管这一数值在1919年有所回升，但此后又再次下跌，尤其是1919～1921年，两年平均下降的数量约为一战五年期间平均下降数量的2倍，而价值比更是达到了5倍之多，详见表1-10。外洋火柴退出中国后留下了巨大的市场空间，因此第二峰期到来之前（1930年前），火柴企业纷纷通过自建方式占领销售市场，自建次数达到了10次（见表1-11）。

---

　　① 许涤新、吴承明主编《中国资本主义发展史》第三卷《新民主主义革命时期的中国资本主义》，人民出版社，2003，第156～157页。

表1-9　1895~1937年中国民族火柴企业发轫及横连行为次数统计

单位：次

	①1895~1899年	②1900~1904年	③1905~1909年	④1910~1914年	⑤1915~1919年	⑥1920~1924年	⑦1925~1929年	⑧1930~1934年	⑨1935~1937年
发轫次数（F）	0（2）	0	2	5	3	5	1	0	0
横连次数（H）	1（1-0）	0（0-0）	0（0-0）	1（1-0）	1（1-0）	7（7-0）	2（4-2）	12（12-0）	1（3-2）
纵合次数（V）	0	0	0	0	1	2	0（1-1）	1	0

注：制表所使用的概念及规则参见表1-1和表1-2的"注"。

另，1895~1899年段发轫次数括号中的2指代1879年巧明和1890年燮昌的创办。

资料来源：主要依据附录一《民族资本创办的火柴工厂一览表（1879年~1949年）》，青岛市工商行政管理局史料组编《中国民族火柴工业》，中华书局，1963，第284~299页。其他，上海社会科学院经济研究所编《刘鸿生企业史料（1911~1931年）》上册，上海人民出版社，1981，第81、135、140~146页；上海社会科学院经济研究所编《刘鸿生企业史料（1931~1937年）》中册，上海人民出版社，1981，第149~151页；张新吾：《丹华火柴公司沿革》，中国人民政治协商会议全国委员会文史资料研究委员会编《文史资料选辑》第十九辑，中华书局，1961，第129页；蔡吉庭、张锐：《济南振业火柴股份有限公司》，中国人民政治协商会议济南市市中区委员会文史资料委员会编《市中区文史资料》第一辑，1991，第30页；刘铨、曹镇高、符瑞祥口述、中国人民政治协商会议陕西省宝鸡县委员会文史资料研究委员会：《宝鸡县文史资料》第一辑，1983，第229~231页；附录二《外国在华火柴工厂一览表（1880年~1949年）》，青岛市工商行政管理局史料组编《中国民族火柴工业》，中华书局，1963，第301页。

表 1-10   我国外洋火柴进口统计（1913~1933 年）

年份	瑞典火柴		日本火柴		外洋火柴进口总额	
	数量（罗）	价值（关平两）	数量（罗）	价值（关平两）	数量（罗）	价值（关平两）
1913	150	52	21827988	4489275	28448155	6341158
1914	—	—	18198659	3820556	23835776	5626888
1915	26	263	16198251	3588355	20973434	5279521
1916	—	—	17331531	5576539	20620717	6975886
1917	—	—	12968412	4287552	15594320	5555443
1918	—	—	10784744	3432346	13340821	4605427
1919	3250	2296	13778508	4080115	16598943	5435345
1920	125000	50375	6036648	1863992	8484296	2965925
1921	100000	41290	2592044	892988	4306879	1678143
1922	186667	69958	983815	433207	2702996	1225580
1923	401000	120379	375924	158973	2229050	932509
1924	447244	142307	655320	289145	2739456	1118774
1925	184400	65545	839474	312199	2855296	1153132
1926	785607	262505	1752286	618795	3703130	1455870
1927	1134284	406696	1573225	600980	6025810	2452132
1928	1655552	693645	746659	271211	6426996	2573743
1929	2361568	956400	482713	189698	8412642	3316242
1930	2308707	1016802	205253	96903	8508194	3664061
1931	956406	436112	139103	95041	2525125	1161374
1932	181755	144268	45170	23928	367588	308017
1933	5424	4158	9554	4604	72925	74069

资料来源：《我国外洋火柴进口统计（二）》，《火柴月刊》第 25 期，1934 年 9 月 10 日，第 5~6 页。

表 1-11   1895~1937 年中国民族火柴企业"横连"实现方式次数统计

单位：次

	自建		并购		合并		租办	
	正向	停业	正向	反向	正向	反向	正向	反向
1930 年前	10	-2	2	0	2	0	0	0
1930 年后	4	0	4	0	6	-1	1	-1

注：（1）本表数据依据表 1-8 统计；（2）1925 年丹华分厂原生产半制品后改为火柴厂，视为自建行为。

1930年后，民族火柴企业横向扩张第二峰期的到来主要有两个原因。其一，20年代民族火柴厂"盲目发展，以致生产力过剩"，导致恶性竞争，"长期以来价格下降"①。为避免民族企业互相倾轧，部分优势企业通过"横连"行为实现行业重组。其二，1919年以后瑞典火柴强势进入中国市场，1925年开始瑞典火柴公司的跌价倾销愈演愈烈，1928年以后取代了日本在华火柴业的地位。民族火柴业巨头刘鸿生疾呼：国货同业"前途岌岌，极为可虑"②。为短时间内增强竞争力量，协调民族火柴厂之间的产销关系，优势民族火柴企业积极并合"横连"，表1-11显示，1930年后并购及合并的次数高达10次。从1931年开始，外洋火柴进口总额急速下降，自是多种因素共同作用的结果，然不可否认横向一体化的民族防御效果是重要的原因之一。

（四）丝织业个别企业的"横连"：租办以扩张，重组区域同业

在近代中国民族工业各行业中，除棉纺织业、面粉业、火柴业外，其他行业从整体上看未出现较为普遍的横向一体化战略行为，但并不排除行业中个别企业具有突出的"横连"行为，其仍然属于一体化历史进程的一部分。

机器缫丝业集中于上海、广东、无锡三地，在近代中国民族工业中的规模及地位仅次于棉纺织业和面粉业企业，没有形成普遍一体化的原因有多种。其中，最关键的一点是缺少资金，较棉纺织业和面粉业更甚，由此带来两个影响。其一，资金缺乏使得丝厂独资者甚少，绝大多数为小资金的合资者，组织多为合伙性质，沿用旧习较多，现代公司制度并不盛行。这样的组织制度不利于企业一体化战略的推行。其二，资金缺乏使得缫丝厂的投资创建者在经历经营危机后采取自保策略，将企业经营风险转嫁于他人，导致租厂制极度盛行。③据1933年全国不完整的调查统计，缫丝工业自有厂房设备者仅占约15%，并且这部分实际也采用出租方式。④

① 许涤新、吴承明主编《中国资本主义发展史》第三卷《新民主主义革命时期的中国资本主义》，人民出版社，2003，第155页。
② 上海社会科学院经济研究所编《刘鸿生企业史料（1911～1931年）》上册，上海人民出版社，1981，第103页。
③ 徐新吾主编《中国近代缫丝工业史》，上海人民出版社，1990，第171～172、184～185、198、203、227～228、328页。
④ 徐新吾主编《中国近代缫丝工业史》，上海人民出版社，1990，第328页。

租厂制使得经营者投机主义心理浓重，不会对企业的长久发展做出战略性规划，及时获得盈利是其首要目的。企业一体化需要投入大量资金，自然不会成为经营战略的选项。正如徐新吾先生的评价："如果资金充裕，企业就有可能对生产至销售的全部或部分过程实行一体化，而减少风险。但丝厂业者资金不足，深怕陷入风险，只图近利。"①

当然，仍有个别民族缫丝企业凭借自身实力实施了横向一体化战略，并获得成功。② 无锡永泰缫丝厂在薛南溟主持的时期曾拥有 4 家工厂，但将其中 3 家出租，经营方式没有跳出当时行业流行的租厂制，因而没有形成横向一体化的效果。1926 年，其子薛寿萱接手后，积极推行改革，并坚持将已有的工厂收回自办。至 1931 年，永泰缫丝厂已横向整合 6 家丝厂，并开拓了美国市场，积累了雄厚的实力。1936 年，永泰组织了"兴业制丝股份有限公司"，将无锡 30 多家丝厂全部租赁下来，选择其中 10 家设备较好的工厂继续开工，连同 1934 年已经租办的 1 家丝厂，共有 11 家生产单位。17 家缫丝厂使永泰基本垄断了江南的蚕丝业。放弃出租保收益的行业通行做法，坚持经办自有工厂，积累资本实力，是永泰有别于整个缫丝行业的独到之处，也是其能够独树一帜，实现横向一体化战略的前提和基础。当然，通过租办方式进一步扩大了"横连"的规模，最终形成垄断的地位，也依然反映出缫丝行业的基本特点。

丝织业中实现横向一体化的典型企业还有莫觞清创办的上海久成缫丝厂，从 1910 年至 1928 年实现了十厂缫丝"横连"的规模。③ 同时，他又于 1920 年开办了美亚织绸厂，至 1930 年实现了十厂织绸"横连"的规模。④ 不过，随即均经营"陷于困难"，10 个厂关闭了 8 个，横向一体化解体，企业遂逐步转为纵向发展，至 1932 年全部转营丝织生产，归

---

① 徐新吾主编《中国近代缫丝工业史》，上海人民出版社，1990，第 232 页。
② 除无锡永泰缫丝厂外，上海久成缫丝厂虽于 1928 年横向发展到 10 家分厂，但随即自 1930 年开始均"陷于困难"，逐步转为纵向发展，至 1932 年全部转营丝织生产，归入美亚织绸厂；四川大华生丝公司于 1933 年成立，所属工厂有 11 家，但仅仅 1 年多"实际已夭折"，1935 年即正式停业。《1928 年久成丝厂系统各厂》《大华生丝公司所属各厂情况表》，徐新吾主编《中国近代缫丝工业史》，上海人民出版社，1990，第 195~196、323~324、332、354~355 页。
③ 徐新吾主编《中国近代缫丝工业史》，上海人民出版社，1990，第 192~196 页。
④ 上海市丝绸进出口公司、上海社会科学院经济研究所编写《近代江南丝织工业史》，上海人民出版社，1991，第 311~314 页。

入美亚织绸厂。①

四川大华生丝公司于 1933 年成立，所属工厂有 11 家，但仅仅 1 年多 "实际已夭折"，1935 年即正式停业。②

除此之外，民族造纸业有个别企业曾尝试推行横向一体化，但均未有显著成效。1929 年，广东江门造纸厂计划统一华南造纸业，由该厂与绵远厂组成华南纸业股份有限公司，下设 3 个工厂。已初步达成协议，并签订合约，后因绵远中途反悔而未能成行。③ 1926 ~ 1929 年，上海竟成造纸厂推行 "集中兼并"，先后租办了苏州华盛、天津振华、杭州武林、嘉兴禾丰，企图垄断版纸市场，但由于 "基础毕竟是很薄弱的"，并没有持续多久，于 1931 年在南洋市场遭遇失败，与各厂的租赁关系解除，"横连" 态势也不复存在。④

二 第二阶段："纵合"为主

一战以来，近代中国民族企业中的优势部分经历了十年左右的横向一体化高潮发展期，奠定了民族工业的实力基础。进入 20 世纪 30 年代，一方面，南京国民政府的财税金融改革改善了民族企业发展的制度环境；另一方面，第一次世界大战带来的市场机遇早已不复存在，农村经济翻覆，国际银价波动，自然灾害、外敌入侵突发，使得企业外部环境错综复杂、险象环生。其间，横向一体化的市场条件已不充分，部分民族企业开始推行 "纵合" 扩张战略，以民族棉纺织业最为显著，其他各行业个别企业也有一定表现。

（一）棉纺织企业的 "纵合"：推动高支化，实现纺织染联营

20 世纪 30 年代是 "纵合" 为主的阶段。如表 1 – 2 所示，"纵合" 行为开始于 20 世纪初，1930 年前稳定在个位次数水平，30 年代前半期猛增至最高点的 29 次，仅有的 1 次纵向解体行为，且是战火毁厂造成，不仅远高于正向 "横连" 次数，也大大超过了横向正反行为的总数；抗

① 徐新吾、黄汉民主编《上海近代工业史》，上海社会科学院出版社，1998，第 204 页；徐新吾主编《中国近代缫丝工业史》，上海人民出版社，1990，第 323 ~ 324、332 页。

② 徐新吾主编《中国近代缫丝工业史》，上海人民出版社，1990，第 354 ~ 355 页。

③ 上海社会科学院经济研究所、轻工业发展战略研究中心：《中国近代造纸工业史》，上海社会科学院出版社，1989，第 127 页。

④ 上海社会科学院经济研究所、轻工业发展战略研究中心：《中国近代造纸工业史》，上海社会科学院出版社，1989，第 129 ~ 131 页。

战全面爆发前3年虽减少至17次，整体"纵合"效果为15次，亦均明显高于横向行为，而当时反向"横连"已然超过正向次数。

1928年下半年，中国棉纺织业在历经了多年的萧条之后终于开始有所好转，可没有几年，又于1931年下半年遭遇困境，直至1936年下半年才得以摆脱。在这场危机中，近代织业却"相当稳定"。这得益于从20年代开始逐步打开的细质布市场，30年代与近代织业相关联的印染业兴起，以及1930年后国家提高各类棉布进口税率的助推。① 正当一些民族纱厂受困于危机中无奈"横连"解体，经历行业重组之痛时，许多城市近代布厂或染织厂借助在新兴市场中的获利，积极推动"纵合"扩张，实现纺织染联营。民族棉纺织业"事业集合"的主流方向也由此发生转变。

一些企业"集合"维度转变的实例是整个行业主流方向改变的集中体现。永安纱厂在1930年前以"横连"扩张为方向，一厂建成投产后，通过并购"集合"了二厂和三厂，规模仅次于荣氏申新。不过，1930年建成的四厂专纺细纱，3年内将细纱锭扩充至7万多枚。细纱是机器染织生产的主要原料，这样做是为了实现纺织染联营的"打算"。永安董事会看到了花色布的"大好利润"，认为"纺织者必须兼办印染厂"，以"适合时趋"②。华新纱厂的例子更加典型，其20年代拥有四家纱厂，但1931年天津总公司撤销后，各厂分别成立公司，"横连"已名存实亡，而仅仅过了一年，唐山华新厂即完成了纺织染"纵合"。1936年，天津华新厂被日商并购，而同年青岛华新厂开办了染厂，转向"纵合"，更于翌年设立了印花部，成为少有的纺织染印联营的全能厂。除此之外，1936年，裕大华纺织集团的大兴纱厂开设了一座小规模的漂染场。③ 申新纺织公司在武汉的第四厂也于抗战全面爆发前夕添置了日产2000匹的全套漂染整理机器。④ 这两家纱厂"集合"染色生产的行为，虽未改变

---

① 严中平：《中国棉纺织史稿》，科学出版社，1955，第234~235页。
② 永安在创立时的招股章程中就提出"自设印染厂的打算"。上海市纺织工业局、上海棉纺织工业公司、上海市工商行政管理局永安纺织印染公司史料组编《永安纺织印染公司》，中华书局，1964，第117页。
③ 中国人民政治协商会议石家庄市委员会文史资料委员会编《石家庄文史资料》第十辑《大兴纱厂史稿》，1989，第119、248页。
④ 李国伟：《荣家经营纺织和制粉企业六十年概述》，中国人民政治协商会议全国委员会文史资料研究委员会编《文史资料选辑》第七辑，中华书局，1960，第31页。

所属企业集团原有的"横连"主体结构，但不能说没有受到棉纺织业"纵合"潮流的影响，亦可反映扩张维度的转变。

纺织染"纵合"的动机有多种，以新制度经济学解释，是由于市场的交易成本大于企业管理协调成本。从市场购买原料，产品的规格、品种并不能完全满足企业的要求，因此在与供应商协调时会增加大量交易成本，若无法协商一致，将会给企业生产带来困难，亦会产生交易成本。大成纺织染公司曾苦于从南通进购坯布"成本既大，规格亦不能统一"，给生产带来麻烦，于是决定创建大成三厂，以增强自给能力。[①] 丽新纺织印染整理公司也抱怨从他厂进购原料时，有些棉纱"不能仿造"，使一些生产活动无法进行，而"自纺纱织布，成本减轻"，"解除困难不少"[②]。市场交易存在不确定性，为避免由此产生的交易成本，企业也会选择"纵合"。庆丰纺织厂曾与丽新约定漂染坯布的交易，但当产量增加后，庆丰要求增加漂染坯布的交易数量时，丽新予以拒绝，尽管庆丰企业主唐星海还是丽新的股东之一。[③] 市场交易的不稳定促发庆丰创办漂染整理工厂。永安纱厂"向托别人漂染"各种纱布，这让企业主郭乐"不知感受几许烦难"而"受人牵制"[④]，难以防御机会主义的攻击，创办大华印染厂便是为了避免此类事件发生所带来的交易成本。

当然，在近代中国特殊的历史背景下，"纵合"的动因不仅来自经济范畴，政治因素也起到诱发作用。由于在华日资纱厂垄断中国细纱市场，民族纱厂产品以粗纱为主，且短时期内无法被替代，随着中日民族矛盾加剧，20世纪二三十年代抵制日货运动愈演愈烈，日商频频受限，细纱交易时时陷入困境，导致民族染织厂的原料交易成本居高不下。一些有实力的企业即"纵合"上游纺纱生产，以获得稳定的细纱供应。[⑤] 此外，日本纱

---

① 巢福倩：《实业家刘国钧》，中国人民政治协商会议全国委员会文史资料研究委员会编《文史资料选辑》第一〇〇辑，文史资料出版社，1985，第274页。

② 无锡国棉三厂编史组编《三十年代的无锡丽新厂》，中国人民政治协商会议江苏省委员会文史资料研究委员会编《江苏文史资料选辑》第十一辑，江苏人民出版社，1983，第111~112页。

③ 《无锡第二棉纺织厂厂史》，油印本，1984，第31页。

④ 上海市纺织工业局、上海棉纺织工业公司、上海市工商行政管理局永安纺织印染公司史料组编《永安纺织印染公司》，中华书局，1964，第117页。

⑤ 参见赵伟《抗战前细纱交易困境及民族染织厂的应对》，《中国经济史研究》2014年第1期，第115~124 +176页。

厂联营印染生产，也迫使民族纱厂"纵合"跟进。大成厂主刘国钧认为"日本人……是欺侮中国厂没有染色设备，申新纱厂没有染色设备，就吃了大亏，宝成纱厂也是如此"①。为此，他曾赴日本考察印染行业，组建印花部时还专门从上海日资纱厂聘请工人，重点发展印染，与日厂争利。可见，纺织染联营的"纵合"扩张亦带有经济民族主义的内涵。

除纺织染联营外，还有一种特殊的"纵合"形式，即光裕营业公司的铁棉联营。20世纪20年代，大隆机器厂生产的纺织机械"大的中国厂家都不用"，即使通过私人关系购予申新10部，送予恒丰2部，也都被束之高阁。销售无路的绝境促使严裕棠涉入机器使用部门，租办进而并购了苏纶纱厂。这一"纵合"行为切实缓解了大隆产品的出路问题，此后，严氏不断扩大联营规模，抗战全面爆发前计划以大隆为基础专门建设一个"铁棉联合企业"②。铁棉联营的现象在民族棉纺织企业中并不少见，虽有如大生纱厂的资生冶厂和铁厂、申新纱厂的公益铁工厂、永安自设的机器厂等，但这些部门大多只能承担修造配件或单部非核心机械的任务，能够制造整套棉纺织机器的只有大隆一家③，并且大隆生产的机器基本都供应苏纶。因此，只有光裕营业公司的铁棉联营才是真正意义上的机器生产与使用单位的"集合"。

到抗战全面爆发前，中国民族棉纺织企业形成了染织联营、纺织染联营、纺织染印联营、织染印联营、铁棉联营5种"纵合"类型。④据表1-1统计，实现方式主要为企业自建。这说明布匹尤其是花色布市场尚处于成长初期，染织行业空间及潜力巨大，竞争强度不大，市场准入门槛较低。其时，染织业存在大量从事土法操作及准近代生产

① 刘国钧：《自述》，李文瑞主编《刘国钧文集·传记卷》，南京师范大学出版社，2001，第18页。
② 中国科学院上海经济研究所、上海社会科学院经济研究所编《大隆机器厂的发生发展与改造》，上海人民出版社，1958，第22、56页。
③ 中国科学院上海经济研究所、上海社会科学院经济研究所编《大隆机器厂的发生发展与改造》，上海人民出版社，1958，第51页。
④ 染织联营企业有华澄、启明、恒丰盛、中国内衣、光华、勤康、华阳、元通、勤丰、仁丰（上海）、鼎新、天一，共12家；纺织染联营企业有三友、恒源、鸿章、民生、永安、庆丰、晋华、仁丰（济南）、嘉丰，共9家；纺织染印联营企业有丽新、广益、华新二厂、达丰、上海印染，共5家；织染印联营企业有光中、阳本，2家；铁棉联营企业有苏纶1家。（依据表1-1分类）

的单位。① 例如，抗战全面爆发前上海开工的染织厂达 270 家，而真正进行机器染织生产的企业有 40～50 家，能进行印花生产的只有 11 家②，整个印染业的生产技术水平还有待提高。

20 世纪 30 年代，"纵合"行为正在改变整个棉纺织业的产业格局，纺、织、染联营企业逐步占有一席之地。一方面，推动了华纱的高支化进程。随着机器染织业的发展，对细质纱布的需求量不断增加，而农村手工织业的衰退使粗纱市场逐渐缩小。前一阶段协助民族纱厂占据粗纱市场的抵制日货运动，在此阶段却成为一再促发细纱问题的诱导因素。无论是民族染织企业对细纱原料急迫的需求，还是自建纱厂生产细纱的行为，抑或部分原先"横连"的民族纱厂扩大细纱生产实施纺织染"纵合"的维度转向，都将促使还依恋于粗纱生产的民族纱厂提高产品支数。另一方面，将有助于提高中国印染生产技术的水平。优势民族染织厂对染色、印花连续生产的"纵合"，既提高了机器印染生产规模在整个印染业中的比例，也将鞭策准近代生产部门尽快完成近代转变，并逐步淘汰土法印染部门，从而推动整个行业的技术发展。因此，优势民族企业的纺织染"纵合"实际上带动了产业链上下游行业的联动进步。

（二）丝织业个别企业的"纵合"：原丝转向成品，战略维度转变

近代机器缫丝业发展起来后，在产业链下游的织绸业中，虽然 1915 年江南地区已经出现电力织机，但普及却相对缓慢。历史上丝织业较为发达的苏州在 1929 年时电力织机亦只占所有织机数的 1/5，杭州在 30 年代依然还是落后的木机、改进的拉机、电力的织机并存，南京地区则基本还是使用木机。上海的机器丝织业发展较快，但电力织机和木机、拉机并存的状况依然普遍存在，且绝大多数为小型企业。③ 中国传统丝织业中，缫丝与织绸生产大多已经分离，在近代化过程中，织绸业机械化普遍

---

① 〔日〕森时彦：《中国近代棉纺织业史研究》，袁广泉译，社会科学文献出版社，2010，第 257～259 页。

② 陈真编《中国近代工业史资料》第四辑《中国工业的特点、资本、结构和工业中各行业概况》，生活·读书·新知三联书店，1961，第 322 页。《民二五年全国漂染整理工厂统计表》《抗战前全国印花工厂统计表》，蒋乃镛：《中国纺织染业概论》，中华书局，1946，第 17～18 页。

③ 上海市丝绸进出口公司、上海社会科学院经济研究所编写《近代江南丝织工业史》，上海人民出版社，1991，第 119、135、169 页。

不高，且多为小资本单位，因而"纵合"两者的情况并不普遍。曾有杭州纬成公司，在 1924 年实现了缫丝、织绸、染炼纵向一体化（织绸部门仍是电机与拉机并用），但仅 3 年便开始解体，最终于 1932 停业破产。①

从目前掌握的史料来看，丝织业纵向一体化较为成功的仅有上海美亚织绸厂。在经历了久成缫丝集团的横向解体之后，莫觞清认为：缫丝厂制丝外销被洋行完全操控，"与其以原丝出口，远不若以制成品出口之有裨国计民生"②。在已完成织绸生产横向一体化的基础上，20 年代末开始实施织绸、染色、印花生产的"纵合"。1928 年开设了美艺染炼厂，后于 1931 年增添了印花部。③ 1930 年，为解决各织绸厂经纬生产与织绸生产脱节的问题，专门成立上游经纬生产单位美经经纬股份有限公司。④ 销售方面，美亚"从委托绸庄代销，进而自设发行机构，改为自产自销"⑤，前向一体化建立了"从批发、小额批售一直到门市零售"⑥ 的三级销售网络。1933 年美亚织绸厂股份有限公司正式成立，纵向一体化的企业组织形式最终形成。

（三）卷烟业个别企业的"纵合"：确保原料与销售，抵御英美烟公司

近代民族卷烟企业自起步起便受到来自英美烟公司的强大竞争压力。该公司在中国建立了较为完备的原料供应和销售纵向体系，30 年代初其销量占全国产量的近六成，占有绝对优势。民族卷烟企业大多规模弱小，无力推行一体化战略。个别企业，如南洋兄弟烟草公司和华成烟草公司，实施了纵向一体化战略，确保原料和销售，以抵御英美烟公司。30 年代初，规模较大的南洋兄弟烟草公司的产量接近全国的 9%，已是不错的成绩。⑦

---

① 上海市丝绸进出口公司、上海社会科学院经济研究所编写《近代江南丝织工业史》，上海人民出版社，1991，第 143~144 页。
② 徐新吾主编《中国近代缫丝工业史》，上海人民出版社，1990，第 194 页。
③ 上海市丝绸进出口公司、上海社会科学院经济研究所编写《近代江南丝织工业史》，上海人民出版社，1991，第 312~313 页。
④ 上海市丝绸进出口公司、上海社会科学院经济研究所编写《近代江南丝织工业史》，上海人民出版社，1991，第 314 页。
⑤ 上海市丝绸进出口公司、上海社会科学院经济研究所编写《近代江南丝织工业史》，上海人民出版社，1991，第 300 页。
⑥ 上海市丝绸进出口公司、上海社会科学院经济研究所编写《近代江南丝织工业史》，上海人民出版社，1991，第 331 页。
⑦ 马俊亚：《规模经济与区域发展——近代江南地区企业经营现代化研究》，南京大学出版社，1999，第 5~6 页。

南洋兄弟烟草公司在发展过程中虽陆续设立多个烟草加工厂，但"横连"的规模经营并非其总体战略。卷烟工业的重要原料是烟叶，烟叶收买集中后，需烘烤后才能送往烟厂，该公司在多地设立了烟叶收买点和收烟厂。此外，南洋兄弟烟草公司还开设印刷厂、锡纸厂等提供辅助材料。更重要的是，该公司建立了多层次的销售体系，并以公司组织运用。总公司下设分公司，分公司之下在辖区各省设段，并配有所属货仓。

华成烟草公司在原料方面，建设"坊所"作为收买烟叶的"工作基地"，不过并没有像南洋兄弟烟草公司那样自设大规模的烤烟厂，而是与其他华商烟草公司合办；在销售方面也设有多个分公司负责各大区，各省亦有负责单位，并建立了宁波货仓。①

三 第三阶段："多角"趋势

"横连"和"纵合"相继盛行的 20 世纪 20 年代和 30 年代，民族企业中有一部分出现了低程度"兼营数种"的行为，但仍然以某一生产为主导业务，可以视为"多角"化的雏形。个别企业则已经形成了"多角"的"集合"态势，或是制订了"多角"的经营计划，抑或开始了"多角"的初步行动。鉴于抗战全面爆发前"横连"负向和"纵合"下行的总体趋势，这些表现可以认为是向充分"多角"化演进的迹象。②

出现低程度兼营行为的有 3 家企业。

裕大华纺织集团在 20 年代是经营单一棉纺织生产"事业"的企业，

---

① 方宪堂主编《上海近代民族卷烟工业》，上海社会科学院出版社，1989，第 81、110~111 页。

② 多元化经营也称为多样化、多角化经营，可根据其多元化程度以及各业务间的关联度加以区分。企业的资产、收入等在各行业的比重是考察多元化程度的标志性因素，其中，资产投入比重是重要的指标。企业对某项生产或业务的资产投入比重反映了其在经营范围内的地位，总体的资产比重分配则体现了企业多元经营的结构类型。因此，本研究以资产投入比重作为区分企业多元化程度的标准。低程度多元化，明确地说即非多元化，有两种类型：一种是单一型，即某单一生产或业务的资产占比大于等于95%；另一种是主导型，即某单一生产或业务的资产占比为 70%~95%。中程度多元化，即主导的生产或业务资产占比低于 70%，且各生产或业务之间只存在有限联系。高程度多元化，即主导的生产或业务资产占比低于 70%，各个生产或业务间不存在联系。〔美〕迈克尔 A. 希特、R. 杜安·爱尔兰、罗伯特 E. 霍斯基森：《战略管理：竞争与全球化（概念）》，焦豪等译，魏江审校，机械工业出版社，2017，第 128 页；孟卫东主编《战略管理：创建持续竞争优势》，科学出版社，2014，第 240~241 页。

1932 年并购利华煤矿。1936 年底，煤矿公司资本为 120 万元，而棉纺织生产单位资本共 850 万元，约占集团总资本的 87.6%[①]，仍然居于主导地位。杨氏长房（杨瀚西）资本曾创办过多家企业，但大多在 1~2 年内关闭，多种经营并未成功展开，只有纱厂和面粉厂得以延续。抗战全面爆发前夕，广勤纱厂资本为 180 万元，占 85.7%，广丰面粉厂资本 30 万元，占 14.3%。[②] 较为典型的是无锡唐、蔡系统企业，其主体是庆丰纺织漂染厂，1937 年时资本为 300 万元，约占 81.1%，其次是九丰面粉厂，以 1935 年资本 50 万元计，约占 13.5%，其他堆栈及其附设业务（约 12 万元）、榨油业（约 2 万元）、砖瓦业（约 6 万元）等的资本总和只占约 5.4%。[③] 尽管该企业涉入行业较多，总体而言还是低程度的"兼营数种"，纱厂仍旧为主要的"事业"范围。

非典型"多角"经营企业有 2 家。

大生集团的情况略有特殊。至 1923 年，其大部分资金都集中在纱厂和盐垦公司，而盐垦公司主要是为纱厂提供原棉，因此两者是棉纺织产业链上原料产出单位和产品生产单位的纵向关系，应同属棉纺织生产部分。1923 年，大生集团资本总共 1299.3 万两，纱厂 708.4 万两，通海垦牧 40 万两，即棉纺织部类共计 748.4 万两，占 57.6%；其他投入资本较多的有

---

① 《集团所属企业的规模统计表（1936 年底止）》，《裕大华纺织资本集团史料》编写组编《裕大华纺织资本集团史料》，湖北人民出版社，1984，第 237 页。

② 杨世奎主编《慎终追远——无锡杨氏（杨菊仙系）创业纪实》，澳门天成（国际）文化艺术出版社，2003，第 171、175~176 页；黄厚基：《无锡民族资本家唐保谦父子经营工商业简史》，中国人民政治协商会议江苏省无锡市委员会文史资料研究委员会编《无锡文史资料》第四辑，1982，第 67 页；李志霖：《杨氏创办广丰面粉厂的始末》，中国人民政治协商会议江苏省无锡市委员会文史资料研究委员会编《无锡文史资料》第十八辑，1987，第 96 页。

③ 无锡唐、蔡系统拥有益源、福源两座堆栈，福源可仓储粮食 12 万石，比益源大二成左右，则益源约可存储 10 万石，两者规模相差不大，并购福源的资金为 6 万元，则堆栈业估算为 12 万元；润丰榨油厂开设资本为 2 万元，此后规模无明显增长；锦丰丝厂创办 5 年后的 1924 年即出租，于 1928 年歇闭，不计入内；利农砖瓦厂，创办资金 3 万元，有十八门轮窑，1933 年又在别处添置一座十八门轮窑，估算资金为 6 万元。钱钟汉：《无锡五个主要产业资本系统的形成与发展》，中国人民政治协商会议全国委员会文史资料研究委员会编《文史资料选辑》第二十四辑，中华书局，1962，第 130~131 页；黄厚基：《无锡民族资本家唐保谦父子经营工商业简史》，中国人民政治协商会议江苏省无锡市委员会文史资料研究委员会编《无锡文史资料》第四辑，1982，第 67~69 页；利农砖瓦机械厂《厂史》编写组编《无锡市利农砖瓦机械厂厂史》，油印本，1986，第 1 页。

五个行业，海外航业贸易 155.4 万两，占 12.0%，交通运输业 100.6 万两，占 7.7%，食品工业 85.9 万两，占 6.6%，金融业 78.7 万两，占 6.1%，交易所 43.2 万两，占 3.3%；其余各业共 87.1 万两，占 6.7%。① 相较而言，棉纺织部类在整个集团中的资本比重已明显下降，企业似乎脱离了以经营单一"事业"为主的结构，然所涉其他行业，尽管门类众多，资本比重却远远低于棉纺织部类。大生集团的棉纺织部类呈一头独大之势，其他各"事业"投资偏少，虽已进入"多角"化，但展开不够充分。

荣氏茂福申新集团主要经营棉纺织业和面粉业。1932 年，申新资产总值约 6423 万元，占 71.1%，销售总值约 6933 万元，占 52.7%；茂、福新资产总值约 2616 万元，占 28.9%，销售总值约 6233 万元，占 47.3%。② 尽管申新资产比重略高于 70%，但从销售额来看，申新与茂、福新却是差不多各占一半，两者在集团中均处于重要地位。另外，虽然申新与茂、福新有面粉袋的供需关系，在原料采购和产品批发上也共享部分渠道，但产品属性、生产技术等都有很大差别。因此，荣氏集团实施的是有一定关联的"多角"化战略。

较充分的"多角"化企业有 4 家。

周学熙企业集团主要由启新洋灰公司、华新纺织公司、华新银行、普育机器厂等构成。其他，滦州矿务公司、耀华玻璃公司、中国实业银行等企业单位的创办，虽与周学熙及其资本有关，但并非民族企业性质。③

---

① 《1923 年以前大生系统农盐企业资本增长情况表》《1923 年以前大生系统工、商、交通、金融、贸易等企业资本增长情况表》，单强：《工业化与社会变迁：近代南通与无锡发展的比较研究》，中国商业出版社，1997，第 97 ~ 101 页。

② 《申新纱厂系统和茂、福新粉厂系统在荣家企业中所占比重（1932 年）》，上海社会科学院经济研究所编《荣家企业史料（1896 ~ 1937 年）》上册，上海人民出版社，1962，第 267 页。

③ 周学熙涉办的企业很多，详情可参见李林所制《周学熙与他的资本集团参办、经办实业表》。以往研究以资本为考察线索，凡其涉办及投资的企业均归为该资本集团。但以企业一体化的组织控制为标准来衡量，由周氏资本控股经营的企业并不多。关于启新洋灰公司和华新纺织公司，虽盛斌与姜铎于是否存在资本性质的转化问题上见解不同，但属于民族企业的定性并无异议。华新银行和普育机器厂亦为周学熙资本创办，后者资本尚不详。滦州矿务公司初为官办，1912 年实际上被英美开平兼并，英方在开滦的经营管理上占绝对优势。耀华玻璃公司于 1922 年创办时即与比利时资本合资，1924 年时中资虽占 76%，但由于不善经营，业务不振，遂委托开滦代管营业。中国实业银行虽主要由商人注入资本创办，但无论在股权还是在事权上，周学熙似乎并不具有明显优势，否则不会于 1921 年下半年再筹办华新银行，待正式成立后于 1924 年辞去实业银行一切职务。李林：《从周学熙集团看官僚资本的转化》，《百年中国》1991 年 （转下页注）

1930年，启新洋灰公司资本约1308万元①，占53.4%，华新在30年代的资本大概有1040万元②，约占42.5%；华新银行1927年时资本额为100万元③，占4.1%；普育机器厂资本额不详，所占比重应不大。水泥生产与棉纺织生产之间基本不存在关联，华新银行的存款主要来自启新、滦矿等企业及周氏亲友，放款以四个华新纱厂为主④，有一定资金上的关联。

更为典型的高程度"多角"化民族企业是永安集团、刘鸿生企业集团、通孚丰集团，涉及行业更多，彼此之间不存在联系。

1922～1925年，永安集团的各产业资本情况是：永安纺织印染公司600万元，上海永安公司250万元，香港永安公司200万元，永安人寿保险公司200万元，永安水火保险公司75万元。⑤棉纺织业占45.3%，上

（接上页注③）第3期，第53页；姜铎：《略论旧中国两个资产阶级》，《学术月刊》1983年第11期，第66页；盛斌：《关于周学熙资本集团性质的变化问题——与姜铎同志商榷》，《学术月刊》1984年第5期，第21～22页；程莉：《近代实业家周学熙研究》，合肥工业大学出版社，2006，第130～131、209～210、214页；施公麟：《天津华新银行》，中国人民政治协商会议天津市委员会文史资料委员会《天津文史资料选辑》总第七十三辑，天津人民出版社，1997，第52页。

① 《历次股本增加的情况》，南开大学经济研究所、南开大学经济系编《启新洋灰公司史料》，生活·读书·新知三联书店，1963，第256～257页。

② 1930年天津华新资本为270万元，1932年唐山华新资本为220万元，1924年青岛华新资本为270万元（以后迄未增资），1923年卫辉华新资本为280万元。《华新纺织有限公司津厂》，《天津棉鉴·天津棉业调查专号》第1卷第6期，1930年11月，"第四编·天津市六大纱厂概况"第3页；华新纺织厂厂史办公室：《唐山华新纺织厂的历史变迁》，中国人民政治协商会议河北省委员会文史资料研究委员会《河北文史资料》编辑部编《河北文史资料》第三十三辑，河北人民出版社，1990，第56页；周志俊：《青岛华新纱厂概况和华北棉业一瞥》，中国人民政治协商会议全国委员会文史资料研究委员会编《工商经济史料丛刊》第一辑，文史资料出版社，1983，第26页；王天奇：《卫辉华新纱厂的变迁》，毛德富主编《百年记忆：河南文史资料大系·经济卷（卷一）》，中州古籍出版社，2014，第12页。

③ 永嘉徐寄庼编辑《最近上海金融史》，永嘉徐寄庼，1926，第125页。

④ 施公麟：《天津华新银行》，中国人民政治协商会议天津市委员会文史资料委员会编《天津文史资料选辑》总第七十三辑，天津人民出版社，1997，第52页。

④ 1920年以后港币折合大洋比为1:1。见上海社会科学院经济研究所编著《上海永安公司的产生、发展和改造》，上海人民出版社，1981，第70页。上海永安公司经营环球百货，附设银业部，并附属旅店、酒菜、游乐场等，香港永安公司经营环球百货，附设银行业部，附属旅店、酒菜、织造、仓储等。上海市纺织工业局、上海棉纺织工业公司、上海市工商行政管理局永安纺织印染公司史料组编《永安纺织印染公司》，中华书局，1964，第12页；《永安资本集团各地联号企业（1931年前创办）》，上海社会科学院经济研究所编著《上海永安公司的产生、发展和改造》，上海人民出版社，1981，第19页。

海永安公司和香港永安公司主要涉及服务业占 34.0%，保险业占 20.7%，三者之间基本无关联。

通孚丰集团由以孙多森为代表的孙氏家族建立，主营三部分："通"指通惠实业公司，资本 169 万元（1918 年）①，占 23.1%，专营各种企业性投资；"孚"指中孚银行，资本 200 万元（1930 年），占 30.8%；"丰"指阜丰面粉厂，资本 300 万元，占 46.1%。该集团的"多角"扩张呈实业投资、银行业务、面粉生产三足鼎立的结构。其中，阜丰面粉厂在资金上对另两部分业务均有挹注，是通孚丰集团的"经济支柱"②。

刘鸿生企业集团是非常典型的"多角"化扩张企业，资本在各业的分布情况是：大中华火柴公司 365 万元（1934 年）③，占 27.8%；中华码头公司 300 万元（1934 年）④，占 22.8%；华东煤矿公司 160 万元（1931 年）⑤，占 12.2%；华商上海水泥公司 150.5 万元（1928 年）⑥，占 11.5%；中国企业银行约 100 万元（1931 年）⑦，占 7.6%；章华毛绒纺织公司 80 万元（1931 年）⑧，占 6.1%；中华工业厂 44 万元（1933 年）⑨，占 3.3%；中华煤球公司约 36.2 万元（1929 年）⑩，占 2.8%；华丰搪瓷公司 30 万元

① 1915 年成立时资本 150 万元，1918 年投资通益精盐公司时另招股 19 万元。上海市粮食局、上海市工商行政管理局、上海社会科学院经济研究所经济史研究室编《中国近代面粉工业史》，中华书局，1987，第 205 页。
② 上海市粮食局、上海市工商行政管理局、上海社会科学院经济研究所经济史研究室编《中国近代面粉工业史》，中华书局，1987，第 199、205、207 页。
③ 上海社会科学院经济研究所编《刘鸿生企业史料（1931～1937 年）》中册，上海人民出版社，1981，第 159 页。
④ 上海社会科学院经济研究所编《刘鸿生企业史料（1931～1937 年）》中册，上海人民出版社，1981，第 21 页。
⑤ 上海社会科学院经济研究所编《刘鸿生企业史料（1911～1931 年）》上册，上海人民出版社，1981，第 260 页。
⑥ 《刘鸿生刘吉生投资华商上海水泥公司股份比重》，上海社会科学院经济研究所编《刘鸿生企业史料（1911～1931 年）》上册，上海人民出版社，1981，第 163 页。
⑦ 上海社会科学院经济研究所编《刘鸿生企业史料（1911～1931 年）》上册，上海人民出版社，1981，第 297 页。
⑧ 上海社会科学院经济研究所编《刘鸿生企业史料（1911～1931 年）》上册，上海人民出版社，1981，第 254 页。
⑨ 上海社会科学院经济研究所编《刘鸿生企业史料（1911～1931 年）》上册，上海人民出版社，1981，第 275 页。
⑩ 上海社会科学院经济研究所编《刘鸿生企业史料（1911～1931 年）》上册，上海人民出版社，1981，第 239 页。

（1929 年）①，占 2.3%；大华保险公司 20 万元（1936 年）②，占 1.5%；作为总公司性质的中国企业经营公司 20 万元（1930 年）③，占 1.5%；还有东京煤公司 6 万两（1926 年），约合 8.6 万元④，占 0.6%。可见，该企业集团的火柴业、码头业务、煤矿及煤炭业、水泥业、银行业五大生产或业务，占了接近 90% 的资本额，其他毛纺织、搪瓷等生产也有所涉及，资本在各业的分布相对均衡，且层次明晰，多元展开较为充分。

可见，较为充分的"多角"化企业正在形成，并且规模都远远超过低程度"兼营数种"的企业。不仅如此，20 世纪三四十年代，已经有一些民族企业开始设想甚至尝试"多角化"的两种方向。

其一，多种产业体系相"集合"的综合型"多角"化。1941 年，兄长荣宗敬去世之后，荣德生希望在战后开创荣氏企业的新时代，建立一个宏大的企业集团，称为"天元实业公司"。他所设想的企业："经营项目可分下列种类：（一）属于'土'的方面：凡煤、石灰、水泥、砖瓦等类皆是；（二）属于'金'、'木'方面：如开采矿苗、冶金、铸锻、铁工、化学、塑胶，以至筒管、棉条筒的制造均是；（三）属于'食品'方面：则面粉、饼干、点心之属皆是；（四）属于'水'的方面：如漂粉水之类；（五）属于'火'的方面：即电气等是；（六）属于'纺织'方面：包括棉、麻、毛、丝、人造纤维的纺、织、印染、整理、裁制、缝纫等等。"⑤ 实际上，这种"综合型"多角化的趋势已经在永安、刘鸿生企业、通孚丰三个集团的一体化结构中有所体现。

其二，多种原料纺织印染生产相"集合"的专门型"多角"化。与

---

① 上海社会科学院经济研究所编《刘鸿生企业史料（1911～1931 年）》上册，上海人民出版社，1981，第 270 页。

② 上海社会科学院经济研究所编《刘鸿生企业史料（1911～1931 年）》上册，上海人民出版社，1981，第 278 页。

③ 上海社会科学院经济研究所编《刘鸿生企业史料（1931～1937 年）》中册，上海人民出版社，1981，第 19 页。

④ 上海社会科学院经济研究所编《刘鸿生企业史料（1911～1931 年）》上册，上海人民出版社，1981，第 34 页。两和元的换算，规元 1 两含纯银 33.599 公分，银元 1 元含纯银 23.93448 公分，法币 1 元合银元 1 元。中国科学院上海经济研究所、上海社会科学院经济研究所编《大隆机器厂的发生发展与改造》，上海人民出版社，1958，第 46 页。

⑤ 荣德生：《乐农自订行年纪事续编》，乐农史料选编《荣德生文集》，上海古籍出版社，2002，第 152 页。

荣德生相对，1944 年 3 月，其次子荣尔仁也提出了战后建设计划，在进一步扩大原有棉粉联营规模的基础上，实施"申新各厂战后整理，及建设计划"，即发展棉、麻、毛、废丝的纺织印染生产。与之类似，同年冬，荣德生的女婿李国伟也拟定了一个以申新四厂为中心的"申新纺织公司战后复兴计划"，即发展棉、麻、毛、人造丝纺织生产。[①] 事实上，抗战全面爆发前一些棉纺织染联营的企业已经开始"集合"毛纺织染的生产。上海民生纱厂于 30 年代初添建了毛织、染色、整理各部。[②] 1933年，生产棉织内衣的中国内衣织布厂开始致力于秋冬之羊毛内衣。[③] 1935年丽新厂的唐骧庭和程敬堂与人合伙筹建协新毛织厂，1936 年 2 月正式开工生产，抗战全面爆发前发展成为自纺自织自染自整的毛织品工厂。[④] 同年，大成纺织染厂也增设了毛纺织部。[⑤] 可见，发展多种材料的纺织"事业"已是大势所趋。

　　工业现代化的实现是通过企业具体的经营活动来完成的。1920 年前后，民族纱厂的"横连"扩张实现了加速抢占原本由洋纱开拓出的机纱市场的目的，并在抵制日货运动的配合下不断排挤日纱，最终占领粗纱市场，完成了民族机器棉纺织业的起步。然而，与传统手工织业结成相对稳定的供需关系，却使得民族纱厂在棉纱生产的高支化过程中产生较大的惰性。1930 年左右，民族纱厂兼并重组的结果仍是继续坚持留在饱和的粗纱市场，进一步艰难地挤压手工纺业的空间。随着民族染织业开始兴起，近代和准近代生产部门对细纱原料的渴求与日俱增，而抵制日货运动又加剧了细纱矛盾。一部分有实力的民族染织厂"集合"细纱生产单位，另一部分原先"横连"的民族纱厂增加细纱产量，转向"集

①　上海社会科学院经济研究所编《荣家企业史料（1937～1949 年）》下册，上海人民出版社，1980，第 284～291 页。

②　新：《上海民生纱厂宣告清理》，《纺织时报》第 1180 号，1935 年 5 月 2 日，第 2 版。

③　星：《中国内衣织布公司之回顾与前瞻》，《上海市之国货事业》第 1 期，1933 年 4 月 7日，第 43 页。

④　《无锡协新毛织厂在建筑中》，《纺织周刊》第 5 卷第 14 期，1935 年 4 月 13 日，总第387 页；柏励生：《无锡丽新协新两厂参观记》，《中华国货产销协会每周汇报》第 3 卷第 15 期，1937 年 4 月 28 日，第 2 页。

⑤　"常州大成纱厂股份有限公司……增设毛纺织部，闻机件设备业将竣事，不久即可出货云。"《常州大成增设毛纺织》，《染织纺周刊》第 1 卷第 34 期，1936 年 4 月 8 日，总第 544 页。

合"印染生产单位。实现纺织染"纵合"的同时，既加快了高支化进程，也增强了印染生产实力，从而推动了民族机器棉纺织生产技术的进步。此时，"多角"化迹象逐渐显露，现代机器生产又将随着民族棉纺织企业"兼营数种"的行为在多种原料的纺织生产和其他行业中扩大范围。可见，优势民族企业的"事业集合"经营行为，增加了民族工业中先进部分的分量，推动了工业化进程。更重要的是，这种"集合"行为促进了传统和现代生产部门之间的糅合与嬗变，亦可认为是二元经济结构向现代经济一元化格局推进的重要动力之一。

当然，值得注意的是，与欧美企业不同，近代民族棉纺织企业是在没有充分积累的前提下进行扩张的，或者说是扩张和积累并行，以扩张加速积累，具有一定的"超前性"；这种"事业集合"的经营行为又是针对外商，尤其是日本在华企业的竞争逼迫，从而使这种超前行为带有特定目标的追赶性；在民族矛盾风起云涌的近代中国，"集合"行为又赋予经济以民族主义的意义，具有民族防御性。无论怎样，产生这种超前的扩张行为，与中国社会经济中传统因素的支持有密切关系。然而，随着规模进一步扩大，企业在横向、纵向、多角三个维度上拥有更广大的经营范围，在前期"集合"过程中发挥过一定积极作用的传统因素，如企业并购扩张中基于钱庄的资金运作、企业基层管理中基于地缘的工头制、企业上层管理中基于血缘的家族制等，不可避免地面临越来越多的矛盾和问题，企业制度、组织管理、结构设置等都需要进一步革新。那么，近代民族棉纺织企业通过"横连""纵合""多角"的"事业集合"行为，如何推动企业内外经济环境中传统与现代因素的糅合与嬗变，进而生成有中国特性的经济结构和企业制度，值得进一步研究。

第二章 "横连"战略：近代民族企业的横向一体化

近代中国民族企业的横向一体化战略在棉纺织业、面粉业、缫丝业、火柴业四个行业中表现比较突出。代表性企业有：棉纺织业和面粉业中规模最大的荣氏申新系统和茂新、福新系统，无锡缫丝业的巨头——以薛氏永泰为核心的兴业制丝公司，以及民族火柴业中的合并企业大中华火柴公司。荣氏集团采用无限公司的组织形式，通过加大盈利投入和举债扩张，申新和茂、福新均实现了所在行业的规模化经营，居于当时民族企业的首位，有近乎寡头垄断的地位。[①] 以永泰为核心的无锡兴业制丝公司，基本控制了无锡及周边地区的缫丝工业，取得了区域性垄断地位。为配合及支撑单一缫丝生产的横向一体化，该企业对原料采购和产品销售部门的建设尤为重视。刘鸿生企业集团在火柴行业采取内兼并外联的横向一体化战略，基本实现了对重要民族火柴生产厂的整合，建立了大中华火柴公司，与外国火柴垄断企业平分秋色。

第一节 粉业及棉业"横连"：荣氏茂新、福新、申新的规模经营

在近代中国，民族工业发展最为繁荣的行业是棉纺织业和面粉业。荣氏申新棉纺织生产系统和茂新、福新面粉生产系统的规模及产量在民族企业中几乎无法被超越，1932 年大概占民族棉纺织业的 1/5 和面粉业的 1/3[②]，荣

---

① 马俊亚认为：茂、福新具有寡头垄断的性质，而申新接近寡头垄断。马俊亚：《规模经济与区域发展——近代江南地区企业经营现代化研究》，南京大学出版社，1999，第 4 页。

② 荣氏申新系统的纱锭数和棉纱产量占全国（关内各省）的比重分别为 19.9% 和 18.4%，茂、福新系统的粉磨数和粉产量所占比重同为 30.7%。《申新纱厂系统在全国棉纺工业中所占比重（1932 年）》《茂、福新粉厂在全国和上海面粉工业中所占比重（1932 年）》，上海社会科学院经济研究所编《荣家企业史料（1896～1937 年）》上册，上海人民出版社，1962，第 286～287 页。

氏兄弟（荣宗敬和荣德生）被称为"棉纱大王"和"面粉大王"。二人能够在商界取得如此成就，与其自创办粉厂和纱厂以来一直推行横向一体化战略不无关系。

一　横向一体化战略的形成规模

荣氏集团的主体由茂新、福新、申新三个系统构成。申新系统从事棉纺织生产，茂新与福新在股权结构上有所不同，但均为面粉生产部类。荣氏兄弟在经营这两大生产部门时，一贯奉行横向一体化的经营战略，从而形成了多个面粉厂和棉纺织厂规模化生产的局面。

（一）茂新和福新面粉生产系统

茂新所属面粉生产单位有四个，即茂新一厂至四厂。

茂新一厂源于荣氏兄弟与人合办的保兴面粉厂，1902年2月正式开工，有石磨4部，每日出300包。1903年，荣氏兄弟开始主办，改名"茂新"，共有资本74000两（初股十三，每股3000两，另招新股35000两）。此后，茂新一厂多次添机扩建，于1905年添英国钢磨6座，1910年拆去旧机添造厂房，装置美国钢磨12座，1913年又添装美国钢磨12座，1918年再添美机12座。总之，"自民国二年起，本厂固逐渐添机，力事扩充"[①]。

茂新二厂始于1916年荣氏兄弟租办的无锡惠元面粉厂。该厂租期两年，租金每年2万元，由茂新一厂出资。当时，企业有钢磨10座。1918年荣氏兄弟以16万元收购惠元，资金来源于茂新一厂和租赁惠元的盈余[②]，同时加装美机11座。1926年，该厂被焚毁。1927年荣氏茂新系统在原址重新建造厂房，定购美国最新式钢磨18座。[③]

1916年，荣氏兄弟租办无锡孙姓泰隆面粉厂，为茂新三厂。该厂租期两年，租金来源和设备规模不详。期满后，原厂主收回自办。1919

① 《茂新第一面粉厂概况》，上海大学、江南大学《乐农史料》整理研究小组选编《荣德生与企业经营管理》上册，上海古籍出版社，2004，第254~256页。

② 1916年，"茂一、二尤好，到年余十六万八千元"。荣德生：《乐农自订行年纪事》，乐农史料选编《荣德生文集》，上海古籍出版社，2002，第77页。

③ 《茂新面粉公司史略》，上海大学、江南大学《乐农史料》整理研究小组选编《荣德生与企业经营管理》上册，上海古籍出版社，2004，第250页；《茂新第二面粉厂概况》，上海大学、江南大学《乐农史料》整理研究小组选编《荣德生与企业经营管理》上册，上海古籍出版社，2004，第259页。

年，荣氏兄弟自建茂新三厂苞米粉厂，附入二厂，资金应来源于原有面粉厂的生产盈利。[1] 1921 年，该厂因销路不畅无利可图而停产。1925 年该厂又复开工，但 1926 年与茂新二厂同毁于火，后附属于茂新一厂。[2]

茂新四厂先由租办而设立。1917 年，荣氏兄弟租办无锡宝新面粉厂，为茂新四厂，租期两年，租金来源和设备规模不详[3]，期满后被所有者售予他人[4]。1919 年荣氏兄弟在山东济南筹建茂新四厂，预付资本共 27.3 万元（购地、建设厂房、仓库、办公房等 25 万元，购买机器、建营业处 2.3 万元），来源不详。1920 年 5 月，企业正式开工，装置有"脑大克式"磨粉机 12 部，及最新式 350 匹马力发动煤气引擎一部，后无添机记录。[5]

茂新面粉生产系统"大部分为荣氏资本，比较简单"。1919 年茂新注册资金 60 万元，荣氏兄弟出资 54.9 万元，占 91.5%。[6] 而福新"则不同，不但厂数多，且系与他人合资"[7]。

福新面粉生产系统所属生产单位共八个，即福新一厂至八厂。

1913 年，荣家（荣宗敬、荣德生）、王家（王禹卿、王尧臣）、浦家（浦文汀、浦文渭）分别出资 2 万元、1.2 万元、0.8 万元，创办福新面粉厂，即福新一厂，设备为美机 200 筒机磨[8]，粉磨 7 台[9]。该厂于 1918年以企业盈利增资，从原来的注册资本 6 万元（实收 4 万元）增资 24 万

---

[1] 茂新三厂"附入二厂，不添本，一年后成"。荣德生：《乐农自订行年纪事》，乐农史料选编《荣德生文集》，上海古籍出版社，2002，第 84 页。

[2] 上海社会科学院经济研究所编《荣家企业史料（1986~1937 年）》上册，上海人民出版社，1962，第 44 页；《茂新面粉公司史略》，上海大学、江南大学《乐农史料》整理研究小组选编《荣德生与企业经营管理》上册，上海古籍出版社，2004，第 251 页。

[3] 推测应来源于其他企业的盈利，因为这段时期荣氏面粉企业盈利颇多，且并未有其他筹集资金的行为。

[4] 《茂新面粉公司史略》，上海大学、江南大学《乐农史料》整理研究小组选编《荣德生与企业经营管理》上册，上海古籍出版社，2004，第 251 页。

[5] 《茂新第四面粉厂概况》，上海大学、江南大学《乐农史料》整理研究小组选编《荣德生与企业经营管理》上册，上海古籍出版社，2004，第 261 页。

[6] 《茂新面粉公司史略》，上海大学、江南大学《乐农史料》整理研究小组选编《荣德生与企业经营管理》上册，上海古籍出版社，2004，第 252 页。

[7] 《福新面粉公司史略》，上海大学、江南大学《乐农史料》整理研究小组选编《荣德生与企业经营管理》上册，上海古籍出版社，2004，第 295 页。

[8] 《福新面粉公司史略》，上海大学、江南大学《乐农史料》整理研究小组选编《荣德生与企业经营管理》上册，上海古籍出版社，2004，第 295 页。

[9] 上海社会科学院经济研究所编《荣家企业史料（1896~1937 年）》上册，上海人民出版社，1962，第 49 页。

元，以"扩充营业，添造洋式厂房，添置新式机器"，又于1919年以盈
利增资20万元（暂不报部注册），1926年再以盈利添加资本20万元
（呈部注册）。① 1932年，该厂有粉磨15台。②

福新二厂于1913年开始筹建，1914年底正式开机生产，资金绝大部
分来自福新一厂的盈利，作为原一厂股东投入二厂的股份，小部分来自新
加入的股东资本③，设备有1000筒制粉机、30寸粉磨21部④。1918年2
月2日，福新二厂增资25万日元。⑤ 1919年7月27日，工厂因漏电失火被
焚。1920年6月，新厂建成，规模扩大，厂房由原来的六层扩建为八层，
生产能力由原来的1000筒增至3000筒。1929年时，该厂有粉磨48台。⑥

1914年6月，福新三厂开始筹建，"1916年6月正式开车"，资金
全部来源于福新一厂的生产盈利，机器设备有面粉机600筒、9×36寸
钢磨6部、9×30寸钢磨9部。⑦ 1917年，该厂有盈利升股行为，具体

---

① 上海社会科学院经济研究所编《荣家企业史料（1896～1937年）》上册，上海人民出
版社，1962，第45、78、182页。

② 《茂新、福新各厂的成立年份与规模（截至1932年底为止）》，上海社会科学院经济研
究所编《荣家企业史料（1896～1937年）》上册，上海人民出版社，1962，第283页。

③ "资金定为十万元。主要股东除一厂之荣宗敬、荣德生、王禹卿、浦文汀、浦文渭之
外，新加入的有丁梓仁、杨少棠、查仲康等。但查一厂的帐册，除拨付二厂股本四万
两之外，并在1913及1914年'往来'项目下拨给二厂四万四千四百二十二两，因而
二厂资本可说极大部分是来自一厂的盈利。"上海社会科学院经济研究所编《荣家企业
史料（1896～1937年）》上册，上海人民出版社，1962，第37页。

④ 1913年荣氏购粉机800筒，1929年编印的《茂新福新申新总公司三十周年纪念册》称
福新二厂初有制粉机1000筒。《福新第二、四、八面粉厂概况》，上海大学、江南大学
《乐农史料》整理研究小组选编《荣德生与企业经营管理》上册，上海古籍出版社，
2004，第306页；上海社会科学院经济研究所编《荣家企业史料（1896～1937年）》
上册，上海人民出版社，1962，第36页。

⑤ 为了"扩充经营"向中日实业公司借款日本货币25万元，年息九分五厘，以福新二厂
工场全部财产、工场道契另地皮道契、成记堆栈及一切保险单作为抵押。上海社会科
学院经济研究所编《荣家企业史料（1896～1937年）》上册，上海人民出版社，1962，
第48～49页。

⑥ 《福新面粉公司史略》，上海大学、江南大学《乐农史料》整理研究小组选编《荣德生
与企业经营管理》上册，上海古籍出版社，2004，第296页；《福新第二、四、八面粉
厂概况》，上海大学、江南大学《乐农史料》整理研究小组选编《荣德生与企业经营管
理》上册，上海古籍出版社，2004，第306页。

⑦ 该厂"主要股东仍为一厂的荣、浦、王三家兄弟……资金原定十五万元，实际股东
并未拿出分文，所有购置基地、建造厂房、定购机器等费用，全部由一厂付出。这
证明福新三厂的创办，也是建筑在一厂盈余基础之上的"。上海社会科学院经济研究
所编《荣家企业史料（1896～1937年）》上册，上海人民出版社，1962，第37页。

数目不详。① 1925 年 1 月，由于福新一厂失火被焚，福新三厂与福新六厂一起补福新一厂的缺。②

福新四厂始于 1913 年租办的上海中兴面粉厂，每年租金 2 万元。③ 1915 年双方协定正式盘让，改称福新四厂，1919 年 2 月交付，资金 12 万元，来源于福新二厂的盈利。该厂设备在租办时有 24 寸和 26 寸粉磨共 12 座④，1932 年时有 32 座⑤。

荣氏于 1918 年开始筹建汉口福新五厂，1919 年 10 月正式开机生产，集资 30 万元。⑥ 此后，持续利用本厂盈利增资，"1921 年将 1920 年盈余提出二十万元，追加股金，合计五十万元。1922 年将 1921 年盈余提出十五万元，追加股金，合计六十五万元。1923 年又将 1922 年盈余提出十万元，追加股金，合计七十五万元。1926 年 5 月增加股金至一百万元"。该厂主要设备由最初的 22 座粉磨增至 1932 年的 38 座。⑦

荣氏 1917 年租办上海华兴面粉厂，改称福新六厂，后于 1919 年并购。租办和并购的全部资金均来源于本厂两年多来的生产盈利。该厂主要设备情况：租办前原有 30 英寸和 36 英寸机磨共 15 部，40 英寸机磨 1 部，福新租进后不久，就把 40 英寸机磨拆除，添置 36 英寸机

---

① 上海社会科学院经济研究所编《荣家企业史料（1896~1937 年）》上册，上海人民出版社，1962，第 45 页。

② 《福新面粉公司史略》，上海大学、江南大学《乐农史料》整理研究小组选编《荣德生与企业经营管理》上册，上海古籍出版社，2004，第 296 页。

③ "每年租金规银二万两正，分四期缴付，每三个月缴租金一期，先缴后办。当先缴押租银五千两正。"上海社会科学院经济研究所编《荣家企业史料（1896~1937 年）》上册，上海人民出版社，1962，第 36 页。

④ 上海社会科学院经济研究所编《荣家企业史料（1896~1937 年）》上册，上海人民出版社，1962，第 46 页。

⑤ 《茂新、福新各厂的成立年份与规模（截至 1932 年底为止）》，上海社会科学院经济研究所编《荣家企业史料（1896~1937 年）》上册，上海人民出版社，1962，第 283 页。

⑥ "福五创立时的股权分配：股东三十家，股金 30 万元，其中荣宗敬 84650 元，占总数 28.2%，荣德生 81556 元，占总数 27.2%，荣家兄弟股额占总数 55.4%。其余 13000 元以上至 25000 元的四家，1300 元以上至 9000 元的十六家，1000 元以下的八家。除荣氏兄弟外，主要股东为王禹卿、浦文汀、王尧臣、丁梓仁、毛鉴清、陆辅臣、项仰斯、荣蓉初及查仲康，他们都在茂、福、申新系统任职。"上海社会科学院经济研究所编《荣家企业史料（1896~1937 年）》上册，上海人民出版社，1962，第 47 页。

⑦ 上海社会科学院经济研究所编《荣家企业史料（1896~1937 年）》上册，上海人民出版社，1962，第 184、283 页。

磨 3 部。① 1925 年，与福新三厂一起补福新一厂之缺。

福新七厂于 1919 年 9 月成立，建厂资金大部分来源于福新一厂、三厂的盈利②，小部分集资筹得，机器设备规模为机磨 52 部③。

福新八厂于 1919 年开始筹办，1921 年 6 月正式出粉，建厂大部分资金来源于福新二厂的盈利，另小部分集资。机器设备规模情况：开工时有粉机 150 筒，30 英寸机磨 10 部，36 英寸机磨 14 部，不久又续定 30 英寸机磨 10 部及 36 英寸机磨 14 部。④

另外，荣氏福新系统于 1926 年以 40 万元并分期付款的方式并购上海兴华制粉厂，荣氏福新股东出资 30 万元。因 1925 年原福新三厂、六厂改为福新一厂，故将此厂补福新三厂和六厂的缺，后遂称福三。机器设备有钢磨 24 部。⑤

面粉生产部门除了茂新和福新系统外，荣氏集团还曾于 1918 年租办上海元丰面粉公司，改称元丰恒记公司，租金及来源不详，1922 年期满

---

① "因为原系租办性质，帐面虽列有资金四万元，并在买进时增列为四十万元，实际股东并未拿出分文，租金和买价都是由本厂盈利中提付的"；并且，在购买该厂的时候采取了分期付款的方式，"华兴让厂合同载明：价银二十五万两，签订合同之日先付定银一万两，其余二十四万两，在三年内分六期交付，至 1921 年 11 月全部付清。分期付款，除价款外，并认付年息五厘的利息"。分期付款的方式使荣氏集团可以利用工厂盈利来逐年支付租办和收买的资金，避免一次性付出大量现款的困难，是解决追赶性一体化战略中资金缺乏的办法之一。上海社会科学院经济研究所编《荣家企业史料（1896～1937 年）》上册，上海人民出版社，1962，第 47～48 页。
② "资本定为三十万元，计荣家兄弟各九万元、王家兄弟各六万元。但实际仅兴建厂房和购置机器就开支了一百六十余万元，全部由福新一、三两厂盈利中拨付（从 1919 年至 1923 年的五年中，共拨付规银一百五十二万余两，折合银元二百十余万元，为福七帐面资金的七倍多）。"上海社会科学院经济研究所编《荣家企业史料（1896～1937 年）》上册，上海人民出版社，1962，第 80 页。
③ 《福新面粉公司史略》，上海大学、江南大学《乐农史料》整理研究小组选编《荣德生与企业经营管理》上册，上海古籍出版社，2004，第 298 页。
④ 主要股东为"荣家兄弟、王禹卿、李裕成、杨少棠、陆辅仁等。资本定为六十万元，实际大部分开办费用还是由福新二厂提拨的"。上海社会科学院经济研究所编《荣家企业史料（1896～1937 年）》上册，上海人民出版社，1962，第 80 页；《福新面粉公司史略》，上海大学、江南大学《乐农史料》整理研究小组选编《荣德生与企业经营管理》上册，上海古籍出版社，2004，第 298 页。
⑤ 以上海规元四十万两的价格从上海中国银行购入兴华面粉公司，同时以兴华固定资产作为向中国银行分期付款的抵押，分十年还清，每年还四万两。上海社会科学院经济研究所编《荣家企业史料（1896～1937 年）》上册，上海人民出版社，1962，第 182～185 页；《福新面粉公司史略》，上海大学、江南大学《乐农史料》整理研究小组选编《荣德生与企业经营管理》上册，上海古籍出版社，2004，第 299 页。

退租。①

（二）申新棉纺织生产系统

荣氏申新系统所属生产单位共有九个，即申新一厂至九厂。

申新一厂于 1915 年开工，集资 30 万元，后经过四次增资至 600 万元②，设备有英式纺纱机细纱锭 12960 枚，1917 年设布厂，添布机 350 台。此后，持续增添纱锭和布机。至抗战全面爆发前夕，申新一厂有纱锭 72476 枚，布机 1387 台。③

申新二厂始于 1917 年 3 月订立合同并购上海恒昌源纱厂，但到 1919 年 3 月始才正式转移产权，改称申新二厂，集资股本共 50 万元，其中，并购资金为 40 万元，另外的 10 万元可能作为开办资金，荣氏兄弟占八成，丁梓仁占二成，后丁氏退出，荣氏兄弟独有。此后，工厂增加资金，一方面由茂福申新总公司垫借基金，不设定股本；另一方面以荣氏集团其他企业作为抵押借款。④ 设备情况：旧有设备纱锭 9200 枚，1919 年 4 月北厂开工时有 16992 枚纱锭，1920 年南厂开工时有纱锭 18408 枚。⑤

1919 年，申新三厂开始筹办，集资 150 万元，荣氏兄弟共出资 104.5 万元，占近七成，1922 年正月初四正式开工。此后，该厂逐渐增

---

① 关于元丰恒记租办及退租的时间，《荣家企业史料（1896～1937 年）》上册（第 81～82 页）和《中国近代面粉工业史》（第 428～429 页）中的说法有分歧。前者认为元丰面粉厂开办于 1918 年，创办后即租给荣宗敬，1922 年期满退租，依据为福新账册；后者认为该企业创办于 1915 年，1918 年出租，1920 年收回，1922 年失火焚毁，依据上海市粮食油脂公司于 1962 年编的《上海市面粉工业的发生发展与改造》（修订稿油印本上篇）。这里采用前者说法，但关于该企业的确切沿革情况还需进一步查证。

② 《申新一厂之创设及申新八厂之附设》，上海大学、江南大学《乐农史料》整理研究小组选编《荣德生与企业经营管理》上册，上海古籍出版社，2004，第 343 页。

③ 《申新一厂之创设及申新八厂之附设》，上海大学、江南大学《乐农史料》整理研究小组选编《荣德生与企业经营管理》上册，上海古籍出版社，2004，第 345～347 页。

④ 1917 年，荣氏集团以申新一厂、福新一厂和福新三厂作抵押，分别两次向日本银行借款 30 万日元和 40 万日元，用于扩充企业。荣德生亦称申新二厂"添机已巨，欠款已不少"。上海社会科学院经济研究所编《荣家企业史料（1896～1937 年）》上册，上海人民出版社，1962，第 59～61、284 页；荣德生：《乐农自订行年纪事》，乐农史料选编《荣德生文集》，上海古籍出版社，2002，第 85 页。

⑤ 荣德生：《乐农自订行年纪事》，乐农史料选编《荣德生文集》，上海古籍出版社，2002，第 79 页；《申新第二纺织厂概况》，上海大学、江南大学《乐农史料》整理研究小组选编《荣德生与企业经营管理》上册，上海古籍出版社，2004，第 352 页。

资，"资本由一百五十万加至二百万，又加至三百万，最后至五百万元"。主要设备最初有纱锭 5 万余枚，布机 500 余台，1929 年添纱机6000 锭，1931 年添 8800 锭，抗战全面爆发前共有纱机 71000 锭，布机1478 台。①

申新四厂于 1921 年开始筹建，1922 年 2 月正式开工，集资 28.5 万元，其余大部分来自集团内部挪借款，其中，总公司借款 739506 两、福新五厂挪借 332396 两②，最初设备规模为纱锭 14784 枚，后又添纱锭2816 枚，共计 17600 枚，同时添设布机 273 台③，1929 年再增加纱锭10584 枚，1930 年又添旧布机 127 台④。1933 年，该厂失慎被焚而重建，重建资金共 350 余万元，其中，140 万元为保险公司赔款，另向中国银行借款 210 余万元，新购纱机 2 万锭。⑤

申新五厂由 1925 年并购德大纱厂而来，并购资金来源于总公司垫借基金⑥，共 65 万元⑦，旧有纱锭 26088 枚，开工时共有纱锭 31116 枚⑧，1928 年添 840 枚，1929 年又添 9240 枚⑨。

申新六厂源于 1925 年夏租办的常州纱厂。该厂租金 15 万元，来源不详，租办六年⑩，1931 年，续租不成，并购上海厚生纱厂补充，当年

① 《申新三厂的创办、资本与财产》，上海大学、江南大学《乐农史料》整理研究小组选编《荣德生与企业经营管理》下册，上海古籍出版社，2004，第 620 ~ 623 页。
② 上海社会科学院经济研究所编《荣家企业史料（1896 ~ 1937 年）》上册，上海人民出版社，1962，第 86 页。
③ 《申新第四纺织厂概况》，上海大学、江南大学《乐农史料》整理研究小组选编《荣德生与企业经营管理》上册，上海古籍出版社，2004，第 361 页。
④ 上海社会科学院经济研究所编《荣家企业史料（1896 ~ 1937 年）》上册，上海人民出版社，1962，第 224 页。
⑤ 上海社会科学院经济研究所编《荣家企业史料（1896 ~ 1937 年）》上册，上海人民出版社，1962，第 394 ~ 395 页。
⑥ 上海社会科学院经济研究所编《荣家企业史料（1896 ~ 1937 年）》上册，上海人民出版社，1962，第 284 页。
⑦ 荣德生：《乐农自订行年纪事》，乐农史料选编《荣德生文集》，上海古籍出版社，2002，第 93 页。
⑧ 《申新第五纺织厂概况》，上海大学、江南大学《乐农史料》整理研究小组选编《荣德生与企业经营管理》上册，上海古籍出版社，2004，第 364 页。
⑨ 上海社会科学院经济研究所编《荣家企业史料（1896 ~ 1937 年）》上册，上海人民出版社，1962，第 224 页。
⑩ 《申新第六纺织厂概况》，上海大学、江南大学《乐农史料》整理研究小组选编《荣德生与企业经营管理》上册，上海古籍出版社，2004，第 367 ~ 368 页。

11 月 23 日宣布开工，售价为 340 万两。但荣氏申新实际并未付出资金，便先获得了该厂的控制权。[①] 主要设备旧有纱锭 60700 枚、布机 920 台，开工时纱锭增至 73080 枚（注中勘误数字）[②]，1937 年纱锭增至 73000 枚，布机有 900 台[③]。

1929 年 1 月，荣氏申新并购上海东方纱厂，改为申新七厂，并购资金 170 万两，以分期付款的方式支付[④]，集资 50 万两，"余兄弟各出三成，叶君占四成"[⑤]，设备规模在"接办时，共有纱锭五万三千八百四十四锭，布机四百五十五台，迄战前未有增添"[⑥]。

申新八厂于 1929 年开始筹建，1930 年正式开工，创建所需资金"系一厂同人就盈余项下拨款"[⑦]，建造厂房耗费资金 344850 两，最初购纱机 4 万锭，1931 年添纱机 2400 锭，1932 年又添 8000 锭，共计 50400 锭纱机。该厂"实际上是一厂之一部分"[⑧]。

荣氏申新于 1931 年并购上海三新纱厂，改为申新九厂。该厂并购资

[①] 厚生纱厂"系颜料商薛宝润所有，因蚀本欠滋康、敦裕等钱庄款，无法偿付，找荣宗敬希望他买下。荣宗敬便按照钱庄欠款，再加些钱把该厂买下。欠款以外的钱，归厚生老板。荣宗敬本身没有钱，仍向这几家钱庄做押款，故实际上荣并未付钱，只是在钱庄帐上转一个帐户而已"。上海社会科学院经济研究所编《荣家企业史料（1896～1937 年）》上册，上海人民出版社，1962，第 252～255 页。

[②] 上海社会科学院经济研究所编《荣家企业史料（1896～1937 年）》上册，上海人民出版社，1962，第 252、255～257 页。

[③] 山禾：《申新各厂概况》，上海大学、江南大学《乐农史料》整理研究小组选编《荣德生与企业经营管理》上册，上海古籍出版社，2004，第 388 页。

[④] 170 万两收购款分期如下："1929 年 1 月 15 日付三十万两；第一次付款后的三个月内，付二十万两；第二次付款后的三个月内，付二十万两；第三次付款后的一年内，付一百万两。自签约之日起，所有前项价银在未付还以前，应由买主按照常年利息八厘，支付利息，每三个月付一次。"上海社会科学院经济研究所编《荣家企业史料（1896～1937 年）》上册，上海人民出版社，1962，第 221 页。

[⑤] 荣德生：《乐农自订行年纪事》，乐农史料选编《荣德生文集》，上海古籍出版社，2002，第 105 页。

[⑥] 山禾：《申新各厂概况》，上海大学、江南大学《乐农史料》整理研究小组选编《荣德生与企业经营管理》上册，上海古籍出版社，2004，第 389 页。

[⑦] 山禾：《申新各厂概况》，上海大学、江南大学《乐农史料》整理研究小组选编《荣德生与企业经营管理》上册，上海古籍出版社，2004，第 383 页。

[⑧] 《申新一厂之创立及申新八厂之附设》，上海大学、江南大学《乐农史料》整理研究小组选编《荣德生与企业经营管理》上册，上海古籍出版社，2004，第 347～348 页。

金为 40 万两，但荣氏并未直接出资即获得企业经办权。① 当年工厂便开工生产，旧有纱机 69000 锭，线锭 600 枚，布机 1000 台。② 产销情况良好，当年就添设 5000 枚新纺锭，200 台新织机。③ 1932 年，又添纱机 11200 锭，线锭 1218 枚。④ 该厂三年内在原地开工生产，三年后，需搬迁，重建厂房。⑤ 搬迁后，企业对旧机进行淘汰改革，同时又添置新设备，共有纱机 8 万余锭，线锭 5000 多枚，布机 500 余台。⑥

以上茂新、福新面粉生产系统和申新棉纺织生产系统的横向一体化战略具体实现情况可从表 2 - 1 获一概览。

表 2 - 1　茂新、福新、申新系统横向一体化战略一览

行业	系统	厂名	地点	时间	创办方式	资金来源	说明
面粉工业	茂新	一厂	无锡	1903 年	并购	集资	荣氏资金来自广生钱庄，官僚朱仲甫退股
		二厂	无锡	1916 年 1918 年	租办后并购	盈利	茂一盈利，租办惠元所得盈利
		三厂	无锡	1916 年 1919 年	租办自建	不详	租办泰隆，期满退租自办茂三苞米粉厂，附于茂二，被焚毁，后附于茂一
		四厂	无锡济南	1917 年 1920 年	租办自建	不详	租办宝新，期满退租

---

① 并购款先付佣金 5 万两，贷款于孙直斋（荣鸿三的丈人，汇丰钱庄和惠中旅馆的老板）。上海社会科学院经济研究所编《荣家企业史料（1896～1937 年）》上册，上海人民出版社，1962，第 249 页。

② 《申新九厂之购办与迁建》，上海大学、江南大学《乐农史料》整理研究小组选编《荣德生与企业经营管理》上册，上海古籍出版社，2004，第 379 页。

③ 上海社会科学院经济研究所编《荣家企业史料（1896～1937 年）》上册，上海人民出版社，1962，第 250 页。

④ 《申新九厂之购办与迁建》，上海大学、江南大学《乐农史料》整理研究小组选编《荣德生与企业经营管理》上册，上海古籍出版社，2004，第 381 页。

⑤ 新厂房"廿一年动工，廿二年秋完竣，建筑费二百四十六万元，电气装置一百余万元，连添配机件及一切杂用，共约五百廿万元"。这笔资金主要来源于以福新二厂作抵押向英商麦加利银行的借款。《申新九厂之购办与迁建》，上海大学、江南大学《乐农史料》整理研究小组选编《荣德生与企业经营管理》上册，上海古籍出版社，2004，第 381～382 页；荣德生：《乐农自订行年纪事》，乐农史料选编《荣德生文集》，上海古籍出版社，2002，第 111～112 页。

⑥ 上海社会科学院经济研究所编《荣家企业史料（1896～1937 年）》上册，上海人民出版社，1962，第 396 页。

续表

行业	系统	厂名	地点	时间	创办方式	资金来源	说明
面粉工业	福新	一厂	上海	1913 年	自建	集资	荣氏、王氏、浦氏合资
		二厂	上海	1914 年	自建	盈利	福一盈利
		三厂	上海	1916 年	自建	盈利	福一厂盈利，后补福一的缺
		新三厂	上海	1926 年	并购	集资借贷	荣氏、王氏等，向中国银行抵押本厂固定资产，以分期付款收购兴华
		四厂	上海	1913 年 1915 年	租办后并购	不详盈利	福二厂盈利，并购中兴
		五厂	汉口	1919 年	自建	集资	荣氏、王禹卿、浦文汀等
		六厂	上海	1917 年 1919 年	租办后并购	盈利	租办华兴的盈利，后补福一的缺
		七厂	上海	1919 年	自建	盈利、集资	荣氏、王氏合资
		八厂	上海	1921 年	自建	盈利、集资	福二拨付
	元丰恒记		上海	1918 年	租办	不详	1922 年期满退租
棉纺织业	申新	一厂	上海	1915 年	自建	集资	荣氏占六成
		二厂	上海	1917 年	并购	集资	荣氏占八成、丁梓仁占二成，并购恒昌源
		三厂	无锡	1922 年	自建	集资	荣氏占近七成
		四厂	汉口	1922 年	自建	集资内部借贷	荣宗敬占五成多，借自总公司、福五
		新四厂	汉口	1933 年	自建	借贷	向中国银行借贷，向福五借贷
棉纺织业	申新	五厂	上海	1925 年	并购	内部借贷	总公司垫借基金，并购德大纱厂
		六厂	常州 上海	1925 年 1931 年	租办并购	不详借贷	租办常州纱厂凭借信誉以厚生向钱庄抵押贷款从而实现对该厂的并购
		七厂	上海	1929 年	并购	集资、借贷	并购东方纱厂，首付后押入汇丰银行贷款办厂
		八厂	上海	1930 年	自建	盈利	申一盈余，附属申一
		九厂	上海	1931 年	并购	借贷	首付借汇丰钱庄，迁建时向麦加利贷款

注：（1）依据前述茂、福新及申新各厂情况制表；（2）时间以正式开工、租办、并购之年份为准。

二 横向一体化战略的实现方式

荣氏茂新、福新及申新系统的横向一体化战略的实现方式有两种：其一，企业单位数量的增加；其二，单位企业产能的膨胀。

系统内生产单位数量的增加是茂新、福新及申新横向一体化战略的实现方式。按工厂序列算，荣氏集团共拥有 21 个企业生产单位，其中，申新所属企业生产单位最多，共 9 个，茂、福新所属企业生产单位分别为 4 个和 8 各，共 12 个。这些生产单位的建成主要通过自建、租办、并购三种方式实现。表 2－2 反映了这三种实现方式所占比例的情况。

表 2－2 茂新、福新、申新系统横向一体化战略实现方式统计

单位：次，%

单位	总次数	自建次数	占总次数比重	租办次数	占总次数比重	并购次数	占总次数比重
茂新	6	2	33	3	50	1	17
福新	11	6	55	2	18	3	27
元丰恒记	1	0	0	1	100	0	0
申新	10	4	40	1	10	5	50
粉业单位合计	18	8	44	6	33	4	22
粉棉单位合计	28	12	43	7	25	9	32

注：产业内第一个企业（茂新一厂和申新一厂）不算入内；福新一厂非面粉生产部门的第一个企业。

自建是企业主动创建内部单位组织的一体化方式。当然，这里的内部单位组织可以是横向上相同或不同的生产或业务单位，也可以是纵向上游或下游的生产或业务单位。从表 2－2 中我们可以看到，荣氏茂新、福新及申新系统内部自建生产单位的行为次数在整个荣氏集团横向一体化过程中所占比重最大，且明显超过租办和并购的行为次数。之所以如此，是因为追赶性横向一体化战略要求荣氏集团各系统在前期积累不完全的情况下边一体化边实施自我积累，以一体化的方式来加速自身积累。与中国的情况不同，其时主要资本主义国家的工业企业有一个较长的积累时期，且往往是单一企业的内部积累，至企业一体化发展兴起时则以

并购方式为主，有学者直接称之为并购浪潮。因此，自建行为（荣氏企业自建资金主要来自盈利）是荣氏集团追赶性横向一体化战略的最主要实现方式，并且这一实现方式一直贯穿其横向战略进程的始终。

租办是企业通过支付一定租金在规定期限内拥有外部生产或业务单位的经营管理权的一体化方式。同样，外部单位可以是多维度的。从表2-2中的统计数据来看，虽然荣氏集团的租办行为次数总体所占比重最小，但其绝对数量却并少，亦占有1/4的比重。不仅如此，荣氏集团从茂新系统开始发轫，租办次数在茂新系统的横向一体化进程中占到了一半。租办外部企业方式的出现，实际上是中国民族企业在积累时间短、缺乏资金的情况下实施追赶性横向一体化战略的一种解决办法，因为租办一个企业单位所需要的预付资金比自建或并购要少得多。可见，租办是荣氏茂新系统横向一体化战略的重要实现方式。

并购是企业通过直接购买外部生产或业务单位组织的全部资产获得产权或股份以获取经营管理控制权的一体化实现方式。同样，外部单位组织亦可以是多维度的。除茂新对无锡惠元面粉厂的并购系购买股权外，荣氏集团在实施横向并购时基本采取购买全部资产的方式。从表2-2所反映的情况看，并购行为次数总体占到近1/3，而在申新棉纺织生产系统则占到一半，明显高于在茂新、福新系统中所占的比重。企业并购的横向一体化行为只有在行业整体发展到一定水平时才会出现。一战后的三四年间，中国棉纺织业获得迅猛发展，为20世纪20年代末30年代初棉纺织企业间的并购横向一体化行为提供前提。1922年"战后萧条发生后，遂有许多纱厂无力维持……乃有集中现象之出现"，"正是基础巩固的大资本扩充设备吞并小厂的最好时机"，"申新在这时期的生长较之以前尤为迅速"[1]。因此，并购外部企业单位是荣氏申新棉纺织生产系统的横向一体化战略最主要的实现方式，而从整个荣氏集团的范围来看，并购亦是重要的战略实现方式。

自建、租办、并购三种横向一体化战略实现方式各有特点，且对荣氏茂新、福新及申新三个系统发展的影响利弊不同，由此，运用的程度也应不同。

---

[1]　严中平：《中国棉业之发展》，商务印书馆，1943，第165、167~168页。

相同前提下，自建方式所需预付资金量最大。自建企业单位需要购买地皮、建筑厂房、招聘员工等，没有大量预付资金的投入将无法完成，而且这些资金必须一次性到位，否则工厂建设进程会随时停滞。所以，自建方式对资金要求较高的特点给荣氏各系统带来的压力较大，且实现横向一体化战略的速度较慢。但自建的企业单位与所属集团的关系十分稳定，集团可以长期经营，不断积累、改进和发展，是企业横向一体化稳重的实现方式，是企业集团长久发展的基础。

租办方式所需的预付资金量与自建方式相比要小得多。茂新系统租办面粉厂所需资金一般为每年 2 万元，而自建和并购所需的预付资本基本都是几十万元，租办棉纺织企业的资金亦只需每年 5 万元，而自建和并购所需的预付资本基本都是上百万元，有些甚至是几百万元。因此，租办便于企业短期内实现生产规模的扩大，是荣氏各系统横向一体化比较实惠的实现方式，也是追赶性一体化战略中资金缺乏问题的解决方法之一。但租办的企业单位，由于有租期的限制，与企业集团的所属关系是短暂的，与自建或并购的企业单位相比是不稳定的。租办的企业单位到期后无法续租会导致横向一体化关系解体，大部生产能力的退出将会对企业集团的经营产生震动。对此，在租期已满时，荣氏企业尽力对所租办的企业单位实施并购行为。表 2-1 显示，在荣氏集团各系统 7 次租办行为中有 4 次继以并购的行为，其中 1 次虽未并购原租办企业，但也是以并购其他企业以补缺。如此可以尽量克服由租办带来的企业单位所属关系不稳定的弊端。

并购方式亦需要大量预付资金投入，但由于被并购的企业单位往往是因亏损无法经营而出售，并且厂房、设备等固定资产也有损耗，一般情况下，并购方式要比自建同等规模的企业单位所需资金少。不仅如此，并购方式还省去了自建过程许多烦琐的筹建事宜，同时与企业集团的所属关系仍是稳定的。因此，并购外部企业单位是荣氏申新系统横向一体化比较快捷的实现方式。不过，也正因为并购方式省去了自建过程中对于厂房设计、设备规格、工人素质等的详细筹备，而所并购的企业单位往往都是存在诸多不合理之处，所以能否优化整合到集团内部，是否有利于整个集团的经营管理，是必须要面对的问题。荣氏申新系统并购德大纱厂为申新五厂后，发现"原有机器配置，尚未完备"，"工人分配、地面排置等，均不经济"①，遂添购机器设备并重新安排厂内设置以使企业能够合理开展生产，融入申新系统。因此，企业集团以并购方式实现横向一体化后必须对所并购企业单位加强内部整合，使其跟上整个集团的发展步伐。

总之，企业在实施一体化战略时应该根据自身情况和战略环境，综合考虑自建、租办、并购三种战略实现方式的不同特点和利弊影响，合理分配它们的使用比例。从整体上看，荣氏集团以自建为主要方式，结合租办和并购两种重要方式，使用比例是基本合理的。从局部来看，茂新系统以租办为横向战略的主要实现方式，有利于其在缺乏资金的情况下启动横向一体化，但也导致后劲不足，其作为整个集团首个生产系统却是荣氏集团三个系统中规模最小的；福新系统以自建为横向战略的主要实现方式，租办和并购方式使用比例合理，因此福新成为荣氏三个系统中发展规模较大且十分稳定的生产系统；申新系统以并购为横向战略的主要实现方式，成为荣氏集团三个系统中发展速度最快和生产规模最大的生产部类，但在缺少资金的不利条件下多次举债并购的行为造成申新系统资金周转困难，最终导致 1934 年"搁浅"的危机。

荣氏茂新、福新、申新三系统的横向一体化战略是建立在各生产单位内部生产能力增长的基础之上的。这一实现方式最主要的表现即生产设备的增加，详情见表 2-3 和表 2-4。

表 2-3 茂新、福新系统各企业单位粉磨数量增长情况
（初始数量与抗战全面爆发前夕数量对比）

企业序列	初始数量（台）	1936 年数量（台）	增长率（%）
茂新一、三厂	4	36	800.00
茂新二厂	10	18	80.00
茂新四厂	12	12	0
平均增长率（%）			293.33
福新一厂	7	15	114.29
福新二厂	21	48	128.57

---

① 《申新第五纺织厂概况》，上海大学、江南大学《乐农史料》整理研究小组选编《荣德生与企业经营管理》上册，上海古籍出版社，2004，第 364 页。

续表

企业序列	初始数量（台）	1936 年数量（台）	增长率（%）
福新三厂	15	24	60.00
福新四厂	12	32	166.67
福新五厂	22	38	72.73
福新六厂	16	19	18.75
福新七厂	52	49	− 5.77
福新八厂	24	56	133.33
平均增长率（%）			86.07
两个系统平均增长率（%）			142.60

注：

1. 茂新一厂的初始粉磨数取荣氏购买下保兴时的粉磨数，当时是石磨。

2. 茂新三厂原为苞米生产企业，且设备数量不详，毁于火灾后附属于茂新一厂。因此，茂一和茂三粉磨数据合在一起统计。

3. 1926 年被火焚之前，茂新二厂粉机已增至 21 台，1927 年重建后为 18 台。此处取重建后的数据。

4. 1936 年福新三厂和福新六厂的粉磨数合计 43 台，1932 年两厂拥有的粉磨数量分别为 24 台和 19 台。此处取 1932 年的数据。

5. 福新六厂是先租办后并购的单位，初始粉磨数以租办时为准。

资料来源：依据前述茂新、福新系统各企业单位具体实现情况部分；《第一次世界大战前后粉厂设备与生产能力的比较》，上海社会科学院经济研究所编《荣家企业史料（1896～1937 年）》上册，上海人民出版社，1962，第 49 页；《茂新、福新各厂的成立年份与规模（截至 1932 年底为止）》，上海社会科学院经济研究所编《荣家企业史料（1896～1937 年）》上册，上海人民出版社，1962，第 283 页；《茂、福新粉厂系统的规模（1936 年）》，上海社会科学院经济研究所编《荣家企业史料（1896～1937 年）》上册，上海人民出版社，1962，第 551 页。

表 2 - 4　申新系统各企业单位纱锭和布机数量增长情况

（初始数量与抗战全面爆发前夕数量对比）

企业序列	纱锭数			布机数		
	初始（枚）	抗战全面爆发前夕（枚）	增长率（%）	初始（台）	抗战全面爆发前夕（台）	增长率（%）
申新一厂	12960	72476	459.23	350	1387	296.29
申新二厂	9200	56744	516.78	无	无	无
申新三厂	50000	71000	42.00	500	1478	195.60
申新四厂	14784	50000	238.20	273	657	140.66
申新五厂	26088	49588	90.07	无	无	无
申新六厂	60700	73800	21.58	920	900	− 2.71
申新七厂	53844	59848	11.15	455	452	− 0.66

续表

企业序列	纱锭数			布机数		
	初始（枚）	抗战全面爆发前夕（枚）	增长率（%）	初始（台）	抗战全面爆发前夕（台）	增长率（%）
申新八厂	40000	50400	26.00	无	无	无
申新九厂	69000	89224	29.31	1000	516	-48.40
平均增长率（%）		159.37		平均增长率（%）		96.80

注：

1. 并购的企业单位以工厂原有设备数量为初始数；先租办后并购，以租办时设备数量为准；先租办后并购别厂的以并购企业设备数为初始数。

2. 抗战全面爆发前夕，1936年和1937年机器数不相同时，采取就高原则，如申新三厂和申新六厂。

3. 1936年的申新一厂和八厂棉纺织机械数作合并统计，纱锭122876枚，布机1387台。抗战全面爆发前夕申新一厂纱锭数即72476枚，布机1387台。

4. 申新二、五、八厂均未设织布机。

资料来源：依据前述申新系统各企业单位具体实现情况部分；《申新各厂的成立年份与规模（截至1932年底为止）》，上海社会科学院经济研究所编《荣家企业史料（1896~1937年）》上册，上海人民出版社，1962，第282页；《申新纱厂系统的规模（1936年）》，上海社会科学院经济研究所编《荣家企业史料（1896~1937年）》上册，上海人民出版社，1962，第547页。

无论是茂、福新面粉生产系统还是申新棉纺织生产系统，各工厂单位主要生产设备（粉磨和纱锭）的平均增长率均达到了1.5倍左右，其中，茂新系统工厂粉磨数的平均增长率接近3倍，个别单位企业，如申新系统中的申新二厂纱锭数的增长率达到了5.2倍左右。当然，也有出现负增长的，如申新六厂及九厂的布机数和福新七厂的粉磨数。不过，深入考察可知，申新六厂及九厂为并购所得，布机数量减少应是对旧机器淘汰换新所致。福新七厂确属主动减少设备，具体原因有待进一步考察。尽管存在个别例外，我们仍不能否认单位工厂产能的增加是荣氏茂、福、申新三个系统实现横向规模扩张的重要基础。

三 横向一体化战略的资金运作

横向一体化战略强调企业形成大规模生产，对资金的需求量较大，而缺乏资金却是近代中国民族企业普遍存在的问题。因此，在普遍积累不足的情况下进行的追赶性横向一体化尤其需要对有限的资金进行高效、合理的运作。资金运作是指通过技巧性的运动和操作让有限的资金实现增值和高效利用的经济行为。为实现横向一体化战略，荣氏茂、福、申新各系统所采用的资金筹措方式主要有设股集资、盈利转入、内部挪借、外部借贷四种。

设股集资，即企业通过设定股份以招股的形式筹集一体化资金的方式。荣氏集团三系统在横向一体化过程中，纯粹通过设股集资方式筹集资金创立的有福新一厂、福新五厂、申新三厂三个生产单位，还有福新新三厂、七厂、八厂及申新四厂、七厂五个生产单位的小部分创建资金以设股集资方式筹得，另有申新二厂起初设股集资但后来改为由总公司垫款。由于荣氏茂新、福新、申新三系统均是无限公司，股权流动及增添的控制较紧，集资的范围并不广泛，主要是原有股东、集团高层管理者、有亲属关系者。在近代中国的环境下，由于投资者信心不足，民族企业无法仅通过设股集资的方式获得实施一体化战略的大量资金。设股集资是荣氏茂新、福新及申新系统筹措横向一体化战略资金的方式之一，但并不占主要地位。

盈利转入是企业将经营盈利投入一体化发展的资金运作方式。这种转入有单位企业内部盈利的转入，也有集团内其他生产单位盈利的转入。转入的形式有直接用于新增单位工厂的建设，也有作为各股东增加的股份投入。整体来看，茂、福新面粉生产系统完全利用盈利创建的有茂新二厂和福新三、四、六厂四个工厂单位，另有福新二、七、八厂依靠盈利和集资资金共同创建，且盈利转入资金占绝大部分，申新棉纺织生产系统通过盈利转入方式获得横向一体化资金的情况很少，仅申新八厂是利用申新一厂的盈利创建。通过大量盈利转入的方式推动一体化战略有利于企业的稳定发展。此后，在激烈的市场波动之下，茂、福新系统没有出现申新系统1934年"搁浅"的困境，也正因为有茂、福新稳定的存在，整个荣氏集团才没有因申新的危机而崩溃。可见，盈利转入是荣氏茂、福、申新三个系统横向战略资金运作的主要方式。

内部挪借是企业通过内部各单位之间的资金借贷及调度为某一单位实施一体化战略提供资金的方式。这种方式可以发生于总公司与下属单位之间，也可以发生于各企业单位之间。1921年，荣氏集团建立茂福申新总公司，以统一管理茂、福、申新系统的21家生产单位。各单位工厂会把多余的资金存入总公司，由总公司统一调配，借给需要资金的内部生产单位。申新四厂和五厂即由总公司垫借资金创办并支持其后续发展，同时，同在汉口的申新四厂与福新五厂也存在两个内部生产单位之间资金挪借的情况。荣氏集团将内部某些生产单位的富余资金挪借给其他缺少资金的单位，提高了资金的利用率，加快了资金的周转速度，为集团横向一体化战略提供了一个重要的资金来源。

外部借贷是企业通过向外部金融机构贷款筹集资金以实现一体化战略的资金运作方式。荣氏茂新、福新及申新系统的外部借贷形式主要有抵押贷款和信用贷款，贷款来源主要有银行、钱庄、私人等。荣氏集团内申新系统运用外部借贷资金以推进横向一体化战略的情况较为突出。由1934年申新系统负债情况[1]可见，该系统外部借款中银行抵押借款占大部分，少部分的信用贷款主要来自钱庄。外部借贷，尤其是抵押贷款，所能筹措的资金量大，对荣氏申新系统的横向战略起到了关键性的推动作用，但过高的外部抵押贷款比重是企业经营的潜在危险。1934年申新"搁浅"事件的发生虽然是由市场投机失败而直接触发，亦与整个纱业不景气有关，但外债高筑却是深层次的原因之一。相比之下，荣氏茂新外部借款方式运用得比较合理，该系统在横向一体化高峰期也存在大量外部借款，但1923年后借入资本占资产总值或自有资本的比例显著低于同期的申新[2]，因而在申新危机时受冲击不大，成为稳定整个集团的重要基础。不管怎样，外部借贷的资金运作方式使荣氏各系统获得了大量资金，短期内解决了资金缺乏的问题，使横向一体化战略能够迅速展开，对造就茂新系统在面粉业及申新系统在棉纺织业第一的地位功不可没。

荣氏茂新、福新及申新系统将横向战略的实现方式与资金运作方式结合运用，使少量资金获得了更大的横向一体化驱动力。福新六厂将租办方式与盈利转入方式相结合，以租办的盈利支付租金，并最终并购上海华兴面粉厂，从而以零预付资本的投入实现了横向一体化。荣氏通过分期付款的方式以少量首付资金并购上海兴华面粉厂，创建

---

① 《申新纺织公司负债（1934年6月30日）》《申新厂基抵押借款明细表（1934年6月30日）》《股票地产押款（1934年6月30日）》《定期信用借款（1934年6月30日）》《申新各厂与上海钱庄的借款往来（1934年6月底）》，上海社会科学院经济研究所编《荣家企业史料（1896~1937年）》上册，上海人民出版社，1962，第403~405、555页。

② 《纱厂、粉厂系统各厂借入资本的增长（1923~1932年）》，上海社会科学院经济研究所编《荣家企业史料（1896~1937年）》上册，上海人民出版社，1962，第279页。

新福新三厂，并以此再向银行抵押贷款，获得生产经营的流动资金。荣氏将厚生纱厂的钱庄欠款转入自身账户，再以该厂向钱庄抵押贷款，未付资金即实现了并购，即申新六厂。申新九厂的创立亦是投入少量预付资本即获实现，荣氏通过外戚钱庄的借款支付分期付款中首付的少量资金，从而并购了上海三新纱厂，再以该厂做抵押向银行借款，支付迁厂费用，其中，建筑新址厂房的大量资金也是以分期付款的方式支付，只需付少量首付。可见，荣氏茂新、福新及申新系统将租办、并购与盈利转入、外部借款及分期付款方式相结合，多次以少量资金，有时甚至是零投入，缓解了资金缺乏的困扰，有力推动了企业横向一体化的进程。

四　横向一体化战略的实施特点

近代中国民族企业普遍缺乏资金，而荣氏集团能够在两个生产系统中同时实施横向一体化战略实属不易。它的成功与其战略实施的两个特点有密切关系。

（一）无限公司：横向一体化战略的组织形式

当今世界，无限公司的组织形式并非主流，似乎不具优势。其实，无论何种公司组织形式，就其本身而言并无优劣之分，只是在不同的企业内外环境中会表现出适应性的差别。申新是"中国纺织史上唯一的纺织无限公司"[①]，而且江苏（包括上海）地区，"除福新、茂新各厂为无限公司外，其余各厂多系股份有限公司"[②]。近代中国的荣氏家族充分发挥了无限公司的优点，无疑是独树一帜的。

关于无限公司，无论是1914年北京政府公布的《公司条例》，还是1929年南京国民政府公布的《公司法》，在第三十五条都做了意思相同的规定，即公司财产不足以清偿债务时股东应负连带责任。[③] 无限

---

① 陈真、姚洛合编《中国近代工业史资料》第一辑《民族资本创办和经营的工业》，生活·读书·新知三联书店，1957，第385页。

② 实业部国际贸易局编纂《中国实业志·江苏省》，实业部国际贸易局，1933，"第八编工业"第342页。

③ 《公司条例》，中华民国史事纪要编辑委员会编《中华民国史事纪要（初稿）·1914年》影印本，（台北）中华民国史料研究中心，1974，第129页；立法院编译处编《中华民国法规汇编》，中华书局，1934，"第八编实业"第100页。

责任制"对公司债权人的保护相对比较周延"①。由此，法律保障下无限公司的信用度也就比较高。信用是一种无形资产，可以转换为有形的资金。并购厚生纱厂时，"荣宗敬本身没有钱，仍向这几家钱庄做押款，故实际上荣并未付钱，只是在钱庄帐上转一个帐户而已。钱庄相信申新老板不相信厚生老板"②。钱庄老板应该考虑到了申新的无限公司性质，其债务是有连带偿还的制度保障，才放心地促成此事。无独有偶，收买三新纱厂时也出现了类似的情况，荣氏"只要先付佣金5万两。交易谈好后，荣宗敬根本没有钱，便找荣鸿三的丈人孙直斋（汇丰钱庄和惠中旅馆的老板），要他贷款；孙说，多没有，只有5万两。荣宗敬正好需要5万两，就把三新买下来了"③。近代中国民族企业发展缓慢的一个共同原因即缺少资金，而荣氏利用无限公司的信用优势，在没有预付资本的情况下成功实施了横向一体化战略，并购了两座纱厂，确实难能可贵。这也是近代中国民族企业一体化战略的经典成功案例。

关于无限公司的内部关系，《公司条例》和《公司法》的第十八条有相同意思的规定，即各股东均有执行业务的权利及负其义务，但亦可制定章程规定，由股东中一人或数人执行业务。④ 这就是说尽管无限"公司股东对公司事务拥有平等的代表权和管理权"，"对公司的重大事宜必须经过全体股东的一致同意"，但如果全体股东决定授予一人或数人为代表，并在章程中做出明文规定的话，"其行为对公司和全体股东有整体上的约束作用"⑤。《申新纺织无限公司章程》中的第十一条和第十三条分别如此规定："本公司现经股东全体议决荣宗锦［荣宗敬］君为总经理，执行业务"，"总经理有任免各处办事员之权"。可见，"无限公司

① 吴春岐、刘贵之、郭树进编著《公司法新论》，中国政法大学出版社，2003，第21页。
② 上海社会科学院经济研究所编《荣家企业史料（1896～1937年）》上册，上海人民出版社，1962，第254页。
③ 上海社会科学院经济研究所编《荣家企业史料（1896～1937年）》上册，上海人民出版社，1962，第249页。
④ 《公司条例》，中华民国史事纪要编辑委员会编《中华民国史事纪要（初稿）·1914年》影印本，（台北）中华民国史料研究中心，1974，第128页；立法院编译处编《中华民国法规汇编》，"第八编实业"第99页。
⑤ 吴春岐、刘贵之、郭树进编著《公司法新论》，中国政法大学出版社，2003，第21页。

组织便于集权经营"①。

这种由无限公司带来的集权，有利于刚刚启动的企业迅速展开一体化。集权使"滚雪球式"②的资金扩展方式得以实现。荣氏兄弟退出振新纱厂的直接原因是与各股东在如何使用企业盈利方面产生严重分歧。荣氏兄弟主张将盈利用于横向一体化，"欲造振新厂四所：二厂在申，三厂在宁，四厂在郑"，而其他股东则主张用于分红，荣氏兄弟"知有限公司不可为"③，"愤有限公司股东之掣肘，以后一切企业，均采取无限[公司]组织"④。可见，荣氏兄弟认为，有限公司的经理无实权，不利于统一筹划，集中力量迅速推进一体化战略。因此，创办申新时，他们"极端主张无限公司"⑤。于是，无限公司下产生的集权，使得将盈利投入企业横向一体化中去的决策能够成为高级管理层内部一致的战略思想。申总会计部门职员荣得其形象地说："申新除发股息外，一般不发红利给股东，盈余不断滚下去，用来扩大再生产；如象烧肉，老汁水永远不倒出来。别的厂就不同，红利都分掉，所以碰到困难，就站不住脚了。"⑥不难看出，荣氏实行无限公司的组织形式，加强了企业内部管理权的集中，统一了横向一体化的战略路线，采用"滚雪球式"的资金融通方式，使企业得到迅速发展。

必须指出，笔者在这里无意证明无限公司的优越性，只是想说明荣氏无限公司实施横向一体化的合理性，强调无限公司在荣氏企业横向一体化进程中的积极作用。事实上，它也确实取得了一定成效。同时，这也是荣氏横向战略的特点之一。

---

① 上海社会科学院经济研究所编《荣家企业史料（1896～1937年）》上册，上海人民出版社，1962，第54～56页。
② 上海社会科学院经济研究所编《荣家企业史料（1896～1937年）》上册，上海人民出版社，1962，第113页。
③ 荣德生：《乐农自订行年纪事》，乐农史料选编《荣德生文集》，上海古籍出版社，2002，第71～72页。
④ 上海社会科学院经济研究所编《荣家企业史料（1896～1937年）》上册，上海人民出版社，1962，第54页。
⑤ 上海社会科学院经济研究所编《荣家企业史料（1896～1937年）》上册，上海人民出版社，1962，第55页。
⑥ 上海社会科学院经济研究所编《荣家企业史料（1896～1937年）》上册，上海人民出版社，1962，第112页。

（二）举债扩张：横向一体化战略的资金来源

荣氏茂新、福新及申新各系统的横向一体化战略，需要雄厚的资金支持，主要有企业盈利、对外借款、对内借款三个来源。荣氏对企业盈利采取"滚雪球式"的运用方式，对内借款通过建立储蓄部吸收内部存款及加强集团内部的资金调度来实现，而对外借款则是其横向战略资金的主要来源。大举外债是荣氏三系统推动横向一体化战略的另一特点。

荣氏兄弟早期经营钱庄，颇为熟悉银钱业的业务，对"如何运用金融资本来为他们发展企业的需要占了不少便利"。荣氏举借外债的办法主要有三种。一是抵押贷款，即"以甲厂抵押借款买乙厂，复以乙厂抵押借款再买丙厂"。他曾经对银钱界人士说过："你有银子，我有锭子，我的锭子不怕你的银子。"[1] 二是以参股方式影响银行贷款行为。荣宗敬曾对申总法律顾问过守一说："我搭上一万股子，就可以用他们十万、二十万的资金。"[2] 荣氏兄弟在上海银行原始资本中有 1/5 的投资，后又增至 45 万元，在中国银行最初有 25 万元股份，后增至 50 万元。[3] 1931 年，茂、福、申新总公司向银钱业的借款中，上海银行占 16.7%，中国银行占 13.5%。[4] 三是利用私人关系。中国银行总经理宋汉章是荣德生的儿女亲家，所以其向这两个银行（中国银行和上海银行）借押款特别多。[5]

举借外债是荣氏茂新、福新、申新三系统横向一体化战略资金运作的主要方式。第一，举借外债在申新系统扩张过程中发挥了重要作用。从表 2-1 中我们可以看出，申新系统 9 个纱厂有 4 个是通过对外借款建

---

① 许维雍、黄汉民：《荣家企业发展史》，人民出版社，1985，第 86 页。

② 上海社会科学院经济研究所编《荣家企业史料（1896～1937 年）》上册，上海人民出版社，1962，第 554 页。

③ 许维雍、黄汉民：《荣家企业发展史》，人民出版社，1985，第 86 页；钱钟汉：《无锡五个主要产业资本系统的形成与发展》，中国人民政治协商会议全国委员会文史资料研究委员会编《文史资料选辑》第二十四辑，中华书局，1962，第 115 页。

④ 《茂、福、申新总公司向银钱业借款的增长及上海、中国两银行在借款中所占比重（1929～1931 年）》，上海社会科学院经济研究所编《荣家企业史料（1896～1937 年）》上册，上海人民出版社，1962，第 274 页。

⑤ 钱钟汉：《无锡五个主要产业资本系统的形成与发展》，中国人民政治协商会议全国委员会文史资料研究委员会编《文史资料选辑》第二十四辑，中华书局，1962，第 115 页。

立起来的。其中，并购厚生和三新纱厂时完全是依靠企业信誉借债。第二，从茂、福、申新总公司对外借款在负债总额中的比重情况可窥一斑，1927年对外借款占负债总额的85.77%，1931年则是78.59%①，可见举借外债的重要地位。第三，1934年申新系统已完成横向一体化战略，该年的负债情况更突出地反映了举借外债的重要性，外借款数额占整个债务的比重高达78.56%。②

　　与永安纺织印染公司和裕大华纺织集团的情况相比，荣氏集团主要通过举借外债为横向一体化战略提供资金支持的这一特点尤为明显。在中国民族棉纺织业中，永安纺织印染公司的地位仅次于荣氏申新系统。永安向中外行庄的借款占借入资金（包括联号资金、中外行庄借款、应付未付款及其他）的比重：1930年为3.59%，1933年为17.78%，1934年为9.69%，1935年为7.97%，1936年为55.68%。可见，永安对外借款的比重历年均较低，处于次要地位，即使唯一超过50%的1936年也没有达到申新的水平，其中由银行发行的公司债占绝大部分。因此，当时的第二大民族棉纺织企业并没有采取大举外债的方式推动一体化战略。相反，联号资金，即集团内部资金调度，成为借入资本的主要来源。永安联号资金在整个借入资本中的比重：1930年为91.30%，1933年为75.24%，1934年为80.46%，1935年为83.50%，1936年为35.05%。③近代中国民族棉纺织业的又一巨头裕大华纺织集团则是以内部存款作为其一体化战略资金的主要来源。内部负债（公司债和内部存款）占借入资本的比重，其中，裕华系统1923、1927、1929、1930四年的平均百分

---

① 《茂、福、申新总公司负债的增加（1927与1931年）》表中，借入款与透支银行、钱庄金额之和为外借款项金额，则1927年对外借款占负债总额的百分比为（9860.48＋4901.45）÷17210.39×100%≈85.77%，1931年为（14733.20＋17426.54）÷40919.17×100%≈78.59%。上海社会科学院经济研究所编《荣家企业史料（1896～1937年）》上册，上海人民出版社，1962，第258页。

② 《申新纺织公司负债（1934年6月30日）》一表中，长期负债与流动负债中的营运押款、花纱押款、栈单押款、银行钱庄往来及应付票据之和为外借款项金额，（30314.21＋4036.47＋7656.65＋583.00＋4494.03＋3004.34）÷63759.15×100%≈78.56%。上海社会科学院经济研究所编《荣家企业史料（1896～1937年）》上册，上海人民出版社，1962，第403页。

③ 上海市纺织工业局、上海棉纺织工业公司、上海市工商行政管理局永安纺织印染公司史料组编《永安纺织印染公司》，中华书局，1964，第193页。

比为 76.45%，大兴系统 1923～1930 年八年的平均百分比为 85.63%。① 可见，荣氏茂新、福新及申新系统大举外债推行一体化战略的程度及规模确实所及无他。

横向一体化战略对资金的需求尤甚，这对弱小的民族资本来说非常困难。荣氏茂新、福新及申新系统为实施横向一体化战略大举外债的行为，在实施纵向一体化战略的民族企业中并不突出。以大成纺织染公司为例，其最高管理者刘国钧很注意自身企业的负债状况，采取"对外不举债，对内借款有度"的方针，"1935 年至 1948 年，大成公司的自有资本比率即负债（笔者按：原文有误，应为自有资本）占负债与自有资本之和的比率，平均约为 68%。这比四十年代王宗培对我国纺织工业的估计数字 50%，要高了不少"②。大成注册资本从 1930 年的 50 万元到 1936 年的 400 万元，七年内增长 7 倍③，其所增资"大部分以股东红利折抵"④。

举借外债推行横向一体化的策略造就了荣氏兄弟"棉纱大王"和"面粉大王"的奇迹，这在资金普遍缺乏的近代中国民族工业界是难能可贵的成绩。可以说，没有这种积极大胆的借贷资金运作方式，就无法成就茂新、福新及申新系统在近代中国棉纺织业及面粉工业发展史上的卓越地位。然而，举债一体化的资金策略也存在隐患，易造成企业资金周转问题，严重的会发生资金链断裂，致使企业陷入危机。

---

① 裕华系统的平均百分比为（39.66% + 85.99% + 92.02% + 88.13%）÷4 = 76.45%，大兴系统的平均百分比为（66.12% + 79.07% + 82.49% + 92.28% + 89.45% + 98.11% + 86.19% + 91.33%）÷8 = 85.63%。《裕华、大兴内部存款占借入资本的比重表（1923～1930 年）》，《裕大华纺织资本集团史料》编写组编《裕大华纺织资本集团史料》，湖北人民出版社，1984，第 62 页。

② 胡毓奇：《民族棉纺织业中一个成功企业——大成纺织染公司的分析》，常州市纺织工业公司编史修志办公室编《常州纺织史料》第十一辑，油印本，1987，第 46 页。

③ 巢福倩：《实业家刘国钧》，中国人民政治协商会议全国委员会文史资料研究委员会编《文史资料选辑》第一〇〇辑，文史资料出版社，1985，第 276～277 页。

④ 国棉一厂厂史办：《大成公司沿革简历》，常州市纺织工业公司编史修志办公室编《常州纺织史料》第十一辑，油印本，1987，第 126 页。

第二节　缫丝业"横连"：无锡兴业制丝公司的区域垄断

兴业制丝公司是无锡多家缫丝厂的联合企业，以薛南溟和薛寿萱父子建立的永泰缫丝厂为核心，虽然仅存在一年时间，但薛氏以永泰公记名义继承，实际上即永泰缫丝集团。该企业以开办茧行为外商在华缫丝厂提供蚕茧原料为起点，走向自营缫丝生产企业。薛氏父子通过前后两次推动横向一体化战略，建立了缫丝生产的横向一体化企业集团，并通过租办的方式实现缫丝厂的联合，进一步扩大了横向一体化的规模，到抗战全面爆发前夕取得了无锡地区缫丝业的区域垄断地位，在当时被誉为"丝业大王"。永泰缫丝集团拥有坚实稳固的原料供应体系和跨国销售公司，成为其实现横向一体化战略的关键。

一　战略发展的两次高潮

永泰缫丝集团由无锡薛氏父子（薛南溟和薛寿萱）创建。薛南溟为晚清早期维新派薛福成之子，早年投入李鸿章幕内，回无锡后主要经营封建地租，后又开办茧行，发现生丝销售有利可图，便在1896年与周舜卿合办上海永泰丝厂，遂涉入工业生产，开启了缫丝生产的横向一体化进程。其子薛寿萱曾留学美国学习管理，1925年回国后便逐步掌握了永泰缫丝集团的控制权，开始实施更庞大的缫丝生产横向一体化战略。因此，在薛氏父子不同的经营方式下，永泰经历了两次横向扩张高潮。

（一）薛南溟时期（1896~1925年）

1896~1925年，在薛南溟的主持下，永泰缫丝集团掀起第一次横向一体化高潮。这一时期的战略环境较为有利。第一次世界大战后，欧美丝业开始把发展重心放在丝织业上，法国和意大利缫丝业未得恢复，欧洲生丝市场大量空缺，而美国丝织业迅速发展，逐渐成为世界生丝消费第一大国。同时，一战后，外国缫丝企业几乎退出中国。这些为永泰缫丝集团的横向一体化战略提供了机遇。一战前永泰缫丝集团已经拥有两座缫丝工厂，一战后的三年间又增加三家。这一时期，永泰为配合横向一体化战略也实施了纵向一体化行为。早在第一座缫丝工厂建成前，薛南溟就已经经营茧行。在集团的缫丝生产单位迅速增加之前，永泰已经拥有茧行十四家，专门提供蚕茧原料。这些茧行成为永泰实施横向一体化战略的基础。整体来看，在茧行纵向供应的配合下，薛南溟时期的永泰缫丝集团横向一体化战略有所展开，但规模并不大。

这一时期，永泰缫丝集团缫丝生产单位的具体实现情况如下。

1896年，薛南溟与周舜卿合伙在上海租地，自建厂房，开办永泰丝厂，预付资金规银5万两，两人具体分派资金数不详。机器设备开始有意大利坐式缫丝车312台，以后陆续增加到532台。开办第二年，因薛氏茧行投机失败，资金周转困难，永泰丝厂连带"搁浅"，周氏退出。此后，薛氏多次将丝厂出租或改由别人经营。1903年，永泰丝厂再次因薛氏茧行投机失败而受到牵连，无奈出售其家族在上海的房地产，凭借这笔资金才渡过难关。此后，薛南溟聘请原上海纶华丝厂总管车出身的徐锦荣为经理，永泰丝厂的生产经营管理才逐步走上正轨。[1]

1912年，永泰租办无锡锡经丝厂，改名锦记丝厂。租办资金1万元，薛南溟占70%，徐锦荣占30%。租办1年后，获利3万余元，以此租办盈利资金将该厂收买，由徐任总经理。租办之初，该厂有丝车180台，收购后增至240台，继而扩充至410台。[2]

1918年，永泰缫丝集团并购无锡隆昌丝厂，并购资金5.2万两，有丝车256台。并购后，永泰并没有把该厂纳入集团内部生产序列，而是出租，至1934年才收回自办。[3]

1918年，永泰缫丝集团在无锡自建永盛丝厂，预付资金5万两，有坐缫车276台。该厂建成后，也没有纳入永泰缫丝生产序列，而是作为

---

[1] 无锡市政协文史资料研究委员会整理《无锡永泰丝厂史料片断》，中国人民政治协商会议江苏省无锡市委员会文史资料研究委员会编《无锡文史资料》第二辑，1981，第52~54页。

[2] 无锡市政协文史资料研究委员会整理《无锡永泰丝厂史料片断》，中国人民政治协商会议江苏省无锡市委员会文史资料研究委员会编《无锡文史资料》第二辑，1981，第55页。

[3] 无锡市政协文史资料研究委员会整理《无锡永泰丝厂史料片断》，中国人民政治协商会议江苏省无锡市委员会文史资料研究委员会编《无锡文史资料》第二辑，1981，第56页；《公私合营前的永泰丝厂》，无锡地方志编纂委员会办公室、无锡县志编纂委员会办公室编《无锡地方资料汇编》第七辑，1986，第90页。

实业厂出租，到 1934 年收回自办。①

1920 年，永泰缫丝集团在无锡自建永吉丝厂，预付资金 4.8 万两，有丝车 240 台。该厂建成后，同样没有纳入永泰缫丝生产序列，多次出租。1932 年，将永吉、永泰盛丝厂合并为一个厂（应即永盛丝厂）。②

在缫丝生产横向一体化战略推进的同时，后向一体化蚕茧供应机构——茧行的配合行为也在进行。

1892 年前，薛南溟已经在无锡四乡产茧地区投资开设茧行。1896 年，上海永泰丝厂成立后，薛氏即开始在北乡的寺头、前站头，南乡的南方泉和城区的日晖桥等地广设茧行。这些茧行规模都很大，每个茧行都拥有三四十副茧灶。至 1912 年租办锦记丝厂前，也就是永泰缫丝集团横向一体化战略展开之前，薛南溟已经自建了 14 家茧行，共拥有茧灶 532 副，具体如下：

永泰隆（日晖桥）、永泰昌（石塘桥）、永泰和（胡埭）、永泰盛（陆区桥）、永泰祥（前站头）、永泰丰（西河头）、公泰隆（寺头）、公泰康（蠡漖）、公永昌（南方泉）、协盛（杨亭）、鸿顺（严埭）、纶和盛（东亭）、公泰祥（东亭）、公泰和（石埭桥）。③

从形式上看，薛南溟时期的永泰缫丝集团通过实施横向一体化战略拥有了 5 个缫丝生产单位和包括 14 家茧行的原料采购群体，具有一定规模。但深入考察后，我们发现这一时期永泰缫丝集团的横向一体化战略存在三个方面的失误。

第一，横向一体化战略的实际效果不佳。虽然永泰拥有了 5 个生

---

① 无锡市政协文史资料研究委员会整理《无锡永泰丝厂史料片断》，中国人民政治协商会议江苏省无锡市委员会文史资料研究委员会编《无锡文史资料》第二辑，1981，第 56 页；《公私合营前的永泰丝厂》，无锡地方志编纂委员会办公室、无锡县志编纂委员会办公室编《无锡地方资料汇编》第七辑，1986，第 90 页。
② 无锡市政协文史资料研究委员会整理《无锡永泰丝厂史料片断》，中国人民政治协商会议江苏省无锡市委员会文史资料研究委员会编《无锡文史资料》第二辑，1981，第 56、59 页。
③ 两处史料略有差别，"史料片断"作"石塘桥"和"公永昌"，"资料选辑"作"石埭桥"和"公泰昌"，有待考证。无锡市政协文史资料研究委员会整理《无锡永泰丝厂史料片断》，中国人民政治协商会议江苏省无锡市委员会文史资料研究委员会编《无锡文史资料》第二辑，1981，第 51 页；高景岳、严学熙编《近代无锡蚕丝业资料选辑》，江苏人民出版社、江苏古籍出版社，1987，第 24 页。

产单位的所有权，但自建的 3 个缫丝厂有 2 个租给外人，并购的 2 个有 1 个出租，所以实际上这一时期永泰生产序列中只有 2 个生产单位，实际的生产规模并不大，另 3 家所属的丝厂通过收取租金获得利益。所以，这一时期永泰缫丝集团横向一体化的实际规模较小，由此带来的规模经济效应也不明显。出现这种情况，很大程度上与薛南溟本人并不善于经营丝厂有关，即使是仅有 2 个在永泰名下进行生产的生产单位——上海永泰丝厂和无锡锦记丝厂，也都主要由徐锦荣经营管理。薛南溟对永泰缫丝集团横向一体化战略认识不足，把眼光局限于少量稳定的租金上，不愿意过多承担经营工厂的辛劳和风险。这种观念限制了集团横向一体化战略的进程，也抑制了横向一体化战略优势的发挥。总之，这一阶段永泰缫丝集团横向一体化战略的实际效果并不理想。

第二，过度后向一体化配合行为削弱了主体横向一体化战略的展开效果。企业集团在大规模横向一体化战略之前应该适当实施供销纵向一体化配合行为。薛南溟在 1912 年租锦记丝厂前便开始了对茧行的后向一体化，但从后来他经营管理茧行的行为来看，薛氏大规模增建茧行的主要目的不是给永泰缫丝生产的横向一体化战略提供稳定充足的原料，而是"试图垄断无锡茧行业"①，控制无锡蚕茧销往上海丝厂的渠道和价格，从中获得暴利。所以，对茧行规模的考虑，不是以配合缫丝生产横向一体化战略为原则，而是以达到垄断为目的。1912 年前薛氏便拥有 14 家茧行，大量资金投至后向一体化的配合行为，应是集团主体缫丝生产横向一体化战略展开不足的原因之一。何况，这些茧行与本集团缫丝生产单位的供需配合关系并不紧密，茧行所收购的大部分蚕茧还是销售至上海的缫丝厂，茧行仍以其本来的商业方式获利。不仅如此，薛氏还多次借此参与蚕茧市场的投机倒卖，1896 年和 1903 年投机失败直接导致了永泰丝厂两次"搁浅"，对集团主体经营产生了极大的冲击。因此，这一时期永泰对茧行的后向一体化供应配合行为，不仅由于过度实施而牵制了主体缫丝生产横向战略的力度，而且对其供应配合作用也不明显。

---

① 高景岳、严学熙编《近代无锡蚕丝业资料选辑》，江苏人民出版社、江苏古籍出版社，1987，第 24 页。

　　第三，纵向一体化配合行为未形成供销联合体系。横向一体化战略，尤其是单一生产的横向一体化，原料供应和产品销售市场的变化对其影响很大。因此，企业往往会将后向整合供应机构和前向整合销售机构结合实施。薛南溟时期，永泰的横向一体化战略不仅得不到后向一体化茧行的实质性配合，而且也缺少前向一体化销售机构的有效配合。在这种情况下，永泰的生丝也如"中国各丝厂的生丝出口，向例通过洋行，受到洋行的种种压制"①。通过洋行销售生丝有三大不利。其一，支付大量中间交易的佣金。缫丝厂生产的生丝至少要通过掮客和洋行才能到达丝绸厂，中间交易需抽取大量佣金。不仅如此，一些蒙蔽、欺压等机会主义行为也会增加交易成本，从而挤压生产厂商的利润。洋行实际上是中国缫丝企业与国外生丝消费客户之间的"蛀虫"②。其二，生丝检验中经受刁难。生丝通过洋行外销，产品的检验基本上以洋行检验为准。在丝市下落时，洋行往往借端向厂方提出苛刻无理的要求，榨取"赔偿"③。即使永。泰打出金双鹿的名牌，仍不免时遭洋行退货。④ 其三，外汇结算中屡遭盘剥。洋行控制了国际汇兑，外汇很不稳定时，洋行便借势盘剥。本来丝厂能够获利，但因外汇涨落不定，以至少赚或不赚。⑤ 在通过洋行外销生丝有诸多不利的情况下，这一时期永泰缫丝集团却没有前向一体化销售机构，而是把大量资金投入过度的后向一体化中，从而未能形成供销纵向配合体系，缫丝生产单位的横向一体化战略得不到有效支持。

① 无锡市政协文史资料研究委员会整理《无锡永泰丝厂史料片断》，中国人民政治协商会议江苏省无锡市委员会文史资料研究委员会编《无锡文史资料》第二辑，1981，第65页。

② 高景岳、严学熙编《近代无锡蚕丝业资料选辑》，江苏人民出版社、江苏古籍出版社，1987，第244页。

③ 无锡市政协文史资料研究委员会整理《无锡永泰丝厂史料片断》，中国人民政治协商会议江苏省无锡市委员会文史资料研究委员会编《无锡文史资料》第二辑，1981，第65页。

④ 无锡市政协文史资料研究委员会整理《无锡永泰丝厂史料片断》，中国人民政治协商会议江苏省无锡市委员会文史资料研究委员会编《无锡文史资料》第二辑，1981，第54页。

⑤ 无锡市政协文史资料研究委员会整理《无锡永泰丝厂史料片断》，中国人民政治协商会议江苏省无锡市委员会文史资料研究委员会编《无锡文史资料》第二辑，1981，第65页。

总之，薛南溟时期永泰缫丝集团的横向一体化战略，应该得到重点发展的主体缫丝生产横向一体化未能有效展开，对销售机构的前向一体化配合行为缺失，而后向一体化茧行的规模过大，且供应配合效果不显。整个企业组织体系是主体不突出，配合不得力，战略力量分配不合理，战略方向不明确，战略态势未能充分形成。后一时期，薛寿萱吸取了其父时期永泰战略失策的教训，果断调整战略部署，使永泰缫丝集团的横向一体化战略取得了显著成就。

（二）薛寿萱时期（1926～1937 年）

1926 年，上海永泰丝厂迁往无锡，这是永泰缫丝集团发展史上的分界点。此前的 1924 年，因薛南溟长子薛育津盲目投资太湖水泥厂，高管徐锦荣撤资退出，永泰为避免受牵连，改为永泰公记丝厂，迁往无锡。这标志着薛南溟时期的永泰结束。1925 年，留学美国学习经济的薛寿萱归国，逐渐参与厂务管理，不久，正式担任永泰及锦记等厂的协理。此后，薛南溟将永泰系统各厂的控制权全部转交于他，不再直接过问厂事。这标志着薛寿萱时期永泰横向一体化战略的开始。

与薛南溟时期相比，这一时期缫丝业的战略环境波动较大，前一时期的有利条件逐渐消失。一战后，世界生丝市场的扩大趋势直至 1929 年前还留有余热，但随后爆发的世界性经济危机对以外销为主的中国缫丝企业极为不利。1933 年危机过后，世界生丝市场需求量才有所回升。在这种波动的市场环境下，薛寿萱以正确的方式推进了横向一体化战略，因而仍能使永泰得到迅速发展。

针对其父时期战略实施方式上的失误，薛寿萱调整了部署，重新组织永泰缫丝集团的一体化体系。首要的是确立缫丝生产单位的主体地位，改变原来将自建缫丝厂出租的做法，收回隆昌和永盛两个外租生产单位，编入集团生产序列，使横向一体化战略真正得到贯彻，横向规模经营效应能够得到充分发挥。此外，继续适当的横向一体化，增加华新和民丰两个缫丝生产单位，对原有五个缫丝生产工厂进行全面革新。最引人注目的是把各厂所有的旧式坐缫车改为先进的立缫车，加强了主体生产部门的能力。然后，重新构建原料供应体系，加强与主体缫丝生产的关系。一方面增加茧行数量至数十家，另一方面为改良蚕种以确保收茧量，深入后向一体化制种场和合作社。在以原料供应为主体的前提下，永泰后向整合资金、人力资源、机械设备供应部门，建立了职工储蓄部、养成所、工艺铁工厂，形成了一个有重点的多项供应群体。同时，前向一体化生丝销售机构，形成了对主体横向缫丝生产一体化的供销纵向配合体系。

在薛寿萱的主持下，永泰缫丝集团横向一体化战略稳步推进。至1934年，由永泰直接控制经营的丝厂有永泰、华新、锦记、永盛、隆昌、民丰六家，全部丝车2400多台，占无锡全部丝车设备的1/5。此后，薛寿萱依托兴业制丝公司，实施了对无锡缫丝厂的大规模横向一体化战略，终使永泰取得了区域垄断地位，成为"丝业大王"。

这一时期，永泰缫丝集团横向缫丝生产各单位的具体实现情况如下。

1930年，薛寿萱兴建华新丝厂，预付资金40万元，来源于集团内部储蓄存款①，拥有立式缫丝车290台。华新丝厂是薛寿萱正式掌管永泰缫丝集团后建成的一个示范性革新企业，其成功的模式被逐步推广到永泰系统其他生产单位，集团的整体生产经营管理水平由此获得显著提高。② 1934年，永泰租办无锡民丰丝厂。③ 民丰丝厂被租办前，装置了520台缫丝车，被称为"模范丝厂"④。1936年，该厂转入兴业制丝公司名下。

更重要的是，永泰缫丝集团通过租办的方式组织了兴业制丝公司⑤，进一步扩大了缫丝生产的横向一体化规模，其最终实现区域垄断亦是基于此。

随着无锡地区丝厂的增多，在原料采购和产品销售方面产生了恶性竞争，对缫丝业整体发展不利。在这种情况下，一个对无锡地区缫丝生

---

① 高景岳、严学熙编《近代无锡蚕丝业资料选辑》，江苏人民出版社、江苏古籍出版社，1987，第338页。

② 高景岳、严学熙编《近代无锡蚕丝业资料选辑》，江苏人民出版社、江苏古籍出版社，1987，第328~329页。

③ 无锡市政协文史资料研究委员会整理《无锡永泰丝厂史料片断》，中国人民政治协商会议江苏省无锡市委员会文史资料研究委员会编《无锡文史资料》第二辑，1981，第68页。

④ 王赓唐、汤可可主编《无锡近代经济史》，学苑出版社，1993，第72~73页。

⑤ 下段有关兴业制丝公司的史实，非经注释者皆出自此三种文献页数范围。高景岳、严学熙编《近代无锡蚕丝业资料选辑》，江苏人民出版社、江苏古籍出版社，1987，第355~359页；无锡市政协文史资料研究委员会整理《无锡永泰丝厂史料片断》，中国人民政治协商会议江苏省无锡市委员会文史资料研究委员会编《无锡文史资料》第二辑，1981，第68~70页；徐新吾主编《中国近代缫丝工业史》，上海人民出版社，1990，第351~352页。

产及其原料采购和产品销售具有控制力的组织呼之欲出。1936年1月，永泰缫丝集团联合无锡有实力的缫丝厂，如乾牲、泰丰、振艺、鼎昌、瑞昌等，组成"兴业制丝股份有限公司"。兴业公司原定资本为100万法元，但实际上只收足25万法元，其中外股不足5万法元。也就是说，永泰集团所占资本达80%多，兴业实际上是"永泰系外围的垄断性组织"。组织兴业公司的目的是：其一，蚕茧统一收购，统一分配，但各参与联合的缫丝企业仍保持独立的经营权；其二，尽可能多地租下无锡其他缫丝企业，由公司统一管理；其三，利用永泰销丝机构联合外销。成立后不久，兴业公司便控制了无锡的绝大多数丝厂，计30余家，而1935年统计，无锡全部丝厂共42家。[1] 为了把资源提供给优质企业，生产经营管理较差的企业公司予以停业关闭，开工的缫丝企业有11家。[2] 这样，兴业公司缫丝生产企业单位包括：薛氏自有的5家丝厂，永泰通过兴业公司控制的11家，王化南的乾昶一厂、二厂及乾星3家，程炳若的乾牲一厂、二厂2家，张子振的泰丰、润康2家，郑海泉的瑞昌一厂、二厂2家。可见，兴业公司实质上是近似于卡特尔的无锡缫丝业区域垄断组织。为了确保庞大生产部门的原料供应，在横向联合的同时，兴业公司还控制了无锡及其周边的大量茧行。由于兴业公司实际控制权在永泰，永泰所获利益越来越大，其他缫丝企业不甘受其控制，矛盾不断激化。1937年6月，兴业公司宣布解散，永泰接下了兴业公司的"衣钵"，把原租办的11家缫丝厂转入永泰名下继续租用，实际上是将这11家企业纳入了永泰缫丝集团的横向一体化范围。此时，永泰缫丝集团所控制的缫丝企业有16家，丝车6674台，日产生丝85担，约占当时无锡生丝日产量的60%。[3]

永泰缫丝集团横向一体化战略的实施情况如表2-5所示。

---

[1] 《1935年无锡丝厂一览表》，高景嶽、严学熙编《近代无锡蚕丝业资料选辑》，江苏人民出版社、江苏古籍出版社，1987，第378~379页。

[2] 这11家丝厂为永昌、民丰、振元、振艺、鼎昌、宝丰、泰孚、永裕、森明、同丰、竞成。无锡市政协文史资料研究委员会整理《无锡永泰丝厂史料片断》，中国人民政治协商会议江苏省无锡市委员会文史资料研究委员会编《无锡文史资料》第二辑，1981，第69页。

[3] 钱耀兴主编《无锡市丝绸工业志》，上海人民出版社，1990，第418页。

表2-5　永泰缫丝集团横向一体化战略概览

系统	厂名	地点	时间	创办方式	资金来源	说明
永泰	永泰	上海	1896年	自建	融资	次年，周舜卿退伙，薛氏独资；1926年迁至无锡
	锦记	无锡	1912年	租办、并购	融资	薛氏投资70%，徐锦荣投资30%
	隆昌	无锡	1918年	并购	独资	薛氏出资5.2万两买进，后出租，1934年收回
	永盛	无锡	1918年	自建	独资	薛氏出资5万两，出租，1934年收回
	永吉	无锡	1920年	自建	独资	薛氏出资4.8万两，1932年与永盛合并
	华新	无锡	1931年	自建	内部储蓄	薛氏出资40万元
	民丰	无锡	1934年	租办	独资	1936年转入兴业公司名下
兴业公司	永昌 民丰 振元 振艺 鼎昌 宝丰 泰孚 永裕 森明 同丰 竞成	无锡	1936年 1937年	租办	融资	兴业公司名为各厂联合企业，实则是永泰系外围的垄断性组织。它以永泰系为中心，并为永泰系对无锡蚕丝事业加强控制而服务。公司实收法币25万元，都是无锡各丝厂资本家以私人名义投资。1937年6月公司结束后，所租十一家工厂全部由永泰以永泰公记名义继续租用

　　资料来源：永泰丝厂，见无锡市政协文史资料研究委员会整理《无锡永泰丝厂史料片断》，中国人民政治协商会议江苏省无锡市委员会文史资料研究委员会编《无锡文史资料》第二辑，1981，第52、57页；锦记丝厂，见无锡市政协文史资料研究委员会整理《无锡永泰丝厂史料片断》，中国人民政治协商会议江苏省无锡市委员会文史资料研究委员会编《无锡文史资料》第二辑，1981，第55页；隆昌、永盛、永吉丝厂，见无锡市政协文史资料研究委员会整理《无锡永泰丝厂史料片断》，中国人民政治协商会议江苏省无锡市委员会文史资料研究委员会编《无锡文史资料》第二辑，1981，第56页，并见《公私合营前的永泰丝厂》，无锡地方志编纂委员会办公室、无锡县志编纂委员会办公室编《无锡地方资料汇编》第七辑，1986，第90页；华新，即华新制丝养成所，名为"养成所"，实际上是丝厂，内部设有培训养成工的养成所，见无锡市政协文史资料研究委员会整理《无锡永泰丝厂史料片断》，中国人民政治协商会议江苏省无锡市委员会文史资料研究委员会编《无锡文史资料》第二辑，1981，第63页；民丰丝厂，见无锡市政协文史资料研究委员会整理《无锡永泰丝厂史料片断》，中国人民政治协商会议江苏省无锡市委员会文史资料研究委员会编《无锡文史资料》第二辑，1981，第67~68页；兴业公司，见无锡市政协文史资料研究委员会整理《无锡永泰丝厂史料片断》，中国人民政治协商

会议江苏省无锡市委员会文史资料研究委员会编《无锡文史资料》第二辑，1981，第68～70页。

与薛南溟时期以自建为主，并出租丝厂的方式不同，薛寿萱时期永泰缫丝集团所增加的十二个缫丝生产单位，除华新外都是以租办的方式实现。正如前文总结荣氏茂新系统横向一体化实现方式时对租办方式的分析，租办可以节省大量预付资金，达到大规模横向一体化的目的。在薛南溟时期，由于最高管理者战略实施的失误，永泰的发展一波三折，到薛寿萱接手时，集团实力并不雄厚。在1926～1934年，薛寿萱并没有实施大规模的横向一体化，而是以调整完善原有的横向战略体系为主。1934年，永泰缫丝集团已初具规模，全部丝车为2400多台，占无锡全部丝车设备的20%。① 但此时缫丝市场饱和，大量缫丝厂间竞争趋于恶化，若继续实施横向一体化战略，以自建的方式是无法完成的，而并购方式又需要大量资金的支持，只有租办的方式，付出少量租金即可在一定时期内控制大量缫丝生产厂，以达到横向一体化的目的。

那么，怎样在短时间内租办大量缫丝厂呢？永泰缫丝集团以企业联合组织的形式作为其横向一体化战略的过渡，即缫丝业的卡特尔组织——兴业制丝股份有限公司，或者可以称为准一体化组织。兴业公司联合了包括永泰在内的6家无锡缫丝企业，名为联合组织，实际上基本由永泰控制。然而，永泰的最终目标不是联合组织，而是以此为跳板向实现最终控制权的横向一体化集团迈进。当然，兴业公司的短暂存在是必要的，因为1934年的永泰尚未有足够的能力控制无锡大部分缫丝厂。通过1936年1月至1937年6月的一年半的时间，永泰利用兴业公司获得了巨大利益，集团实力迅速提升。兴业结束时，永泰系获得纯利达100万元以上，各厂全部流动资金合法币450万元以上，实力已经十分雄厚。② 正因为如此，永泰才能够在兴业公司结束之后即承接租办全部11家缫丝企业。

永泰缫丝集团以租赁的形式通过企业联合组织最终实现了大规模的

---

① 高景嶽、严学熙编《近代无锡蚕丝业资料选辑》，江苏人民出版社、江苏古籍出版社，1987，第355页。

② 无锡市政协文史资料研究委员会整理《无锡永泰丝厂史料片断》，中国人民政治协商会议江苏省无锡市委员会文史资料研究委员会编《无锡文史资料》第二辑，1981，第70页。

横向一体化，居于无锡缫丝业的区域垄断地位。

然而，正如前文所论，租办方式也有其缺陷：与集团所属关系不稳定，不利于长期经营发展。1937年，永泰所属16个生产单位中有11个是租赁关系，以租办方式实现横向一体化的比例超过了2/3。如此高比例的租办行为不利于永泰缫丝集团的长期稳定发展。永泰16厂集团形成后不久抗日战争全面爆发，我们无法得知在正常情况下以租办方式为主形成的横向一体化缫丝集团能走多久。不过，我们可以从抗战全面爆发后薛寿萱的行为窥知一二。抗日战争全面爆发后，薛寿萱抛弃了永泰16家缫丝企业，抽取100多万美元和600多包生丝远赴美国。[1] 薛寿萱为什么能够突然丢下垄断无锡缫丝业的缫丝集团抽资他走呢？这与永泰缫丝集团主要由租办方式建立起来有很大关系。租办是短期的交易行为，租办者不会对企业投入太多资金，一旦有风险可以迅速抽资避开。这样的企业根基不深，很难有更大的成就和长远的发展。尽管战争是一种特殊的风险形式，但我们可以这样说，即使没有战争，永泰缫丝集团前景仍不容乐观。

与薛南溟时期不同，在实施横向一体化战略的同时，薛寿萱时期的永泰缫丝集团建成了纵向供销配合体系。永泰以原料供应和产品销售为主要纵线，建立广泛供应点和辅助服务部门。可见，近代中国民族企业的单一横向一体化战略需与供销纵向一体化的配合行为相结合。

供销纵向一体化配合行为的主体部分是原料供应部门和产品销售部门。

永泰缫丝集团原料供应部门主要包括茧行、制种场和蚕农合作社。

永泰缫丝集团在薛南溟时期就已经拥有14家茧行。1929年前后，永泰自有及承租的茧行有数十家。[2] 薛寿萱"为了扩大原料茧的来源，还于1934年春，到山东、安徽、湖北等地设立收茧机构，收购蚕茧"[3]。据吕焕泰回忆，1936年永泰系各厂控制无锡、江阴、武进、宜兴、金坛

---

① 永泰丝厂厂史编写组编《永泰丝厂发展史（初稿）》，油印本，1958，第19页。

② 无锡市政协文史资料研究委员会整理《无锡永泰丝厂史料片断》，中国人民政治协商会议江苏省无锡市委员会文史资料研究委员会编《无锡文史资料》第二辑，1981，第62页。

③ 王赓唐、冯炬、顾一群：《记无锡著名的六家民族工商业资本》，江苏省政协文史资料委员会编《江苏文史资料集粹·经济卷》，《江苏文史资料》编辑部，1995，第49页。

和溧阳等地的茧行达 632 家。[①] 永泰"丝厂用的茧子绝大部份［分］都是自己开茧行，直接向农民收购"[②]。

1929 年，薛寿萱出资 10 万元，在镇江桥头镇购地 1000 多亩，创办永泰第一制种场，1930 年下半年，又出资 3 万元在无锡钱桥创办永泰第二制种场，接着又由第二制种场拨资 1 万元在无锡荣巷创办第二制种场分场。这些制种场负责培育和改良蚕种，发售给蚕农饲养。据永泰第二蚕种制种场经理潘家槐估算，薛氏先后投资制种场的资金有 30 多万元。[③]

为了便于推广改良蚕种，帮助指导新种的培育，以及控制蚕茧的收购，由永泰蚕事部下属蚕桑指导员训练班的毕业学员下乡帮助组织村镇"蚕农合作社"。该组织有三个主要任务：其一，推销永泰的"永字"牌蚕种，排除其他企业蚕种或土种；其二，保证蚕茧的良好培育；其三，控制原茧，要蚕农把鲜茧出售给永泰系各茧行。该合作社实际上被永泰缫丝集团所控制。[④]

除了整合主要原料供应点，永泰缫丝集团对资金、人力、机械修造业务的供应点也实施了后向一体化战略。

储蓄部门的建立为横向一体化战略的实施提供了资金支持。早在薛南溟时期，永泰的申账房（驻沪办事处）就开始吸收股东、职员及其他亲友的存款，存息月八厘，较当时银行、钱庄的活期存款利息略高。后来，成立聚盛银公司，建独立账房，实为永泰附设的银钱行庄，存款最多时达 100 多万元。薛寿萱时期，永泰缫丝集团战略部署调整和企业改革所用资金以及各企业单位大部分经营周转资金，除向政府或金融机构

---

① "史料片断"称 1936 年"兴业公司控制的茧行共有四百余家"。吕焕泰认为"所谓兴业公司所属各茧行，实际上都在永泰丝厂控制之下"。无锡市政协文史资料研究委员会整理《无锡永泰丝厂史料片断》，中国人民政治协商会议江苏省无锡市委员会文史资料研究委员会编《无锡文史资料》第二辑，1981，第 69 页；高景岳、严学熙《近代无锡蚕丝业资料选辑》，江苏人民出版社、江苏古籍出版社，1987，第 359 页。

② 永泰丝厂厂史编写组编《永泰丝厂发展史（初稿）》，油印本，1958，第 12 页。

③ 无锡市政协文史资料研究委员会整理《无锡永泰丝厂史料片断》，中国人民政治协商会议江苏省无锡市委员会文史资料研究委员会编《无锡文史资料》第二辑，1981，第 60 页；王赓唐、冯炬、顾一群《记无锡著名的六家民族工商业资本》，江苏省政协文史资料委员会编《江苏文史资料集粹·经济卷》，《江苏文史资料》编辑部，1995，第 49 页。

④ 无锡市政协文史资料研究委员会整理《无锡永泰丝厂史料片断》，中国人民政治协商会议江苏省无锡市委员会文史资料研究委员会编《无锡文史资料》第二辑，1981，第 61 页。

借贷外，主要是利用这笔储蓄存款，如建立永泰第一制种场所用 10 万元和华新养成所的 40 万元都是利用储蓄部门的存款。此外，当缫丝生产淡季用款不多时，储蓄部门还向纱厂等企业放款取息。永泰缫丝集团下设的聚盛银公司及职工储蓄部是其横向一体化战略的主要资金来源。然而，企业内部存款所供应的资金数量毕竟有限，通过自建或并购方式迅速横向一体化亦有困难，所以我们也可以理解为什么永泰缫丝集团主要通过租办方式实现对无锡缫丝业的垄断了。①

培训部门的建立为横向一体化战略培养了适应现代生产的工人和职员。薛寿萱主持永泰之初即开设练习班以培养熟练缫丝操作工，并开办指导员训练班，专门训练培养管理车间女工的低级女职员。1930 年，永泰建成正式的职工培训机构养成所，设于永泰丝厂、华新丝厂、永盛丝厂内。华新养成所五六年内培养了熟练女工 3000 多人，永盛养成所在四年里也培养了 2000 人左右。② 永泰缫丝集团对这些培养出来的熟练操作工有一定的专享权，"平时工资所得，须抽十分之一储蓄所内，至满四十元为止，若无故中途休业，其家族或保证人不能依照志愿书及保证书所载履行时，则以此作抵"③，练习生"毕业后就为本企业服务"④。这些人力资源成为支撑永泰缫丝集团横向一体化战略的条件之一。除了生产和管理方面的培训部门，永泰在原料采购方面也由蚕事部举办蚕桑指导员训练班，对蚕种的发售、培育以及蚕茧的收购工作进行控制。⑤

机械修造部门为横向一体化过程中对生产机械的修理和改造工作提供了便利。为配合对旧永泰缫丝集团战略部署的调整和企业革新提供机

---

① 高景嶽、严学熙编《近代无锡蚕丝业资料选辑》，江苏人民出版社、江苏古籍出版社，1987，第 337～338 页。
② 无锡市政协文史资料研究委员会整理《无锡永泰丝厂史料片断》，中国人民政治协商会议江苏省无锡市委员会文史资料研究委员会编《无锡文史资料》第二辑，1981，第 63～64 页。
③ 顾峤若：《无锡工人教育之一瞥》，常州市纺织工业公司编史修志办公室编《常州纺织史料》第八辑，油印本，1986，第 211 页。
④ 高景嶽、严学熙编《近代无锡蚕丝业资料选辑》，江苏人民出版社、江苏古籍出版社，1987，第 334 页。
⑤ 无锡市政协文史资料研究委员会整理《无锡永泰丝厂史料片断》，中国人民政治协商会议江苏省无锡市委员会文史资料研究委员会编《无锡文史资料》第二辑，1981，第 61 页。

械设备的支持，1919 年薛寿萱与陈子宽合伙在无锡东门外亭子桥创办无锡工艺铁工厂，预付资金 2 万元。[①] 无锡工艺铁工厂联合各生产单位的机修部门为永泰缫丝集团的横向一体化战略提供机械设备。1930 年，永泰修机间对日本的千叶式煮蚕机仿制成功，先后在永泰丝厂、锦记丝厂装用。为了减少蚕茧质量的损失，工艺铁工厂研造了"带川三光火热式"烘茧机一台，在寺头公泰隆茧行装置试用，十天十夜可烘鲜茧 4500 担，最高时达 7000 担，效率比土灶大大提高，随后推广至其他主要收茧区茧行。[②]

永泰缫丝集团前向一体化产品销售部门主要是通运生丝贸易公司和纽约永泰公司两个单位。

为摆脱洋行的束缚，1930 年薛寿萱发起组织通运生丝贸易公司，加入的企业有无锡的乾牲、振艺和上海的瑞纶等丝厂，每厂投资 5000 元。该公司的外销生丝以永泰产品为主，约占 80%，但经营一两年后结束。之后，永泰直接派人员赴美国销售。1933 年薛祖康经薛寿萱同意在美国纽约开设永泰公司（Yang Tai & Co. Inc），资金为 5 万元，专办永泰缫丝集团各厂的丝销业务。[③]

此外，一些辅助服务部门的建立也配合了永泰横向一体化战略的实施。1930 年，永泰缫丝集团租用宝丰丝厂，改为鼎记堆栈，同时，薛润培[④]以私人名义购进祝兰芳（洋行买办）的福裕栈，改为永润堆栈。此外，永泰还自设茧栈，具体不详。[⑤] 这些堆栈和茧栈，一方面为永泰缫丝集团各生产单位的原料和成品的转运堆放提供了便利；另一方面，永泰可以

---

① 无锡县政府、无锡市政筹备处编《无锡年鉴》（第一回），无锡县政府、无锡市政筹备处，1930，"工业"第 24 页。

② 无锡市政协文史资料研究委员会整理《无锡永泰丝厂史料片断》，中国人民政治协商会议江苏省无锡市委员会文史资料研究委员会编《无锡文史资料》第二辑，1981，第 59 ~ 60、62 页。

③ 高景嶽、严学熙编《近代无锡蚕丝业资料选辑》，江苏人民出版社、江苏古籍出版社，1987，第 361 ~ 363 页。

④ 薛润培是薛南溟时期永泰缫丝集团的经理，支持薛寿萱的战略调整及改革措施。无锡市政协文史资料研究委员会整理《无锡永泰丝厂史料片断》，中国人民政治协商会议江苏省无锡市委员会文史资料研究委员会编《无锡文史资料》第二辑，1981，第 58 页。

⑤ 高景嶽、严学熙编《近代无锡蚕丝业资料选辑》，江苏人民出版社、江苏古籍出版社，1987，第 338 页。

通过堆栈和茧栈开出的栈单向银行抵押贷款，成为集团获得周转资金的一个重要来源。

永泰缫丝集团配合横向一体化战略实施的纵向一体化行为情况如表2－6所示。

表2－6 永泰缫丝集团纵向一体化配合行为一览

维度	企业/机构/部门	与主体企业的关系	说明
前向	通运生丝贸易公司	推销产品	永泰、乾甡、振艺、瑞纶等丝厂共组，永泰产品约占80%
	纽约永泰公司		永泰缫丝集团独设
	堆栈、茧栈	储存原料、成品	租宝丰丝厂为鼎记堆栈，并购福裕栈改为永润栈，自设茧栈
后向	茧行	原料采购及处理	辛亥革命前夕，薛氏独资开设茧行14家
	永泰第一制种场	改良蚕种	薛氏出资10万元
	永泰第二制种场		薛氏出资3万元，并由二场拨资1万元建二场分场
	蚕农合作社	推销蚕种、控制原茧	由蚕农和当地茧行组成，社长名为选举，实为永泰暗中指定
	培训机构	培训职工	养成所、练习班、制丝和桑蚕指导员训练班
	储蓄部门	提供运营资金	申账房，吸收员工存款，存息8厘，略高于外，后改名聚盛银公司，并自办职工储蓄部
	无锡工艺铁工厂	提供机械修造服务	丝厂的造车改车，茧行改灶等

资料来源：纽约永泰公司、通运生丝贸易公司，见无锡市政协文史资料研究委员会整理《无锡永泰丝厂史料片断》，中国人民政治协商会议江苏省无锡市委员会文史资料研究委员会编《无锡文史资料》第二辑，1981，第65～66页；堆栈、茧栈，见高景岳、严学熙编《近代无锡蚕丝业资料选辑》，江苏人民出版社、江苏古籍出版社，1987，第338页；茧行，同前，第24页；永泰第一、第二种场，见无锡市政协文史资料研究委员会整理《无锡永泰丝厂史料片断》，中国人民政治协商会议江苏省无锡市委员会文史资料研究委员会编《无锡文史资料》第二辑，1981，第60页；蚕农合作社，同前，第61页；培训机构，同前，第61、63～65页；储蓄部门，见高景岳、严学熙编《近代无锡蚕丝业资料选辑》，江苏人民出版社、江苏古籍出版社，1987，第337～338页；无锡工艺铁工厂，见无锡市政协文史资料研究委员会整理《无锡永泰丝厂史料片断》，中国人民政治协商会议江苏省无锡市委员会文史资料研究委员会编《无锡文史资料》第二辑，1981，第59～60页。

二 垄断战略的实施特点

永泰缫丝集团的横向一体化战略之所以比较成功，是因为其供销纵向一体化配合到位。这也是永泰垄断战略实施的两方面特点。

（一）原料供应体系：横向一体化战略的扩张基石

永泰缫丝集团为保障单一横向一体化的生产单位顺利运转，建立了一套原料供应体系。这一体系包括如下单位：茧行、制种场、桑蚕指导员培训班、蚕农合作社、茧栈。其中，茧行的规模化奠定了薛氏永泰缫丝集团"能够左右无锡丝茧业的地位"[1]，制种场负责改良蚕种，直接影响到缫丝生产原料的品质，桑蚕指导员培训班是为蚕种推广和收茧的配套服务培养技术人员的部门，蚕农合作社则是联系茧行和蚕农的中间组织，茧栈负责储存干茧。缫丝的原料为蚕茧，与棉纺织业的原料棉花和面粉业的小麦一样，受自然条件的影响较大。每年的产量也不一，有时波动很大。这就需要储存干茧以确保缫丝生产拥有稳定的原料供应。[2] 可见，从蚕种改良到蚕种推广和养蚕指导服务，再到原茧采购和储存，永泰缫丝生产横向一体化战略的原料供应体系较为完备。

与其他民族企业相比，永泰缫丝集团的原料供应体系有以下四个特点。

第一，永泰控制的茧行在原料采购方面取得了区域垄断优势。1936年，无锡的茧行有2/3是永泰的，以永泰为核心的兴业公司控制了金坛全县的茧行，溧阳茧行的70%，江阴茧行的80%，宜兴茧行的50%，此外，在本省的常州、苏州、南京、淮阴等地，外省如浙江、山东、安徽、广东、湖北等省均有茧行，而兴业公司所属茧行实际上都受永泰的控制。[3] 因此，永泰系茧行在苏南地区的垄断地位是显而易见的。其他民族企业在原料采购方面一体化的情况，如1922年以前荣氏茂、福新系在江苏的常熟、扬州、泰州、姜堰、高邮和安徽蚌埠及山东济宁建立七

---

① 无锡市政协文史资料研究委员会整理《无锡永泰丝厂史料片断》，中国人民政治协商会议江苏省无锡市委员会文史资料研究委员会编《无锡文史资料》第二辑，1981，第52页。

② 无锡市政协文史资料研究委员会整理《无锡永泰丝厂史料片断》，中国人民政治协商会议江苏省无锡市委员会文史资料研究委员会编《无锡文史资料》第二辑，1981，第60~62页。

③ 高景嶽、严学熙编《近代无锡蚕丝业资料选辑》，江苏人民出版社、江苏古籍出版社，1987，第358~359页。

处麦庄，申新三厂在太仓、常熟各分设两处收花处①；无锡唐、蔡系统企业的九丰面粉厂在苏北溱潼、黄桥、姜堰、泰兴等地设立分庄办麦（附设在当地米行内），锦丰丝厂在无锡拥有德仁兴和蔡合昶两座茧行，庆丰系统在长阴沙、太仓、常熟等地设有办花庄口②；上海的永安集团专设负责收购原棉的分庄有南通、海门、汉口、郑州、天津五处③；武汉的裕大华纺织集团以陕西为其原料基地，"下设东西两区，区下设分庄六处"④。这些民族企业在原料供应源方面的一体化行为有一个共同点，即只是据点式地设立一些零星机构，而永泰的茧行系统在苏南区域则成网状分布。无论是数量还是密度，其他民族企业均无法企及。

第二，永泰对原料供应的后向一体化直接靠近原料生产源头。其他民族企业所设原料采购机构，如麦庄、收花处、分庄等，在收购原料时并不直接与原料种植户联系。以荣氏茂、福新系统为例，麦庄通过粮行，再由粮行经过乡行与农民建立交易关系，"厂商所设的麦庄，只以粮行为交易对手，不与乡行或农民直接交易"⑤。与这种间接联系不同，永泰建立了联结茧行与蚕农的机构——蚕农合作社。这一机构直接与蚕农打交道，从而进一步稳定了原料供应。这也是永泰在建立原料供应体系方面较其他民族企业更深入的后向一体化行为。

讨论这两点时我们有必要提及南通大生集团的原料供应体系。其与永泰貌似相同，但却有整合方式上的本质区别。大生集团垄断了南通周边的棉花供应源，但它实现的方式与永泰截然不同。大生通过建立垦牧、盐垦、垦植公司直达原料供应的源头，即直接生产原料来达到对原料供

① 《1922年以前茂、福、申新分设各地的原料采购机构》，上海社会科学院经济研究所编《荣家企业史料（1896～1937年）》上册，上海人民出版社，1962，第97页。
② 黄厚基：《无锡民族资本家唐保谦父子经营工商业简史》，中国人民政治协商会议江苏省无锡市委员会文史资料研究委员会编《无锡文史资料》第四辑，1982，第64、68、74页。
③ 《永纱各埠分庄及代理处一览表（1923～1927年）》，上海市纺织工业局、上海棉纺织工业公司、上海市工商行政管理局永安纺织印染公司史料组编《永安纺织印染公司》，中华书局，1964，第59页。
④ 《裕大华纺织资本集团史料》编写组编《裕大华纺织资本集团史料》，湖北人民出版社，1984，第151页。
⑤ 上海社会科学院经济研究所编《荣家企业史料（1896～1937年）》上册，上海人民出版社，1962，第101页。

应垄断的目的，而永泰只是对原料采购机构——茧行实现了采购垄断，而蚕农合作社则通过向农户推销永泰蚕种并提供技术服务，达到控制原料生产及收购的目的。此垄断非彼垄断，整合方式不同，结果也有所不同。大生式原料供应体系起初也为集团棉纺织生产提供了稳定的原料供应，但后期却成为整个集团的沉重负担，而永泰原料供应体系成为缫丝生产横向一体化战略的基石。

第三，永泰对蚕茧改良的成绩显著。其成功之处有三：其一，建立了专门的改良机构——制种场；其二，取得了改良的显著成果——"永字"牌改良蚕种；其三，通过蚕农合作社，新蚕种实现有效推广养殖。荣氏兄弟早有改良棉种、麦种的想法，但一直没有具体实施。大生集团改良棉种时间较晚，1934年大生一厂才开始推广改良棉种[①]，虽有一定成果，但不如永泰改良蚕茧的成绩显著。

第四，永泰的原料供应体系拥有配套服务机构。桑蚕指导员培训班和蚕农合作社的设立是永泰蚕茧改良取得显著成绩的关键。这两个机构担负了推广改良蚕种和教授种植技术的重要任务，保证了新蚕种普遍而持续的养殖。大生集团在推广改良棉种方面取得了一定成绩，但垦植公司"不能对佃农在经营管理方面给予科学技术上的指导"，甚至公司自身也出现"栽种不得其法，以致造成歉收"的情况。[②] 因此，大生直接整合原料供应源头的一体化战略最终失败。永泰建立起了原料生产的配套服务机构正说明了其在原料供应体系方面一体化建设措施的细致和周全。

最后必须指出的是，此处讨论永泰原料供应体系的特点并对此做出积极的评价，并非认为其他民族企业亦应该如此，也没有否认其他原料供应方式的合理性。一体化战略的成功与否不在于横向规模是否大和纵向程度是否深，而在于是否适应市场环境及自身情况，在于是否能够推动企业长远发展。

（二）跨国外销：横向一体化战略的产品出路

与其他行业的大多数企业不同，永泰缫丝集团建立跨国销售机构与

---

① 《大生系统企业史》编写组编《大生系统企业史》，江苏古籍出版社，1990，第179页。
② 《大生系统企业史》编写组编《大生系统企业史》，江苏古籍出版社，1990，第179~180页。

近代中国缫丝业的特殊情况有关。该行业"欧美资本的主要目的是在中国买到大量高品质的生丝，以适应其国内丝织业的需要。为了达到这一目的，它不惜在中国机器丝厂尚未出现时直接投资设厂生产，也可以当丝厂开办风起云涌之时全身而退，通过控制'厂丝'的出口贸易来保证自己的商业利益"①。换言之，外销是中国缫丝产品的重要出路，而外销的渠道则掌握在外国资本，即洋行手中。为摆脱洋行的束缚，中国民族缫丝企业采取了不同的策略。永泰缫丝集团直接设立跨国外销机构，于1933年在美国纽约开设了纽约永泰公司，专门负责永泰各厂生丝在美国的销售业务，作为自身横向一体化战略的出路。永泰前向整合跨国外售机构以摆脱横向一体化战略过程中外销困难的方式，既需要胆量，又具有创造性。其时，中国缫丝界其他大型企业也都认识到洋行在生丝外销中垄断的危害性，但采取的解决办法却各有不同。

上海莫觞清创立的久成丝厂起初与美国丝绸商罗勃特·兰（Robert Lang）合伙成立兰乐璧洋行，以打开美国生丝销路。之后，莫氏认识到，"缫丝厂制丝外销的命脉完全操纵在洋行手里……一任洋行宰割"对企业发展不利。不过，不同于永泰前向整合销售机构的做法，该企业前向整合丝织生产工序，于1922年建立了美亚织绸厂，把生丝制成成品②，再通过自设发行所③销售至外国。这一战略调整，不仅跨过了控制外销生丝的在华洋行，而且跨过了外国丝织厂，更接近于产品的消费者。

杭州纬成公司是近代浙江规模较大的民族丝绸企业。为摆脱"生丝出口贸易都由洋商操纵"的局面，该公司于1925年在上海成立出口部，1928年改为国外贸易部。④ 不过，在国内设立的外销机构缺少永泰跨国外销机构所拥有的一些优势：第一，接近消费者推销更加便利，可显示出更大的诚意，也可获得一手的顾客信息；第二，进入外国当地商业贸

---

① 王翔：《近代中国工业化初期的三股推力——基于近代缫丝工业的考察》，朱荫贵、戴鞍钢主编《近代中国：经济与社会研究》，复旦大学出版社，2006，第602~603页。
② 徐新吾主编《中国近代缫丝工业史》，上海人民出版社，1990，第193~194页。
③ 美亚在国内自设发行所，既负责内销也负责外销。外销的主要地区为香港、南洋和印度，仍需要依靠南洋客帮和印度洋行帮转销至当地顾客手中。显然，美亚是有利可图的，愿意保持这种交易关系。上海市丝绸进出口公司、上海社会科学院经济研究所编写《近代江南丝织工业史》，上海人民出版社，1991，第303~304、321~324页。
④ 徐新吾主编《中国近代缫丝工业史》，上海人民出版社，1990，第219~220页。

易机构，根据市场行情灵活销售产品。纽约永泰公司"在纽约生丝交易所取得了会员资格，可以直接进入生丝交易所领行情、做买卖"[1]。相比之下，杭州纬成公司在上海的国外贸易部就没有这种便利了。

不难看出，永泰的生丝产品"不通过洋行，由自己直接销售，这在当时我国丝厂中，还只此一家"[2]。永泰缫丝集团建立跨国外销机构有力地支持了横向一体化战略，是其重要的战略特点，也是其横向战略成功的重要保障。

第三节 火柴业"横连"：大中华火柴公司的兼并联合

在近代中国火柴业，外商垄断性企业成为华商企业的强大竞争者，其一方面利用自身优势在中国推行并购战略，在火柴市场对华商企业形成包围之势；另一方面通过跌价倾销，企图压垮民族厂商。而民族火柴企业内部，资本少、技术弱的小厂居多，生产过剩，贬价出售，导致市场无序竞争，加剧了民族企业间的互相倾轧，更无谈与外商争利。在这种情况下，民族火柴业中部分优势厂商决定实施合并战略，组成大型企业，横向扩张，以改变无序的竞争环境，抵御外商垄断性竞争者的进逼。然而，并购战略并未完全达到预期，华商内部及中外企业之间仍需采取联合方式，协定产量及销售范围。

一 外商垄断与华商战略兼并

1925年前，中国火柴业获得了长足的发展，但随后遭受来自外商垄断性企业的强大竞争压力。

瑞典火柴公司是第一次世界大战期间在该国国内形成的火柴行业垄断组织，此后又与英美资本联合，成立英国火柴公司和国际火柴公司，拥有几百家火柴厂和原料工厂，是国际性的火柴"托拉斯"。强势进入

---

[1] 徐新吾主编《中国近代缫丝工业史》，上海人民出版社，1990，第349页。
[2] 无锡市政协文史资料研究委员会整理《无锡永泰丝厂史料片断》，中国人民政治协商会议江苏省无锡市委员会文史资料研究委员会编《无锡文史资料》第二辑，1981，第66页。

中国市场前，该公司早已大致统一欧美市场，并基本控制日本火柴业。①
1925 年 4 月，瑞典火柴公司代表瑞中洋行曾提出以 20 万墨洋购买鸿生火
柴厂，以 40 万墨洋收购苏州和上海燮昌火柴厂，还试图收买上海中华火
柴厂，但均未获成功。② 直接吞并不成，瑞典火柴资本先从外围对民族
火柴企业形成紧逼之势，对在华日本火柴厂的兼并取得了不错的成绩，
1926 年控制了东北的吉林和日清 60% 的股权，随后收买了大连磷寸株式
会社，1928 年又收购了上海、镇江的燧生火柴厂。③

　　大行并购的同时，瑞典火柴资本又通过跌价倾销的手段挤压民族火
柴企业的市场空间。表 1 - 10 显示，1913 年和 1915 年瑞典火柴在华曾有
少量销售，后中断数年，一战结束后瑞典火柴再次进入中国市场，销售
势头突飞猛进，1927 ~ 1930 年达到了顶峰。瑞典、日本和东南亚火柴是
中国进口火柴的主要原产地。1924 年后，瑞典火柴资本已逐步控制了另
两个产地，由此，中国的进口火柴几乎被瑞典资本所垄断。④ 接着，瑞
典火柴实行跌价倾销，企图"一网打尽，使中国火柴厂无立足余地"⑤。
"1929 年下期，东北各厂全数倒闭，广东厂家亦倒闭过半，苏浙皖各厂
虽根基较固，而停业亦及小半。"⑥

　　瑞典垄断性资本在中国火柴市场大肆兼并和倾销，形成垄断之势，
给民族火柴企业制造了巨大的压力。民族火柴厂有必要实施一体化战略，
结成大规模企业，以抵御外商火柴企业的垄断性竞争。对此，鸿生火柴
厂的企业主刘鸿生较早认识到这一点。1928 年，他在告火柴同业书中指
出：瑞典火柴公司"以垄断世界火柴营业为其唯一目的"，规模大，利
润厚，尤胜民族火柴厂，"而其并吞野心则初未因此少戢"，其所产火柴
销量"为数之巨，而尤以长江上游为最盛，虽在穷乡僻壤，亦时有所
见"，在如此"锐厉"的"外货侵略"之势下，民族火柴企业"前途岌
岌，极为可虑"。面对危局，刘鸿生再三思索，认为只有"合并数厂为

---

① 青岛市工商行政管理局史料组编《中国民族火柴工业》，中华书局，1963，第 25 ~ 26 页。
② 上海社会科学院经济研究所编《刘鸿生企业史料（1911 ~ 1931 年）》上册，上海人民
　出版社，1981，第 87 ~ 92 页。
③ 青岛市工商行政管理局史料组编《中国民族火柴工业》，中华书局，1963，第 25 ~ 27 页。
④ 青岛市工商行政管理局史料组编《中国民族火柴工业》，中华书局，1963，第 27 页。
⑤ 《瑞典火柴商之侵略》，《申报》1929 年 6 月 27 日，第 4 张第 14 版。
⑥ 全国经济委员会编《火柴工业报告书》，全国经济委员会，1935，第 3 页。

一，以厚集资力才力，借图竞存"①。民族火柴同业合并战略正是在其一而再地发起推动之下最终实现的，他所创办的鸿生火柴厂则是合并后企业的核心单位。

刘鸿生由英商上海开平矿务局买办起家，鸿生火柴厂是其最早开设的工业企业。1920年，该厂建于苏州，公司合同第四条明确提出"俟营业发达，再于各省设立分厂"②，横向一体化战略的意图非常明确。推动合并战略之前，鸿生火柴厂曾试图以一己之力推进横向扩张。1925年，他与人合伙收购了上海燮昌火柴厂及其苏州分厂，但并未开工生产，而是收纳了燮昌的全部机器、原料及商标，出售上海厂房，赚银20多万两，苏州厂房则归合伙人，并约定该处"永远不作制造火柴之用，以避彼此营业上竞争"③。鸿生火柴厂通过兼并他厂完成了对苏州市场的占领，并于第二年增加资本至50万元，将无限公司改组为有限公司。不过，两年后，挑战者再次出现。1927年苏州开设了一家名为民生的火柴厂。刘鸿生在其附近开设了分厂，名为苏州火柴厂，以便"以小额的产量，最低的售价来搞垮民生厂"。两年不到，民生即倒闭，苏州火柴厂也随之停歇。④鸿生火柴厂以横向扩张的方式挤掉了民生，维持了其独占苏州市场的地位。不过，创办后的十年里，鸿生火柴厂的横向一体化行为仅此而已，并无太大进展。同时，来自瑞典火柴垄断性资本的压力使得其独立推动横向战略更难实现。于是，强强合并成为壮大民族企业和抵御外商逼迫的捷径。

1928年8月，刘鸿生发布告火柴同业书，首次号召同业合并，并附列合并的利益和办法。文件指出了合并的六大利处：一、减少对内竞争，避免同业残杀；二、调剂出产数量，达到供求适合的目的；三、经费通盘筹算，最合经济原则；四、订购大宗原料，节省佣金并可得廉价利益；

---

① 上海社会科学院经济研究所编《刘鸿生企业史料（1911~1931年）》上册，上海人民出版社，1981，第103~104页。

② 上海社会科学院经济研究所编《刘鸿生企业史料（1911~1931年）》上册，上海人民出版社，1981，第77页。

③ 上海社会科学院经济研究所编《刘鸿生企业史料（1911~1931年）》上册，上海人民出版社，1981，第82~84页。

④ 上海社会科学院经济研究所编《刘鸿生企业史料（1911~1931年）》上册，上海人民出版社，1981，第93~94页。

五、便于改良出品，与外货相竞；六、负担力强，便于实行一切改良。
此次提议合并，刘鸿生计划先从荧昌、中华、鸿生三家民族火柴业内的
重要企业开始，之后"其他各厂作第二步进行"。荧昌火柴公司对此积
极响应，其董事会议决赞成，并议定合并大纲在案，还推定了三人为进
行讨论合并的代表。中华火柴公司则认为自己销量不大，亏损不多，并
无合并的紧迫感，而"无甚表示"①。三家企业合并之事就此搁置。

　　之后，瑞典火柴资本"侵略日甚"②。1929 年 1 月 30 日至 6 月 30
日，荧昌、鸿生、中华三厂营业结算"均告亏折"。该年度，江苏省加
入火柴联合会的八家火柴厂中有三家倒闭，一家缩小规模。③ 为挽救民族
火柴工业，全国五十二家火柴厂在上海成立全国火柴同业联合会，并组织
代表团赴南京请求国民政府予以援助，但并无实质性结果。刘鸿生认识到，
"组织全国火柴同业联合会并不能解决当时国产火柴业的危机，只有实行
同业合并，才是惟一的出路"④，遂再起鸿生、荧昌、中华合并之议。

　　1929 年 12 月 27 日，他分别致函荧昌火柴公司董事长乐振葆、总经
理朱子谦和中华火柴公司董事长兼总经理陈伯藩，称，如果火柴同业
"苟非自行团结，本互助合作之精神，组织大规模之公司，实不足以与瑞
商相抗而图自存，前途至堪危险"⑤。在此严峻情势之下，荧昌和中华均
欣然同意合并。1930 年 2 月 8 日，三家公司代表经讨论议决《火柴业荧
昌、鸿生、中华三公司合并大纲》，新公司定名为中国火柴股份有限公司，
1930 年 5 月 17 日改称大中华火柴股份有限公司。合并大纲最核心的一条是
"对于新公司应领股份若干，应以各公司原有资产总值之净数（以后简称
资产净数——即固定资产加入其他资产减去负债总数之结果）为依据"⑥。

---

①　上海社会科学院经济研究所编《刘鸿生企业史料（1911～1931 年）》上册，上海人民
　　出版社，1981，第 104～105 页。
②　《瑞典火柴商之侵略》，《申报》1929 年 6 月 27 日，第 4 张第 14 版。
③　上海社会科学院经济研究所编《刘鸿生企业史料（1911～1931 年）》上册，上海人民
　　出版社，1981，第 109 页。
④　上海社会科学院经济研究所编《刘鸿生企业史料（1911～1931 年）》上册，上海人民
　　出版社，1981，第 127 页。
⑤　上海社会科学院经济研究所编《刘鸿生企业史料（1911～1931 年）》上册，上海人民
　　出版社，1981，第 127 页。
⑥　上海社会科学院经济研究所编《刘鸿生企业史料（1911～1931 年）》上册，上海人民
　　出版社，1981，第 129 页。

原有公司资产总值的估价及认定是各公司利益所在。6月2日，合并问题讨论委员会议决各公司资产净值在原算定数额的基础上，均增加20%。资产升值对股东和高级职员都有利，从而有力推进了三家公司的合并及新公司的组成。最终的资产净值，荧昌为国币860173.876元，鸿生为695095.004元，中华为360075.072元。新公司大中华的注册资本以三家合并公司总资产净值为限，分95504股，每股20元，总资产1910080元。刘鸿生、刘吉生兄弟共占接近30%的股份，刘鸿生在董事会得权最多，任公司总经理一职。①

大中华火柴公司成立之后继续推行横向一体化战略，先后整合5家火柴厂。1930年底，大中华以洋例银229407.2两的标价购得汉口燮昌火柴厂，改名为炎昌厂。1931年，为减少长江上游火柴销售竞争，大中华兼并了九江裕生火柴厂，核定资产为457351.875元，又以6000元收买了扬州耀扬火柴厂，还租办了芜湖大昌火柴厂，每年租金3600元。②1934年，大中华以65万元并进了杭州光华火柴厂。③

以上大中华火柴公司横向一体化战略行为情况亦可以简表2-7呈现。

表 2-7　大中华火柴公司横向一体化战略一览

厂名	地点	时间（创办/并入）	方式	资产或资金	说明
荧昌	上海、镇江	1911 年/1930 年	合并	860173.876 元	原定数额基础上增加 20%
鸿生	苏州	1920 年/1930 年	合并	695095.004 元	原定数额基础上增加 20%
中华	上海	1920 年/1930 年	合并	360075.072 元	原定数额基础上增加 20%
燮昌	汉口	1897 年/1930 年	收购	约合 32.8 万元 *	改名炎昌，开办计划受阻
裕生	九江	1894 年/1931 年	兼并	457351.875 元	并归大中华管理
耀扬	扬州	1920 年/1931 年	收购	6000 元	长期停闭

① 上海社会科学院经济研究所编《刘鸿生企业史料（1911~1931 年）》上册，上海人民出版社，1981，第 133~134、137 页。

② 上海社会科学院经济研究所编《刘鸿生企业史料（1911~1931 年）》上册，上海人民出版社，1981，第 141~143 页。

③ 上海社会科学院经济研究所编《刘鸿生企业史料（1931~1937 年）》中册，上海人民出版社，1981，第 159 页。

续表

厂名	地点	时间（创办/并入）	方式	资产或资金	说明
大昌	芜湖	1920 年/1931 年	租办	3600 元/年	长期停闭
光华	杭州	1910 年/1934 年	兼并	65 万元	

＊ 大中华以 229407.2 两的价格收购爕昌，按法币与规元的单位换算率"规元 1 两合纯银 33.599 公分，银元 1 元含纯银 23.493448 公分，法币 1 元合银元 1 元"计算得来。中国科学院上海经济研究所、上海社会科学院经济研究所编《大隆机器厂的发生发展与改造》，上海人民出版社，1958，第 46 页。

为配合横向一体化战略的实施，大中华火柴公司在上游原料生产及下游产品销售方面也有一些纵向整合的行为。

随着"日益扩充，出品日多"，大中华火柴公司对原料的需求日增，"难免有掣襟见肘之虞"，甚至出现梗枝匮乏的情况，而上海华昌梗片厂"出品未能尽数供给本公司"，导致各厂不得不暂停生产等待。原料受制于人，"所受痛苦，足为明证"。市场交易过程中的不稳定性增加了交易成本，促使了纵向一体化行为的出现。1931 年，大中华在上海浦东东沟镇设立东沟梗片厂，9 月 1 日开工生产，"规模是相当大的"。该厂生产的梗枝不对外出售，专供大中华火柴公司各厂生产所需，资本不单独划分，原料供应及产品的生产和销售均由总公司直接掌控。①

为扩大销售市场，确保销售渠道，稳定销售交易，大中华火柴公司建立了总事务所、分事务所、经销处三级销售组织体系（见表 2 - 8）。

表 2 - 8　1932 年大中华火柴公司推销机构一览

推销机构	所在地
总事务所	上海
分事务所	厦门、汕头、福州、南京、镇江、芜湖、南昌、九江、汉口、苏州
经销处	上海、吴淞、双林、宁波、无锡、常州、海门、如皋、昆山、南通、江阴、丹阳、泰兴、常熟、金坛、溧阳、宜兴、崇明、嘉兴、定海、平湖、湖州、北新镇

资料来源：上海社会科学院经济研究所编《刘鸿生企业史料（1931～1937 年）》中册，上海人民出版社，1981，第 149 页。

---

① 上海社会科学院经济研究所编《刘鸿生企业史料（1911～1931 年）》上册，上海人民出版社，1981，第 144～146 页。

此外，大中华火柴公司还建立准一体化的经销组织，即大中华火柴经销同业联合会，规定会员必须专售大中华的产品，遵照大中华规定之价格，并规定了相应的奖惩办法。[①]

二 兼并战略的实施特点

与其他行业相比，近代中国民族火柴企业受到来自外国资本的竞争压力尤甚。在实施横向一体化战略时，大中华火柴公司采取了强强合并的模式，在实现一体化防御的同时又不得不与外商结成联合组织。

（一）强强合并：横向一体化的战略模式

大中华火柴公司的横向一体化战略，以三家实力较强的民族火柴公司合并为开始，合组了一家新的企业，然后再通过并入、收买、租办等方式最终完成战略的展开。此种强强合并的横向战略模式在近代中国民族企业中较为少见。

由于近代中国民族企业是在没有充分积累的前提下超前推行一体化战略，在战略实施的过程中，尤其是前期，自建生产单位是实现扩张的重要方式，以形成边积累边扩张的效果，往后并购、收买、租办等方式才逐渐增多，而多家强势企业合并为新企业的情况则很少。近代中国较为典型的横向一体化民族企业有棉纺织业中的荣氏申新系统，面粉业中的荣氏茂、福新系统，缫丝业中的永泰集团。从表2-1可以看出，1922年前（包括1922年）申新有4次横向一体化行为，其中自建3次、并购1次，1922年后7次横向一体化行为中，自建2次，并购4次，租办1次。表2-2显示，茂、福新面粉系统的自建次数占比达到了44%，租办为33%，并购为22%。表2-5列出了永泰7家缫丝厂，有4家为自建创立，有2家为并购获得，有1家为租办，并最终以租办方式成立兴业制丝股份有限公司，完成横向一体化战略。民族棉纺织业、面粉业、缫丝业中的典型横向一体化企业在横向扩张中均未出现类似的强强合并方式。

民族火柴企业以合并方式推动横向一体化战略，这与当时的行业环

---

① 上海社会科学院经济研究所编《刘鸿生企业史料（1931~1937年）》中册，上海人民出版社，1981，第149~150页。

境有密切关系。具有垄断态势的外商瑞典火柴资本对民族火柴企业施加了巨大的竞争压力，吞并未成则大肆倾销，迫使民族火柴企业尽快实现横向一体化战略，以起到横向防御作用。而民族火柴企业普遍资本少、技术落后，没有一家企业能够独立实现横向战略，从而独当一面。在刘鸿生的一再倡导之下，华东地区的鸿生、荧昌、中华三家实力较强的民族火柴企业对行业困境和合并利处终于形成共识，合并为大中华火柴公司。

强强合并的方式可以在短时间内形成大规模企业，较自建方式更快捷，满足了民族火柴企业抵御外商垄断性资本进攻的迫切需要；合并后形成新的一体化企业，较租办结成的一体化关系更加稳定，利于进一步的横向扩张；合并方式所需资金不多，较收买方式更节省成本，避开了火柴企业普遍缺乏资本的问题。民族火柴业内一家大型企业的出现，成为外围华洋商联合谈判的实力基础，也是民族火柴企业能够在划分国内市场时掌握主动权的前提。

（二）中外联合：横向一体化的外围战略

在刘鸿生第一次提出同业合并方案未果之后，1929年底全国52家火柴厂在上海成立全国火柴同业联合会，但该组织只是一个松散的企业团体，并不能达到协调生产和分配销售额的目的。1930年，刘鸿生重提旧案，并促成鸿生、荧昌、中华三家火柴企业实现合并。之后两至三年时间，大中华火柴公司的火柴销价较为稳定，获得较好盈利。不过，从表2-9反映的市场占有率来看，大中华并不具备绝对优势，在比重上与大量小厂的总量平分秋色，外资厂比重虽小，总量却也不可小觑，况且其资本雄厚、生产技术水平较高，产品生产成本低，利润率高，并在高级火柴市场上占有优势。随着时间的推移，小厂不断增建，由于其设备简单，管理成本低，往往贬价销售，"形成一股竞争力量"，而国产火柴相互倾轧，导致大中华产销比下降，"徒给帝国主义造成扩大侵略的机会"，外资厂比重在上升。① 合并后的大中华火柴公司仅靠自身的横向兼并、收买、租办方式，无法达到长期维持稳定市场竞争秩序的目的，在一体化范围之外与中外火柴企业的联合成为必然的选择。

---

① 上海社会科学院经济研究所编《刘鸿生企业史料（1931~1937年）》中册，上海人民出版社，1981，第170、172页。

表 2 - 9　1931 年 7 月至 1933 年 6 月苏浙皖地区火柴产销比重分配情况

单位：%

	1931 年 7 月至 1932 年 6 月		1932 年 7 月至 1933 年 6 月	
	产量比	销量比	产量比	销量比
大中华	42.0	46.2	40.3	38.0
其他华厂	44.3	44.2	44.2	43.0
外资厂	13.7	9.6	15.5	19.0

资料来源：《在华外商火柴厂的火柴产销量及其所占比重（1931 年 7 月～1934 年 6 月）》《大中华火柴公司的火柴产量在各区同业中所占的比重（1931.7～1933.6）》《大中华火柴公司的火柴产量在各区同业中所占的比重（1931.7～1933.6）》，上海社会科学院经济研究所编《刘鸿生企业史料（1931～1937 年）》中册，上海人民出版社，1981，第 161、171 页。

　　1935 年 4 月，在试图依靠政府实行火柴统制的计划落空之后，刘鸿生开始筹划火柴同业的联合战略。1935 年 4 月，成立了苏、浙、皖、鄂、赣等省的华商火柴业联合组织，即国产火柴制造同业联合办事处。考虑到在此联合区域内，外资火柴厂上海美光实力雄厚，在华中市场占有一席之地，刘鸿生试图拉拢该企业加入联合组织内，否则"小范围的联营就有被破坏或无法进行的可能"。虽未达成本意，联合办事处仍于1935 年 7 月与"美内团"（上海美光火柴公司和镇江内河贸易公司的简称）签订了合组火柴产销管理委员会的合同，作为对部分省份同业联合战略的补充。[①] 这样，该区域火柴市场的秩序得到控制，火柴销售价格提高，各厂均获利丰厚。

　　不过，联办处的存在具有一定局限性。其一，在短暂获益后不久，联办处出现内部"组织涣散，约束松懈，各自为谋"的现象，联合战略很难长期维持下去。其二，联办处的联合范围仅限于几省，鲁、豫、粤等多省尚未加入，产销控制还不够严密，小厂增设、跌价竞销、业内倾轧的情况仍然在广大的市场范围内存在。其三，国产火柴来自日本火柴的压迫愈显严重，既有在华日厂生产的火柴，也有从日本走私中国的火柴，联办处对此束手无策。[②] 于是，在联办处成立后不久，刘鸿生又开

――――――――――

[①]　上海社会科学院经济研究所编《刘鸿生企业史料（1931～1937 年）》中册，上海人民出版社，1981，第 176、186 页。

[②]　上海社会科学院经济研究所编《刘鸿生企业史料（1931～1937 年）》中册，上海人民出版社，1981，第 190 页。

始推动中日火柴厂的联合战略，以建立更大范围的火柴企业联合组织。1935年7月，中华全国火柴同业联合会与在华日本磷寸同业联合会签订了"火柴统制同意书"，并于1936年1月获得国民政府相关部门批准，同年3月，中华全国火柴产销联营社正式成立，该组织对会员的产销具有一定的约束管理作用。不过，此时联营社尚未取得在美国注册的瑞典资本"美内团"的认可，因其在之前成立的火柴产销管理委员会中享有主导权，并不急于加入新的联合组织，直到1937年，联营社上海分社才与"美内团"在华中区各厂产销比问题上达成协议，组成销售调解委员会。① 至此，刘鸿生极力推动的大中华火柴公司外围联合战略才算告终。

　　大中华火柴公司横向一体化战略态势的保持离不开外围中外火柴厂的联合战略，联合战略与其横向一体化战略互为支撑。这一现象在其他行业民族企业的横向战略中并不明显，即使有名义上的联合组织，其在产销方面也很难起到实质性的制约作用。对联合战略的倚重，一方面，从企业层面看，反映了大中华火柴公司的横向一体化战略的扩张效力不足，对中外厂商的竞争力不够强，才需要外围联合组织的协助；另一方面，从民族层面看，1934年刘鸿生接受采访时还声称：主张合并，"规模既大，实力就厚，那时才能抵抗外来的经济侵掠"②，而实际上大中华横向一体化战略的民族防御效果并不佳，因此事实上，抗日战争全面爆发前三年里他主要是在为中外火柴厂的联合奔走，这也是对外国火柴资本扩张的无奈妥协。

---

① 上海社会科学院经济研究所编《刘鸿生企业史料（1931～1937年）》中册，上海人民出版社，1981，第204～205、212～213、219、223页。
② 家骏：《刘鸿生先生访问记》，《机联会刊》第93期，上海机制国货工厂联合会，1934年4月15日，第21页。

第三章 "纵合"战略：近代民族企业的纵向一体化

近代中国民族企业的纵向一体化战略主要有三种形式。一是纺织染联营，即棉纺织生产纵向链条上纺纱、织布、染色、印花四个环节的一体化经营。色布市场的扩大促使一些纺织厂前向一体化印染生产，而细纱市场交易成本居高，迫使一些染织厂后向一体化纺纱生产。在近代中国民族棉纺织业中，实现纺织染纵向一体化的企业有常州大成纺织染公司、无锡丽新纺织印染整理公司和庆丰纺织漂染公司、上海鸿章纺织染公司等。虽然这些企业都以纺织染联营为战略目标，但却有不同的战略实现路径，由此带来的战略影响也不一样。二是铁棉联营，即棉纺织机器生产单位与其使用部门棉纺织生产单位的一体化经营，代表性企业是光裕营业公司（上海大隆机器厂和苏州苏纶纱厂的合并企业）。所谓的"黄金时代"过后，近代中国民族棉纺织业再也没有重现1920年左右的增长速度，30年代初再次陷入困境，同时也连带阻遏了民族棉纺织机器制造企业的发展，从而促使了铁棉联营战略的产生。光裕营业公司实施的产用纵向一体化战略对棉纺织机器的生产和使用两个部门都产生了积极的影响，但也存在战略弱点。三是产供销联营，即纵向链条上从原料采购到生产，再到销售的纵向一体化，代表性企业是简氏南洋兄弟烟草公司。该企业实施纵向一体化战略的进程伴随着英美烟公司的竞争逼迫。

第一节 纺织染"纵合"：大成和丽新的联营

节省交易成本是实施生产纵向一体化战略的主要动因。近代中国民族染织厂后向一体化纺纱生产以实现纺织染联营为目的的行为既符合一般性的经济规律，也具有特定时代的政治诱因。其时，在中国棉纺织业中，实现纺、织、染、印四道工序联营的全能厂实属寥寥，常州大成纺织染公司和无锡丽新纺织印染整理公司是较为典型的企业。

一　民族染织厂联营纺纱的动因①

近代中国棉纺织企业的研究，以往都集中在纱厂，对染织厂的专门考察较少。近代中国有部分民族染织厂进入了纺纱行业，这一行为是新制度经济学企业理论重点探讨的后向一体化②问题。近代中国细纱市场一直被日纱垄断，频繁发生的抵制日货运动严重影响了细纱交易，而民族纱厂的细纱生产能力又远不能满足染织厂的需求。再者，细纱交易中存在一些一般性问题，亦导致细纱交易成本的上升。为了解决这一问题，民族染织厂采用了多种办法，但只有一些实力较强的企业实现与纺纱联营的办法较为成功。

（一）　细纱交易中存在的问题

抗日战争全面爆发前，中国细纱交易中主要存在三个问题：频繁发生的抵制日货运动对日纱垄断下细纱交易的冲击，民族纱厂细纱产能有限而不敷市场需求，市场交易所得细纱与企业生产衔接的问题。

1. 抗战全面爆发前细纱交易的困境

交易成本范式的开创者科斯认为"一个交易是在企业内组织（用信中的话说就是是否存在一体化），还是由独立的签约者在市场中进行，取决于进行市场交易的成本与在企业内进行交易的成本的比较"③。为了揭示抗战全面爆发前中国部分染织厂后向一体化纺纱生产的动因，我们应考察企业通过市场方式供应棉纱的交易成本情况。

关于近代中国细纱市场，森时彦认为，"沿海地区 1920 年代兴起的近代织布业所需高支细纱，最初是依靠进口日本机纱……1926 年以后，中国细纱市场也开始为上海日资纱厂所垄断"，而民族纱厂"除部分资

---

① 除民族染织厂联营纺纱外，还存在民族纺织厂联营印染生产的情况，但其动因比较简单，即色布市场扩大，色布关税提高，国内中外企业印染设备较少，色布产品利润较高。

② 后向一体化是指企业"进入基本原材料行业"的行为。〔美〕奥利弗·E. 威廉姆森：《资本主义经济制度——论资本签约与市场签约》，段毅才、王伟译，商务印书馆，2002，第 146～147 页。

③ 〔美〕奥利弗·E. 威廉姆森、西德尼·G. 温特编《企业的性质——起源、演变和发展》，姚海鑫、邢源源译，商务印书馆，2009，第 58 页。

金实力较强的企业步日资纱厂后尘转产高支细纱外，'1923 年萧条'后仍继续主要生产粗纱"①。因此，1920 年以后，中国民族染织厂所需的细纱原料主要由日商供应。单纯从企业经营来看，这似乎并不存在问题。然而，上升到国家经济角度，这种交易状况是民族产业发展的问题，尤其是处在近代中国的时局下。

一战后，中国的民族矛盾主要集中到对日方面。1919 年后，作为反抗日本侵略行为的一种形式，抵制日货运动频繁发生。运动在 20 年代平均每两年爆发一次，平均每次持续 7 个月，到了 30 年代则愈演愈烈，1931 年、1932 年、1933 年延续三年。② 这必然会对日商垄断下的细纱市场交易行为产生冲击。

不过，由于运动从发起到高涨有一个过程，冲击给市场交易带来的影响前后表现会有不同。这一现象在持续时间较长的 30 年代初的抵制日货运动中最为明显。

运动兴起之时，日厂细纱的交易开始受到抵制，但其冲击作用不会立刻就波及整个市场。于是，在交易将要但尚未大规模受限的间隙，中间商"深恐此后采购日货不便"，对即将成为稀缺商品的日厂细纱进行"竞买竞囤"，导致市场供不应求，"一时沪市日纱售价大涨，存货走销一空，输运几于不暇供给，现货不足，争及期货"，从而直接抬高了民族染织厂采购原料的价格，使"上海华商反受棉价高昂之累"③。

当运动全面高涨后，大量日货细纱被封存，销售严重受阻。当时，驻沪日本总领事村井在报告中这样写道："其最主要之纺织工厂，虽俱继续开工，而制品销路全绝，运向他埠者仅得二成，棉纱棉布俱已入于休业状态。"④ 由此，公开交易市场出现了细纱产品匮乏的局面。许多使用高级纱支做原料的染织厂"不得不向英国去采购细纱"⑤，无疑大大增加

---

① 〔日〕森时彦：《中国近代棉纺织业史研究》，袁广泉译，社会科学文献出版社，2010，第 376、378 页。
② 《近代中国抵制日货运动次数表》，许金生：《近代上海日资工业史（1884—1937）》，上海世纪出版股份有限公司、学林出版社，2009，第 272 页。
③ 严中平：《中国棉纺织史稿》，科学出版社，1955，第 225 页。
④ 魏友棐：《抵货运动可以保护国内产业》，《钱业月报》第 11 卷第 12 号，1931 年 12 月 15 日，"专论"第 100 页。
⑤ 严中平：《中国棉纺织史稿》，科学出版社，1955，第 232 页。

了原料交易成本。然而，也只是针对高级纱支，民族染织厂才会耗费大量交易成本，远从英国购进。对于用量较大的20支等低级纱支细纱，此种高成本采购方案并不适用。因此，通过公开交易市场，民族染织厂的细纱需求远远无法得到满足。

由此可见，抵制日货运动造成细纱交易困境的集中表现就是公开市场上细纱供应严重不足。对此，早在1919年抵制日货运动中，就已经有民族染织厂的经营者指出来了。当时，上海鸿章染织厂的总经理王伦初，在给华商纱厂联合会的信函中就曾这样说道："自外交问题发生以来，国人合力对外，金以提倡国货为唯一之办法。惟查我中国各布厂有数百家，每日需用四十二支、三十二支细纱有数百件，而各纱厂所出细纱为数甚微，平时悉仰给于外货。"① 这段话隐含的意思是，1919年抵制日货运动阻碍了公开市场的细纱交易活动，而华商纱厂细纱产量很少，无法实现替代，会导致平日依赖日厂细纱的民族染织厂原料供应不足。由于抵制日货是民族大义之下的正义运动，且本意也是反抗日本侵略，保护民族工业，其中的内在客观联系不便明说。为了引起业内注意，鸿章染织厂还在《时报》上连续刊登了类似内容的通告，并要求华商纱厂联合会解决细纱不足的问题。此后，还不断有团体提出了类似的问题及要求。②

对此，华商纱厂也在努力提高纱支数。民族纱厂棉纱的细支化，上海地区在20年代进展甚微，1920年和1929年的平均纱支数分别为16.59和16.77，30年代有一定进步，1932年达到了19.10；其他地区推进十分缓慢，1911年、1917年、1932年的平均纱支数分别为13.14、14.66、15.70；而上海日资纱厂的平均纱支数迅速增加，1920年、1927

---

① 《附鸿章染织厂总理王伦初先生来函（五月初七日）》，《华商纱厂联合会季刊》第1卷第1期，1919年9月20日，第211页。

② 这些团体有余杭农工商学联合会、通崇海泰总商会、无锡布厂公会、武进兴惠公所（森时彦著《中国近代棉纺织业史研究》一书第247页注释99中为"武进公惠公所"，应有误）、友谊学校学生联合会等。《附中华国货维持会来函（六月十五）》《附通崇海泰总商会来函（六月十一日）》《附国货维持会来函（六月十二日）》《附总商会来函（六月十九日）》《附抄江苏武进兴惠公所组织土纱厂意见书》《附总商会来函（七月十七日）》《照录无锡布厂公会致无锡提倡国货事务所函》《附友谊学校学生联合会来函（七月一日）》，《华商纱厂联合会季刊》第1卷第1期，1919年9月20日，第212～217页。

年、1932 年的数值分别为 16.8、21.7、28.9。① 之后，1933~1936 年的趋势是"支数越高，日商的势力也愈有扩张"。华商纱厂"所能完全控制的市场只有占全销量 20% 的粗纱"，日资纱厂在其余 80% 的棉纱销量中"或占 25% 以上而不可轻侮，或占 50% 以上而绝对优势"。因此，抵制日货运动试图把"日商纱厂的产品完全逐出于市场之外，固不可能"，否则"13 支以上之中细级纱便将无以自给"②。这样看来，1937 年前，尽管民族纱厂细支化有所进展，受抵制日货影响，公开交易市场中细纱供应不足的状况没有实质性改观。

从微观企业层面看，以抵制日货导致的政治性细纱供应不足为主要表现的交易困境，严重影响到了民族染织厂的生产经营；从宏观产业层面看，抵制日货实际上暴露了棉纺织业国家产业安全的问题。国家产业安全包括产业生存安全和产业发展安全两方面。以民族纱厂为中心，机制粗纱和细纱为线索，民族棉纺织业可延伸出两条相对分开的产业链，即机纺粗纱生产、传统手织生产、传统印染生产，以及机纺细纱生产、近代织布生产、近代印染生产。前者，民族资本占绝对优势，但却是终将走向没落的部分，而后者则是发展的方向。由于细纱原料依赖日资纱厂，抵制日货运动严重阻碍了公开市场的细纱交易，产业资本循环的购买阶段受到威胁，民族染织业出现了生存安全的问题。尽管做出了努力，棉纱平均支数也有所提高，但相较于竞争对手日资纱厂，民族纱厂没有表现出"产业超越"的趋势，更不用说引领"产品技术含量的提高及新产品的开发"了。由此，民族棉纺织业的产业发展也不安全。③

总之，由于中国细纱市场被日货细纱垄断，在抵制日货运动过程中，

---

① 相关数据见表《1920 年代上海日资纱厂产品高支化趋势》《上海各国纱厂产品平均纱支比较》《民族纱厂产品平均纱支》。〔日〕森时彦：《中国近代棉纺织业史研究》，袁广泉译，社会科学文献出版社，2010，第 277、280~281 页。其中，第三张表中 1932 年上海纱厂和其他地区纱厂的平均纱支数为"19.25"和"15.93"，转引有误，按注释所指原文献的第 34 页并无相关数据，确切数字应为"19.10"和"15.70"。见附录第 3 表《各厂平均支数的计算》，王子建、王镇中编著《七省华商纱厂调查报告》，商务印书馆，1935，"附录"第 3 页。

② 严中平：《中国棉纺织史稿》，科学出版社，1955，第 216 页。

③ "从某种程度上讲，产业安全的核心就是要确保民族产业在一国产业体系中占据主导和控制地位"，"产业安全从内容上可以分为产业生存安全和产业发展安全两个方面"。李孟刚：《产业安全理论研究》，经济科学出版社，2012，第 83、112 页。

大批日货细纱被封存，无论是继续购买日货或进口他国细纱，交易价格都很高；而从 20 世纪二三十年代整个时期来看，由于抵制日货运动及其严厉惩罚行为冲击的频繁发生，细纱的市场交易很不稳定，这种不确定也导致了民族染织厂交易成本的上升。

2. 民族纱厂细纱生产的局限

日纱正常的市场交易行为频繁受阻，本是国产细纱扩大销售的机会。然而，民族纱厂的细纱生产能力不尽如人意。受制于产量和纱支的局限，国纱的交易虽有限存在，却远无法做到对日纱的替代。

1932 年，上海纱厂"多数以 20 支纱为主要出品"[①]，而 1935 年无锡"各厂所纺亦已十六与二十支为多"[②]。1936 年，内地民族棉纺织企业裕华纱厂 3 月份的商品纱中，20 支纱的每 24 小时平均锭产量已占 16.45%。[③] 可见，由于民族纱厂对棉纱细支化的努力，就 20 支纱而言，1932 年以后，民族染织厂可以较为方便地获取国纱。不过，这并不意味着国纱能在此纱支领域完全替代日纱，占领市场。抵制日货运动对民族染织厂进购 20 支纱的影响只是较小，但绝不是没有。

对于 32 支以上细纱，民族纱厂的生产能力就十分薄弱了。1937 年前，能够生产 32 支以上细纱的民族纱厂不多，基本在生产技术相对发达且易于进口美国棉花的上海及其附近地区，主要有申新、永安、大生。申新分别于 1925 年和 1931 年并购了德大（申新五厂）和厚生（申新六厂）纱厂。据其创始人穆藕初称，两厂可纺 32 支和 42 支纱，但产量很少，每日仅 2000 磅，所用原棉均购自美国。[④] 1931 年，申新九厂试制成功 32 支以上细纱[⑤]，产量如何尚不清楚。申新一、八厂，1934 年时有很少的四股线产量，1936 年时在 32 支以上细纱产品领域才形成一定产量

---

① 王子建、王镇中编著《七省华商纱厂调查报告》，商务印书馆，1935，第 36 页。
② 《无锡纺织工业概况调查（续）》，《纺织周刊》第 5 卷第 30 期，1935 年 8 月 2 日，总第 697 页。
③ $1.042 \div (2.42 + 1.602 + 1.27 + 1.042) \times 100\% \approx 16.45\%$。《裕大华纺织资本集团史料》编写组编《裕大华纺织资本集团史料》，湖北人民出版社，1984，第 141 页。
④ 《复朱叔源》，穆湘玥：《藕初五十自述》，商务印书馆，1928，"附刊·藕初文录"（下卷），第 54 页。
⑤ 金声：《申新九厂试织印花坯布》，《纺织周刊》第 1 卷第 14 期，1931 年 7 月 17 日，总第 352 页。

（见表 3 - 1）。

表 3 - 1　申新一、八厂所产棉纱按纱支分配（1929 ~ 1936 年）

（节选 20 支以上部分）

支数	1929 年		1932 年		1934 年		1936 年	
	产量（件）	占比（%）	产量（件）	占比（%）	产量（件）	占比（%）	产量（件）	占比（%）
20 ~ 32 支	4485	14.8	36952	51.6	26969	31.1	45365	51.7
32 支以上	0	0	0	0	0	0	4869	5.5

资料来源：上海社会科学院经济研究所编《荣家企业史料（1896 ~ 1937 年）》上册，上海人民出版社，1962，第 533 页。

永安于 1925 年并购大中华纱厂后有了生产 32 支以上细纱的能力，但产量很少。1930 年，专纺细纱的永纱四厂开工后，产量大大增加。不过，1935 年永安的印染厂建成投产，产能远远超过织布能力，大量自产细纱被织成坯布供其加工，外部销售量应会明显减少。尽管在棉业危机中，1934 年永安 32 ~ 80 支细纱的销售仍能达到最高 27181 件，而印染厂开办后便逐年大幅递减，1935 年为 17925 件，1936 年为 14494 件。[①]

虽然大生在 1927 年时就已生产 42 支细纱，但产量极少，且此后停产三年。1930 年后，大生"棉纱品种逐步向中细支发展"[②]。从 1931 年开始有 32 支和 42 支细纱的生产，但产量仍然较少且有中断（见表 3 - 2）。

表 3 - 2　大生一厂银团经营期间历届售纱数量（节选 20 支纱以上部分）

单位：件（件以下不计）

年份	1927	1928	1929	1930	1931	1932	1933	1934	1935
售纱总数	31717	61943	60389	54430	49618	43649	51937	51960	66705
20 支	430	3618	—	1838	19044	18313	18389	16456	24939
32 支	—	—	—	941	245	—	1	1884
42 支	39	—	—	367	510	580	28	—

资料来源：《大生系统企业史》编写组编《大生系统企业史》，江苏古籍出版社，1990，第236 页。

---

① 上海市纺织工业局、上海棉纺织工业公司、上海市工商行政管理局永安纺织印染公司史料组编《永安纺织印染公司》，中华书局，1964，第 118、144 ~ 145 页。

② 《大生系统企业史》编写组编《大生系统企业史》，江苏古籍出版社，1990，第 238 页。

可见，虽然申新、永安、大生三家纱厂在 20 年代中期就有生产 32 支以上细纱的记录，但形成一定产量都要到 30 年代，而且市场投放情况仍有差别，申新形成一定产量较晚，永安自用一部分产量，大生产量少且很不稳定。1935 年，无锡地区"三十二支、四十支纱，申新、庆丰、广勤等厂间亦纺制，然除应外埠或染织厂定纺外，殊不常见"①。可见，抗战全面爆发前，即使在棉纺织业较为发达的上海和苏南地区，民族纱厂 32 支以上细纱的市场销售量也有限，非主力产品。

1919 年抵制日货运动时，面对细纱交易的困境，上海鸿章染织厂总经理王伦初曾寄希望于民族纱厂增加细纱产量。他说："今既提倡国货，须从根本着想。是不得不有望于吾中国各纱厂捐弃私利，共谋公益，推广细纱出数，以应全国各布厂之求。"② 然而，"捐弃私利"需要面对现实存在的问题和困难。第一，华商纱厂的主打产品粗纱所面向的传统手工织业市场尚有较大的需求总量，且缩减进程缓慢。民族纱厂和日资纱厂分别占据粗纱和细纱市场，"各得其所的垂直关系，对于民族纱厂来说，要取得发展自然无望，却有利于维持现状"③。第二，本土棉花纤维粗短且不易纺制细纱，需从外国进口原棉，增加了细纱生产的困难。第三，从事细纱生产需要更新或改进设备，足够的资金支持是一大难题，"中国纱厂因限于资力及人力，颇不多获随时改良，自甘落伍"④。第四，面临与已处于垄断地位的先进日资纱厂的竞争风险，大部分中小型民族纱厂望而却步。因此，十几年过去了，民族纱厂所产棉纱平均支数虽有所提高，20 支纱增量明显（也仅限于上海、无锡等地的纱厂），32 支以上细纱产量仍然很少。

3. 市场细纱与企业生产衔接的问题

近代中国民族染织厂通过市场交易所得的细纱，在品质和规格上存在一些问题，导致不能很好地与企业生产衔接，从而增加交易成本，促

① 《无锡纺织工业概况调查（续）》，《纺织周刊》第 5 卷第 30 期，1935 年 8 月 2 日，总第 697 页。

② 《附鸿章染织厂总理王伦初先生来函（五月初七日）》，《华商纱厂联合会季刊》第 1 卷第 1 期，1919 年 1 月，第 211 页。

③ 〔日〕森时彦：《中国近代棉纺织业史研究》，袁广泉译，社会科学文献出版社，2010，第 282 页。

④ 戴文伯：《整理旧厂时改造纺机之意见》，《纺织年刊》，中国纺织学会，1935，第 9 页。

使其后向一体化纺纱生产。

近代中国棉纺织技术专家及管理者张一枝先生在《整染厂与我国纺织业之关系》一文中指出：

> 织细布所用细纱，如 20'ˢ、32'ˢ、40'ˢ、42/2'ˢ、60/2'ˢ、80/2'ˢ 等是也。我国纱厂之纺该项纱线者，殊属寥寥，纵有出品，亦不敷用。于是，不得不采取国外货品。所沽之纱线，如系一厂者，织染之际，困难尚少，如系数厂者，因各厂用棉成分不同，纱线捻度各异。倘混而用之，织成之布染色之后有深浅不匀之弊。倘分而用之，准备之时，手续麻烦，工作不便，有管理困难之苦。故织染工厂有添设纱厂之必要也。①

可见，由于民族纱厂细纱产量"不敷用"，民族染织厂往往用外国货品满足需求。多厂所产细纱在品质和规格方面难免不一致，若混合使用，织出的棉布经染色后会"有深浅不匀之弊"，若分开使用，需进行繁重的前期处理工作，由此产生的成本会进一步增加整个细纱交易费用，成为促使染织厂后向一体化的动因之一。大成纺织染厂曾遇到过类似的问题。大成二厂"规模扩大后，坯布需要量日益增加，向南通等地购进坯布，成本既大，规格亦不能统一"②。这里虽然指的是坯布，棉纱亦是同样道理，且坯布规格不统一与原料细纱应有一定关系。这一问题促使大成决定创建大成三厂，增加自制细纱及坯布的产能。

不仅从多厂采购产品存在规格不统一的问题，即使是一厂"所纺之纱，其捻度、拉力、格令能否适用纱者之需要，必俟用者之源源供献意见，而后始能加以校正"③。染织厂对棉纱品质和规格的要求并非与纱厂一次传达便能完结，需要交易双方进行多次沟通协调、校正设备、调制样品等工作，尤其与技术较落后、设备较陈旧的民族纱厂之间的交易，

① 张一枝：《整染厂与我国纺织业之关系》，《纺织年刊》，中国纺织学会，1931，"论文"第16页。
② 巢福偕：《实业家刘国钧》，中国人民政治协商会议全国委员会文史资料研究委员会编《文史资料选辑》第一〇〇辑，文史资料出版社，1985，第274页。
③ 国棉一厂厂史办：《大成公司沿革简历》，常州市纺织工业公司编史修志办公室编《常州纺织史料》第十一辑，油印本，1987，第127页。

实现交易所付出的成本会更多。

　　某些特殊品质和规格的棉纱非纱厂的主打产品，企业需要另外耗费一定资源才能生产。然而，出于自身利益的考虑，纱厂并不一定愿意做出相关的投入，因而不予生产，民族染织厂也就很难通过市场交易满足需求。一些冷门纱支，如23支、34支纱，市场需求量很小，纱厂不愿意专门进行生产。不过，对染织厂而言，纱支数的多样化有助于增加坯布产品的多样性，进而有助于最终花色布产品的多样化，这正是其所追求的。1936年，丽新董事会报告提到："自纺纱织布，成本减轻，而以前购买他厂棉纱时所不能仿造者，均能次第制造，解除困难不少。"①

　　纱厂对棉花原料中杂质处理不尽，民族染织厂采购如此原棉制成棉纱布用于印染，会影响花色布的品质。印染技术专家屠敬白在《纺织工程之良否对于漂染上之关系》一文中提到：

　　　　由生产地所收获之棉实，其中含之杂质，如种子、叶、草、皮、沙、尘埃等，约占百分之五十至七十之多……切实将杂物除净。否则，其后所纺之纱，织成织物后，布面即现杂色之细斑。虽煮炼时能除去一部分，然其中之矿物性色质，如石砂等仍非药力所能净及。如此所染成之布，其表面即有杂色之细点，不克获精良之结果矣。②

　　由于市场交易的双方相对独立，纱厂未必能充分考虑到染织厂染色生产的要求，在棉花杂质处理上稍有马虎，产出的棉纱或坯布存在的问题可能并不很明显，但对染色后色布产品的品质却有很大影响。为避免这一问题，染织厂可以后向一体化纺纱生产，从而便于加强原棉杂质的处理工作。

　　当然，近代中国不稳定的政治经济环境增加了染织厂细纱市场交易的不确定性，亦成为其后向一体化纺纱生产的原因。1932年"一·二八"事变期间，交通梗阻，上海棉纱一时不能运至无锡，制造了原料恐慌，幸而

---

　　① 无锡国棉三厂编史组：《三十年代的无锡丽新厂》，中国人民政治协商会议江苏省委员会文史资料研究委员会编《江苏文史资料选辑》第十一辑，江苏人民出版社，1983，第111～112页。
　　② 屠敬白：《纺织工程之良否对于漂染上之关系》，《纺织周刊》第5卷第6期，1935年2月16日，第173页（每卷统一编页）。

丽新设有纺部而未受波及。1936年市场纱贵布贱，布厂遭到打击，丽新亦幸自纺细纱，较购进的原棉价格低廉，因而仍能得利不小。① 大成纱厂的刘国钧在多年的经营实践中认识到："织而不纺，染而不织，一遇交通阻滞或市场波动，原物料即有中断之虞，而生产势将被迫停顿。"②

（二）民族染织厂的应对措施

其时，中国细纱交易市场的三大问题，从性质上看，分别属于时代性政治问题、产业性结构问题、交易性衔接问题。前两者共同促发了政治性交易困境，后者相对独立，实则是技术性交易问题。民族染织厂主要需要应对的是前者，当然，后者亦需解决。

抵制日货期间，日厂细纱的公开交易被禁止，但细纱需求市场仍旧存在。在国纱无法做到替代的情况下，作为营利性组织的民族染织厂本能地优先考虑经营利益，尤其是生存底线，而暂时搁置民族大义。"日资纱厂的产品，冒充国货是极其容易的事"③，民族染织厂以非正常交易方式直接（从在华日厂）或间接（通过中间商）获取贴牌日纱，成为较为普遍的选择。

尽管如此，这并不能从根本上解决民族染织厂细纱原料供应不足的问题，尤其是对于集中了中国民族染织业先进生产力的大型染织厂来说。④

---

① 无锡国棉三厂编史组：《三十年代的无锡丽新厂》，中国人民政治协商会议江苏省委员会文史资料研究委员会编《江苏文史资料选辑》第十一辑，江苏人民出版社，1983，第111页。

② 国棉一厂厂史办：《大成公司沿革简历》，常州市纺织工业公司编史修志办公室编《常州纺织史料》第十一辑，油印本，1987，第122页。

③ 〔日〕森时彦：《中国近代棉纺织业史研究》，袁广泉译，社会科学文献出版社，2010，第230页。

④ 上海民族染织厂的资本规模情况为5万元以下的厂要占总额5/6，其余为1/6，而以5万~10万元者占多数，20万~30万元者次之，30万元以上者仅7家，也基本反映了全国的情况。（陈真编《中国近代工业史资料》第四辑《中国工业的特点、资本、结构和工业中各行业概况》，生活·读书·新知三联书店，1961，第322页）个别规模更大的民族染织厂，如刘国钧准备购买大纶久记纱厂时广益染织厂的资本为50万元，丽新染织厂、上海染织厂、达丰染织厂在增设纺纱部门前都至少有资本60万元。（常州东风印染厂厂志纂办公室编《常州东风印染厂厂志》，铅印本，1988，第2页；无锡国棉三厂编史组：《三十年代的无锡丽新厂》，中国人民政治协商会议江苏省委员会文史资料研究委员会编《江苏文史资料选辑》第十一辑，江苏人民出版社，1983，第110页；张宪文、方庆秋、黄美真主编《中华民国史大辞典》，江苏古籍出版社，2001，第95页；中国近代纺织史编委会编著《中国近代纺织史》下卷，中国纺织出版社，1997，第289页）因此，从当时民族染织厂整体资本水平来看，30万元以下的可以认为是中小企业，30万元以上的可以认为是较大规模企业，而50万元以上的可以认为是大型企业。

无锡丽新染织厂经常在抵制日货期间"趁日货卖不掉的时候，大量购买折价的日本棉纱和坯布"。不过，由于这种行为有悖于民族大义，而且丽新企业主还担任"抵制日货委员会副主任委员"，交易只能暗中进行，数量自然不能太大，以免引人注意。1930年一年内，丽新买进了1000多匹日本布匹，而1929年其色布日产量就达到了1000余匹，30年代日产量则有3000~5000匹之多。[①] 同作为原料的细纱也是类似的情况。由此可见，非正常原料交易量对于中小型民族染织厂来说可以在一定程度上敷用，但对于像丽新这样的大型民族染织厂来说实在是杯水车薪。此外，由于交易的非法性和弃义性，一旦败露，无论是货物没收带来的经济损失，还是不顾民族大义造成的名誉败坏，都是民族染织厂，尤其是被关注较多的大型民族染织企业所难以承受的。

民族染织厂的困境也逐渐被反日组织认识到。1928年，反抗日军暴行委员会考虑到"染织业所用日货细纱，本国会绝少替代，为织袜各厂必需原料，平日用额甚巨"，便与染织业公会协商，确定了一种兼顾经营利益和民族大义的折中交易办法。民族染织厂可以继续购进在华日厂的细纱，但每件细纱需"征收救国基金银十两"。该款项另存金城银行，由反日组织会同染织业代表妥为保管，目的是"转备开办细纱制造厂之资本"。从理论上看，这种折中反日诉求和企业利益的交易办法似乎是"一劳永逸，久远抵制之绝妙方法"[②]。然而，实际效果并不理想。抽取基金无疑增加了企业负担，而细纱厂又迟迟无法建成。

民族染织厂也尝试过主动与华商纱厂建立供需合作关系。1931年，常州广益染织厂企业主刘国钧偕同布厂同业诸永生等与上海申新总公司接洽，要求"纺制廿支经纱，供给常厂需用，以抵制日货"。申新总经理荣宗敬积极支持，双方签订了总量为3万件20支细纱的试用合约。申新公司决定由设备较新的申新五厂代纺，但"因原料关系，纺出的纱，拉力不足，无法应用"，而其他上海申新各厂"即知难而退"。后便转由无锡

---

① 无锡国棉三厂编史组：《三十年代的无锡丽新厂》，中国人民政治协商会议江苏省委员会文史资料研究委员会编《江苏文史资料选辑》第十一辑，江苏人民出版社，1983，第110、114~115页。

② 《上海细纱厂设计委员会记录》，《银行月刊》第8卷第8号，1928年8月，"国内经济"第82页。

申新三厂承纺。经过双方两个月的共同研究改进，终于纺制成功。棉纱"拉力可达七十以上，与日纱相比，毫无逊色，而且纱的长度，还比日纱为优"。该产品被命名为"特别好做"牌，"专供常州织厂所用"①。这样，常州染织厂与无锡申新三厂结成了原料供需的战略合作关系。这也是民族染织厂与纱厂能够建立长期稳定细纱供应关系的少有成功案例。

不过，值得注意的是，常州染织厂与申新纱厂成功交易的是 20 支细纱。对于 32 支以上的细纱，民族纱厂的生产能力就十分薄弱了。于是，出于自身生产成本的考虑，有些纱厂宁愿放弃交易。1935 年，常州大成纺织染厂拟向苏州苏纶纱厂定购斜纹布 30 匹。苏纶纱厂工作人员发现"大成欲定织之斜纹，中社纺织不甚便利，尤以纡纱不能照本厂所纺之纱支相合，须另改纺"。于是，该厂人员决定："惟改纺对于本厂工作上有无损害。倘无损害，着即在本厂开织。否则即行呈报俾与大成接洽取消。"② 尽管生产号信中未提及这批斜纹布所需棉纱的支数，不过 1935 年苏纶纱厂棉纱产品主要有 10 支、16 支、20 支、32 支③，由此我们可以推断，纱支数应该在 32 支以上。翌年，汉阳染织企业有意请上海永安纱厂生产 60 支和 80 支细纱，且再经烧毛工序。为了保证产品质量，永安需先生产 5 件让其试验，如果合格才大批量购进。该厂自知"事颇烦琐，兼且手续烦复，诚恐该厂未允所请，昧然拒绝"，特地通过汉阳工业会函请上海市国产厂商联合会与永安纱厂进行疏通。④ 可见民族染织厂与纱厂在 32 支以上细纱产品方面的交易之难。

因此，尽管民族染织厂与华商纱厂建立细纱供应合作关系的愿望十分强烈，除 20 支低支细纱有成功合作的案例外，大量高支细纱的长期合作交易却很难形成。出于自身经营利益的考虑，华商纱厂对棉纱生产的细支化并没有作为需求者的民族染织厂那么迫切。不仅如此，抵制日货使日纱不能在公开市场交易，少量国产细纱的价格被抬高，反使民族染

① 章百熙：《常州布厂业同申新纱厂紧密合作的历史》，常州市纺织工业局编修志办公室编《常州纺织史料》第一辑，油印本，1982，第 127 页。

② 苏纶纱厂：《苏纶纺织厂苏厂号信初稿（一）》（1935 年），苏州市档案馆，档案号：I33—001—0053，第 48、50 页。

③ 徐仁官：《苏纶纱厂纪略》，江苏省政协文史资料委员会编《江苏文史资料集粹·经济卷》，《江苏文史资料》编辑部，1995，第 75 页。

④ 《国产厂联会请永安纺细纱》，《纺织时报》第 1190 号，1935 年 6 月 6 日，第 1 版。

织厂受累，并对此十分不满。1931 年，无锡布厂同业公会就曾向上海市商会去函抱怨，"本国各纱厂，每借反日运动，高抬物价，使国货成本加重，致不克与外货相竞争"，并责难华商纱厂"显系利用机会，任意贸利，而实际则使国货成本加重，无异加以摧残"①。

在种种办法均无法有效解决细纱交易问题的情况下，一些有实力的民族染织厂通过自主联营纺纱生产的方式实现细纱原料自产自供。如此，染织厂不仅可以避免政治性交易困境的不利影响，还可以减轻市场的技术性交易问题，通过企业指令加强上下游生产的衔接。相较于单一业务企业，纺织染联营企业获得了一种纵向一体化的组织优势。这些是部分民族染织厂后向一体化纺纱生产的重要动因。蒋乃镛在《中国纺织染业概论》一书中这样评价纺织染联营的战略：

> 盖此等工厂，常有连环之特性，如将轧光，纺织、漂染、印整各部门成一大公司，在经济学上极为合理，而能独立经营。此种纵的方面联合之"联系组织"（Integration）……有强大力量与他厂及外货竞争。同时在营业方面，又可彼此补救亏损。②

事实上，1919 年抵制日货运动后，已有两家上海民族染织厂率先整合了细纱生产。鸿章染织厂于 1921 年增加股本，新建纺纱部，改名为鸿章纺织染厂，到抗战全面爆发前有纱锭接近 2.5 万枚。③ 1921 年底，达丰染织厂与其创办的振泰纱厂正式合并，实现了棉纺织漂染生产和经营的"统一调度"，拥有 2.5 万枚纱锭。④ 30 年代初，高涨的抵制日货运动再次凸显了细纱交易的困境，又有三家民族染织厂实现了与细纱生产的联营。无锡丽新染织厂于 1931 年增设纱锭 3 万枚（实开 1.6 万余枚），

---

① 《无锡织布业请添纺细纱》，《纺织周刊》第 1 卷第 17 期，1931 年 8 月 7 日，总第 435 页。

② 蒋乃镛：《中国纺织染业概论》，中华书局，1946，第 16～17 页。

③ 石干：《创办实业的先驱者——郭子彬、郑培之与鸿裕、鸿章两厂》，周晓主编《潮人先辈在上海》，艺苑出版社，2001，第 171 页；张宪文、方庆秋、黄美真主编《中华民国史大辞典》，江苏古籍出版社，2001，第 1689 页。

④ 中国近代纺织史编委会编著《中国近代纺织史》下卷，中国纺织出版社，1997，第 290 页。

到抗战全面爆发前夕已拥有纱锭 4 万余枚。① 1930 年，常州刘国钧用广益染织厂的盈利与人合伙购买下大纶久记纺织厂，改组为大成纺织染厂。1932 年，广益正式并入大成，完成联营。此后，大成厂又多次扩大棉纱生产的规模，抗战全面爆发前已有纱锭接近 8 万枚（大成一厂 20500 枚，大成三厂 32000 枚，大成四厂 26336 枚，共 78836 枚）。② 1933 年左右，上海印染厂从钱庄借款购置细纱生产设备，设立纺纱部，改名为上海纺织印染公司，抗战全面爆发前有精纺机 1.5 万余锭。③ 五家民族染织厂实现联营的方式主要有两种：一种是直接购买设备以及建造基础设施创建细纱生产部门，也是主要的方式；另外一种是并购生产粗纱的民族纱厂，然后逐步改造和添置细纱生产设备，使之具备生产细纱的能力。从实际情况来看，无论哪种方式都需要至少几十万元的资本投入，而就当时中国民族染织厂整体资本水平而言，有实力实施联营的企业并不多。1933 年，实业部调查结果称，"有纺织漂染四工作，一厂均营者，如上海鸿章，但为数甚少云"④。

综上所述，抗战全面爆发前中国的细纱交易困境客观上是由抵制日货运动引起，但根源还在于民族棉纺织业自身的发展问题。一战后，"凡一国纺织业之进步，必自粗纱而渐及于细纱"⑤。实施生产纵向一体化战略是民族染织厂的积极应对行动，具有重要的意义。在解决细纱问题上，作为需求方的民族染织厂有着企业运营本能的积极性，它们联合起来主动与华商纱厂接洽细纱生产及交易；而有实力者则联营纺纱生产，实现

---

① 周宏佑：《丽新纺织印染整理公司简介》，中国近代纺织史编辑委员会编《中国近代纺织史研究资料汇编》第 17 辑，中国近代纺织史编辑委员会，1992，第 34 页；尤兴宝、吴继良：《无锡纺织工业发展简史》，中国人民政治协商会议江苏省无锡市委员会文史资料研究委员会编《无锡文史资料》第十二辑，1985，第 76 页。

② 《大成公司对书面调查的答复》，常州市纺织工业局修史修志办公室编《常州纺织史料》第一辑，油印本，1982，第 165 页；高进勇主编《常州国棉一厂志（1916～1990）》，江苏人民出版社，1995，第 53～55 页。

③ 李惠民：《章荣初的创业之路》，中国人民政治协商会议浙江省湖州市委员会文史资料委员会编《湖州文史》第八辑《工商史料专辑》，1990，第 30 页；寄涯：《厂商调查：上海纺织印染厂》，《企业周刊》第 1 卷第 11 期，1943 年 3 月 24 日，第 7 页。

④ 实业部国际贸易局编纂《中国实业志·江苏省》，实业部国际贸易局，1933，"第八编工业"第 39 页。

⑤ 陶平叔：《论染织与棉纺》，《华商纱厂联合会季刊》第 4 卷第 1 期，1931 年 1 月，第 10 页。

细纱自供。这些积极应对行动，有利于加快因束缚于粗纱市场而进展缓慢的国产棉纱的细支化步伐，推动近代中国纺纱生产技术的进步，对近代中国棉纺织业的发展起到了积极作用；有利于打破 1926 年以来细纱市场为日资纱厂垄断的局面，支持 30 年代兴起的中国民族机器印染业的发展，使民族染织厂有足够的底气与日资企业在这一领域竞争，抢占国内染色印花布市场空缺①；从长远趋势看，甚至将有助于逐渐改变日资企业占上风的中国棉纺织业格局，夺回行业主导权。民族产业的发展基于民族企业的经营行为。由此可见，新兴行业中民族企业的联合及其与产业链上下游相关企业的紧密合作，可以促进整个民族产业的发展；单个有实力的民族企业对产业链上下游业务的联营，是优势力量在民族产业内的扩张，可以增强与外资企业的竞争力，维护国家产业安全。

二　生产纵向战略的选择及进程

20 世纪 20 年代开始，中国棉纺织业战略环境发生变化，机器棉纺织业的进入障碍加大，棉纺织原料和产品市场空间狭小，后进入的棉纺织企业面临巨大的生存压力，实施棉纺织生产的横向一体化战略，走规模化经营道路已是困难重重。不过，这一时期战略环境也并非毫无生存的空间和发展的机遇。棉纺织生产纵向链条中游织布生产的市场相对纺纱生产较为宽松，下游印染生产的市场空间还有待拓展，为棉纺织企业沿棉纺织生产纵向链条向下游或上游延伸提供了条件。事实上，20 世纪 20 年代后半期开始，近代中国民族棉纺织企业的一体化从横向向纵向转变。1930 年以后，横向一体化行为次数较以前大为减少，而纵向一体化行为次数大大超过横向行为。

实施生产纵向一体化战略的典型企业是常州的大成纺织染公司和无锡的丽新纺织印染整理公司。二者实施的生产纵向一体化战略十分相似，基本经过了三个阶段，即以织布生产作为纵向一体化战略的突破口，然

---

① 1930 年修订关税之后，"各类棉布的进口税率都有提高，到了 1936 年，其提高程度自三倍余以至四倍余不等，而尤以漂白染色与印花两类为多"，"各类棉布之进口量亦随而锐减，亦以漂白染色与印花两类为最"，致使花色布市场形成巨大空缺，"尤其是漂染印花等整理部门，与织针业更能获利"，从而促使了国内机器印染业的兴起。严中平：《中国棉纺织史稿》，科学出版社，1955，第 234 页。

后以此为基点，先向纵向生产链条下游延伸，至一体化染色生产；再沿纵向生产链条向上游伸展，至一体化纺纱生产，初步建立棉纺织生产纵向一体化战略体系；接着，进一步拓展战略纵深，向纵向链条下游印花生产实施整合，并由此带动上游纺纱生产的扩大以及生产辅助部门的建立，并扩出生产纵向链条，进一步整合上游采购部门和下游销售部门，最终形成完整的纵向一体化战略态势。

大成纺织染公司的建立者刘国钧早年开办"京货店"，主要销售布匹，也兼售其他小商品，经营得力，屡有盈利。其后，鉴于常州商号林立，竞争越发激烈，而棉纺织业欣欣向荣，1915 年，刘国钧与人合资开设常州大纶机器织布厂，但经营不顺。1918 年，他退出大纶，独资创办广益布厂，从一家手工生产的工场开始，逐步完成机械化生产，推进纺、织、印、染生产纵向一体化战略，最终建成一个中型棉纺织企业集团。

丽新纺织印染整理公司由唐骧庭和程敬堂创建。起初经营绸庄，后鉴于绸庄承销布匹多数系向外埠批发，辗转贩卖，艰困异常，便以收买布厂为开端，逐步推动纺、织、染、印生产纵向一体化战略，最终形成中型企业集团。

（一）以织布生产为战略突破口

1920 年左右，中国棉纺织业已经逐步形成较高的行业壁垒，小资本已很难进入，即使勉强进入，也将面临巨大的竞争压力。

常州纱厂普遍开办较晚，产业环境已经大不如从前，大批纱厂开工后不久便因难以维持而倒闭。常州纱厂于 1921 年 10 月开工后仅 16 个月即破产。1920 年广新纱厂开工，1922 年严重亏损，出售未成而关闭。利民纱厂于 1924 年正式投产，后三度因亏损停歇。1929 年创办的福大纱厂经营 2 年多后关闭。其时，常州贫儿院院长冯晓青曾说："如果我来主修县志，在县志上要写明'常州人不要搭纱厂股子'。"[①]

1915 年，刘国钧曾与好友蒋盘发合伙创办大纶机器织布厂，进行织布生产。三年后，两人产生矛盾，刘撤出资本，蒋集股将大纶布厂改为大纶纱厂。这一战略性转变使得原本连续三年盈利的大纶布厂成为"经

---

① 冯晓青"把所有的积蓄都投资到大生、宝成，感到大吃其亏，恨透纱厂"。刘国钧：《自述》，李文瑞主编《刘国钧文集·传记卷》，南京师范大学出版社，2001，第 23 页。

营数年，就亏蚀十余万元"的大纶纱厂，不得已出盘给上海商人顾吉生等人经营。然而，由于错误的经营战略没有得到纠正，大纶仍然没有摆脱困境。最终又回归于刘国钧企业，即由经营织布开始，逐渐发展壮大的广益染织厂。[1] 可见，后发小资本将纺纱生产作为战略入口显然不合时宜。而如果从单一印染生产突破，"在当时工业基础薄，社会条件很差，人才缺乏等因素，要单独建一个印染厂确实很困难，即使建成也难以经得起市场风浪"[2]。

1920 年以后，强大的产业进入障碍使得小资本似乎很难在中国棉纺织业中找到一席之地。不过，较高的产业壁垒并不是无隙可乘，后发小资本企业仍有实现战略突破的可能性。大成和丽新的经营者另辟蹊径，利用棉纺织业纵向链条上织布业尚未形成壁垒的契机，以织布生产作为纵向一体化战略的切入点。行业背景启发了大成和丽新的经营者寻求纵向链条中部切入的战略思路。两家企业的经营者都有从事布匹零售业的背景，均对成品布十分了解。经营者的经历和知识范围构成了其进入工业领域后企业战略视野的基础。选择织布生产作为纵向一体化战略的入口与之有或多或少的关系。

在当时的市场环境下，选择织布生产为纵向战略突破口之利有二：其一，投资织布生产可以避开高壁垒的纺纱业，使企业获得立足之地；其二，织布厂不需要大量的预付资本投入即可建立起来。纺纱生产属于初级加工，利润率较低，需要形成规模经营，预付资本及追加资本需求量较大。棉织生产是对棉纱的进一步加工，利润率较高，生产规模可大可小，较少预付资本投入即可，比较适合后发小资本的启动。

1918～1927 年是大成（广益布厂时期）以织布生产实现战略突破的阶段。

1918 年，刘国钧独资创办了广益布厂，资金 6000 元，来源于此前与人合伙经营的大纶机器织布厂的盈利，有手拉木机 80 台、花铃机 6 台，还有手摇筒纡车、脚踏经纱车等设备。1923 年，刘国钧又独资设立了广益染

---

① 巢福偕：《实业家刘国钧》，中国人民政治协商会议全国委员会文史资料研究委员会编《文史资料选辑》第一〇〇辑，文史资料出版社，1985，第 267～268 页。
② 李明山：《常州印染工业在三十年代》，常州市纺织工业公司编史修志办公室编《常州纺织史料》第四辑，油印本，1984，第 33～34 页。

织二厂，广益布厂更名为"广益染织一厂"（此时是土法染色）。该厂创办资金不详，初始有手拉木机 112 台、花铃机 8 台、土染缸 2 只。1925～1926 年，刘国钧陆续将广益一厂的筒子车、纡子车改为电动机牵引，并添置铁木合制布机 36 台。1927 年，广益二厂织造工序增添铁木合制电动织机、全铁布机、浆纱机等，有铁木织布机 260 台，木机已全部淘汰。①

在这一阶段，作为后发小资本的广益布厂完成了"从过去的手工操作逐步转向机械化、电动化"②的任务，广益一厂开办头一年"共赚到 3000元"，广益二厂"做了四五年就积累了 3 万多元资金"③。从连续更换生产设备的情况来看，该企业的盈利状况应该是很好的。由此看来，广益布厂以织布生产为切入点实现了战略突破，在中国棉纺织业中占据了一席之地。企业早期在资金、技术、管理等方面的积累为以后的战略展开奠定了基础。

丽新（丽华布厂时期）以织布生产实现战略突破的阶段是 1917～1920 年底。

1916 年，唐骧庭、程敬堂等人并购冠华布厂，改名为丽华布厂。并购及扩充资金共 1 万元，分五股，唐骧庭、程敬堂、邹颂丹、邹季皋、吴仲炳各占一股。冠华布厂原有布机 20 台，被收买后丽华布厂扩充设备，有木机和提花机 30 台，1917 年正式开工，第二年资本就增加了一倍，即 2 万元。1919 年，丽新增资一倍，即以 2 万元自建丽华二厂。1920 年，丽华布厂增添 100 台由蒸汽引擎驱动的动力织布机。1921 年购买机器染整设备之前，与广益布厂一样，丽华布厂也兼营土法染织业，即用土法漂染棉纱线后再行织布。④

---

① 关于广益二厂创办的时间两种资料有差别，东风厂志认为是 1923 年，巢福偕回忆为 1922 年，这里采信厂志的说法。常州东风印染厂厂志编纂办公室编《常州东风印染厂厂志》，铅印本，1988，第 1～2 页；巢福偕：《实业家刘国钧》，中国人民政治协商会议全国委员会文史资料研究委员会编《文史资料选辑》第一○○辑，文史资料出版社，1985，第 266 页。
② 常州东风印染厂厂志编纂办公室编《常州东风印染厂厂志》，铅印本，1988，第 2 页。
③ 刘国钧：《自述》，李文瑞主编《刘国钧文集·传记卷》，南京师范大学出版社，2001，第 18 页。
④ 钱钟汉：《无锡五个主要产业资本系统的形成与发展》，中国人民政治协商会议全国委员会文史资料研究委员会编《文史资料选辑》第二十四辑，中华书局，1962，第 134～135 页；中国人民政治协商会议江苏省无锡市委员会文史资料研究委员会编《无锡文史资料》第七辑，1984，第 72～73 页。

这一阶段，丽新也开始从手工工场业向机器工业生产的转变①，在中国棉纺织业中生存、立足。不过，虽与刘国钧一样从零售布匹起家，丽新创始人唐、程二人却采取集资合股的方式买下冠华布厂，所以预付资本及再投入资本较广益布厂多，启动力量相对较大，因而丽新能够在6年的较短时间内完成战略突破的任务，而广益布厂则用了10年。

从这两家企业纵向战略的早期启动情况来看，在棉纺织生产纵向链条上，企业怎样选择战略突破口至关重要。由于机器纺纱业的壁垒较高，企业选择这一纵向链条的环节作为战略突破口对企业发展非常不利，而染色生产技术含量较高且设备昂贵，以此为突破口，企业需要解决的困难很多，不利于尽快打开经营局面。企业选择的战略突破口应该具备以下有利条件：第一，作为战略突破口的生产单位所在的行业市场环境要相对宽松，利于企业迅速站稳脚跟；第二，战略突破口的生产经营活动要易于企业掌握，以便能够快速进入战略展开阶段；第三，就小资本而言，战略突破的实现应避免投入大量预付资本，从而增加企业风险；第四，战略突破口的生产部门在纵向链条上应靠近有较大发展空间的生产领域，为企业的战略展开提供方向。

（二）建立纵向一体化战略体系

战略突破口的形成只是开始，一体化展开维度的选择是企业所面临的主要战略问题。以织布生产为基点，大成和丽新有多种维度的选择，可以实施织布生产的横向一体化战略，也可沿纵向链条实施纺织染联营的纵向一体化战略。事实上，两者在早期发展中均出现了织布生产环节的横向一体化迹象，都先后开办了两座织布厂。然而，横向一体化战略要求大量资金的连续投入，大成和丽新难以做到，而且至棉纺织业激烈竞争的20年代和充满危机的30年代，实施横向一体化战略的企业前途不容乐观。大成和丽新的最高管理者均发现了这一战略性问题，确定实施生产纵向一体化战略。

做出战略维度的决策后，企业战略发展方向的问题并未完全解决。

---

① 完全实现机器生产估计要到1923年，该年"丽新向外国洋行添置了新式英国电力织机200台，以取代老式木机"。朱复康：《唐骧庭、程敬堂与丽新布厂》，寿充一、寿墨聊、寿乐英编《近代中国工商人物志》第二册，中国文史出版社，1996，第554页。

以织布生产为基点，大成和丽新将面临三种战略路径的选择：第一种选择是首先向织布生产的纵向链条上游纺纱生产整合，第二种是首先向织布生产的纵向链条下游染色部门整合，第三种选择是前向与后向生产纵向一体化同时进行。对小资本的大成和丽新来说，前后向同时展开难以实现，而首先实施后向一体化，进入已经形成高壁垒的纺纱行业是自讨苦吃。因此，从战略分析上看，对作为小资本的广益布厂和丽华布厂而言，前向一体化染色生产是最佳选择。

从战略形势来看，首先实施前向一体化染色生产部门是大成和丽新较为合适的战略选择。20 世纪 20 年代初，中国染色印花布大部分进口，国内印染业刚刚起步，"原色布匹，现在中国各厂出品已属不少，惟花色布尚不足与之抗衡"①，因而印染业尚有很大发展空间。这一新趋势有利于大成和丽新发展染色生产。大成在广益布厂时期及丽新在丽华布厂时期，经营织布生产的同时已尝试土法染布。早期实践使刘国钧意识到，"单纯生产斜纹、平布对企业发展有一定的限制，必须向花色方面发展"，广益布厂虽然暂时站住脚跟，但"日本商人已卷土重来，由于华商色布生产极少，日商为了挤垮华商，提高色布价格，故意压低棉纱和白布价格"，企业遭受的竞争压力越来越大。② 同时，他还吸取其他民族棉纺织企业的教训，"日本人用贬低纱价、抬高布价的办法，是欺侮中国厂没有染色设备，申新纱厂没有染色设备，就吃了大亏，宝成纱厂也是如此"。可见，大成经营者已经认识到：在资金积累有限的情况下，企业要生存，抵御竞争对手，不能选择规模经营的横向一体化战略，而应该选择前向一体化坯布染色生产的战略。此外，刘国钧有丰富的色布零售经验，便于其根据市场需求来经营印染生产，他曾说："由于我是布店出身，知道市场上对花色的需要。"③

丽新的经营者之一程敬堂在哀启中提到："由于国内棉织事业，向用土法漂棉纱线后再行织布，较诸外人径以坯布漂染，且加以整理，其在

① 郭辉南：《中国纺织业之难关》，《纺织周刊》第 5 卷第 18 期，1935 年 5 月 11 日，第 470 页（每卷统一编页）。
② 巢福偕：《实业家刘国钧》，中国人民政治协商会议全国委员会文史资料研究委员会编《文史资料选辑》第一○○辑，文史资料出版社，1985，第 266 页。
③ 刘国钧：《自述》，李文瑞主编《刘国钧文集·传记卷》，南京师范大学出版社，2001，第 18 页。

技术上未免落后。外货光彩夺目，经久不变，故为国人所乐用，每年漏
卮甚巨。"因此，唐、程等五人才决定"发起创立一较完整的织布、漂
染、整理工厂"①。另外，与大成的刘国钧一样，丽新的经营者早年均是
绸布商人，"对市场供销十分敏感，且经验丰富，为做到迎合市场需要，
主管人员有事到上海，在租界上注意外国人服装的花样，遇到新颖合适
的就看清记牢，回住所回忆素描下来，回厂交设计人员复制"②，即便在
"转入产业资本后，自己也一直在沪、锡、宁等地推销产品、收购原料，
因此对市场情况比较熟悉"③，从而有助于经营坯布印染生产及销售。

　　1928～1930 年是大成前向一体化染色部门的阶段。

　　1927 年，由于广益资本较少，为了实施前向一体化战略，甚至不惜缩
减发展势头正好的织布生产的横向规模。刘国钧认为广益一厂"光织不
染，无发展余地"，将其收歇并入广益二厂，集中资源前向一体化染色生
产。此后四年间，"工厂新添全铁电动织机 120 台，以及丝光车、封闭式锅
炉、烘燥机、染缸、50 尺拉幅车、烧毛车、洗布车、五滚筒轧光机、单铆
钉锅炉等各种染整设备 20 多台，日产色、漂布 200～300 匹，产品以斜纹、
条漂、府绸为主"。企业产品种类不断增多，可以生产蓝布、元布、漂布、
绒布、绉皮布、贡呢、哔叽等。机器染织一体化的实现，产品种类的丰富，
给企业带来了丰厚的利润，从最初的 6000 元预付资本发展到 1930 年的
全部资本 50 余万元。④ 大成纵向一体化战略初步取得了成功。

　　丽新前向一体化染色部门阶段是在 1921～1929 年。

　　早在 1919 年，鉴于印染花色布销路畅旺，在唐骧庭、程敬堂主持下
的丽华股东大会即决定：一方面用丽华的一部分盈利扩大传统的色织棉

---

① 钱钟汉：《无锡五个主要产业资本系统的形成与发展》，中国人民政治协商会议全国
　委员会文史资料研究委员会编《文史资料选辑》第二十四辑，中华书局，1962，第
　135 页。
② 无锡国棉三厂编史组：《三十年代的无锡丽新厂》，中国人民政治协商会议江苏省委员
　会文史资料研究委员会编《江苏文史资料选辑》第十一辑，江苏人民出版社，1983，
　第 115 页。
③ 朱复康：《唐骧庭、程敬堂与丽新布厂》，寿充一、寿墨聊、寿乐英编《近代中国工商
　人物志》第二册，中国文史出版社，1996，第 559 页。
④ 常州东风印染厂厂志编纂办公室编《常州东风印染厂厂志》，铅印本，1988，第 2 页；
　巢福借：《实业家刘国钧》，中国人民政治协商会议全国委员会文史资料研究委员会编
　《文史资料选辑》第一○○辑，文史资料出版社，1985，第 267 页。

布生产；另一方面再从丽华盈利中拿出一部分，并吸收新资金，创办一个兼有印染整理设备的织布厂。1920 年 10 月丽新布厂宣布成立，总资本为 30 万元，一部分来源于丽华的盈利，另一部分来自绸布、纱商、粮食、糟坊等行业的新募商业资金。其中，丽华投资约占 30%，绸布业商人投资约占 37%，其他商人投资约占 10%，非商业资本约 23%。机械设备方面，向祥兴洋行订购蒸汽引擎、锅炉和染整设备以及动力织布机 100 台。1921 年丽新开工试产，1922 年正式开工生产。1923 年，丽新添置英制电力织机 200 台，以及上光机、精元机、浆纱机、折布机、350 匹引擎 1 台、30 英尺 ×8 英尺锅炉 2 只，使漂染部具有全套染色新设备。企业由原来生产单一坯布，到现在可以生产提花布、丝光条格、线呢、泰西缎等十多种棉织产品。[①]

至 1930 年，大成和丽新均已实现从织布生产向下游染色生产的生产前向一体化战略。接下来，战略方向的选择问题又摆在了两家企业的经营者面前。企业可以仅限于发展纵向链条上染色与织布生产环节的部分纵向一体化。1930 年左右，中国民族棉纺织企业中，染织部分生产纵向一体化企业有很多，"自织自染外，多兼营染色整理事业"。如果大成和丽新止步于此，将成为众多染织企业中的普通一员。若要谋求更大的发展，企业必须在战略层面上有所进取，才能脱颖而出。当时，"并有纺织漂染四工作，一厂均营者，如上海之鸿章，但为数甚少云"[②]。因此，后向一体化纺纱生产，实现全面生产纵向一体化战略是有雄心壮志的企业家的选择。当然，企业也可以继续前向一体化，进入染色生产下游环节的印花生产，但由于染色生产的创建并加强对上游纺纱和织布生产的产能提出了更高的要求，大成和丽新均出现染色生产设备因缺少坯布原料而开工不足的情况。因此，此时继续前向一体化印花生产势必加重上游生产原料供应不足的问题，增添印花生产是否能达到应有的战略效果尚未可知。大成和丽新的最高管理者既没有保守于染织一体化的局面而故

① 中国人民政治协商会议江苏省无锡市委员会文史资料研究委员会编《无锡文史资料》第七辑，1984，第 73 页；朱复康：《唐骧庭、程敬堂与丽新布厂》，寿充一、寿墨聊、寿乐英编《近代中国工商人物志》第二册，中国文史出版社，1996，第 553~554、558 页。
② 实业部国际贸易局编纂《中国实业志·江苏省》，实业部国际贸易局，1933，"第八编工业"第 39 页。

步自封，也没有继续前向一体化印花生产而急功冒进，而是以织布生产为基点后向一体化上游纺纱生产，提高了织布生产能力，增强对染色生产的原料供应能力，形成稳固的棉纺织生产纵向一体化战略体系。

大成实现染织部分生产纵向一体化后，刘国钧认为，"单纯布厂是不能和日本人竞争的，今天我有这样的基础，准备招股，开办纱厂"①，即在前向一体化完成后必须实施后向一体化，实现"初级加工——纺纱""再加工——织布""深加工——染色"三级加工工序的纵向一体化，以确保织布生产所需棉纱的供应，有力支撑染色生产，否则难以与竞争对手抗衡。

1930～1932年，大成后向一体化纺纱部门，并随后将前后一体化部门衔接。

1930年，刘国钧通过集资和贷款的方式②购买了常州大纶久记纺织厂，成立大成纺织染股份有限公司。1932年冬至1933年春，广益染织厂以估价入股③的方式并入大成，是为大成二厂。这样，在生产纵向链条上，大成原来分属两个不同企业组织的前、后一体化生产单位——染织和纺织单位实现了联结。至此，大成生产纵向一体化体系初步建成。

丽新集团在实现染织生产前向一体化后，"为了满足织布所需要的细支纱线，才扩充纺纱设备，自行纺纱"④。1931年，丽新自建了棉纺工

---

① 这句话是刘国钧在广益布厂已经实现机器染整生产，并购大纶纱厂前，对主持大纶的上海人说的。这里并不是以织布生产为基点首先后向一体化纺纱生产的意思，而是说单纯布生产不能完全支撑染色生产，难以与日商竞争，必须向一体化纺纱生产，拓展原料供应的纵向深度，才能增强坯布的供应能力，确保染色生产。刘国钧：《自述》，李文瑞主编《刘国钧文集·传记卷》，南京师范大学出版社，2001，第22页。

② 以50万元并购大纶久记纺织厂，另以50万元作为流动资金开工生产。100万元资金主要来源：刘国钧15万元，招股5万元，大纶原股东顾吉生、刘叔裴、吴镜渊等人投资20万元，以广益染织厂名义向钱业人士刘尧性、屠咏堂、蒋瑞衡等贷款20万元，购买下大纶后以厂基作为抵押，向上海银行贷款40万元。巢福偕：《实业家刘国钧》，中国人民政治协商会议全国委员会文史资料研究委员会编《文史资料选辑》第一〇〇辑，文史资料出版社，1985，第268～270页；刘国钧：《自述》，李文瑞主编《刘国钧文集·传记卷》，南京师范大学出版社，2001，第22～24页。

③ 估价24万元作为股份入股大成集团。巢福偕：《实业家刘国钧》，中国人民政治协商会议全国委员会文史资料研究委员会编《文史资料选辑》第一〇〇辑，文史资料出版社，1985，第271页；刘国钧：《自述》，李文瑞主编《刘国钧文集·传记卷》，南京师范大学出版社，2001，第25～26页。

④ 朱复康：《唐骧庭、程敬堂与丽新布厂》，寿充一、寿墨聊、寿乐英编《近代中国工商人物志》第二册，中国文史出版社，1996，第558页。

厂，拥有纱锭 16400 枚、线锭 6400 枚。[①] 这样，丽新集团的生产纵向一体化体系也初步形成。

从大成和丽新初步建立纺织染联营的经过来看，企业在实现战略突破后对战略展开线路及方向的选择应该慎重考量、全局筹谋、果断抉择。以战略突破口为基点，沿生产纵向链条上游和下游两线同时展开，多层次与环节纵深拓展的战略路线，必将牵扯企业的大量资源和管理精力。在同一时间涉入两种或多种以上的生产经营范围，企业需要更多适应、调整、完善的时间，需要对新经营范围制订充分的发展计划和目标，才能确保在尽可能短的时间内走上正轨。对此，企业应该慎重。避免前后双向及多层次纵深拓展同时进行，实施单向拓展线路，应该是中小资本企业生产纵向一体化的稳妥选择。而企业单向拓展首先指向的纵向链条环节应该是市场状况良好、有发展潜力的业务范围，只有这样，才能够给初步推行生产纵向一体化战略的企业带来更好的出路。由于企业纵向链条各环节是互相关联的，在单向战略展开之后，企业应该注意战略基点前后两线的配合，在对下游生产环节的前向一体化之后，为确保下游生产有充足的原料供应，应当适时实施对上游生产环节的后向一体化，至少形成三级生产工序的整合才能形成较为稳定的生产纵向一体化体系。

（三）推动纵向一体化战略纵深延展

实现纺纱、织布、染色三级生产整合，只是生产纵向一体化体系的初步建成，企业的战略推进并没有结束。接下来，大成和丽新的战略任务是巩固和增强生产纵向一体化体系。大成和丽新的生产纵向链条上纺纱、织布、染色三个环节并非完全平等的关系，企业必须根据三者在整个系统中不同的地位和作用，从中明确纵向生产体系发展的重心，创造企业战略的核心，确立企业的核心竞争力，否则会导致发展力量分散，在市场竞争中缺乏决胜的优势。纺纱生产是大成和丽新的上游环节，担负着为织布生产提供棉纱的任务，是整个企业生产的基础。织布生产是纵向链条的中间环节，为染色生产提供坯布，是整个生产纵向体系的战

---

① 钱钟汉：《无锡五个主要产业资本系统的形成与发展》，中国人民政治协商会议全国委员会文史资料研究委员会编《文史资料选辑》第二十四辑，中华书局，1962，第 136 页；朱复康的《唐骧庭、程敬堂与丽新布厂》一文认为是 1930 年，见寿充一、寿墨聊、寿乐英编《近代中国工商人物志》第二册，中国文史出版社，1996，第 556 页。

略基点。染色生产是纵向链条的下游环节，产品直接面对市场，是整个企业生产的终点。企业经营的最终目的是在市场中实现生产价值，因此染色生产对于大成和丽新而言最为重要。染色生产的外部市场环境和潜力较纺织生产要好，企业对此加大投入力度的前景良好。此外，染色生产是棉纺织生产的高级加工阶段，技术含量比纺纱和织布高，重点发展染色生产有利于大成和丽新形成自身的技术优势，也有利于实现企业最终产品的多样化及与其他企业形成差别化发展，这也是企业的核心竞争力所在。事实上，大成和丽新都不约而同地将前向更深层次的印花生产作为企业拓展纵深的方向，并以此确立染色和印花生产作为企业战略发展的重心和核心竞争力。

1932~1937 年，围绕加强核心竞争力，大成继续实施一系列纵向一体化战略行动，在初建的基础上巩固和强化战略体系，努力实现战略纵深。

刘国钧认为，"印染厂是纺织厂加工的最后一道工序，很重要"，大成企业战略的"重点是向印染方面发展"①。这一纵向战略在大成公司章程中有明确体现。1932 年公司章程第二条称"本公司经营纺纱织布染色事业"②，而到 1935 年则改为"本公司经营纺纱织布染色印花事业"③。可见，为了强化印染生产，在加强原有染色整理生产的基础上，大成实施了更深层次的前向一体化，即整合印花部门。1934 年，"大成二厂在印花布销路日广利厚的情况下，大量添置印花设备，积极发展印染生产"④。是年，刘国钧从日本买回旧八色印花车，另配一部闪花机和其他设备，组建了大成二厂的印花部门。试产成功后，第二年印花部门就赚了 20 万元。于是，他又从日本购进新的六色印花机。同时，为支持印花生产，设立花样设计室，自刻印花滚筒。印花生产的实现，增加了企业最终产品的花样种类，实现了差别化，从而赢得更多顾客，占据更广阔的市场。

---

① 刘国钧：《自述》，李文瑞主编《刘国钧文集·传记卷》，南京师范大学出版社，2001，第 26 页。
② 《大成纺织染股份有限公司章程（第四次股东会修正）》（1932 年），常州市档案馆藏大成公司档案，档案号：E9-1。
③ 《大成纺织染股份有限公司章程（第九次股东会修正）》（1935 年），常州市档案馆藏大成公司档案，档案号：E9-3。
④ 常州东风印染厂厂志编纂办公室编《常州东风印染厂厂志》，铅印本，1988，第 268 页。

这样，大成已经实现纺纱、织布、染色、印花四级生产纵向一体化。

同样，丽新在 1933～1934 年添购四色、六色印花机各一台。1936年，丽新更改厂名为"丽新纺织印染整理股份有限公司"①。至此，丽新也实现了纺、织、染、印四级生产纵向一体化战略。

企业纵向链条是一个密切衔接的体系，某一环节生产能力的加强必然要求其他相连环节的配合。大成和丽新确立以印染生产为战略重心及核心竞争力，前向一体化印花生产的同时，作为提供生产原料的纺纱和织布部门应适当扩大规模以保证供应的充足。

大成二厂印染部"每日能染整印 40 码布，五千余匹，除自制坯布三千匹外，尚有每日染整印二千匹之余力"②。为此，刘国钧在大成公司第六届股东会营业报告书中向董事会提出战略建议，"纱布未能完全自给，终不足使营业得充分之拓展。故公司若有余力，必须更为进一步之扩充"③。换言之，为了保证进一步前向一体化后印染生产的原料供应，支持核心竞争力的发展，刘国钧认为大成必须相应扩大后向一体化的规模。于是，大成于 1935 年合办汉口震寰纱厂，即大成四厂，并于 1937 年筹建大成三厂。④

---

① 无锡国棉三厂编史组：《三十年代的无锡丽新厂》，中国人民政治协商会议江苏省委员会文史资料研究委员会编《江苏文史资料选辑》第十一辑，江苏人民出版社，1983，第 111 页。

② 国棉一厂厂史办：《大成公司沿革简历》，常州市纺织工业公司编史修志办公室编《常州纺织史料》第十一辑，油印本，1987，第 128 页。

③ 《大成公司第六届股东会营业报告书》（1935 年），常州市档案馆藏大成公司档案，档案号：E9－3。

④ 关于合办汉口震寰纱厂较常州大成三厂创办为先却称第四厂的说明。在订立合办汉口震寰纱厂之初，即 1936 年 7 月 26 日的合同中称：双方商定厂名为"大成纺织染有限公司第三厂"，但在不久之后，即 1936 年 12 月 8 日双方商议对此合同的"计批"文件又决定"全体改为大成纺织染第四厂股份有限公司"。对此名称的更改，当时《纺织时报》的一篇报道中略有提及："常州大成纱厂定于十二月二十日在常州第一厂开临时股东会。通告云：本公司营业日见推广，近虽添设厂，预计出品，仍属不敷所需，原定进行计划，实有变更之必要，事业扩大，用款日繁，同时有增加锭额之拟议云云。该厂租办震寰现名第四厂，另在常州创办第三厂，机件已订购里特司纺锭三万、布机一千台。"可见，由于大成对纺纱产能要求提高，原本合办震寰纱厂的计划不能满足，在合办合同并未完全签订时又决定筹办一纺纱厂，于是把靠近常州本部的厂定名为大成第三厂，而把合办的汉口震寰纱厂改为第四厂。《合办大成三厂合同》及《计批》（1936 年），常州市档案馆藏大成公司档案，档案号：E9－5；《大成三厂订机》，《纺织时报》第 1340 号，1936 年 12 月 10 日，第 2 版。

丽新在 30 年代中期也适当扩大了纺纱和织布生产部门的横向规模。

丽新于 1935 年增加司马来纱锭 18000 枚，1936 年购进瑞士立达纱锭 4000 枚，日本大牵伸纱锭 2000 枚，线锭 6400 枚，同时又增开了丽新第三厂，生产设备有布机 209 台。到抗战全面爆发前夕，丽新共拥有纱锭 40600 枚，线锭 12400 枚，布机 1200 台。[①]

经过了先后两次前向和后向的一体化战略行动，大成和丽新的生产主体扩大，详情见表 3-3 和表 3-4。

表 3-3 大成纺织染公司生产纵向一体化战略一览

系统	厂名/部门	地点	时间	创办方式	资金来源	说明
广益	一厂（织布）	常州	1918 年	自建	独资	1927 年收歇，与二厂合并
	二厂（织布）	常州	1923 年	自建	独资	1927 年后染织生产逐步机械化，1933 年并入大成
大成	一厂（纺织）	常州	1930 年	并购	融资/借贷	刘国钧 15 万元，他股 25 万元，抵押广益借 20 万元
	二厂（染织）	常州	1933 年	并购	估价入股	广益以估价 24 万元并入大成，为二厂，1934 年、1935 年购六色、八色印花机
	三厂（纺织）	常州	1937 年	自建	不详	未开工即抗战全面爆发，机器大部分往内地，少部分留沪租界
	四厂（纺织）	武汉	1935 年	控股合办	融资	资金 60 万元，大成占 60%，震寰占 40%，订期 5 年

注：（1）依据前述大成各厂情况及相关资料制表；（2）时间以正式开工、并购之年份为准。

表 3-4 丽新纺织印染整理公司生产纵向一体化战略一览

系统	厂名/部门	地点	时间	创办方式	资金来源	说明
丽华	织布一厂	无锡	1917 年	并购	融资	以 1 万元并购冠华布厂
	织布二厂	无锡	1919 年	自建	融资	资本 2 万元

① 中国人民政治协商会议江苏省无锡市委员会文史资料研究委员会编《无锡文史资料》第七辑，1984，第 74 页；钱钟汉：《无锡五个主要产业资本系统的形成与发展》，中国人民政治协商会议全国委员会文史资料研究委员会编《文史资料选辑》第二十四辑，中华书局，1962，第 136 页；尤兴宝、吴继良：《无锡纺织工业发展简史》，中国人民政治协商会议江苏省无锡市委员会文史资料研究委员会编《无锡文史资料》第十二辑，1985，第 76 页。

续表

系统	厂名/部门	地点	时间	创办方式	资金来源	说明
丽新	染织厂	无锡	1922 年	自建	盈利/融资	1920 年成立，丽华盈利并吸收新股共 30 万元，1933 年、1934 年添四色和六色印花机
	棉纺厂	无锡	1931 年	自建	不详	由此，丽新改名为丽新纺织印染整理股份有限公司
	织布厂	无锡	1936 年	自建	不详	丽新第三厂

注：（1）依据前述丽新各厂情况及相关资料制表；（2）时间以正式开工、并购之年份为准。

由此，对主要生产要素（包括主要原料、资金、人力资源等）的需求也随之增加，同时也要求保证最终产品更大的销售量，因而需要有供销纵向一体化的配合，适当对采购和销售部门，以及一些生产辅助部门实施纵向一体化战略，以保证整个长纵深链条的顺利运转。

30 年代中期，大成对棉花采购点、产品批发处以及职工培训部门实施了纵向一体化战略。

据公司章程，大成在上海常设事务所，负责产品销售和设备采购事宜[1]，又在内地中心城市如汉口、重庆设立批发处，而且还会根据市场情况，在必要的地点随时增设办事所和收花处[2]。

大成职工培训有培训班和夜校两种组织形式。培训对象有三类：第一类是练习生，即管理人员的后备力量；第二类是艺徒，即机工的后备力量；第三类是养成工，即各类值车工的后备力量。大成先后招收"练习生四五十人，艺徒百数十人，养成工千余人"，"练习生跟随管理人员，艺徒跟随老师傅做助理工作，养成工因人数工种众多，各工种都选

---

[1] 《大成纺织染股份有限公司章程（第四次股东会修正）》（1932 年），常州市档案馆藏大成公司档案，档案号：E9-1；《大成纺织染股份有限公司章程（第九次股东会修正）》（1935 年），常州市档案馆藏大成公司档案，档案号：E9-3；《大成纺织染股份有限公司章程（第十一次股东会修正)》（1937 年），常州档案馆藏大成公司档案，档案号：E9-6。

[2] "新花上市，花价达多年未有之低峰。乃派员分赴各地，设庄采办，尽量收进"；"国钧为调查各地之供求……遂设汉口支店，为推销华中枢纽"。《大成公司第六届股东会营业报告书》（1935 年），常州市档案馆藏大成公司档案，档案号：E9-3。大成"在汉口、重庆设批发处"。姚星汉：《刘国钧先生在经营管理上的一些特点》，李文瑞主编《刘国钧文集·附录》，南京师范大学出版社，2001，第 69 页。

派技术优秀者任教工"。接办大成纱厂后，刘国钧聘请当时常州教育界知名人士顾峤若先生任训育主任，负责办理夜校。夜校设文化知识、科技管理等课程，学徒和练习生均入夜校进修。关于培训期限，养成工一般经过三个月的训练即可单独上车，练习生则必须通过二三年的培养才能担任副职管理人员，艺徒成为一个经验丰富、可以独当一面的老师傅，则需要更长的时间。①

大成的储蓄政策是：每次发工资时，凡员工工资尾数是1分至9角9分的，都由企业代为储蓄，照算利息，年终本利一次发放。②

1936年入厂的缪甲三这样描述当时大成纺织染公司的整体发展态势："我进大成时，正是大成的鼎盛时期，它由一厂、二厂发展到三厂、四厂，由常州发展到武汉，内容包括着纺织印染生产全能型的综合性企业，从原料收购到产品销售，在全国一些大中城市中设有分支机构，工商经营一体化。"③

同样，丽新也对棉花采购点、产品销售机构、培训部门、储蓄机构进行了纵向一体化。

对棉花采购点和产品销售机构的建设方面，河南陕州是丽新的原料基地，丽新派专员唐蔚文前往收购，垄断了陕州棉花收购市场。④ 在产品销售方面，丽新营业部管辖无锡、南京、上海、镇江等批发处，汉口也有分销处。⑤ 而工厂则自设门市部自营零售业务，包括开设服装加工

---

① 中国民主建国会常州市委员会、常州市工商业联合会：《刘国钧经营大成纺织染公司的经营》，中国人民政治协商会议全国委员会文史资料研究委员会编《工商经济史料丛刊》第三辑，文史资料出版社，1984，第157~158页；姚星汉：《刘国钧先生在经营管理上的一些特点》，李文瑞主编《刘国钧文集·附录》，南京师范大学出版社，2001，第67~68页。

② 刘国钧：《自述》，李文瑞主编《刘国钧文集·传记卷》，南京师范大学出版社，2001，第31页。

③ 缪甲三：《回忆刘国钧先生》，李文瑞主编《刘国钧文集·附录》，南京师范大学出版社，2001，第52页。

④ 无锡国棉三厂编史组：《三十年代的无锡丽新厂》，中国人民政治协商会议江苏省委员会文史资料研究委员会编《江苏文史资料选辑》第十一辑，江苏人民出版社，1983，第117页。

⑤ 《无锡丽新纺纱染织厂参观记》，《中行月刊》第5卷第6期，1932年12月，第138页；无锡国棉三厂编史组：《三十年代的无锡丽新厂》，中国人民政治协商会议江苏省委员会文史资料研究委员会编《江苏文史资料选辑》第十一辑，江苏人民出版社，1983，第115页。

业务，代客裁剪、缝制衣服，借以宣传产品。①

丽新营业部的人事处下设负责企业员工培训的"教育股"的机构。②丽新"广招具有初中文化程度的青年作为练习生，以两个职员带三个练习生，让练习生白天到车间里学工，跟职员学管理，晚上由大专毕业生兼职授课，补习文化，讲授专业理论知识"③。

丽新于 1925 年设立储蓄部，以月息 10‰～20‰的高利率吸收社会游资，作为企业的流动资金。1931 年后，丽新逐步发展壮大，社会信誉也随之提高，企业通过各种关系吸收存款，如股东和职工的亲友、往来的号家等，存款最多时达到 1000 多万元法币，远超企业全部资金的数倍。④

此外，至抗战全面爆发前夕，除实施棉纺织的生产纵向一体化战略之外，大成和丽新均开始向毛纺织生产扩张。1936 年，大成增设毛纺织部。⑤ 1935 年，唐骧庭、荣伟仁、杨通谊等集股 20 万元，在无锡北门外五丫浜建筑协新毛织厂，1936 年 2 月正式生产，后发展成为"自纺自织自染自整"的毛织品工厂，抗战全面爆发前资本增至 80 万元。⑥

---

① 此种制衣生产业务并没有成为企业的主要业务，丽新最终产品也不以服装为主，因而不能看成继布匹印染生产向服装生产的战略行为。严克勤、汤可可等：《无锡近代企业和企业家研究》，黑龙江人民出版社，2003，第 66 页。

② 文：《无锡丽新纺织印染公司组织系统表》，《杼声》第 4 卷第 1 期，1936 年 6 月 15 日，第 D14 页。

③ 无锡国棉三厂编史组：《三十年代的无锡丽新厂》，中国人民政治协商会议江苏省委员会文史资料研究委员会编《江苏文史资料选辑》第十一辑，江苏人民出版社，1983，第 113 页。

④ 朱复康：《唐骧庭、程敬堂与丽新布厂》，寿充一、寿墨聊、寿乐英编《近代中国工商人物志》第二册，中国文史出版社，1996，第 563 页；无锡国棉三厂编史组：《三十年代的无锡丽新厂》，中国人民政治协商会议江苏省委员会文史资料研究委员会编《江苏文史资料选辑》第十一辑，江苏人民出版社，1983，第 114 页。

⑤ "常州大成纱厂股份有限公司……增设毛纺织部，闻机件设备业将竣事，不久即可出货云。"《常州大成增设毛纺织》，《染织纺周刊》第 34 期，1936 年 4 月 8 日，第 544 页（每卷统一编页）。

⑥ 上海市民建、工商联史料组所撰《唐君远与协新毛纺织染公司》一文对该厂投资人及正式开工时间记述应有误（《近代中国工商人物志》第二册，中国文史出版社，1996，第 658 页）。据当时报刊报道记载，投资人中的荣尔仁应为荣伟仁，1935 年 4 月 13 日报道称该厂尚在建筑中，因而出货时间非 1935 年 2 月而是 1936 年 2 月。《无锡协新毛织厂在建筑中》，《纺织周刊》第 5 卷第 14 期，1935 年 4 月 13 日，第 387 页；柏励生：《无锡丽新协新两厂参观记》，《中华国货产销协会每周汇报》第 3 卷第 15 期，1937 年 4 月 28 日，第 2 页。

三　生产纵向战略实施的分析及评价

大成和丽新创办的时间分别在 1918 年和 1917 年，早期都只是手工工场的生产力水平，转向机器生产则分别从 1927 年和 1923 年开始。此时，中国民族工业发展的"黄金时代"已经过去，棉纺织业进入萧条阶段，且行业进入壁垒很高。作为后发小资本的广益布厂和丽华布厂成功突入高壁垒的棉纺织业，并且最终发展成为中型企业集团，与其正确的企业战略选择不无关系。两家企业在战略上有两个关键性的选择：一是以织布生产作为企业对高壁垒棉纺织业的战略突破口；二是实现战略突破后，企业实施纺、织、染、印联营的生产纵向一体化战略。

相比之下，其他代表性民族棉纺织企业的战略选择则不尽相同。一战前便涉入棉纺织业的荣氏申新系统，占据了发展的先机，通过实施横向一体化战略，在 20 年代自建和并购了多家生产单位，成为近代中国最大的民族棉纺织企业。1920 年以后，进入高壁垒的棉纺织业，能够生存下来且发展壮大的企业并不多。近代中国民族棉纺织业中居于第二、第三、第四位的永安纺织公司、华新纺织公司、裕大华纺织公司，分别于 1922 年 9 月、1920 年、1922 年 3 月正式投产。这三家企业之所以能从高壁垒的纺纱生产进入棉纺织业，逐渐发展壮大，一个关键且共同的原因是三者都有充足的资金作为后盾。永安纱厂的创建有强大的永安公司的支持，筹建工厂的初始资本就有 600 万元[1]，在发展过程中又有集团内"联号资金"的挹注。华新纱厂得到了周学熙资本集团，甚至是北洋官资的支持，公司资本定为 1000 万元。[2] 裕大华的大兴纱厂创办时得到了其前身楚兴公司 210 万两盈利的支持。从 1913 年到 1922 年的 9 年又 9 个月的时间里，楚兴公司累计盈利达 1000 余万两。[3] 这些是大成和丽新在创办时都不曾具备的。避开高壁垒的纺纱生产，从织布生产切入棉纺织业是其最佳的战略选择。而之所以没有从印染生产进入，是因为这一行

---

[1]　上海社会科学院经济研究所编著《上海永安公司的产生、发展和改造》，上海人民出版社，1981，第 19 页。

[2]　中国近代纺织史编委会编著《中国近代纺织史》下卷，中国纺织出版社，1997，第 210 页。

[3]　《裕大华纺织资本集团史料》编写组编《裕大华纺织资本集团史料》，湖北人民出版社，1984，第 23～33 页。

业发展尚不成熟，对小资本企业而言风险很大。由于当时工业及社会条件差，相关人才缺乏，单独建印染厂困难很大，即使建成也难以抵御市场风险。总之，从织布生产切入是作为后发小资本的大成和丽新在"黄金时代"逝去之后仍能够立足于棉纺织业的关键和正确的战略选择，也是其战略特点之一。

大成和丽新以织布生产实现突破之后，不仅有别于多数织布企业只是建立了染织联营，而且比少部分实现纺织染联营的企业更进了一步，完成了纺、织、染、印四级生产加工联营的生产纵向一体化战略。抗战全面爆发前，民族企业中这种全能厂在当时全国范围内屈指可数，仅有5家，另3家为上海达丰染织厂、华新青岛厂、上海印染厂。无锡杨氏广勤纱厂曾于1930年后计划前向一体化染色生产[1]，但始终未能成行。荣氏申新系统实施的是纺纱生产的横向一体化战略，未涉染色和印花生产，只是抗战全面爆发前夕李国伟所管理的武汉申新四厂装备了漂染整理机器[2]，但未有印花生产。无锡唐、蔡系统企业的庆丰纺织漂染公司于1934年增辟漂染车间，虽计划添设印花设备，购买的设备已到上海，但抗战全面爆发前并未装机生产。永安纺织印染公司，虽名为纺织印染公司，实际上1935年投产的大华印染厂只配备了漂染整理机器，"该厂未能充分发挥效能"[3]，抗战即全面爆发。裕大华纺织集团所属三家纺织企业自创办以后基本从事纺纱和织布生产[4]，只有大兴纱厂于1936年开设了小规模漂染场[5]。青岛华新厂于1936年创办了染厂，并于1937年春添设印花机[6]，四级生产联营形成时间较晚。可见，大成和丽新实现纺

---

[1] 杨世奎主编《慎终追远——无锡杨氏（杨菊仙系）创业纪实》，澳门天成（国际）文化艺术出版社，2003，第148页。

[2] 李国伟：《荣家经营纺织和制粉企业六十年概述》，中国人民政治协商会议全国委员会文史资料研究委员会编《文史资料选辑》第七辑，中华书局，1960，第31页。

[3] 陈真、姚洛合编《中国近代工业史资料》第一辑《民族资本创办和经营的工业》，生活·读书·新知三联书店，1957，第427页。

[4] 《裕大华纺织资本集团史料》编写组编《裕大华纺织资本集团史料》，湖北人民出版社，1984，第237页。

[5] 中国人民政治协商会议石家庄市委员会文史资料委员会编《石家庄文史资料》第十辑《大兴纱厂史稿》，1989，第119、248页。

[6] 周志俊：《青岛华新纱厂概况和华北棉纺织业一瞥》，中国人民政治协商会议全国委员会文史资料研究委员会编《工商经济史料丛刊》第一辑，文史资料出版社，1983，第25页。

织染印联营的生产纵向一体化战略走在了近代中国民族棉纺织企业的前列，引领了中国民族棉纺织业发展的方向。

从两家企业战略实施的经过来看，小资本企业实施纵向一体化战略应采取稳步推进的方针，即以战略突破口为基点，沿纵向链条前后单向交替反复延伸。这种逐步拓展的路径方式，一方面有利于企业避免因两线延展而力量不足，另一方面有利于企业在纵向整合过程中兼顾突进与巩固。在纵向一体化的同时，企业对纵向链条上各环节的发展不能均衡对待，应根据企业的战略需要及定位，仔细分析各环节在整个纵向链条中的作用及评定地位，明确发展的主次重心以及核心竞争力。企业的核心竞争力一般应选择置于能直接产生市场决胜力量的环节，且应具有较大的技术提升空间。随着纵向链条的进一步拓展，生产主体扩大和能力增强，企业对主要生产要素（包括主要原料、资金、人力资源、动力等）的需求必然增加，且要求持续稳定的供应，否则整个纵向的连贯生产系统将无法顺利运转。因此，当生产纵向一体化战略纵深延展，生产环节增多之后，必须实施供销纵向一体化予以配合，最重要的是建立自身的原料采购部门和产品销售部门，视市场情况，亦可适当整合资金供应单位、人力资源培训机构及动力供应部门等，从而实现对主体生产纵向链条体系的稳固支撑。总之，较为完备的纵向一体化体系应该是：生产纵向的前后有纵深，多环节相连有核心，首尾供销纵向有配合。

虽然错过了"黄金时代"的发展良机，又经历了1931～1936年中国棉纺织业的危机，实施纺织染印生产纵向一体化战略的大成和丽新却依然能够取得不错的经营业绩。大成获得持续及相对稳定的盈利（见图3-1）和较高的盈利率（"1935年纺织业危机时期，华商各纱厂的盈利率约为5.1%，外商纱厂一般的盈利率则为14.6%，而实现纺织染联营的大成公司竟达16%，堪与外籍厂家相颉颃"[1]）。同样，丽新在30年代中国棉纺织业危机时期，一般同业衰退，而该厂依然有利可图，被称为"不倒翁厂"[2]。

---

① 胡毓奇：《民族棉纺织业中一个成功企业——大成纺织染公司的分析》，常州市纺织工业公司编史修志办公室《常州纺织史料》第十一辑，油印本，1987，第48页。

② 中国人民政治协商会议江苏省无锡市委员会文史资料研究委员会编《无锡文史资料》第七辑，1984，第74页。

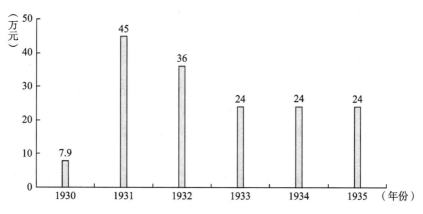

图 3 - 1 大成纺织染公司盈利情况 （1930 ~ 1935 年）

注：1931 年后大成盈利下降，但这是在 20 世纪 30 年代中国棉纺织业普遍萧条的
情况下仍取得的不错的盈利状况，这就难能可贵了，并且值得注意的是，在中国棉纺
织业最困难的 1933 年、1934 年、1935 年，大成仍能保持盈利稳定，这是当时同业中
少有的业绩。

资料来源：吴景超：《中国经济建设之路》，商务印书馆，1944，第 169 ~ 170 页。
"举一个例来说，常州的大成纱厂，成立于民国十九年，我收集到他们历年的报告书，
知道他们除在短时期中，增加了许多资本外，十九年盈利凡七万九千元，二十年盈余
四十五万元，二十一年盈余三十六万，二十二年盈余二十四万，二十三年盈余二十四
万，二十四年除盈余二十四万外，另提折旧二十八万。二十四年底，大成的资本，已
由五十万加至二百万，折旧准备，存有七十三万，历年还分给股东那么多的盈余。"常
州档案馆藏仅存 1935 年《大成公司第六届股东会营业报告书》，档案号为 E9 - 3，所附
资产负债表、损益计算书中本届盈余为 244819.70 元，不包括本届折旧 281683.95 元，
且共存折旧准备 730000.00 元。

生产纵向一体化从企业战略层面上确保了大成和丽新经营的成功，
进一步讨论则有以下三个特点。

第一，抓住企业发展的战略先机。大成和丽新虽然起步晚、积累少，
但抓住了印染棉织品方兴未艾的市场先机，在民族棉纺织业中极少存在
纺织染印企业之时，于 20 世纪 30 年代初率先实现了全能厂的一体化战
略，在企业发展战略上掌握了主动权。

第二，选择生产加工精细化的战略发展道路。在早期积累不充分的
情况下，大成放弃横向一体化的规模之路，注重企业生产加工的"精工
细作"，实施纺织染印联营。生产精细化战略是近代中国小资本民族企业
的一体化战略的合理选择，实施深加工提高了最终产品的利润率，避免
在初级产品市场与众多大型棉纺织企业相倾轧，使企业保持了持续稳定

的盈利。抗日战争结束后，中国主要棉纺织企业也都普遍开始实施生产纵向一体化战略。

第三，确立和强化企业核心竞争力。大成把有限的资本用于发展印染生产，为此甚至停止合并织布生产，以确立和强化企业核心竞争力，是近代中国民族棉纺织企业中由强调规模数量向注重发展核心竞争力转变的先行者，也是其能与中外大型棉纺织横向一体化企业抗衡的重要原因。

一体化战略的成败不在于企业经营规模和范围的大小，关键是看其是否适合外部环境的变化和自身实力的情况，最终的标准是能否推动企业的发展。丽新和大成虽然在规模上无法与荣氏申新、永安、裕大华等相提并论，却找到了巧妙的一体化战略突破口，实现了纺织染印的生产联营，使企业由小而大，且保持稳定和持续增长，可见其特殊的成功之道。

第二节　往返延伸与单向推进：大成与庆丰纺织染联营的两种路径

近代中国民族棉纺织企业纺织染联营有往返延伸和单向推进两种实现路径。1920年后，中国棉纺织染产业链上，纺纱业产生高壁垒，近代织布业继续发展，机器印染业兴起。大成纺织染公司以织布生产为战略入口，先前向一体化染色生产，再后向一体化纺纱生产，然后再前向一体化印花生产，呈现往返延伸式的线路；而庆丰纺织漂染公司以纺纱生产为战略入口，连续前向一体化织布、染色、印花生产，形成单向推进式的线路。不同的战略路径给两者带来了不同的战略效果：大成稳步推进，后劲实足，实现反超；而庆丰步步牵绊，后劲不足，相对落后。从全国来看，两种战略路径还存在多种情况。大成、丽新及鸿章等企业采用往返延伸式线路获得了成功，为选择纵向一体化的中小资本企业提供了一条较为合理的战略实现路径。

一　织布与纺纱：不同的战略入口

一战爆发后，进口棉纱布"剧烈的跌落"，市价"突飞猛涨"，"正是中国纺织厂赚获厚利的最好机会"①，促发了中国民族棉纺织业的建厂热潮，并使其在一战后三四年内达到高峰。1918年，常州企业家刘国钧独资创办广益布厂（大成纺织染厂源于此），无锡庆丰纱厂则于1922年8月20日开工，由唐保谦和蔡缄三等人投资创办。显然，就纺织染联营的战略入口而言，前者是织布，后者是纺纱。

　　不同的选择与企业主之前的经营背景和当时企业的资本实力有关。刘国钧早年经营京货店，"有9/10的营业是棉布"②，还自设土染坊，把坯布染成青、元布出售。多年的经历使他熟知棉布和土染色布的产品特质及销售情况。当时，他所拥有的资金较少，仅6000元。因此，刘国钧很自然地选择预付资本少且熟悉的织布作为进入棉纺织业的入口。而唐、蔡则不同，创办庆丰前，其名下就有益源堆栈、九丰面粉厂、润丰榨油厂、锦丰丝厂、利农砖瓦厂等多家生产单位，且经营状况都不错，其中九丰一处就能为庆丰的创建拿出40万元，远胜刘国钧的实力。有了雄厚的资金支持，在棉纱厚利的诱惑下，唐、蔡选择以纺纱作为入口。

　　在同一产业境遇之下，战略入口选择的不同导致了两个企业在启动时期不同的遭遇及经营状况。两者建厂时间都接近"黄金时代"的拐点，即1920年。此后，中国棉纺业"由欧战所激起的繁荣，转瞬即逝，接着便是极度的萧条"，直至1931年，"似日益入于有利的采算，惟创痛巨深，全国华资纱厂的发展并没有何等重要的进步"③，其根本原因"在于中国市场上机纱生产过剩"④。对于新进企业来说，这意味着棉纺业（主要是粗纱生产）产生了较高的进入壁垒。织布业方面，由于1920年以后中国棉纺织品市场"对农村织布业的传统产品的需求趋于停滞，而对于替代进口机织薄质棉布的近代织布业产品的需求正趋于高涨"⑤，近代织布生产兴起。

---

① 严中平：《中国棉业之发展》，商务印书馆，1943，第154页。
② 刘国钧：《自述》，李文瑞主编《刘国钧文集·传记卷》，南京师范大学出版社，2001，第13页。
③ 严中平：《中国棉业之发展》，商务印书馆，1943，第156页。
④ 〔日〕森时彦：《中国近代棉纺织业史研究》，袁广泉译，社会科学文献出版社，2010，第263页。
⑤ 中国社会科学院近代史研究所编《中华民国史研究三十年（1972~2002）》，社会科学文献出版社，2008，第839页。

这种情况下，刘国钧选择织布生产作为进入棉纺织行业的入口，可以避开棉纱业的高壁垒，以出售坯布为主，再配合土法染色作业，销售色布，拥有稳定的市场出路；而庆丰面对棉纺业较高的产业壁垒强行进入，"开厂后即资金匮乏"，"屡经波折、濒于困境，甚至被迫关厂"①。1918～1927年的十年间，广益织布生产"从手工操作逐步转向机械化、电动化"②；庆丰虽然在一开始就拥有当时的先进设备，却陷入棉纺业萧条的泥潭，在九丰面粉厂强力的资金支援下，直到1930年才在棉纺业的激烈竞争中站稳脚跟。也就是说，正当庆丰努力原地站稳的时候，广益的生产力水平已经赶上了它。

我们再来考察两者启动时期的资本增长情况。1918年，广益一厂开办资金6000元，第一年盈利3000余元，以后年年获利，虽然具体数字不详，但有资料显示，1925年、1926年刘国钧陆续将广益一厂的筒子车、纡子车改为电动机牵引，并添置铁木合制布机36台。广益一厂的企业资本还是有较多增长的。广益二厂1922年开办时有资金5万元，"做了四五年就积累了3万多元资金"③。所以，粗略且保守地估计，1918～1927年，广益布厂的资本从6000元至少增长到9万～10万元，资本平均增长率是35.11%～36.70%。庆丰从1922年的80万元增长到1930年的142万元④，九年内资本平均增长率是7.44%。可见，在纺织染联营战略入口启动阶段，虽然广益初始资本远不及庆丰，但发展速度比庆丰快得多，是其5倍，而且考虑到唐、蔡内部企业（不只是九丰）对庆丰的资金支持，庆丰其实是在搀扶下蹒跚前进，相对而言，广益的发展速度就更显着实。

织布与纺纱，纺织染联营战略入口的不同选择造成了两个企业不同的启动状况。广益布厂是稳步快速发展，前景乐观；而庆丰纱厂却苦苦挣扎，尽管最终立足于高壁垒的棉纱业，但消耗大量内部调剂资金，必

① 《无锡第二棉纺织厂厂史》，油印本，1984，第17页。
② 常州东风印染厂厂志编纂办公室编《常州东风印染厂厂志》，铅印本，1988，第2页。
③ 巢福倍：《实业家刘国钧》，中国人民政治协商会议全国委员会文史资料研究委员会编《文史资料选辑》第一〇〇辑，文史资料出版社，1985，第266页；刘国钧：《自述》，李文瑞主编《刘国钧文集·传记卷》，南京师范大学出版社，2001，第18页；常州东风印染厂厂志编纂办公室编《常州东风印染厂厂志》，铅印本，1988，第2、405页。
④ 《无锡第二棉纺织厂厂史》，油印本，1984，第19页。

会对其发展后劲产生一定影响。更重要的是，战略入口的不同直接影响了两者后续战略的选择及实施。

二　往返延伸与单向推进：不同的战略路径

为了能更清楚地说明问题，笔者引入纵向链条和纵向一体化的概念。商品"沿纵向链条'移动'——从原材料和零部件到生产，再经过运送和零售"，"处于纵向链条前面步骤的是生产过程的上游，处于后面步骤的则是生产过程的下游"[1]。纵向一体化是"在生产或分销的各衔接环节进行一体化经营"[2]。企业经营业务向下游扩展称前向一体化，反之为后向一体化。

表 3-5　大成和庆丰纺织染印纵向一体化战略实施步骤对照

步骤	大成		庆丰	
	时间	任务	时间	任务
启动	1918～1927 年	机械化、电动化	1922～1930 年	在棉纺业立足
第一步	1927 年	前向一体化：织布→染色	1933 年	前向一体化：纺纱→织布
第二步	1932 年 1 月	后向一体化：纺纱←染织	1934 年底	前向一体化：纺织→染色
第三步	1934 年底	前向一体化：纺织染→印花	1934 年底	前向一体化：纺织染→印花（未完成）
第四步	1936～1937 年	后向增强纺纱，前向增强印染	1939 年 9 月	前向一体化：纺织染→印花（完成）

资料来源：常州东风印染厂厂志编纂办公室编《常州东风印染厂厂志》，铅印本，1988，第1～4页；巢福借：《实业家刘国钧》，中国人民政治协商会议全国委员会文史资料研究委员会编《文史资料选辑》第一〇〇辑，文史资料出版社，1985，第272～274页；高进勇主编《常州国棉一厂志（1916～1990）》，江苏人民出版社，1995，第56～59页；《无锡第二棉纺织厂厂史》，油印本，1984，第10、18、31～33、38页。

因此，纺织染联营实际上是对纺纱、织布、染色、印花四个连续生产环节的纵向一体化。在企业经营实践中，大成和庆丰的主持者都产生

---

[1]　〔美〕贝赞可、德雷诺夫、尚利、谢弗：《战略经济学》（第三版），詹正茂、冯海红、林民旺、李诺丽译，中国人民大学出版社，2006，第112页。

[2]　〔美〕迈克尔·波特：《竞争战略》，陈小悦译，华夏出版社，2005，第8页。

了这一战略意识。刘国钧"素主纺织染兼营"，"盖蓄之已数十年矣"①。唐星海（唐保谦之子，1923 年回国以后逐步负责庆丰的实际工作）在庆丰"几经渡过危机"后认识到"还须在印染上打开局面"，"最终把庆丰厂建成纺、织、漂、印全能企业"②。然而，战略入口选择不同直接导致两者战略路径及步骤不同（见表 3 - 5），进而在战略进程中对企业发展也产生了不同的影响。

　　1927 年广益布厂完成机械化和电动化的同时也完成了第一步，从织布前向一体化染色生产，"染色工序增添染缸、锡令、漂布洗布机、焙烘车、40 尺拉幅车等设备"③。1929 年开始的"关税自主"运动使进口关税逐年提高，"各类棉布之进口量亦随而锐减，亦以漂白染色与印花两类为最"，"漂染印花等整理部门……更能获利"④。刘国钧首先实现织染联营。第一步的获利为下面的步骤提供了资金支持。购买大纶纱厂前，刘国钧已有 30 万元资金。庆丰的第一步是前向一体化织布生产。虽然庆丰纱厂开办时就附设织机，但主要产品还是棉纱，而且主要是 20 支以下的粗纱，布匹以 12S 经 × 12S 纬粗布为主，并不适用于机器印染，因此，不能算完成第一步。1933 年庆丰第二工场开工，生产"60S 至 80S 的多种棉纱和各种股线花线"，所织棉布有细纱布类的"线呢、直贡、毕叽、府绸、洋纱、麻纱等"⑤。细纱布生产能力的形成为机器印染做好了准备，第一步完成。由于庆丰第一步完成的是纺纱与织布的纵向一体化，无法像广益那样及时抓住漂染印布类市场需求高涨的机遇。不仅如此，"1931 年下半年起，中国棉业的发展开始进入逆境，1932 年后，终于演成极度的萧条景象，直至 1936 年下半年，才稍稍复苏"⑥。刘国钧说过："申新纱厂没有染色设备，就吃了大亏，宝成纱厂也是如此。"⑦ 其实，

---

① 国棉一厂厂史办：《大成公司沿革简历》，常州市纺织工业公司编史修志办公室编《常州纺织史料》第十一辑，油印本，1987，第 122 页。
② 《无锡第二棉纺织厂厂史》，油印本，1984，第 30 页。
③ 常州东风印染厂厂志编纂办公室编《常州东风印染厂厂志》，铅印本，1988，第 2 页。
④ 严中平：《中国棉业之发展》，商务印书馆，1943，第 196 页。
⑤ 《无锡第二棉纺织厂厂史》，油印本，1984，第 24 页。
⑥ 严中平：《中国棉业之发展》，商务印书馆，1943，第 172 页。
⑦ 刘国钧：《自述》，李文瑞主编《刘国钧文集·传记卷》，南京师范大学出版社，2001，第 18 页。

在没有实现前向一体化染色生产前，庆丰也是一样，始终无法摆脱棉纺织业市场动荡的困扰，1933年的盈利竟跌到了1562元之低。这又将消耗大量内部调剂资金以使企业渡过难关。

刘国钧实施第二步后向一体化纺纱生产的过程比较复杂，但也体现了其稳步推进纺织染联营的战略思路。1930年2月16日，他与人合资购买大纶久记纱厂，改为大成纺织染公司。此时，广益染织厂和大成纱厂的主要负责人都是刘国钧，但两个企业的组织经营相对独立。刘自己也说："同时有了两个企业，做起事来往往牵涉到公与私的问题。"[①] 这句话的隐含意思就是两个企业并不统一经营管理。但他又说这样安排是"对大成的前途还缺乏足够的把握，留广益在手里，每年三、五万利润可以稳保，是'进则可取，退则可守'"。可见，刘国钧考虑到后向一体化进入纺纱业的风险，没有一次完成第二步，而是通过他个人与两个企业的关系逐步试探磨合。此后两年，大成经营顺利，"已无'留一手'的必要"[②]。1932年1月，广益染织厂以估价入股的方式并入大成纺织染公司，第二步完成。1934年底，刘国钧从日本购买的旧八色印花机试车成功，当年就赚到5万元，第二年印花部门更是赚了20万元。这样，大成纺织染公司就完成了纺、织、染、印纵向一体化。

与此同时，庆丰也加快了继续前向一体化的步伐，第二步前向一体化染色生产与第一步相隔一年，第三步前向一体化印花生产紧随第二步。1934年底，庆丰漂染工场开工，"印花部份亦拟于最短期间筹备实现"[③]。事实上，印花设备已到，唐星海已着手扩建印花工场。庆丰本有望与大成几乎同时实现纺织染印纵向一体化。但就在这时，唐星海的父亲唐保谦极力反对继续开办印花工场。他的理由是："印花布是有时间性、适应性的，时兴花色能畅销，过时品种就积压。"[④] 这确实是事实，但仅以此就坚决阻止印花工场的筹建，何况印花设备已到，似乎另有隐情。企业进入新生产领域，对相关经营管理销售事宜当然会有一个适应过程。唐

① 刘国钧：《自述》，李文瑞主编《刘国钧文集·传记卷》，南京师范大学出版社，2001，第25页。
② 巢福借：《实业家刘国钧》，中国人民政治协商会议全国委员会文史资料研究委员会编《文史资料选辑》第一〇〇辑，文史资料出版社，1985，第271页。
③ 《无锡第二棉纺织厂厂史》，油印本，1984，第31页。
④ 《无锡第二棉纺织厂厂史》，油印本，1984，第32页。

保谦与刘国钧一样早年也经营过布匹零售业务，还是些经验的。为何此时对进行花色布的销售没有信心，连小规模尝试的胆量都没有了呢？其根源还在于前两步战略实施过程中庆丰遭遇了棉纺织业的萧条和动荡，消耗了大量内部资金进行调剂维持，再加上近几年连续扩充兴建，此时整个唐蔡资本集团已无足够资金支持庆丰应对在印花生产及销售中可能遇到的风险了。与大成稳步推进、后劲实足之势不同，庆丰则步步牵绊、后劲不足。

此后，到抗战全面爆发前夕，刘国钧又进一步加强了纵向链条上游的纺纱生产，分别于 1936 年与人合办汉口震寰纱厂，改为大成四厂，1937 年兴建大成三厂。而 1939 年 9 月，继承了一部分庆丰设备的上海保丰纺织漂染整理公司投产，未及时投产的印花设备也为其所用。庆丰前向一体化印花生产的任务分为两次才完成。

由上可知，大成和庆丰的纺织染联营推行了两种不同的战略路径，如图 3 - 2 所示。大成是从纺、织、染、印生产纵向链条的中部织布（A）切入，先前向一体化染色（B），再后向一体化纺纱（C），然后再前向一体化印花（D），呈现沿纵向链条前后往返延伸的线路。而庆丰从纵向链条的上游源头纺纱（a）开始，通过三次连续的前向一体化往下游扩展，先后整合织布（b）、染色（c）和印花（d），表现为单向直线推进的线路。

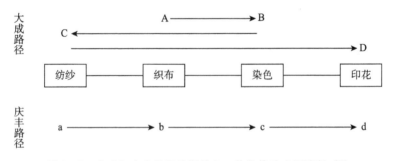

图 3 - 2   大成和庆丰纺织染印纵向一体化战略实现路径对比

三 反超与落后：不同的战略效果

不同战略路径对大成和庆丰的不同影响在各分步的比较中已略有分晓。下面我们再从盈利情况、规模变化、联营质量三方面对比来进一步分析大成反超而庆丰落后的战略效果。

这里选取了大成和庆丰年盈利额都有确切记录的 5 年（1931～1935

年）进行对比，如图 3-3 所示。这 5 年正好包含了两者实现纺织染联营的第一、第二、第三步。虽然企业盈利不完全由经营战略决定，但不可否认扩张战略路径是关键之一。在大成和庆丰没有突出优于或劣于对方的其他条件下，战略扩张走向将是影响两者获得盈利的主要因素。

　　1931 年和 1932 年的盈利额，庆丰都超过大成。这主要是企业规模不等造成的。刘国钧虽在 1930 年与人合资购买下大纶久记纱厂，改为大成纺织染公司，但并未将其独资的广益染织厂与之合并。当时，大成纱厂有纱锭 10000 枚，布机 260 台，资本 50 万元，而庆丰第一工场在 1931年就拥有纱锭 31200 枚，布机 320 台，资本 142 万元，规模是大成的 3倍。1932 年，即便大成添纱锭 10000 枚，增资到 100 万元，庆丰也是其的近 1.5 倍（庆丰第一工场自 1931 年后没有大规模增资添锭）。[①] 1932年，增资添锭以及染色生产接入后，大成与庆丰的盈利差额从 1931 年的16 万元缩小至 11 万元。可见，规模较大是这两年庆丰年盈利高于大成的主要原因，其实力一定程度上强于大成。

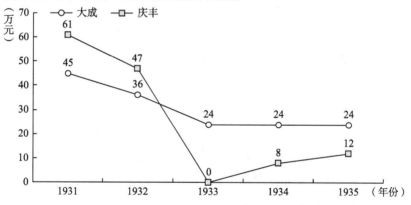

图 3-3　大成和庆丰盈利额对比（1931~1935 年）

　　资料来源：大成历年盈利数额见吴景超《中国经济建设之路》，商务印书馆，1944，第 169~170 页；庆丰历年盈利数额（与大成数据一致，精确到万位）见《无锡第二棉纺织厂厂史》，油印本，1984，第 30 页。

---

① 国棉一厂厂史办：《大成公司沿革简历》，常州市纺织工业公司编史修志办公室编《常州纺织史料》第十一辑，油印本，1987，第 121、127 页；朱希武：《大成纺织染公司与刘国钧》，中国人民政治协商会议全国委员会文史资料研究委员会编《文史资料选辑》第三十一辑，文史资料出版社，1962，第 213 页；《无锡第二棉纺织厂厂史》，油印本，1984，第 18~19 页。

1933 年，棉纺织业危机已经蔓延开来。庆丰几乎 0 盈利（0.1562 万元）的惨状反映了市场情况。而 1932 年广益染织厂并入大成后，通过增加细纱锭和染色设备以及各生产环节的磨合，1933 年大成纺织染联营生产已比较成熟，产品以花色布为主。因此，大成受棉纱坯布市场萧条的影响不大，仍能保持盈利，并续增资到 220 万元。1934 年，棉纺织业仍处于危机中，但年底庆丰染色工场投产，企业获得一定盈利。1935 年，危机还在延续，而大成已经三年保持稳定较高盈利。庆丰的染色工场开始走上正轨，由于染色生产规模没有及时扩大，盈利虽有明显增加，但仍不及大成，只有其的一半。

此后两年的盈利由于大成缺乏确切的数字而无法比较，但两者资金和设备的扩充情况可以做侧面的反映。1936 年，大成"以联营业务益加扩充，复增资一百八十万元"①。1937 年，大成开始兴建第三工厂，厂基100 余亩，纱锭 30000 枚，抗战全面爆发时 10000 枚已到厂试装，20000 枚滞留上海，500 台布机未到。大成二厂，新增日本产双幅弯弓丝光机 1 台，双层电光机，六色印花机，平绒、灯芯绒整理机，烧毛机，刷毛机，上蜡机等各 1 台，且拓地建屋如期完工。② 而庆丰 1935 年开办印花工场未成，1937 年购地 25 亩，准备筹建第三工场，已到 192 台自动织布机。③

可见，1933 年是大成和庆丰实力对比的分水岭。在应对危机的博弈中，两者盈利额高低位置前后倒置，大成开始反超庆丰，庆丰相对落后。而这都得益于大成选择从织布入口前后往返延伸的战略路径。这种战略路径可以使大成在启动时期避开已经形成高壁垒的棉纺业，避免像庆丰那样由于强行进入而耗费大量资金，然后先先向一体化染色生产，可以面对广阔的色布市场，易于获利，为企业继续发展添加动力，再后向一体化纺纱生产，确保棉纱原料的供应，在支持染色生产的同时，也进入

---

① 国棉一厂厂史办：《大成公司沿革简历》，常州市纺织工业公司编史修志办公室编《常州纺织史料》第十一辑，油印本，1987，第 126 页。

② 国棉一厂厂史办：《大成公司沿革简历》，常州市纺织工业公司编史修志办公室编《常州纺织史料》第十一辑，油印本，1987，第 128 页；《大成公司对书面调查的答复》，常州市纺织工业局编史修志办公室编《常州纺织史料》第一辑，油印本，1982，第 165 页；常州东风印染厂厂志编纂办公室编《常州东风印染厂厂志》，铅印本，1988，第406 页。

③ 《无锡第二棉纺织厂厂史》，油印本，1984，第 32～33 页。

了存在高壁垒的棉纺业。这种前后往返逐步延伸的方式比庆丰的持续前向推进节省企业发展动力。大成在入口、第一步、第二步都能稳步获得盈利，企业发展可以获得持续的资金支持，第三步实现之后，更是后劲实足；而庆丰在没有染色生产之前，入口和第一步的盈利随着棉纱市况的起伏而动荡，很难保证稳定，甚至需要内部调剂资金支援，每一步都在逐步消耗企业发展动力，第二步一体化染色生产实现后，出现发展后劲不足的问题。大成在 1936 年和 1937 年大兴扩张而庆丰小做增添便是最好的证明。

我们再来看一下大成和庆丰发轫之始和抗战全面爆发前夕企业规模对比的情况，如表 3-6 所示。可以这样说：大成全线反超，庆丰全线落后。

表 3-6 大成与庆丰发轫之始和抗战全面爆发前夕规模对比

项目	发轫之始		抗战全面爆发前夕	
	大成	庆丰	大成	庆丰
资本（元）	6000（预付资本）	800000（预付资本）	4000000（注册资本）	3000000（注册资本）
纱锭（枚）	0	14800	78836	64768
布机（台）	80（手拉木机）	250	1729	917
漂染整设备（台）	0	0	50	40
印花机（台）	0	0	2	1（未投产）
印花漂染布平均日产量（匹）	0	0	5000	3000

资料来源：（1）发轫之始的数据。大成各项数据见常州东风印染厂厂志编纂办公室编《常州东风印染厂厂志》，铅印本，1988，第 1 页；庆丰各项数据见《无锡第二棉纺织厂厂史》，油印本，1984，第 7 页。（2）抗战全面爆发前夕的数据。1936 年大成资本见巢福偕《实业家刘国钧》，中国人民政治协商会议全国委员会文史资料研究委员会编《文史资料选辑》第一○○辑，文史资料出版社，1985，第 277 页。大成纱锭数，一厂 20500 枚，三厂 32000 枚，四厂 26336 枚，共 78836 枚；大成布机数，一厂 750 台、二厂 729 台、四厂 250 台，共 1729 台。见《大成公司对书面调查的答复》，常州市纺织工业局编史修志办公室编《常州纺织史料》第一辑，油印本，1982，第 165 页；高进勇主编《常州国棉一厂志（1916~1990）》，江苏人民出版社，1995，第 56~57 页。大成漂染整设备台数，1931 年 20 多台，1932~1935 年增添 20 多台，1935 年至抗战全面爆发前增添 10 多台，共 50 多台；印花机台数，1934 年购日本旧八色印花机 1 台，1935 年购日本新六色印花机 1 台，共 2 台；印花漂染布日产量匹数，见常州东风印染厂厂志编纂办公室编《常州东风印染厂厂志》，铅印本，1988，第 2~4 页。庆丰资本、纱锭、布机数额，见《无锡第二棉纺织厂厂史》，油印本，1984，第 33 页；漂染整设备、印花机及产量数额，见《无锡第二棉纺织厂厂史》，油印本，1984，第 31~32 页。

最后，我们从大成和庆丰纺织染联营完成的质量上来进行考察。染色和印花生产是纺织染联营战略中最关键的部分，刘国钧说："印染厂是纺织厂加工的最后一道工序，很重要。"① 严格来讲，抗战全面爆发前，庆丰并没有完成联营的设想。整合印花生产直到 1939 年才实现，当时已是抗战全面爆发后了，企业发展环境已不可同日而语。即使是染色生产，尽管在 1934 年，庆丰日产漂染整布 3000 匹，较大成的 2000 ~ 2600 匹② 还略占上风，但此后一直没有扩充。作为纺织染联营中最重要环节的染色和印花部门建设不到位便会大大削弱联营的战略效果，而这与庆丰选择纺纱入口且单向推进的战略路径导致发展后劲不足有关。

四　两种战略路径的多种情况

在对比大成和庆丰的基础上，我们再来看全国的情况。近代中国棉纺织企业纺织染联营所采取的战略路径基本可分为往返延伸和单向推进两种，但由于发轫时间以及企业内外环境不同而存在多种情况。

与大成同一时期选择相同战略路径成长起来的有无锡丽新纺织印染整理公司和上海鸿章纺织染公司。由于鸿章资料较少，可参见表 1 - 1 第14，这里仅说明丽新的基本情况。1917 年，丽新也是从小资本（10000元）的手工织布厂发起，避开了棉纺业的高壁垒，经过往返延伸的纵向扩张，1920 年前向一体化染色生产，1930 年后向一体化纺纱生产，在 30 年代棉纺织业危机时期，连获盈利，持续增资，1934 年前向一体化印花生产，完成了纺织染联营，1937 年资本也达到 400 万元，被业内称为"不倒翁厂"，又被日本《朝日新闻》称为日本棉纺织工业的"劲敌"。可见，丽新采用往返延伸式战略路径获得了与大成相似的战略效果。③

选择单向直线推进路径的企业情况比较复杂。

与庆丰采取相同战略路径的典型企业有上海永安纺织印染公司和常

---

① 刘国钧：《自述》，李文瑞主编《刘国钧文集·传记卷》，南京师范大学出版社，2001，第 26 页。

② 常州东风印染厂厂志编纂办公室编《常州东风印染厂厂志》，铅印本，1988，第 3 页。

③ 中国人民政治协商会议江苏省无锡市委员会文史资料研究委员会编《无锡文史资料》第七辑，1984，第 72 ~ 74 页；无锡国棉三厂编史组：《三十年代的无锡丽新厂》，中国人民政治协商会议江苏省委员会文史资料研究委员会编《江苏文史资料选辑》第十一辑，江苏人民出版社，1983，第 109 ~ 111 页。

州民丰纱厂股份有限公司。永安于1922年下半年投产，而民丰的前身常州纺织公司，于1921年10月开工，都无一例外地遇到了困难。

永安的情况，正如其创始者郭乐所说，"永纱出世后就遇着打饥荒"，经历了一个挣扎图存的过程。[1] 不过，永安获得的战略效果要比庆丰好，不仅在棉纺织业立足，而且通过兼并和自建扩大规模，占据了民族棉纺织企业第二的地位，获得了规模经济效应。然后，在对印染生产的前向一体化过程中，永安也没有出现类似庆丰后劲不足的问题。相同时期和战略路径之下取得不同战略效果的关键原因在于永安集团的资本比创办庆丰的无锡唐蔡集团更加雄厚，拥有足够的资金对纺织印染生产业务进行持续支持。永安的初始资本就有600万元，是庆丰的7.5倍。之后，企业"借助于联号资金的支援"渡过初期困境，且这种集团内部的资金挹注能够保持长期性和连续性，不仅如此，在发展后期竟然呈走高的趋势。[2] 这种强有力的集团内部资金支持在近代中国企业中是极少见的。然而，永安选择纺纱作为入口且前向推进的线路，尽管从结果看是成功的，但从过程看，通过消耗大量联号资金，强行进入纺纱业，并长期纠缠于"已达极限的传统部门市场"[3]，1935年才拓展新兴印染生产，建立大华印染厂，完成纺织染联营，是不是永安的最佳战略选择呢？

民丰纱厂的前身常州纱厂开工一年多便因亏本而停业清理。1925～1930年的租办时期，企业由于共享荣氏申新纺织系统的规模经济效应而有所获利。1931年收回重组为民丰纱厂后，仅1932年获得了盈利，1933年"周转甚感困难"。可见，在30年代的中国棉纺织产业中，单一棉纺织企业经营状况的波动很大。不过，民丰得到了光裕营业公司严庆祥及其亲戚李耀章等的资助，整理扩充后于1935年3月开工，1936年建立染部，实现纺织染联营后，遂"生产业务，稍见稳定"[4]。

---

[1] 上海市纺织工业局、上海棉纺织工业公司、上海市工商行政管理局永安纺织印染公司史料组编《永安纺织印染公司》，中华书局，1964，第37页。

[2] 上海市纺织工业局、上海棉纺织工业公司、上海市工商行政管理局永安纺织印染公司史料组编《永安纺织印染公司》，中华书局，1964，第21、38、176页。

[3] 〔日〕森时彦：《中国近代棉纺织业史研究》，袁广泉译，社会科学文献出版社，2010，第281页。

[4] 陈御风：《民丰纺织厂的历史沿革》，常州市地方志编纂委员会办公室、常州市档案局编《常州地方史料选编》第一辑《工商业史料专辑》，1982，第128～131页。

除永安和民丰之外，采取前向推进路径的还有汉口申新四厂、青岛华新二厂、石家庄大兴纱厂。申新四厂于抗战全面爆发前夕添置日产2000匹的漂染整理机器全套。[①] 华新二厂分别于 1936 年和 1937 年春办染厂和添置印花机。[②] 大兴纱厂于 1932 年添置一座小规模漂染场。[③] 这三家企业有个共同点，即都是分别属于大型企业集团荣氏集团申新系统、周学熙企业集团华新系统、裕大华纺织集团的一个单位。这些企业集团一贯以扩张棉纺织生产的横向规模战略为主。因此，如此纵向扩张是企业集团下属单位的个别行为，并没有上升到整个集团的战略地位，但可以看作企业集团转变扩张方向的尝试。

单向直线推进的战略路径除了从纺纱生产入口前向推进，还可以从印染生产入口后向推进。采用这种路径的企业是上海达丰染织厂。1913 年，该厂成立时只是一个进行棉纱线漂白、丝光、染色的工场。1919 年，达丰扩充资本，改建新厂，购买坯布，开始棉布机器染色业务。1920 年，达丰染织厂股份有限公司成立。1921 年，王启宇与人合资创办振泰纱厂，年底，达丰、振泰联合，"统一调度棉纺织漂染生产和经营"[④]。可见，达丰走的是从染色入口后向直线推进的路径。由于缺少资料，这种通过沿产业链后向直线推进的战略路径实现纺织染联营的情况还有待进一步研究。

通过比较近代中国棉纺织企业实现纺织染联营的往返延伸和单向推进两种战略路径，我们可以看到，同样沿产业链纵向扩张的战略可以有不同的实现路径，由此对企业发展产生的效果也会不同。纵向链条上各环节涉及的产业环境不会完全一样。选择战略入口时，企业，尤其是中小资本企业，应避开高壁垒产业，从纵向链条中产业环境良好、自己熟知且门槛较低的环节进入，最好还要能与高壁垒环节相连接，便于有实力之后通过产业关联关系的作用突入产业壁垒。当然，像永安那样的大

---

① 李国伟：《荣家经营纺织和制粉企业六十年概述》，中国人民政治协商会议全国委员会文史资料研究委员会编《文史资料选辑》第七辑，中华书局，1960，第 31 页。

② 周志俊：《青岛华新纱厂概况和华北棉纺业一瞥》，中国人民政治协商会议全国委员会文史资料研究委员会编《工商经济史料丛刊》第一辑，文史资料出版社，1983，第 25 页。

③ 中国人民政治协商会议石家庄市委员会文史资料委员会编《石家庄文史资料》第十辑《大兴纱厂史稿》，1989，第 119 页。

④ 中国近代纺织史编委会编著《中国近代纺织史》下卷，中国纺织出版社，1997，第289～290 页。

资本企业凭借资金优势强行进入，也有成功的可能。但以消耗大量资金实现先入高壁垒行业是否值得，在战略选择上是否最佳，应该慎重考量。从战略线路的选择来看，往返延伸式便于企业根据各产业环境的情况，沿纵向链条上下游先易后难地伸展，避开众多大企业优势集中的环节而转向其尚未重点关注的产业领域，实现错位竞争。这样企业可以获得发展空间，节省并积蓄发展动力，逐步进行产业链纵深推进，战略的推进也更加灵活和稳妥。单向推进式不利于企业避开纵向链条中某环节的产业壁垒，从而消耗企业发展动力，导致后劲不足的问题。当然，如达丰染织厂，企业从新兴生产环节向最终的高壁垒环节单向推进，也是可取的线路，但在没有一定基础的情况下先入新兴生产环节，产业及企业的不成熟仍会引来难以预测的风险，对中小资本企业不利。因此，大成、丽新、鸿章的成功经验为选择纵向扩张的中小资本企业提供了一个较为合理的战略路径，即以有一定发展但尚未形成充分或过度竞争的产业环节为战略入口，在整个产业链中站稳一点，然后沿纵向链条先向新兴产业环节推进，利用较宽松的市场环境争取成功，积累一定实力后，再反向挺进高壁垒生产环节，并通过多次往返延伸，逐步实现战略纵深推进，占据整个纵向产业链条，最终使企业在相关产业中取得强大的竞争优势。

第三节 铁棉"纵合"：光裕营业公司的联营

机器工业是近代中国较早出现的民族资本工业。随着外国对华和国内贸易增加，它孕育于逐渐扩大的进口机器（主要是货轮机械、印刷机械等）修理业务市场。由于机器工业资本周转慢、专业制造技术要求高等特点，它的成长比民族轻工业还要难，其产生以后发展艰难，总体生产技术水平较低，基本停留在修理层面，少有企业能够成功达到技术含量较高的专业机械制造水平。因此，近代中国民族机器工业没有成为其他工业生产所需机器的主要来源，中国近代轻工业发展所需的生产设备主要通过外国进口。

资金、市场、技术成为制约近代中国民族机器工业发展的主要因素。对此，在确立大隆机器厂棉纺织机器修造生产主体的基础上，光裕营业公司前向棉纺织机器使用部门，即实施了棉纺织生产部门的纵向一体化战略，并以混合一体化房地产业务为配合，从而降低不利因素的影响，

使企业主体的机器生产部门得到发展。光裕营业公司的大隆机器厂成为
近代民族机器工业企业中少有的经营较为成功的案例。

一　产用纵向战略的实现过程

光裕营业公司的创始人是严裕棠，早年在外商洋行工作，后进入华
商铁厂做销售，开始熟习机器业务。在铁厂做销售的时候，他遇到有利
买卖时就跳过老板，自己做私生意，积累了一些资金。当被铁厂老板防
戒时，他决定自立门户，遂有了大隆铁厂的开始。[①]

（一）　确立棉纺织机器修造为战略基点

1902 ~ 1924 年，是光裕营业公司（大隆机器厂时期）在经营实践中
最终确立以棉纺织机器修造作为企业战略基点的时期。

1902 ~ 1912 年是大隆机器厂早期发展阶段。1902 年，严裕棠在上海
与人合资创立大隆机器厂。预付资本 7500 两，分为三股，每股 2500 两，
严裕棠、褚小毛、钱恂如各占一股。钱恂如系严裕棠的岳父，其入股资
金实际上为资助严裕棠的性质，再加上大隆的修理生意皆由严招揽，因
而严裕棠实际上掌握了大隆的控制权。大隆正式开工时的机器设备有车
床 8 部、牛头刨床和龙门刨床各 1 部、20 匹马力的水汀炉子引擎设备 1
套。1902 ~ 1906 年是大隆机器厂合伙经营时期，1906 年褚小毛退股，严
裕棠把大隆所有股份都收归己有，从此开始独资经营。[②]

大隆机器厂早期以资本积累为其主要战略目标，企业涉及的机器修
理业务种类繁杂，较为大宗的有：为外轮修配机件，为日本在上海的内
外棉株式会社修配机件，为英商恒丰洋行提供较容易制造的传动装置部
件，为固本肥皂厂承造机器，为广益书局制造印刷机，为沪宁路局制造
铁道上的手摇车，并为汉口方面制造过内河小火轮 "渡江" "金山" 的
原动部分机件等。其中，为外轮修配机件一直是这一时期大隆的主要业
务范围，却不宜成为企业的战略主体。由于外轮修配业务的市场空间本
就不大，随着其他机器厂的建立，竞争越来越激烈，更重要的是外轮修

①　中国科学院上海经济研究所、上海社会科学院经济研究所编《大隆机器厂的发生发展
　　与改造》，上海人民出版社，1958，第 2 ~ 3 页。
②　中国科学院上海经济研究所、上海社会科学院经济研究所编《大隆机器厂的发生发展
　　与改造》，上海人民出版社，1958，第 3 ~ 5 页。

配业务的战略发展潜力和远景并不理想，以当时中国的工业体系状况以及严裕棠的个人资力而言，大隆无法朝着大型轮船制造的战略方向拓展。此时，中国民族工业正孕育着一个新的趋势，即棉纺织业的发展。随着棉纺织企业的增多，棉纺织机器修配业务将是一个广阔的市场，从棉纺织机器修配向制造方向拓展对大隆来说是现实可行的战略计划，况且大隆已经在为内外棉棉纺织机器修配和恒丰洋行制造传动装置（主要为棉纺织和制粉机器所用），积累了相关修配制造的经验，为以后确立棉纺织机器修造为战略基点奠定了基础。自独资经营以后，对外轮业务，大隆机器厂就"逐渐不做了，开始转到纺织厂的零件修配上来了"[1]。

1913～1920 年，大隆的"主要生产业务已逐渐转到修配纺织机件上来了"，确立了棉纺织机械修配的战略主体地位。1913 年，企业规模扩大，4～10 英尺的车床 24 部，15 英尺车床 2 部，20 英尺大刨床 1 部，大号横臂钻床 1 部。1920～1924 年，大隆机器厂开始向棉纺织机器制造方向拓展。为此，企业内部进一步扩充，1920 年迁至大连湾路后，大隆机器厂添置一部分进口机器：铣床 2 部，大小磨床 2 部，大号滚床 1 部，2 号钻床 1 部，做铣刀的车床 1 部。其间，大隆在棉纺织机器制造方面取得了一定突破，能够制造部分纺织机器，尤其是 1922 年成功仿制了日本丰田式织布机。[2]

此阶段，光裕营业公司（大隆机器厂时期）根据市场环境和自身实力确立了企业的生产主体和战略基点。从长远发展考虑，企业应选择有市场前景和进一步提升空间的生产或业务范围作为战略经营的主体。

（二）建立产用纵向一体化的战略体系

1925～1929 年是光裕营业公司实现铁棉联营的产用纵向一体化战略的阶段。

一战爆发后，中国民族棉纺织业的发展需要大量棉纺织机械。中国棉纺织机器需求市场给光裕营业公司大隆机器厂提供了许多机遇。1914～1931 年，中国纺织机器进口数值出现两次高峰，第一次是 1921 年和 1922 年，第二次是 1930 年和 1931 年，如图 3-4 所示。总体来看，这两

---

① 中国科学院上海经济研究所、上海社会科学院经济研究所编《大隆机器厂的发生发展与改造》，上海人民出版社，1958，第 6～8 页。

② 中国科学院上海经济研究所、上海社会科学院经济研究所编《大隆机器厂的发生发展与改造》，上海人民出版社，1958，第 8～9、17、20～21 页。

个时期中国纺织机器（主要是棉纺织机器）的市场缺口还很大。

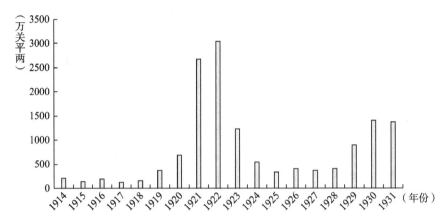

图 3 - 4　全国历年纺织机器进口净值（1914～1931 年）

资料来源：《全国历年机器进口净值分类》，上海市工商行政管理局、上海市第一机
电工业局机器工业史料组编《上海民族机器工业》上册，中华书局，1966，第 434 页。

究其原因：一方面是来自华商棉纺织厂的大量兴建（见图 3 - 5）；
另一方面是来自外国（主要是日本）在华设立棉纺织厂数量的增多。由
于中国机器制造业生产技术水平落后，其中的佼佼者，大隆机器厂也只
到 1925 年左右才能够仿制部分纺纱机器，仿制整套纺纱机器则更是迟至
1935 年①，而当时，无论是民族棉纺织企业还是外国在华棉纺织企业，
都大大减缓了纱锭设备的增加速度，况且当时正处于中国棉纺织业萧条
时期，民族棉纺织企业普遍遭遇困境。在织布机器方面，虽然大隆在
1922 年就成功仿制日本丰田式半自动织布机②，1925 年、1928 年、1930
年、1931 年出现需求高峰（见图 3 - 6），然中国棉纺织企业所需多为全
铁制全自动织布机。大隆仿制的纺织机器"由于严裕棠和荣宗敬的关系，
申新纱厂购去了 10 部，结果是弃而不用。严裕棠又送了 2 部给穆藕初所
办的纱厂……结果也无用"③。

---

① 上海市工商行政管理局、上海市第一机电工业局机器工业史料组编《上海民族机器工
业》下册，中华书局，1966，第 547 页。

② 中国科学院上海经济研究所、上海社会科学院经济研究所编《大隆机器厂的发生发展
与改造》，上海人民出版社，1958，第 21 页；上海市工商行政管理局、上海市第一机
电工业局机器工业史料组编《上海民族机器工业》下册，中华书局，1966，第 538 页。

③ 中国科学院上海经济研究所、上海社会科学院经济研究所编《大隆机器厂的发生发展
与改造》，上海人民出版社，1958，第 22 页。

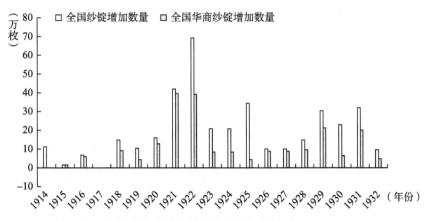

图 3－5　全国及华商纱厂纱锭历年增加数量（1914～1932 年）

注：当年的纱锭或布机增长量由当年的数量减去上一年的数量得出。其中，缺少
1923 年和 1926 年的数据，由 1924 年的数量减去 1922 年的数量再作两年平均得出 1923
年的增长量，同法得出 1926 年的增长量。

资料来源：《全国纱厂纱锭统计表（1890～1949 年）》和《全国纱厂附设布机台数
统计表（1890～1949 年）》，见丁昶贤《中国近代机器棉纺工业设备、资本、产量、产
值的统计和估量》，《中国近代经济史研究资料》（6），上海社会科学院出版社，1987，
第 87～89、92～94 页。

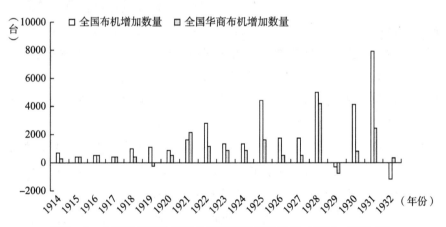

图 3－6　全国及华商纱厂附设布机历年增加数量（1914～1932 年）

注：当年的纱锭或布机增长量由当年的数量减去上一年的数量得出。其中，缺少
1923 年和 1926 年的数据，由 1924 年的数量减去 1922 年的数量再作两年平均得出
1923 年的增长量，同法得出 1926 年的增长量。

资料来源：《全国纱厂纱锭统计表（1890～1949 年）》和《全国纱厂附设布机台
数统计表（1890～1949 年）》，见丁昶贤《中国近代机器棉纺工业设备、资本、产量、
产值的统计和估量》，《中国近代经济史研究资料》（6），上海社会科学院出版社，
1987，第 87～89、92～94 页。

大隆生产的棉纺织机器产品并没有从市场需求中获得太多的份额，"民族资本机器工业始终没有制造过整套的纺织机器，纱厂的扩大与新建，仍然都是依赖于外国进口机器"，"大战发生以后，随着纺纱业的发展，棉织业继起获得发展，各厂纷纷添购布机，上海与内地中小型布厂设立者如雨后春笋，盛极一时，所用铁木机大抵为民族机器工业所造。纱厂中织布机设备亦增长甚速，所用全铁机则全系进口"①，广大的棉纺织机器市场主要被外国进口产品占据。尽管棉纺织企业规模扩大及数量增加导致了棉纺织机器巨大市场的形成，但由于自身生产水平的局限，大隆机器厂无奈地失去了参与竞争整套棉纺织机器市场的机会，而是主要从机器供应市场附属下的机器修配二级市场获取份额。然而，即使是这块市场的份额有时也会遭受棉纺织企业自设机器修造部门的争夺，"大隆和内外棉的业务关系，一直继续到 1920 年（它当时拥有纱锭 27 万，布机 3790 台），直到内外棉自设修配所为止"②。

这一情况对大隆机器厂的战略主体棉纺织机器修造业务极为不利。面对如此战略困境，大隆机器厂可以针对自身机器生产水平较低的实情，通过加大资金投入、聘请技术人才、引进先进机械制造设备等，完成对战略主体部分的提升。然而，以当时大隆机器厂的资金储备，考虑到机器制造生产的资本周转较慢，在短时间内实现整条棉纺织机器的生产，从而赶上 1929～1931 年棉纺织机器市场需求的第二高峰期，存在很大风险。在经常亏损的不利局面下，小资本的大隆若强以资金持续投入，支撑机器制造生产的提升是不现实的。因此，为了摆脱战略困境，大隆机器厂需要转换战略思路，选择独特的战略路径。既然无法跻身中国棉纺织机器市场，大隆可以选择前向一体化棉纺织机器使用部门——棉纺织生产单位，将无法掌控的市场交易形式转变为稳定可控的企业内部供用形式，实施产用纵向一体化战略。如此，一方面，企业直接面对的外部市场从棉纺织机器市场转变为棉纺织品市场，棉纺织生产的资本周转较快，且空间相对较大，至少可以获得市场竞争的机会，避免了因技术水平不够

① 上海市工商行政管理局、上海市第一机电工业局机器工业史料组编《上海民族机器工业》，中华书局，1966，第 256、268 页。

② 中国科学院上海经济研究所、上海社会科学院经济研究所编《大隆机器厂的发生发展与改造》，上海人民出版社，1958，第 7 页。

而无法参与竞争的无奈；另一方面，可以实现企业纵向链条上游和下游生产部门的共进，棉纺织生产单位可以降低机器修配和制造的成本，稳定的供用关系可使棉纺织机器生产单位获得提升技术水平的实践机会。

1925年，严裕棠开始实施产用纵向一体化战略，以解决大隆机器厂棉纺织机械修配和制造业务的出路问题，前向一体化的对象是拥有较长经营历史的苏州苏纶纱厂。大隆机器厂与苏纶纱厂的纵向一体化，实际上是两个身处困境中的企业的结合。苏纶纱厂在自1897年夏建成开工到1927年归入光裕营业公司的30年里，多次转租易人①，企业的经营历程可谓艰难。大隆机器厂与苏纶纱厂联合既符合产用纵向一体化节约交易成本的初衷，又互为彼此摆脱困境构造了新的企业战略格局。

光裕营业公司产用纵向一体化战略最初采用合伙租办的实现方式。1925年，严裕棠与吴昆生、李仲斌、李蔚青、潘守仁、毛鉴清组织洽记公司承租苏纶纱厂，改名为"苏纶洽记纱厂"②。然而，采用租办实现形式的一体化对大隆和苏纶有诸多不利。租办是企业短期经营行为，不利于大隆机器厂下定决心向苏纶纱厂投入大量资金和生产设备。何况又是合伙租，企业一般不会对生产单位旧有的机器设备及管理体制做深刻整改，以免耽误其尽快获利。因此，承租苏纶纱厂后，严裕棠及其合伙人"搞了一年多，因原有设备过于窳陋，旧有管理组织还未及改革，因此营业亦无起色"③。从战略层面看，经营无起色的原因主要是以合伙租办形式实现的纵向链条上下游联结未能充分发挥产用纵向一体化的关联优势。

---

① 第一次"易人"，1898年春创办苏纶纱厂的陆润庠入京供职，由绅士候选郎中祝承桂接办，"企业走上了亏耗和失败的道路"；第二次"转租"，1903年4月由商人费承荫接租，租期5年，企业扭亏为盈，规模有所扩大；第三次"易人"，1908年，费氏租约期满后，老股东收回自办，经营不到3年就亏蚀巨大，停工1年7个月；第四次"转租"，1912年8月，由源记公司许松春租办，为期4年4个月，初有起色，但不久又陷入困境，停工半年；第五次"转租"，1917年，由新商宝通公司的刘伯森承租，租期5年，租金每年6万两，由于在一战期间，企业"获利可观"，期满后刘氏未续租，1923~1924年停业待租。徐仁官：《苏纶纱厂纪略》，江苏省政协文史资料委员会编《江苏文史资料集粹·经济卷》，《江苏文史资料》编辑部，1995，第73~74页。

② 徐仁官：《苏纶纱厂纪略》，江苏省政协文史资料委员会编《江苏文史资料集粹·经济卷》，《江苏文史资料》编辑部，1995，第74页。

③ 中国科学院上海经济研究所、上海社会科学院经济研究所编《大隆机器厂的发生发展与改造》，上海人民出版社，1958，第34页。

　　1927 年底，为了加强大隆机器厂与苏纶纱厂之间的产用纵向关联度，严裕棠借苏纶厂房有倒坍危险等原因，与业主达成协议，成立光裕营业公司，与李仲斌合伙以 25.05 万两①的价格买下苏纶纱厂和苏经丝厂②，其中严氏占股 90%，李氏占 10%，苏纶纱厂改名"光裕营业公司苏纶纺织厂"③。光裕营业公司实际上成为大隆机器厂和苏纶纺织厂的总管理机构，由严裕棠任总经理，严庆祥为副总经理，副总经理代总经理具体领导所属各厂，总经理做出最高决策，"以后二厂对外关系，即以光裕公司出面"④。至此，棉纺织机器修配制造与使用单位的产用纵向一体化企业正式形成。

　　在并购苏纶纱厂的同时，大隆机器厂的生产技术水平比前一阶段有了很大提高，"根据英国勃兰特厂出品的布机，改进布机制造，使其易为国内工人掌握，并制成布厂用的其他机器"，"纱厂用的一部分机器，如清花机、回丝车、粗、细纱机，以及罗拉大牵伸，亦在此时试制成功"⑤。大隆机器厂机械制造技术水平的提升，为苏纶纺织厂生产设备的改进以及其后生产规模的扩大提供了重要支持。

　　光裕营业公司成立后，严裕棠将大隆机器厂的一系列企业资源调往苏纶纺织厂。一方面，他下决心把企业的大量资金投入苏纶，以改善其经营状况，"为了整修扩建和经营需要，额定资本为 80 万两，其中 90%以上是严家的，只有少数是严家亲友的"⑥。另一方面，他充分发挥产用

---

①　关于光裕营业公司并购苏纶纱厂的资金总数，《苏纶纱厂纪略》（《江苏文史资料集粹·经济卷》第 74 页）一文认为是 25.05 万两，而《大隆机器厂的发生发展与改造》（第 34 页）一书认为是 30 万两。据 1928 年 1 月 9 日的《纺织时报》（第 472 号，总第 298 页）中《苏纶纱厂清还股本》一文称"所有□厂卖价计规银二十五万零五百两正"。这里采用 25.05 万两。

②　苏经丝厂 1929 年停歇后改作苏纶纱厂仓库。苏州市丝绸公司编志组王启之：《苏经丝厂史略》，苏州市地方志编纂委员会办公室、苏州市档案局编《苏州史志资料选辑》第五辑，1985，第 55～56 页。

③　徐仁官：《苏纶纱厂纪略》，江苏省政协文史资料委员会编《江苏文史资料集粹·经济卷》，《江苏文史资料》编辑部，1995，第 74 页。

④　中国科学院上海经济研究所、上海社会科学院经济研究所编《大隆机器厂的发生发展与改造》，上海人民出版社，1958，第 38 页。

⑤　中国科学院上海经济研究所、上海社会科学院经济研究所编《大隆机器厂的发生发展与改造》，上海人民出版社，1958，第 32 页。

⑥　中国科学院上海经济研究所、上海社会科学院经济研究所编《大隆机器厂的发生发展与改造》，上海人民出版社，1958，第 34 页。

纵向一体化战略的优势，处于纵向链条上游的大隆机器厂向下游苏纶纺织厂提供机器修配服务和棉纺织机器产品，以改进生产效率和扩大生产规模。1927 年被购买后，苏纶"进行大整修和增置 2 万纱锭，除一部分机器是进口的以外，都是大隆制造的；其中包括粗纱机、细纱机、回丝车、并条机，等等。以后又增设布机 1 千台，也都是大隆制造的"①。此外，严裕棠还以大隆机器厂的成功管理经验对苏纶纺织厂的内部管理体制进行整合，"革除人事上官僚和管理上封建的弊端……厚礼辞退由老股东遗下之'总管'"②。大隆对苏纶各方面的支持及影响在严庆祥给苏纶厂长的信函中有明确阐述：

> 在常人看来，大隆是大隆，苏纶是苏纶。不知没有大隆，就没有苏纶的产生，况现在的苏纶之所以不象普通纱厂者，正恃有大隆。……无论工务方面，人才方面，均不能不依赖于大隆，如机器之修理添补等事，无大隆决无如是方便，人才非大隆积久训导，决无如是之适用。在大隆看来极普通者，一调苏纶，则可当得一部分事务。③

总之，光裕营业公司利用企业内低成本交易的便利，使苏纶焕然一新。随着产用纵向一体化战略的实现方式由合资租办转向独资并购，光裕营业公司对苏纶各方面的支持力度加大，其营业状况有了明显好转，"不仅一反过去一竭再衰的现象，而且为当时一般纱厂所望尘莫及"④。收购苏纶纱厂以来，"以民十九、二十两年获利最丰，纯益共达四十万元"⑤，如果将已分配的股息、红利、奖励金等，以及庞大的管理费和特

---

① 中国科学院上海经济研究所、上海社会科学院经济研究所编《大隆机器厂的发生发展与改造》，上海人民出版社，1958，第 33 页。

② 徐仁官：《苏纶纱厂纪略》，江苏省政协文史资料委员会编《江苏文史资料集粹·经济卷》，《江苏文史资料》编辑部，1995，第 75 页。

③ 中国科学院上海经济研究所、上海社会科学院经济研究所编《大隆机器厂的发生发展与改造》，上海人民出版社，1958，第 35 页。

④ 中国科学院上海经济研究所、上海社会科学院经济研究所编《大隆机器厂的发生发展与改造》，上海人民出版社，1958，第 34 页。

⑤ 中国银行总管理处业务调查课：《关于调查苏纶纺织厂的报告》（1935），上海档案馆藏，档案号：Q456-1-101-1。

别费算在内，"利润将是惊人的"①。

与之相对，由于修配业务范围扩大，棉纺织机器产品亦有了出路，大隆机器厂经营状况好转，"虽然一般机器厂都处于步履艰难、勉强维持之下，而大隆的生产业务却能踏步前进，并获得很高的盈利"②。不仅如此，随着生产制造机会的增多，大隆修造棉纺织机器的技术水平也获得了很大提高，巩固发展了光裕的战略主体。1926年，大隆机器厂从大连湾路再次迁移至光复西路，规模随之扩大，共有工作母机200余台，除部分进口外，多数是本厂自制。1928年后，大隆的主要生产业务由修配转向制造。1929年的大隆产品价目表中已经包含众多机器产品，各式引擎和农业机器11种，尤其是棉纺织机器产品达20余种。③ 可见，棉纺织机器修造与使用的纵向一体化战略，使原本经营困难重重的两个企业均摆脱了困境，实现了双盈共进。严庆祥曾这样高度评价棉纺织机器产用纵向一体化战略对光裕营业公司的重要性："以铁业为本，以棉业为手段，则成功自易。"这是"大隆又较一般机器厂处于优越地位的一个很主要的原因"④。

当然，一些民族企业也开设了铁工厂，如荣氏集团的公益铁工厂、大生集团的资生铁厂、广勤纱厂的广勤机器厂、永泰缫丝集团的无锡工艺铁工厂，属于实局部铁棉纵向联营。不过，光裕营业公司的铁棉纵向联营与之有本质上的不同。

第一，整合基点不同。光裕营业公司的铁棉联营是以大隆机器厂为基点向苏纶纱厂的一体化。机器修造生产是企业的战略主体。联营后，棉纺织业实力逐渐强大，也成为企业的重要部分，从而形成了铁棉联营的企业集团。上述其他企业集团的战略主体是棉纺织生产或缫丝生产，在此基点上向机器修造生产整合。不过，机器修造业部门从

① 中国科学院上海经济研究所、上海社会科学院经济研究所编《大隆机器厂的发生发展与改造》，上海人民出版社，1958，第34页。
② 中国科学院上海经济研究所、上海社会科学院经济研究所编《大隆机器厂的发生发展与改造》，上海人民出版社，1958，第35页。
③ 中国科学院上海经济研究所、上海社会科学院经济研究所编《大隆机器厂的发生发展与改造》，上海人民出版社，1958，第32~33页。
④ 中国科学院上海经济研究所、上海社会科学院经济研究所编《大隆机器厂的发生发展与改造》，上海人民出版社，1958，第35页。

未在企业内部达到与主体生产单位相当的地位。因此，严格说来，这些企业中的铁棉关联行为并未上升至企业一体化战略的高度，只是局部配合行为。

第二，实施目的不同。光裕营业公司实施铁棉联营的目的是解决机器制造业产品的销售问题。1922年成功试制织布机之后，大隆机器厂出现产销问题，"仅靠一般小型纺纱厂零零星星的交易"①，很难维持。严裕棠果断并购下苏纶纱厂，使大隆的产销矛盾得到缓解。而其他企业实施铁棉联营的目的是在机器设备进口方面减轻洋行的束缚，实现部分自给。荣氏集团在购买机器设备的过程中时常遭洋行敲诈。公益机器厂"专为申新、茂新等及对外制造零件及修理机械之需"，后来也能"代申新制造自动织布机及纺纱机"②，从而减轻了洋行的胁迫。荣德生对此感叹："余自创办实业，至此已四十余年，终能做到自造自用。"③ 张謇认为："用机械而不求自制，是欲终古受成于人。"④ 于是，大生创办资生铁厂为大生纱厂制造和修理机器。可见，光裕营业公司意在打通机器产品的出路，他者则试图为主体生产供应设备。这就是光裕营业公司铁棉联营的独特之处。

第三，纵深方向不同。基点和目的的不同导致了纵向一体化方向的不同。光裕营业公司由机器修造业向棉纺织生产整合寻求产品出路，是前向一体化行为。而荣氏集团、大生集团等，是由主体生产部门向机器修造单位寻求设备供应，是后向一体化行为。因此，其纵向整合的方向是截然不同的。这也凸显了光裕式铁棉联营的特殊性。

（三）扩大产用纵向上游和下游规模

产用纵向一体化战略实现后，苏纶的获利给整个集团带来了希望。为进一步提高棉纺织机器制造技术，加强企业战略基点建设，1930～

---

① 中国科学院上海经济研究所、上海社会科学院经济研究所编《大隆机器厂的发生发展与改造》，上海人民出版社，1958，第22页。
② 薛明剑：《公益机器厂之内迁》，上海大学、江南大学《乐农史料》整理研究小组选编《荣德生与企业经营管理》上册，上海古籍出版社，2004，第552页。
③ 荣德生：《乐农自订行年纪事续编》，乐农史料选编《荣德生文集》，上海古籍出版社，2002，第132页。
④ 《通州资生铁冶公司集股启》，张怡祖编《张季子九录·实业录（卷三）》第三册，文海出版社，1983，第1191页。

1937年，光裕营业公司实施了扩大产用纵向链条上游和下游规模的战略举措。

产用纵向链条上游机器修造部门的技术得到提高，规模进一步扩大。资金方面，大隆机器厂的资本从最初的30万两增加到50万两，1937年更是增至法币100万元。机械设备方面，大隆的各类工作母机增至500余部。为保证机器部件供应的数量和质量，大隆向机器生产部门的上游冶炼和铸造生产单位实施了适当的、有限的一体化，成立了铸冶部，并设立了化验室，以及总工程师办公室，以提供技术支持，达到了自制重要机器制造加工设备的水平。[①] 同时，为了扩大产品种类，在以棉纺织修造为主体的前提下，根据市场需求拓展其他设备的生产。针对华北的火炉市场，专门成立火炉生产单位，并在天津设立推销处。[②] 1929年在大连湾原厂地设立分厂，专门制造引擎和农具，3年后结束。[③] 拓展多种机械产品，为整个集团尤其是大隆机器厂提供了资金周转的渠道，支持了主体生产的发展。加大对上游机器生产部门的投入力度，在技术和规模方面进一步发展，最终使光裕营业公司取得了骄人的成绩。1935年，光裕营业公司大隆机器厂成为近代中国最早的也是唯一的能制造整套棉纺机器的民族机器厂，是中国近代机器制造史上的里程碑。而之所以能够取得如此成就，大隆"生产能力的增长和生产业务的发展，是和这一时期铁棉联营的扩大分不开的"[④]，棉纺织生产单位为其提供了实现产品价值的机会。

产用纵向链条下游棉纺纱生产部门规模不断扩大。早在1929年4月，光裕营业公司就并购了常州广新纱厂，将可用的机器设备并入苏纶纱厂，开启了扩大下游棉纺织生产部门规模的进程。[⑤] 1930年春，光裕

---

① 中国科学院上海经济研究所、上海社会科学院经济研究所编《大隆机器厂的发生发展与改造》，上海人民出版社，1958，第46~47页。
② 中国科学院上海经济研究所、上海社会科学院经济研究所编《大隆机器厂的发生发展与改造》，上海人民出版社，1958，第50页。
③ 中国科学院上海经济研究所、上海社会科学院经济研究所编《大隆机器厂的发生发展与改造》，上海人民出版社，1958，第33页。
④ 中国科学院上海经济研究所、上海社会科学院经济研究所编《大隆机器厂的发生发展与改造》，上海人民出版社，1958，第53页。
⑤ "常州广新纱厂有纱锭五千六百枚，机器甚旧，兹闻已为光裕营业公司所购去，即将该项尚可应用之锭机并入苏纶纱厂之内云。"《广新锭机并入苏纶厂》，《纺织时报》第591号，1929年4月15日，第1版。

在苏纶纱厂后空地上增建的第二工场正式开工，共有纱锭20000枚。①
1934年，光裕以35万两的价格购入上海隆茂纱厂，改名为“仁德纱
厂”，并重定资本额为100万元，“亦如当年改建扩建苏纶纱厂一样”，
原厂机器设备由大隆机器厂整修扩充后为17000余锭，并新增布机470
余台。② 1935年仁德纱厂正式开工，又改称“苏纶第二厂”③。该厂营业
状况“亦如当年苏纶纱厂的情况一样：立即运转鸿钧，大赚其钱”④。
1937年1月，光裕以45万元向交通银行和上海银行购入大生纱厂第二
厂。⑤ 除已实现的对棉纺织企业的并购行为外，在1936年12月2日的会
议上，光裕营业公司决定设立2万~3万锭纺机的“大隆纺织样子厂”，
并在嘉定黄渡购地600余亩，计划把大隆机器厂迁到此处，建成一个
“铁棉联合企业”⑥。以上三项战略计划因抗战全面爆发而均未能实现。

　　在扩大纺纱生产部门规模的同时，光裕营业公司亦增强织布生产部
门的生产能力。1931年，苏纶纱厂成立织布厂，有布机320台，1933年

---

① “苏州苏纶纺织厂自经光裕营业公司经营以来，营业成绩日佳，出品销路亦视前有增。
该厂因为市上需求起见，特在厂后余地，添建新厂，购订道勃生机锭二万枚，不日即
可到沪。预计阴历年底新锭即可开工云。”苏纶第二工场正式开工时间是1930年春。
《苏纶纱厂添锭两万》，《纺织时报》第626号，1929年8月29日，第2版。苏纶纱厂
编《苏纶纺织厂建厂九十周年纪念册（1897~1987）》，1987，第2页。

② 中国科学院上海经济研究所、上海社会科学院经济研究所编《大隆机器厂的发生发展
与改造》，上海人民出版社，1958，第54页。

③ “隆茂纱厂，自二十一年冬停业，上年债权人方面曾谋整顿开办，并拟名仁德。近已由
苏纶纺织厂收办，改称苏纶第二厂。”《隆茂改称苏纶第二厂》，《纺织时报》第1159
号，1935年2月14日，第5版。

④ “据严庆禧家中所存该厂一份财务报表上的记载：从1935年3月到1937年6月止，所
获纯益即达533248.55元，1937年7月一个月的纯益为78405.43元，资产合计达
2277513.85元。”中国科学院上海经济研究所、上海社会科学院经济研究所编《大隆机
器厂的发生发展与改造》，上海人民出版社，1958，第54页。

⑤ “大生第二纱厂停工迄今，已有一年许。债权人交通上海两银行委托谢霖会计师拍卖，
标价一百二十万元，无人过问。迄至最近，因法定期间已过，该厂在法律上，已属债
权人所有。顷二行方面，因纱厂业已在复兴途中，长此停顿，非产业界好现象。二行
同时不能直接经营实业，爰售于大隆铁厂。该厂本系制造纱锭布机者，兼营时，可作
机械出品试验之用。闻双方对于价格方面，已允四十五万元让渡。”《大隆铁厂购办大
生二厂》，《纺织时报》第1352号，1937年1月14日，第5版。此外，“1937年1月
13日会议记录上有派严庆祥接洽办理大生纱厂二厂的记载”。中国科学院上海经济研
究所、上海社会科学院经济研究所编《大隆机器厂的发生发展与改造》，上海人民出版
社，1958，第56页。

⑥ 中国科学院上海经济研究所、上海社会科学院经济研究所编《大隆机器厂的发生发展
与改造》，上海人民出版社，1958，第56页。

增至 1040 台①，之后并购隆茂时添置了 470 余台织布机。如此，又开拓了坯布市场。光裕营业公司的最终产品不仅面对棉纱市场，而且可以利用纺纱与织布之间的纵向生产关联性调节各自输入市场的数量，以适应市场需求的变化，棉纺织生产部门市场应对能力的增强使得疏导上游棉纺织机器生产部门的产品出路进一步得到确保。因此，光裕营业公司的产用纵向一体化体系得到了加强。

光裕营业公司产用纵向一体化的基本情况如表 3-7 所示。

表 3-7　光裕营业公司产用纵向一体化战略一览

系统	厂名		地点	时间	创办方式	资金来源	说明
苏纶	苏纶一厂	第一工场	苏州	1925 年	租办后并购	集资	1927 年并购，严氏占 90% 的股份
		第二工场	苏州	1930 年	自建	不详	
		织布厂	苏州	1931 年	自建	不详	
	苏纶二厂		上海	1935 年	并购	独资	严氏出资 35 万两并购上海隆茂纱厂，改名为仁德纱厂，第二年正式开工
大隆	大隆机器厂		上海	1902 年	自建	合资后独资	1907 年前与人合资
	大隆大连湾分厂			1929 年	自建	不详	专门制造引擎和农具，3 年后结束

注：（1）依据前述光裕各厂情况及相关资料制表；（2）时间以正式开工、并购之年份为准。

（四）经营房地产业务的同步配合行为

光裕营业公司利用近代上海城市发展造成地价上涨的机遇，两次迁厂，开发原厂址地皮，拓展房地产业务，将其盈利资金挹注到集团内的工业生产部门，配合大隆和苏纶的产用纵向一体化战略。

在确立棉纺织机器修造战略主体地位的第一阶段，1920 年大隆机器厂迁厂之后，企业对原杨树浦平凉路厂址进行开发，开始经营房地产业。

---

① 1931 年，"复添建布厂，兼营纺织两种生产"。苏纶纺织厂：《苏纶纺织厂概况》（1948），苏州档案馆藏苏纶纱厂档案，档案号：I14-003-0316-032。"新建织布工场，设有大隆机器仿照日本丰田式生产的布机 320 台，兼营纱、织业务。"苏纶纱厂《苏纶纺织厂建厂九十周年纪念册（1897~1987）》，1987，第 2 页。"两年之后，又添布机 720 台。"徐仁官：《苏纶纱厂纪略》，江苏省政协文史资料委员会编《江苏文史资料集粹·经济卷》，《江苏文史资料》编辑部，1995，第 75 页。

严裕棠"得自创大隆铁厂于杨树浦平凉路，时值地价低廉，故购基地四十余亩，所费仅四万余元。嗣以营业发达，获利颇巨，且该处地价高涨，遂将厂基改建住宅及出租房屋，另迁厂址于沪西小沙渡路，购置地皮一百余亩，除建厂屋外，并将一部分建筑市房出租"。此后，严氏房地产业务规模扩大，"据闻本埠租界中区，以及苏、常、京、杭四处，均购置有房地产，其资产总值约达三四百万元"[①]。光裕营业公司的房地产业务成为企业盈利的重要来源。企业通过内部资金挹注，为提高大隆机器厂的制造技术水平、确立大隆机器厂棉纺织机器修造的战略主体，以及实施产用纵向一体化战略，提供了重要的资金支持。经营房地产业务是光裕机器修造部门能够立足的重要战略举措。

在第二阶段，产用纵向一体化战略实现的同时，光裕的房地产业务也进一步扩大。1926 年，光裕借大隆机器厂第二次迁厂之机，将大连湾路原址房屋出租，增加了房地产业务的盈利，在并购苏纶纱厂以及之后企业生产部门扩充方面给予了充足的资金支持。当然，房地产业务对工业生产部门资金支持的形式不仅仅是直接以盈利资金挹注，盈利资金毕竟有限，况且房地产业务本身的扩张也需要资金。除盈利挹注外，光裕还以房地产作为抵押向银行或洋行贷款，为工业生产部门提供资金支持。严裕棠经营房地产业务，"不仅在坐收高额租金，更主要的是用它作筹码，买进卖出，向洋行做抵押借款……当时他和英商德和洋行联系最密切，无论经租或借款都找德和洋行"[②]。有非常典型的例子，光裕营业公司并购苏纶纱厂后，"即获得前中国银行为期 3 年的长期贷款计 150 万两，满期后再增为 300 万两。这些巨额贷款的获得，单靠苏纶的资产作保证，显然是不够的，严裕棠的庞大房地产是在这里起了很大作用的。这件事也再次说明了严裕棠能把企业经营得比别人顺手，就在于他有房地产作后盾"[③]。

在进一步战略扩张的第三阶段，1936 年大隆机器厂拟第三次迁厂，

---

① 中国银行总管理处业务调查课：《关于调查苏伦纺织厂的报告》（1935），上海档案馆藏，档案号：Q456 - 1 - 101 - 1。

② 中国科学院上海经济研究所、上海社会科学院经济研究所编《大隆机器厂的发生发展与改造》，上海人民出版社，1958，第 38 页。

③ 中国科学院上海经济研究所、上海社会科学院经济研究所编《大隆机器厂的发生发展与改造》，上海人民出版社，1958，第 37 页。

地点选在嘉定黄渡。① 虽然此次计划因抗战全面爆发而没有成行，但由此可以看出光裕营业公司借迁厂拓展房地产业务的一贯策略，以此对集团工业生产部门继续扩张战略进行配合。

光裕营业公司的房地产业务对于稳定大隆和苏纶工业生产部门起到非常重要的作用。正如严庆祥所说，"在第一次大战后的不景气的年代里，大隆所以能屹立不动，就在于严家有房地产的经营"。同时，工业生产部门的壮大也"可以提高他（指严裕棠）的社会地位，增加他经营房地产的力量"②。光裕营业公司的房地产业务与工业生产业务本应互相协助、共同发展，但公司经营者对房地产业务在整个集团中的战略地位有时把握不准，内部时有分歧与矛盾。工业生产部门与房地产业务之间的资金运用问题正是严氏家族内部矛盾的焦点。③ 中国近代工业发展艰难，重工业尤甚，不如金融业、商业、房地产业容易获利。严裕棠经营房地产业实际上"决不是单纯为办企业服务的"，而是将其作为整个集团的"避风港"，"在企业不能顺利扩大的时候，它的资金也必然要向房地产上流动的"④。一战后，在大隆极度困难的时期，严裕棠认为："经营企业，虽然也很赚钱，但波动大，有风险，总不及搞房地产，既赚钱又稳妥，故曾一度有卖厂之意。"⑤ 处于近代中国的恶劣环境之下，这也是民族机器厂的无奈之举。在最需要支持的时期，若光裕的房地产业务部门对工业生产部门的支持减弱或取消，甚至是将工业生产部门的资金撤回，则实质上是企业的战略"逃逸"行为，原本作为配合作用的业务部门将反客为主，彻底改变企业的战略基点。即使不是完全转移，企业资金在房地产业务和工业生产部门之间左顾右盼，将严重威胁到企业战略主体的稳定，也有可能会耽误工业生产部门在关键时刻的战略突破行动，更

① 中国科学院上海经济研究所、上海社会科学院经济研究所编《大隆机器厂的发生发展与改造》，上海人民出版社，1958，第56页。

② 中国科学院上海经济研究所、上海社会科学院经济研究所编《大隆机器厂的发生发展与改造》，上海人民出版社，1958，第25页。

③ 中国科学院上海经济研究所、上海社会科学院经济研究所编《大隆机器厂的发生发展与改造》，上海人民出版社，1958，第40页。

④ 中国科学院上海经济研究所、上海社会科学院经济研究所编《大隆机器厂的发生发展与改造》，上海人民出版社，1958，第37页。

⑤ 中国科学院上海经济研究所、上海社会科学院经济研究所编《大隆机器厂的发生发展与改造》，上海人民出版社，1958，第24页。

不利于企业的长远发展。

好在 20 年代后期光裕实现了产用纵向一体化，大隆的棉纺织机器修造业务拥有了重要的输出渠道，再加上严裕棠之子严庆祥极力反对其父主张的房地产部门资金"逃逸"战略，并坚决予以纠正，在两位高层管理者的博弈之间，企业的房地产业务部门在第二、第三阶段的战略配合作用仍得到了较好的发挥。房地产业务是光裕营业公司产用纵向一体化战略是不可或缺的部分，"大隆之所以能单独获得发展，就在严家资本家族拥有从房地产经营上得到扩大的大量资本，能够在这一基础上实行铁棉联营"①。

二　产用纵向战略实施的分析及评价

光裕营业公司通过铁棉联营使大隆机器厂暂时摆脱了困境，但成功的背后仍存在隐患。面对棉纱市场日益萧条而花色布市场兴起的环境变化，光裕没有抓住消除隐患的转机，战略选择失误。

（一）困境之中的突围

近代中国民族工业的发展主要在轻工业领域，大量资本主要集中于棉纺织业、面粉业、缫丝业、火柴业、卷烟业等少数几个轻工产业。机器制造工业属于重工业，与这些轻工产业相比有三个特点：资金周转较慢，技术含量较高，启动时间较长。很多近代企业家把有限的资金投入获利较快的主要的几个轻工业生产中，而机器制造生产则少有问津者。缺乏资金是近代中国民族工业发展的"通病"，而机器制造业尤甚。

机器制造生产对技术要求较高，与大多轻工业的流程型生产不同，该行业具有离散型生产特性。一部复杂机器乃至整套设备需要很多机械及部件组合而成，对于从零开始的民族机器厂来说需要很长一段时间的技术积累。大隆 1902 年建厂，22 年后才能制造比较复杂的织布机器，33 年后才能制造整套棉纺织设备。这就需要有长期持续的资金投入，其间往往会面临资金无法回笼的困境，对于相对弱小的民族资本而言太过苛刻。从近代中国民族机器制造工业发展史来看，大多数民族机器厂都停

---

①　中国科学院上海经济研究所、上海社会科学院经济研究所编《大隆机器厂的发生发展与改造》，上海人民出版社，1958，第 53 页。

留在对外国机器的修配层次，以机器制造为主的企业只占 26.3%[①]，制造复杂机器和整套生产设备的机器厂更是屈指可数，能够生产棉纺织机器的企业仅大隆、中国铁工厂等。更为不利的是，其制造能力形成时间较晚，自动织机最早由中国铁工厂于 1923 年仿制成功，全套棉纺机最早由大隆机器厂于 1935 年仿制成功[②]，已经错过了民族棉纺织业发展的高峰，市场多数已被外国机器企业占据。丧失机器销售市场既不利于民族机器企业的资金流转，导致企业亏本成为常态，也失去了改进和提高制造技术的机会，致使很多企业无法向机器制造层次突破。总之，近代中国民族机器厂一诞生便陷入了企业经营的恶性循环之中。

尽管生存环境极其恶劣，但民族机器厂也并不是决然没有突破怪圈的可能。市场、资金、技术三大问题中最关键的是市场问题。大隆棉纺织机器厂制造能力形成之时，中国棉纺织业扩张添置机器的高峰期已过，市场需求处于饱和状态，通过前向一体化销售机构的战略来开辟市场的可能性不大。放弃正面开拓市场的战略，而是采取避开饱和的棉纺织机器需求市场，转移企业最终所面对的销售市场，是合理的选择。就大隆机器厂而言，转移销售对象市场有两种战略思路。其一，大隆可以拓展其他机器生产业务，放弃处于主体地位的棉纺织机器修造，转移至新种类的机器修造业务，从而摆脱棉纺织机器业务市场。不过，开创新的生产业务需要较长一段时间的积累，需要克服资金和技术上的困难，况且新市场仍然属于机械市场，面临外国产品的强大竞争。不仅如此，企业还要放弃原有的专用性资源。对大隆而言，诸如此类都是得不偿失的。其二，大隆也可以涉入棉纺织机器使用部门，避免直接面对棉纺织机器市场，跳出机器市场领域，转到相对宽松的棉纺织产品市场。如此，既不必放弃原有专用性资源，又能顺理成章地以廉价的机器修造服务供应棉纺织厂的生产，棉纺织业资金周转较快，能显著缓解大隆机器厂的资金压力，而且机器厂与棉纺织厂的产用纵向一体化关联也有利于提高机器修造技术。大隆机器厂前向一体化苏纶纱

---

① 上海市工商行政管理局、上海市第一机电工业局机器工业史料组编《上海民族机器工业》下册，中华书局，1966，第 548 页。

② 上海市工商行政管理局、上海市第一机电工业局机器工业史料组编《上海民族机器工业》下册，中华书局，1966，第 547 页。

厂的战略选择解决了企业产品的市场销售问题，也带动了其他两个问题的解决进程。因此，选择产用纵向一体化战略是光裕营业公司生存和发展的关键。

资金问题仍然是需要重点解决的问题。处于修配层次的大隆机器厂并不缺乏市场，对机器制造技术的开发也需要投入大量的资金，并且机器产品还要面临难有出路及企业资金可能无法回笼的尴尬局面。即便产用纵向一体化战略实现后，机器生产部门从生产部分棉纺织机器向生产整套设备迈进，仍需要更多资金的持续支持。因此，资金问题是光裕营业公司需要予以特别关注的。

为此，光裕营业公司在早期大隆机器厂时期，便抓住上海房地产业兴起的契机，涉入房地产业务。此项业务盈利快且成本低，成为支持光裕工业生产部门发展的重要资金来源，成为光裕企业战略中不可缺少的部分。此外，为了增加资金周转渠道，大隆机器厂还不失时机地开拓行销产品的生产业务，如火炉、农具、引擎等，"不仅活跃了资金，而且获利甚大"[1]，为解决企业战略实施的资金问题做出了一定贡献。

总之，光裕营业公司实施产用纵向一体化战略，辅以房地产经营业务，打破了近代中国民族机器企业经营的恶性循环之怪圈，成为近代中国民族机器工业中的佼佼者。光裕营业公司是近代中国民族工业史上独特的企业集团类型，即成功组合棉纺织机器生产单位与棉纺织生产单位的集团。

（二）成功背后的隐患

大隆机器厂被誉为近代中国民族机器制造工业中"规模大、设备好、技术水平高，具有一定的代表性的工厂"[2]。从企业战略选择上看，它成功的最重要原因是实施了铁棉联营战略。在房地产盈利资金的扶持下，大隆机器厂得以在近代中国民族企业恶劣的发展环境（对机器制造企业尤甚）中成长起来，逐步实现由修配业务向棉纺织机器制造的转移。然而，初步形成的棉纺织机器制造产能无法在市场交易中实现价值。产销

---

[1] 中国科学院上海经济研究所、上海社会科学院经济研究所编《大隆机器厂的发生发展与改造》，上海人民出版社，1958，第50页。

[2] 中国科学院上海经济研究所、上海社会科学院经济研究所编《大隆机器厂的发生发展与改造》，上海人民出版社，1958，"前言"第1页。

矛盾"最后以严家租办苏州苏纶纱厂而暂时得到解决"。铁棉联营战略使得严重缺乏销售市场的大隆棉纺织机器产品有了输出的对象，苏纶的整修和扩充为大隆最初成长起来的制造能力提供了一个大去路。[①] 于是，一直经营不善的苏纶纱厂从大隆机器厂得到了低廉的棉纺织机械修配服务和生产设备的供应，迅速扭转不利局面。苏纶纱厂获得盈利，使光裕营业公司的铁棉联营战略全盘皆活。但是，暂时成功的背后却潜伏着企业继续发展的巨大隐患。

光裕铁棉联营的战略意图和预期是回避棉纺织机器产品市场销售的困境，在集团内实现大隆棉纺织机器产品向苏纶纱厂的输出，把整个企业集团直接面对的市场转向相对宽松的棉纺织产品市场，最终以苏纶的盈利完成大隆的战略突围。可见，战略的活点在棉纺织产品的盈利。然而，这一战略活点的稳固性前景堪忧，且忧患还根源于苏纶纱厂被收购前的长期战略失误。1927 年，苏州商会调查分析了苏纶纱厂经营业绩不佳的原因：

> 苏州既无棉产，又无销场，物料均由申来。此中损失，实骇听闻。谨将此中困难情形分列于下：
>
> （一）苏纶纱厂所处地位比任何纱厂为苦。盖苏州无棉产，所用棉花全由上海转运来苏，每担须增运费及税约洋陆角。每件纱以用棉花叁百五拾五斤算，即加成本洋式元壹角余。
>
> （二）苏州无销纱处。锡常等处纱厂林立，无容纳苏纱余地，不得不运申脱售。纳税与各地同，而运费多一道，每件计洋五角七分，有时还须加船牌报关照票等费。
>
> （三）苏州无大市场。物料多由上海办进，每月较申地相等厂约增银壹千余两。
>
> ……
>
> （七）纱花买卖有交易所操纵，极难捉摸。比年时局不靖，交通时形阻塞，推销不易，金融枯窘，民众购买力弱，销路日疲。纵

---

① 中国科学院上海经济研究所、上海社会科学院经济研究所编《大隆机器厂的发生发展与改造》，上海人民出版社，1958，第 22～33 页。

竭力经营，终致日有亏折。①

　　从企业战略层面来看，收购前的苏纶纱厂没有实施供销纵向一体化战略，缺乏自己的采购和销售机构，在原料采购和产品销售过程中耗费了大量交易费用，增加了企业成本，在与其他已实现供销纵向一体化棉纺织企业的竞争中往往处于不利地位。光裕收购苏纶纱厂后，大隆机器厂可以向苏纶提供低廉的机器修配服务和新机，从而使苏纶纱厂相对于其他纱厂获得了产用纵向一体化战略带来的交易成本降低的利益，暂时弥补了因缺失供销纵向一体化体系而交易成本上升的劣势。因此，铁棉联营战略产生的交易成本战略性弥补效应是苏纶纱厂扭亏为盈的关键。然而，1932年开始的中国棉纺织业危机打破了这种效应产生的交易成本合理消耗的平衡。在获得联营初期，即1930年和1931年两年的盈利后，苏纶纱厂遭遇了"廿一年……仅敷开支，廿二年亏损十余万元"②的严重失利。作为战略活点的苏纶纱厂经营产生危机，将直接冲击光裕整个铁棉联营战略。棉纺织产品滞销意味着铁棉联营的战略出口被堵塞，大隆向苏纶输出棉纺织机器的战略迂回也就毫无意义。1936年下半年，尽管中国棉纺织业市场状况好转，苏纶纱厂仍有获利，但以经营状况强烈波动的单一棉纺织生产作为整个企业集团的战略活点很难让人放心，"这条出路也是非常狭隘的"③。

　　与此同时，另一隐患也随着铁棉联营的形成而产生。纵向"一体化企业中上游单位与下游单位的生产能力必须保持平衡，否则会出现问题"④。从光裕铁棉联营的具体情况来看，纵向一体化上游是棉纺织机器制造部门，下游是棉纺织机器使用部门。机械产品的使用周期一般较长，棉纺织生产部门在刚刚扩大规模的时候对机器设备需求量较大，此后相当长的时间主要是对修配业务的需求。因此，虽然光裕棉纺织机器产用

---

① 苏纶洽记纱厂：《陈纱厂困难情形节略》（1927），苏州档案馆藏苏纶纱厂档案，档案号：I14 - 002 - 0585 - 066。

② 中国银行总管理处业务调查课：《关于调查苏伦纺织厂的报告》（1935），上海档案馆藏，档案号：Q456 - 1 - 101 - 1。

③ 中国科学院上海经济研究所、上海社会科学院经济研究所编《大隆机器厂的发生发展与改造》，上海人民出版社，1958，第23页。

④ 〔美〕迈克尔·波特：《竞争战略》，陈小悦译，华夏出版社，2005，第292页。

纵向一体化形成的初期产生了显著的积极效应，但随着大隆生产能力的增长，尤其是实现了整套棉纺织机器的仿制后，产用纵向链条上下游部门的生产平衡问题就愈显突出。"如果多余的产量能在市场上迅速售出……不平衡的风险就不很大"①，但这又与萧条的棉纺织机器市场相悖。尽管光裕营业公司一再扩大棉纺织部门的生产规模，1930 年和 1931 年分别增建苏纶纱厂第二工场和苏纶织布厂，1935 年又收购上海仁德纱厂，改为苏纶第二厂，仍然无法达到与上游棉纺织机器生产部门的生产平衡。1936 年，大隆已经达到"年产 4 万纱锭机器的能力。这样的生产力已远非与它联营的纱厂所能容纳。现有联营的纱厂，总锭数不过 10 万锭，添置扩充为数有限"②。这将会使大隆生产过剩，产品价值得不到实现，长此以往会导致经营亏损，从而使铁棉联营的战略预期不及，最终影响整个企业集团的发展。

（三）消除隐患的转机

面对铁棉联营战略活点脆弱和生产平衡问题两大隐患，光裕营业公司不是没有遇到转机。转机仍然出现在战略活点所涉及的棉纺织品生产领域。

当 1927 年光裕收购苏纶纱厂的时候，中国棉纺织业发展的"黄金时代"早已落幕。利用外国棉纺织品退出而形成的巨大市场空缺实施棉纺织生产横向规模经营战略已经不再适应市场环境。这时，为巩固战略活点——苏纶纱厂单一棉纺织生产，光裕仅仅采取弥补供销纵向一体化缺失的战略行动已经无法与已形成的本国或外国在华大型棉纺织企业集团相抗衡，更何况即使实现供销纵向整合的单一棉纺织横向大规模企业的发展也已经显露出经营上的困境。早期形成的大生集团于 1925 年最终破产，由债权人组织的银行团清算接办。③ 盛极一时的荣氏集团申新系统经营状况受市场波动影响很大，于 1934 年面临"搁浅"危机。作为中小资本规模的棉纺织企业——苏纶纱厂重走横向规模经营的老路，很难在棉纺织领域立足。

---

① 〔美〕迈克尔·波特：《竞争战略》，陈小悦译，华夏出版社，2005，第 292 页。
② 中国科学院上海经济研究所、上海社会科学院经济研究所编《大隆机器厂的发生发展与改造》，上海人民出版社，1958，第 56 页。
③ 《大生系统企业史》编写组编《大生系统企业史》，江苏古籍出版社，1990，第 226 页。

1930年后，花色布市场潜力巨大，单一的棉纺织生产企业对上游印染生产实施前向一体化战略变得有利可图。最典型的案例就是常州大成纺织染公司和无锡丽新纺织印染整理公司的成功。虽然发轫于20年代中期，失去了"黄金时代"的机会，两家企业仍然通过实施纺、织、染、印的生产纵向一体化战略，在强手林立的中国棉纺织业中脱颖而出，尤其是在30年代中国棉纺织行业普遍面临危机时仍能够保持稳定盈利。事实上，这一战略的优势，光裕在较晚的时候也认识到了。从抗战全面爆发前夕及战后光裕对棉纺织生产部门的战略部署来看，苏纶纱厂顺应这种战略趋势，把前向整合印染生产作为自己的战略方向。1937年春，苏纶纺织厂的全称改为"苏纶纺织印染股份有限公司苏纶纺织厂"①。虽然笔者尚未发现抗战全面爆发前苏纶纱厂创建印染生产部门及其生产情况的史料，但由此推断苏纶当时已有发展印染生产的战略意图还是可以的。战后，苏纶纺织厂"除着重恢复原建设外，并正在添办染厂，以期完成纺织染一大单元"②。为此，该厂"增建了染部厂房，添置阿尼林漂染设备一套"③，"准备开办印染工序，使苏纶成为纺、织、染全能企业"④。结合大成和丽新企业战略的成功经验和苏纶自身战略推进方向的事实，鉴于棉纱市场形势下转，光裕早在1927年收购苏纶后不久便再次实施前向迂回战略，即向棉纺织生产上游的印染生产实施前向一体化。中国棉织品的印染生产刚刚兴起，单一印染生产企业还不是很多，纺、织、染、印生产纵向一体化企业更是寥寥无几，在这个时间点实施此战略，利于苏纶棉纺织生产部门掌握战略先机。同时，再配合实施供销纵向一体化，更加便于苏纶在稳固棉花原料供应的基础之上抢占拥有巨大空间的花色布市场，从而把整个集团直接面对的市场从棉纱坯布市场转向花色布市场，实现稳定盈利，建立铁棉联营坚强的战略活点，获得一条十分宽松的战略出路。

---

① 徐仁官：《苏纶纱厂纪略》，江苏省政协文史资料委员会编《江苏文史资料集粹·经济卷》，《江苏文史资料》编辑部，1995，第77页。

② 苏纶纺织厂：《苏纶纺织厂概况》（1948），苏州档案馆藏苏纶纱厂档案，档案号：I14-003-0316-032。

③ 苏纶纱厂编《苏纶纺织厂建厂九十周年纪念册（1897～1987）》，1987，第3页。

④ 徐仁官：《苏纶纱厂纪略》，江苏省政协文史资料委员会编《江苏文史资料集粹·经济卷》，《江苏文史资料》编辑部，1995，第78页。

光裕营业公司实施纺织印染生产纵向一体化，不仅可以拓宽铁棉联营的战略出口，而且为解决生产平衡问题创造了机会。1930 年后，花色布市场逐步扩大，棉纺织生产企业前向整合印染生产，单一机器印染生产企业也在增加，整个中国棉纺织品印染业开始兴起。截至 1919 年，中国有印染生产能力的厂家仅为 17 家，其中能进行印花生产的只有 1 家[①]，且此时土法印染居多，而到了 1935 年，全国已有 120 多家棉布动力机器印染工厂。随着机器印染业的发展，对印染生产设备的需求也必然扩大。30 年代开始，"国内的一些机器厂逐渐配合印染生产的需要，生产一些简单的印染机器和重要组合机配件"[②]。上海地区，1924 年印染机器厂仅有 6 家[③]，到 1937 年增加了一倍多，有 14 家[④]。因此，1930 年后，为配合苏纶纱厂前向印染生产整合的战略，大隆也控制棉纺织机器生产能力而顺势转向印染机器的生产。考察当时民族印染机器生产的水平，"整套的尚少制造，初仅制造染缸、脱水机、轧光机等部分机件，1925 年以后，兴鸿昌机器厂始仿造'阿尼林'染机，嗣后，并有少量全套印染机的仿制，但若干重要部件如锡林等还是进口的"[⑤]。所以，30 年代初，以大隆机器厂的实力完全有可能在进口重要部件的前提下制造出整套印染生产设备，仍可以较低的生产成本和相同的质量与外国印染机器产品竞争。这样大隆机器厂不仅可以与具备良好盈利前景的印染生产进行战略衔接，继续保持产用纵向一体化的积极效应，而且可以开拓拥有巨大空间的印染机器市场，打通调节铁棉联营内部生产平衡的市场渠道。

（四）战略选择的失误

以上基于客观史实的合理战略推演并未成为事实。光裕营业公司没有利

[①] 《历年所设本国民用工矿、航运及新式金融企业一览表（1840～1927 年）·（二）染织业》，杜恂诚：《民族资本主义与旧中国政府（1840—1937）》，上海社会科学院出版社，1991，第 293～303 页。

[②] 杨栋樑：《中国近代印染业发展简史（二）》，《印染》2008 年第 13 期，第 50 页。

[③] 《上海民族机器工业各阶段厂数比较（1866～1931 年）》，上海市工商行政管理局、上海市第一机电工业局机器工业史料组编《上海民族机器工业》上册，中华书局，1966，第 455 页。

[④] 《1937 年上海民族机器工业厂数统计》，上海市工商行政管理局、上海市第一机电工业局机器工业史料组编《上海民族机器工业》下册，中华书局，1966，第 528 页。

[⑤] 上海市工商行政管理局、上海市第一机电工业局机器工业史料组编《上海民族机器工业》下册，中华书局，1966，第 538 页。

用收购苏纶纱厂初期集团整体经营状况好转的契机重新部署和调整铁棉联营战略内部结构，而是一味固守和强化原有棉纺织机器生产和单一棉纺织生产的铁棉联营组合。1932年后，光裕加大了对大隆机器厂的资本投入力度（见表3-8），聘请高级工程师，对铸冶、机械加工、量具制造、热处理等方面进行了技术改革①，从生产部分棉纺机器能力水平向生产整套机器冲刺②，终于于1935年仿制出了整套棉纺机器。1939年上海鸿章纺织染厂为大隆产品写的介绍信中称赞："其品质实可与外货并驾齐驱，售价亦较外货特廉……"③ 可是，1932年开始，"国内轻纺工业的衰落，使得许多专业机器的销路一蹶不振"④。这一中国棉纺机器制造业的重大成就却遭遇了棉纺机器产品需求低谷的尴尬局面，"大隆厂范围甚大，设备周详，然环顾国内，则绝无纯粹用大隆机器之纺织厂"⑤。除少数棉纺织厂购买部件机器外，光裕主要还是通过一再扩大内部单一棉纺织生产部门的规模来暂时缓解上游机器产品的出路压力。继苏纶纺纱第二工场、织布厂以及苏纶第二工厂成立之后，在1936年12月2日的会议上，光裕决定设立2万～3万锭纺机的"大隆纺织样子厂"⑥，并于1937年1月，以45万元资金向交通银行和上海银行购入大生纱厂第二厂。这种铁棉联营生产价

---

① 中国科学院上海经济研究所、上海社会科学院经济研究所编《大隆机器厂的发生发展与改造》，上海人民出版社，1958，第46～48页。

② "棉纺机器是一个体系，包括多种机器，当时各机器厂都只能制造部分机器，不能制造全套机器，因此只能供纺织厂的部分添补，不能承应全面需要，从而生产业务便受到很大限制。"正鉴于此，光裕才考虑加大对大隆的投入力度，攻克仿制整套棉纺织机器的难关。中国科学院上海经济研究所、上海社会科学院经济研究所编《大隆机器厂的发生发展与改造》，上海人民出版社，1958，第49页。

③ 中国科学院上海经济研究所、上海社会科学院经济研究所编《大隆机器厂的发生发展与改造》，上海人民出版社，1958，第51页。

④ 上海市工商行政管理局、上海市第一机电工业局机器工业史料组编《上海民族机器工业》下册，中华书局，1966，第467页。

⑤ 这句话摘自大隆机器厂实现整套棉纺机器仿制的后一年，即1936年12月2日的会议记录。"范围甚大""设备周详"体现出光裕对大隆加大投入力度后生产能力的提高和规模的增长，而"纯粹"实际上指的是全套大隆棉纺机器，整句话透露出光裕高层对拥有制造整套棉纺机器能力的大隆遭遇近乎惨淡的市场销售状况的无奈。该事实也从侧面对光裕一味追求大隆对整套棉纺机器制造能力的突破而投入大量资源的产品战略主攻方向发出质疑之声。中国科学院上海经济研究所、上海社会科学院经济研究所编《大隆机器厂的发生发展与改造》，上海人民出版社，1958，第56页。

⑥ 中国科学院上海经济研究所、上海社会科学院经济研究所编《大隆机器厂的发生发展与改造》，上海人民出版社，1958，第56页。

值链上下游无休止的轮番规模扩张战略，既无法保证单一棉纺织生产的稳定盈利，也不能从根本上解决生产平衡问题，发展前景不容乐观。

　　由于战争的打断，光裕铁棉联营战略隐患的严重后果无法从后续发展中得到印证，但姗姗来迟的战后增添印染生产的战略部署，透露出对抗战全面爆发前铁棉联营战略的一种纠正和一丝遗憾。光裕没能抓住20年代末期花色布市场潜力巨大、机器印染生产兴起和印染机器需求上升的转机对旧有铁棉联营结构进行调整，没能较早地在苏纶纱厂实施对印染生产的前向一体化战略，并配合地在大隆机器厂增添印染机器制造业务，是其铁棉联营短暂成功后的重大战略失误。

　　大隆机器厂1931年前后6年资本投入对比情况如表3-8所示。

表3-8　大隆机器厂1931年前后6年资本投入对比

年份	1925	1931	1937
资本	约20万两	约30万两	法币100万元，合规元699230.57两
增长率		1931年比1926年增长50.00%	1937年比1932年增长133.08%

资料来源：表中数据及法币元与规元两的单位换算率"规元1两合纯银33.599公分，银元1元含纯银23.493448公分，法币1元合银元1元"。中国科学院上海经济研究所、上海社会科学院经济研究所编《大隆机器厂的发生发展与改造》，上海人民出版社，1958，第36、46页。

　　光裕营业公司的铁棉联营，为产品销售极其困难的企业提供了一种前向迂回战略思路，即沿价值链向下游邻近环节的生产部门实施前向一体化战略，可以回避当前面对的市场销售困境（示图A点），转向其他状况较好的市场领域（示图B点），在转入市场实现盈利，使企业摆脱危机，获得发展（见图3-7）。

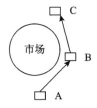

图3-7　前向一体化迂回战略

　　大隆与苏纶的联营扭转两者危局的事实证明了这一战略的可行性。但光裕暂时成功背后的隐患以及面对转机的战略失误又给予我们一些告诚和启示。前向迂回战略的关键在于战略活点的选择。战略活点就在企业纵向链条的下游末端。此环节直接面对的市场是整个企业的战略出口。能否在这一市场中获得盈利关系到整个战略部署的成败。为此，战略活点面对的市场应该是相对宽松、有潜力、较稳定的。如果战略出口的市场环境恶转，而在更下游价值链环节涉及市场出现转机的条件下，企业有必要再次向前推进战略迂回（示图 C 点）。迂回的落点以能与企业主体生产有一定的关联为最佳，这样便于各生产部门之间的协同与协助。但战略迂回又不能范围过大、次数过多，纵向价值链太长会给企业带来沉重负担。所以，我们又必须清楚地认识到：前向迂回战略重心在后，不管向下游价值链扩展多远，最终目标还是支撑上游末端单位产品的出路。严庆祥也认为在铁棉联营中铁业和棉业的地位是不同的，应"以铁业为本"，而"棉业为手段"。由此，前向迂回战略实现后，企业获得了喘息的时间，在下游生产单位的扶持下及时对上游主体生产单位做出策略调整以打开市场也同样重要，如开发现有产品的新价值、开拓其他新产品等。上游主体生产单位一定流量的市场渠道被打通，内部供用量过剩则可以通过市场分流，内部供用量不足则可以从市场供应链补充，可以使纵向链条上下游生产平衡的问题迎刃而解。经过如此纵向链条上下游环节的配合，前向迂回战略才算最终使企业走上良性循环的发展轨道。

第四节 产供销 "纵合"：南洋兄弟烟草公司的联营

南洋兄弟烟草公司成立之初即受到来自英美烟在华企业的强力压制。英美烟公司是国际烟草托拉斯组织，20 世纪初进入中国市场，此后一直处于一头独大的地位。从其 30 年代在华产销量来看，英美烟是南洋的近七倍[①]，两者实不属于一个量级的竞争对手。尽管如此，南洋兄弟烟草公司依然能够在近代中国卷烟市场占据一席之地。这是因为该公司坚持实施产供销纵向一体化战略，建立了能够与英美烟公司相抗衡的供销体系。

---

① 1931 年和 1933 年，英美烟在华企业产量占全国总产量的比重分别是 58.7% 和 58.4%，南洋兄弟烟草公司所占比重分别为 8.75% 和 8.7%。马俊亚：《规模经济与区域发展——近代江南地区企业经营现代化研究》，南京大学出版社，1999，第 5~6 页。

一 外商逼迫下的产供销纵向战略

南洋兄弟烟草公司由简照南和简玉阶兄弟于 1905 年在香港创立，早年称"广东南洋烟草公司"，为股份有限公司。创始之初，该企业即"受到英美烟草公司的打击"，开办近三年宣告清理拍卖，遂改组为"广东南洋兄弟烟草公司"，在香港注册为无限公司。① 事实上，英美烟公司是由美国烟草公司和英国帝国烟草公司于 1902 年合并组成的国际烟草托拉斯，成立之时即开始在全球扩张。1902～1915 年，英美烟公司在华进行了"大规模投资"，"效仿在美国建立起来的模式，使中国的香烟批量生产与批量销售一体化"②。南洋烟草于 1915 年向北洋政府农商部申报立案，注册资本为 100 万元，后才正式进入中国大陆市场。③ 此时，英美烟已经初步实现了产供销纵向一体化战略，对南洋兄弟烟草公司形成强大的战略压制。与"'空山'战斗日益剧烈"，南洋烟草议决"以联国人协力抵抗之"，于 1918 年再次改组为股份有限公司，欲集资 500 万元，1919 年第三次改组集资 1500 万元（简家占 60.6%）④，为大力推进产供销纵向一体化战略提供资金支持。

在生产单位方面，南洋兄弟烟草公司先后拥有 5 个生产工厂。

香港工厂建于 1905 年，共投资 10 万元，其中简家资本占 48.2%，最大股东为简照南，占 24.0%，1906 年 4 月正式开工，拥有各类生产设备 11 台。由于受到英美烟公司的排挤，1908 年 5 月港厂宣告清理拍卖。所幸家族成员简铭石出面调借 9 万元收买，加上简照南又调借 4 万元，公司才得以重生，资本总额为 13 万元，简家资本占 94.2%。1909 年 2 月，南洋兄弟烟草公司重新开始营业，香港工厂得以继续生产，此后经

---

① 中国科学院上海经济研究所、上海社会科学院经济研究所编《南洋兄弟烟草公司史料》，上海人民出版社，1958，第 2～4 页。

② 〔美〕高家龙：《中国的大企业——烟草工业中的中外竞争（1890～1930）》，樊书华、程麟荪译，商务印书馆，2001，第 18、20～21 页。

③ 中国科学院上海经济研究所、上海社会科学院经济研究所编《南洋兄弟烟草公司史料》，上海人民出版社，1958，第 7～8 页。

④ "空山"隐指英美烟草公司，唐诗"空山不见人"，意即有鬼。中国科学院上海经济研究所、上海社会科学院经济研究所编《南洋兄弟烟草公司史料》，上海人民出版社，1958，第 9～10、137～138 页。

营状况逐渐好转。由于销量扩大，产量难敷，南洋兄弟于 1910 年扩大工厂规模，1914 年增资为 16 万元，1915 年时拥有卷烟机 24 架、切烟机 12 架，及各类其他设备 60 余台，另有 20 余台新机在运输途中，至 1922 年，港厂已建成 5 个生产工场。由于"商战剧烈""税率太高"及产品质量问题，香港公司营业锐减，1927 年 1 月，南洋兄弟烟草公司将香港工厂"暂行停顿"，以求"向外交涉，对内改良"。1929 年港厂复工，卷烟机全换为美国机器，出品"加倍快捷"，直至 1941 年香港沦陷时，被迫停工。①

上海总厂于 1915 年设立，沪局②（上海分公司）同时成立。建厂之初，厂房为租赁栈房改造，仅拥有 6 台卷烟机，后续建设预计至少 20 万元。1917 年 2 月，在英美烟的蓄意阻挠之下，厂房依然以 3 万两购入，有卷烟机二十七八台，1919 年增至 70 余台，至 1926 年拥有 5 个生产工场，卷烟机共 166 台，切烟机数十台。出于烟税增加、原料昂贵、成本居高不下、外商竞争等原因③，南洋兄弟烟草公司上海总公司连年亏损，1930 年初不得不将上海总厂停顿整改，所售货物主要由他厂代为生产，并于 7 月开设"精华制烟公司"试作改良。1930 年"冬初"，上海总厂复产，遂将精华厂并入，此时拥有 7 个生产工场，全部更换美国新式机器，生产效率大幅提高，1932 年的产量为 1928 年的近两倍。1937 年淞沪会战爆发后，上海总厂被毁。④

上海浦东工厂创设于 1925 年，11 月开车，拥有 25 部美国新卷烟机和 24 部日本改良机，主要生产上级烟。开工三年多，浦厂虽能赚钱，但整个公司亏本，一方面出于企业内部调整，另一方面也由于公司内部简家与陈氏（股东陈炳谦和其侄浦厂经理陈其均）产生矛盾，简家于 1928

① 中国科学院上海经济研究所、上海社会科学院经济研究所编《南洋兄弟烟草公司史料》，上海人民出版社，1958，第 2~5、17~18、144~146、149~150、175、532 页。

② 1935 年各分公司"又改称分公司，不再称'局'，但在实际文字引用上则仍照习惯沿用某局。在现存资料中找不到有关改称的资料；在访问中亦未能获得改称的确实时期"。中国科学院上海经济研究所、上海社会科学院经济研究所编《南洋兄弟烟草公司史料》，上海人民出版社，1958，第 234 页。

③《南洋兄弟烟草公司停业之原因》，《工商半月刊》第 2 卷第 8 期，1930 年 4 月 15 日，"调查"第 44~46 页。

④ 中国科学院上海经济研究所、上海社会科学院经济研究所编《南洋兄弟烟草公司史料》，上海人民出版社，1958，第 51~54、144、162、164~166、168~171、510 页。

年终将其关闭，以排挤陈氏。①

1925 年，汉口工厂与上海浦东工厂同时开始筹建，购地、建筑、机器共耗资 70 余万元。1926 年已告完成，因局势混乱，一直未开工生产，至 1934 年 8 月才正式开工。1937 年底，汉口厂已拥有各类机器 74 部，其中，新旧卷烟机 29 部。1938 年 9 月，汉口工厂停工，大部迁渝。②

对于东三省市场，起初南洋兄弟烟草公司采取合作战略，与当地辽宁烟草公司签订长期代制卷烟合同，以保证产品供应。然而，辽宁烟厂"出货未甚适宜"，欲进一步发展，"非自行设厂，不能为力"。1936 年沈阳工厂开工生产，拥有各类机器 15 部，其中卷烟机 3 部，但 1937 年即告结束。③

在南洋，为规避荷兰殖民政府的营业税以及降低成本，1929 年南洋兄弟烟草公司决定在印尼巴达维亚（今雅加达）筹建吧厂，组建渣华南洋烟草公司，资本额为 50 万荷兰盾。克服重重困难，吧厂于 1930 年 4 月开始制烟，然仅开办 4 年即因"资产耗折至巨"而停工。④

南洋兄弟烟草公司所属 6 个生产单位有两个特点。就单个生产单位而言，多数工厂开办时间较短，浦厂、汉厂、吧厂生产 4 年即关闭，沈厂仅存在 1 年。就整体而言，多个生产单位同时开工的规模经营局面并不明显，6 厂或 5 厂同时运营的情况并不存在，4 厂同时开工的时间仅为 1 年，即 1936 ~ 1937 年的沪总厂、港厂、汉厂、沈厂，3 厂同时生产的时间段有两个，第一段是沪总厂、沪浦厂、港厂在 1925 ~ 1927 年的 3 年间，第二段是沪总厂、港厂、吧厂继而汉厂在 1930 ~ 1937 年的 7 年多的时间内，总体上还是沪总厂和港厂同时生产的时间长，但两厂分属上海总公司和香港公司，产品供应的市场也不一样，因此也很难形成有效的

① 中国科学院上海经济研究所、上海社会科学院经济研究所编《南洋兄弟烟草公司史料》，上海人民出版社，1958，第 148 ~ 149、154 ~ 156 页。
② 中国科学院上海经济研究所、上海社会科学院经济研究所编《南洋兄弟烟草公司史料》，上海人民出版社，1958，第 148 ~ 149、177、523、525 页。
③ 中国科学院上海经济研究所、上海社会科学院经济研究所编《南洋兄弟烟草公司史料》，上海人民出版社，1958，第 179 ~ 182 页。
④ 中国科学院上海经济研究所、上海社会科学院经济研究所编《南洋兄弟烟草公司史料》，上海人民出版社，1958，第 183 ~ 186 页。

规模经营。因此，南洋兄弟烟草公司并没有形成生产单位的横向一体化战略态势，而是朝着纵向链条上下游延展。

在供应单位方面，南洋兄弟烟草公司在收烟、印刷、制罐等上游生产环节均有不同程度的整合行动。

烟叶是烟草企业生产的核心原料，约占"全部银额 2/3"[1]。其时，制烟生产多混用美国烟叶和国产烟叶。南洋兄弟烟草公司一方面通过与烟叶公司的市场交易，购买进口美国烟叶，中美烟叶公司所办"仍不足供本公司之求，不得不分向各烟叶公司广为定购"[2]；另一方面通过后向一体化方式，在重要的烟叶产区设立收烟工厂收买国产烟叶，先后设有许昌、坊子、刘府三处收烟厂，并曾合组亚东公司。

许州（许昌）收烟厂于 1920 年开始筹建。1921 年建造厂房，内设公事房、买卖场、生叶仓、暖房、机器房、炉房、1 号货仓、水塔及警察所等。之后又陆续增扩，1922 年建 2 号货仓，1923 年造 2 号买卖场，1924 年添 3 号货仓和士多房（另件仓）等。1924 年时，许州收烟厂拥有美制新式焙烟机 2 部，各类其他设备 17 部。[3]

坊子（潍坊）收烟厂应在 1919 年左右设立[4]，1922 年时已拥有 4 栋储藏仓库，收买室 1 栋，干燥及压榨室 2 栋，事务室 1 栋，资金 50 万元。1936 年该工厂设有仓库共 7 所，拥有美式烤烟机 2 部。[5]

刘府（凤阳）收烟厂设立时间及设备情况不详，原造价加地价接近 10 万元。由于"地属偏僻"，当时设厂"本不相宜"，至 20 世纪 30 年代凤阳烟叶均在蚌埠买卖，刘府已"几无叶可买"，该厂于 1933 年

① 中国科学院上海经济研究所、上海社会科学院经济研究所编《南洋兄弟烟草公司史料》，上海人民出版社，1958，第 190 页。
② 中美烟叶公司由简照南于 1918 年赴美与美国人士合办，占股 30%，1926 年改组时南洋烟草及其职员代表占股 50%，总经理由美国人担任。1929 年，因"觉察该公司办理不甚妥善"，遂收回股款退出。中国科学院上海经济研究所、上海社会科学院经济研究所编《南洋兄弟烟草公司史料》，上海人民出版社，1958，第 204~205、208、210 页。
③ 中国科学院上海经济研究所、上海社会科学院经济研究所编《南洋兄弟烟草公司史料》，上海人民出版社，1958，第 196~197 页。
④ 坊子分局在 1917~1919 年设立，1921 年坊子收烟厂已有"大加扩张"之说，坊子收烟厂的设立应在 1919 年左右。中国科学院上海经济研究所、上海社会科学院经济研究所编《南洋兄弟烟草公司史料》，上海人民出版社，1958，第 27、144 页。
⑤ 中国科学院上海经济研究所、上海社会科学院经济研究所编《南洋兄弟烟草公司史料》，上海人民出版社，1958，第 192~193 页。

出售。①

由于烟叶等级很多，生产时需搭配使用，为收买烟叶选择等级的便利，除直接设厂收烟叶之外，1932 年，南洋兄弟烟草公司曾与烟叶商及烟行合资创办了亚东公司，共筹 10 万两资本，南洋兄弟烟草公司出 5 万两，其他烟叶商及烟行共同出另一半。后由于收烟价格比市场价还要高，仅维持了 1 年，南洋兄弟便不再通过该公司代购，而是直接向烟叶商收买烟叶。②

在烟叶产区的交易中心设立收烟厂是南洋兄弟烟草公司为保障核心原料的供应所采取的后向一体化战略措施。收烟叶的具体办法是：公司每年在春季烟草播种时向烟农发放烟草种子，并给予入门证；收获时节，烟农凭证入厂出售，如认为厂方出价低也可另行他售。当然，除了收烟厂，公司还在烟叶交易集中点临时设庄收买，如在山东设立了辛店、杨家庄、坊子三处收购点。③ 实际上，收烟厂承担了三大功能：一是收买烟叶，二是烘焙生叶，三将烟叶打包发往卷烟厂。当然，收烟厂存在的同时，公司仍会从烟叶商手中补充购买烟叶，以满足不同等级的需要。

烟叶之外，印刷品是卷烟生产的第二大原料。1918 年前，南洋兄弟烟草公司通过市场购买所需印刷品，董事会认为"若终恃外来，殊非久远之策"，但印刷业务比较复杂，于是在厂内先置办了 2 部石印机，只承担传单等粗纸印刷。1923 年公司曾投资香港永发印务公司，但印刷交易成本高的问题一直未能根本解决。经调查，公司每年支出印刷费甚巨，如能开设印刷副业，可节省 1/3 的印刷费用。1933 年 12 月，公司出资 10 万元买下远东印刷公司。因担心"一切事务，诸多牵连"，实则恐于增加成本及经营失败，该公司并未归入南洋兄弟烟草公司名下，而是于第二年以"利济橡皮印刷股份有限公司"之名独立注册。但事实上，利济的股东及重要管理人员均由南洋兄弟烟草公司内部指定，实际的股份均为公司所有，职务亦作为公司代表，与私人无关。为确保此事，公司还与个人签订了协议。几年后，印刷公司运营顺利，南洋兄弟烟草公司于 1937 年 5 月正式将利济印刷公司收归总公司管辖。①

此外，南洋兄弟烟草公司开办过上海宝兴锡纸厂②，拥有各类机器 11 部，亦具有铁罐工场，因公司营业萎缩，产品积压过多，无法销用，于 1928 年 12 月停办；佛山竹咀厂，创办时间不详，于 1932 年以 2 万余元出售。③ 至于制罐生产，南洋兄弟烟草公司曾自办过宝兴制罐厂④，亦曾投资康元制罐公司，前后共耗费 3500 元，并将价值 15 万元的全套制罐机租给该公司，每月租金 1300 元⑤，结成了准一体化的关系。

总体来看，对上游供应部门的一体化，南洋兄弟烟草公司主要抓住重要原料烟叶及印刷品供应，采取自给供应为主和市场购买为辅的策略。其他，如锡纸、铁罐、竹咀等原料则并不一定坚持高程度一体化，而是采取准一体化或合作战略。

在销售单位方面，南洋兄弟烟草公司在早期通过自营的钱庄"明泰"号或商号"怡生昌"号代为销售产品。⑥ 从 1915 年开始，公司设立主管某一区域销售业务的分公司，之后逐步建成了"中心公司—分公司—货仓"的三级销售体系。中国大陆市场以上海总公司为中心，南洋市场则以香港分公司为中心，中心公司之下在重要的区域市场的核心城市成立分公司，分公司之下在销售区中重要的城市设立货仓，而货仓以下则在人口聚集的城镇寻求合作代理店进行零售。详细情况如表 3-9 和表 3-10 所示。

① 中国科学院上海经济研究所、上海社会科学院经济研究所编《南洋兄弟烟草公司史料》，上海人民出版社，1958，第 211~215 页。
② 中国科学院上海经济研究所、上海社会科学院经济研究所编《南洋兄弟烟草公司史料》，上海人民出版社，1958，第 216 页。
③ 中国科学院上海经济研究所、上海社会科学院经济研究所编《南洋兄弟烟草公司史料》，上海人民出版社，1958，第 216 页。
④ 1928 年 12 月 11 日第 95 次董事会议，简英甫的报告中提到"南洋锡箔、铁罐工场"。1934 年 12 月 10 日第 157 次董事会议，总经理简玉阶提议利济公司独立注册，是"鉴于从前宝兴制罐厂往事"。宝兴制罐厂与宝兴锡纸厂属于同一生产单位，还是两个独立生产单位，有待进一步查证。中国科学院上海经济研究所、上海社会科学院经济研究所编《南洋兄弟烟草公司史料》，上海人民出版社，1958，第 214~215 页。
⑤ 中国科学院上海经济研究所、上海社会科学院经济研究所编《南洋兄弟烟草公司史料》，上海人民出版社，1958，第 217 页。
⑥ 中国科学院上海经济研究所、上海社会科学院经济研究所编《南洋兄弟烟草公司史料》，上海人民出版社，1958，第 27 页。

表 3-9 南洋兄弟烟草公司上海总公司所属销售机构和代理机构（1935 年）

分公司		所属货仓	设立代理的城镇数	代理店家数
总公司	云南	—	—	14
	贵州	—	—	5
	四川	—	—	4
	甘肃	—	—	2
	印度	—	—	4
	南美	—	—	1
上海总发行所		上海货仓	13	27
苏州分公司		苏州货仓	13	20
		无锡货仓	7	27
		镇江货仓	13	21
浙江分公司		杭州货仓	43	60
		宁波货仓	23	28
		温州货仓	19	31
		金华货仓	12	15
南京分公司		城内货仓	4	28
		下关货仓	12	27
		滁县货仓	6	8
		徐州货仓	12	28
		蚌埠货仓	26	57
		芜湖货仓	21	32
		大通货仓	4	5
		安庆货仓	13	23
汉口分公司		汉口货仓	15	15
		长沙货仓	15	16
		南昌货仓	1	1
		九江货仓	1	1
		郑州货仓	3	4
济南分公司		济南货仓	31	53
		济宁、曹州货仓	2	3
		青岛货仓	24	71
		烟台货仓	9	11

续表

分公司	所属货仓	设立代理的城镇数	代理店家数
天津分公司	天津货仓	22	64
	郑州货仓	6	6
	北京货仓	10	15
	绥远货仓	1	1
	太原货仓	8	25
辽宁分公司	沈阳货仓	16	36
	大连货仓	1	1
福州分公司	福州货仓	15	16
	厦门货仓	21	32
	泉州货仓	13	27
汕头分公司	汕头货仓	26	39
广州分公司	广州货仓	52	67

资料来源：中国科学院上海经济研究所、上海社会科学院经济研究所编《南洋兄弟烟草公司史料》，上海人民出版社，1958，第 233~234 页。

表3-10 南洋兄弟烟草公司香港公司所属销售机构和
代理机构（1936年底）

分公司名称	设立代理的城镇	代理店家数
香港发行所	—	不详
新加坡分公司	石叻（新加坡）	10
	麻坡	3
	沙朥越（砂拉越）	3
	马六甲	3
	昔加乜（昔加未）	2
	米里	2
	新山	3
	汶来（文莱）	2
	丁加奴（登嘉楼）	1
	其他22地	24

续表

分公司名称	设立代理的城镇	代理店家数
庇能分公司（槟榔屿）	槟榔屿	6
	吉隆坡	4
	太平	3
	怡保	3
	芙蓉	3
	北海	2
	金宝	2
	日里	1
	其他 42 地	49
暹罗分公司	曼谷	9
	其他 74 地	82
吧城分公司	—	不详

　　资料来源：中国科学院上海经济研究所、上海社会科学院经济研究所编《南洋兄弟烟草公司史料》，上海人民出版社，1958，第 235 页。

　　表 3 - 9 和 3 - 10 显示的是 1935～1936 年南洋兄弟烟草公司所设销售机构的情况。事实上，至 1915 年开始前向整合销售部分，公司根据市场形势的变化对销售分公司及货仓的设置也有所改变，主要有调整、转移、撤销三种形式的改变。其一，销售机构的层级调整。1917～1919 年所设的镇江、青岛、虹口、蚌埠分局，后均分别改属为苏州、济南、上海、南京分公司的货仓单位。其二，销售机构的所属转移。上海总公司建立之后，原在香港公司管辖下的中国大陆销售机构转移到上海总公司名下，如粤局、汕局、厦局、滇局分别于 1935 年、1926 年、1922 年、1926 年转属于上海总公司管辖之下。[①] 其三，销售机构的撤销。原于 1917～1919 年设立的营口、坊子、北京分局均在 1922 年前撤销，香港公司的泗局于 1931 年撤销。销售机构的变化实质上反映了南洋兄弟烟草公司前向一体化销售部门过程中的调整和完善。

----

　　① 结合《上海总公司及所属分公司销货额统计（1922—1936 年）》《香港分公司按地区销售额统计（1921—1931 年）》《上海总公司及所属分支机构和代理店的分布（1935 年）》三表中信息得出。中国科学院上海经济研究所、上海社会科学院经济研究所编《南洋兄弟烟草公司史料》，上海人民出版社，1958，第 27、226～231、233～234 页。

综上，我们可以看出，南洋兄弟烟草公司实现了以上海总厂和香港工厂为生产主体，以许州、坊子收烟厂和利济印刷厂为原料供应主体，以"中心公司—分公司—货仓"三级销售为主体的产供销纵向一体化战略。

二 产供销纵向战略实施的分析及评价

在近代民族工业企业集中的几个行业中，外商资本无不存在，市场竞争无不激烈，民族资本遭受外资的逼迫是普遍现象，但局面各有特点。棉纺织业中，中外各有优势；制粉业、缫丝业、火柴业中，民族企业总体占优；制碱业中，华洋旗鼓相当；而卷烟业的局面则表现为不对称竞争。英美烟较早地在原料和销售市场取得了垄断地位，完成了产供销纵向一体化战略，对后起之南洋兄弟烟草公司产生了强大的竞争压力，"自二十纪以来，商业竞争，黠者每挟其托拉斯梯势力，巧为吞并之计"[①]。因此，南洋兄弟烟草公司是在竞争对手的紧逼之下实施产供销纵向一体化战略的。

在建厂生产方面，南洋烟草几次开设制烟工厂的活动都与外商势力有牵扯。初入大陆市场，1917年筹建沪厂之时，英美烟公司凭借自身雄厚的资本，企图以3倍多的资金诱使卖主撤销厂房交易合同。虽未成功，但可知"'空山'谋我不遗余力"。1925年筹建上海浦厂的主要原因是五卅运动期间抵制外货使南洋产品供不应求，而直接原因是租界电力公司停止供电，导致沪厂无法生产，遭受相当损失。开设吧厂的触发点最能予以说明，1923年11月简英甫分析了印尼的卷烟业局势，指出英美烟公司已在泗水开设工厂，"我自不能束手不办，任其独自称尊"[②]。1929年，印尼雅加达吧厂的设立实际上是针对英美烟在印尼泗水设厂而采取的战略防御措施。然而，生产单位的横向扩张并没有走多远，至1930年左右，南洋兄弟烟草公司各工厂都不同程度地停产整改，到1937年有三个工厂彻底关闭。

究其原因，除原料昂贵、烟税增加等因素外，与外商竞争有很大关系。英美烟公司"资本雄厚""规模宏大"[③]，给南洋兄弟烟草公司带来

---

① 《南洋兄弟烟草公司之历史》，中华书局国货汇刊部编《国货汇刊》，中华书局，1925，"特载"第2页。

② 中国科学院上海经济研究所、上海社会科学院经济研究所编《南洋兄弟烟草公司史料》，上海人民出版社，1958，第52、148、183页。

③ 《南洋兄弟烟草公司停业之原因》，《工商半月刊》第2卷第8期，1930年4月15日，"调查"第45页。

了强大的竞争压力，导致其经营困难，无法维持横向规模。这也说明在拥有垄断规模的竞争对手面前，后发小资本企业不能以发展横向规模作为抵御战略，而是应该拓展纵向链条，整合产业链上游和下游生产或业务环节，确保原料供应和销售渠道的稳定，再通过优质产品在市场立足。事实上，南洋兄弟烟草公司正是实施了产供销纵向一体化战略。这与常州大成纺织染公司通过实施纺织染联营的生产纵向一体化战略得以在近代棉纺织业多个大型企业的夹缝中生存下来并发展壮大是相同的战略思路。

在原料供应方面，南洋兄弟烟草公司针对英美烟公司的供应体系做了针锋相对的战略部署。南洋兄弟烟草公司设立收烟厂的三处地方分别是河南许州、山东坊子、安徽刘府，正是英美烟公司收买烟叶最多的三个地区。它们还效仿英美烟公司，免费向农民发放种子或贷款，以便从生产源头控制和确保稳定的烟叶供应。这些后向一体化供应部门的战略措施获得了较好的效果，使南洋兄弟烟草公司成为仅次于英美烟公司的国产烟叶收购者。①

不过，南洋兄弟烟草公司的收购组织与英美烟公司"相差也远"，烟叶原料自给程度也远不能及。英美烟公司的收购机构远多于南洋兄弟烟草公司，仅山东地区就有8处（廿里堡北厂和南厂2处，黄旗堡、谭家坊、杨家庄、益都各1处，辛店2处等），而南洋兄弟烟草公司只有3处（辛店、杨家庄、坊子）。因此，由自设机构"直接收购"美种烟叶是英美烟公司获取原料的"基本方式"，也是其坚持的收购方针，而对南洋兄弟烟草公司来说，通过这种方式收购烟叶则不敷用，其还需大量购买从美国进口的烟叶。②

在产品销售方面，南洋兄弟烟草公司同样实现了与英美烟公司相似的前向一体化战略，即层级管理与代理销售相结合的销售系统。南洋兄弟烟

---

① 〔美〕高家龙：《中国的大企业——烟草工业中的中外竞争（1890~1930）》，樊书华、程麟荪译，商务印书馆，2001，第250~252页。

② 上海社会科学院经济研究所编《英美烟公司在华企业资料汇编》（全四册），中华书局，1983，第371~372、377、380、384~385、387页；中国科学院上海经济研究所、上海社会科学院经济研究所编《南洋兄弟烟草公司史料》，上海人民出版社，1958，第201页；〔美〕高家龙《中国的大企业——烟草工业中的中外竞争（1890~1930）》，樊书华、程麟荪译，商务印书馆，2001，第252页。

草公司的销售系统由"总公司—分公司—货仓"三级企业机构加城镇代理店组成，而英美烟公司的销售系统由作为企业机构的"部—段—分段—推销员"四级公司系统（如果算上英美烟中国分公司管理销售的机构则是五级）和作为销售代理的"督销—大经理—小经理—零售商"四级经销商系统组成，其中，"督销"相对企业中的"部"，以此往下类推。①

相比之下，英美烟对销售单位的纵向整合更加深入。就公司销售机构而言，南洋烟草缺少了与"分段"和"推销员"相应的两个层级。南洋烟草的"货仓"一级设置在重要城市，相当于英美烟的"段"一级，而其"分公司"仅负责一省销售，英美烟之"部"则管辖跨省业务区。英美烟的"分段"安排在重要城市之下的次级城市或县，"推销员"则负责更低一级的镇。这部分销售业务在南洋兄弟烟草公司均由代理店负责，而英美烟与经销商的销售合作则"一直到最小的饭店和烟摊"②。显然，相较于英美烟公司，南洋兄弟烟草公司的销售体系还不够完善，还不够前向近至消费者。

与英美烟公司相比，南洋兄弟烟草公司存在诸多劣势，二者不是同一量级的对手，二者之间的竞争是一场不对等的较量。英美烟"早有独占中国市场之计划"，1914年、1917年、1922年三次试图并购南洋烟草，虽均未成行，然咄咄逼人之势显而易见。该公司不仅自身资本雄厚，还能得到"英政府之津贴，竭力扩充营业，增加广告费"，1930年广告费从以往的10余万元增加至20余万元③，如此资本投入之力度，南洋兄弟望尘莫及。尽管如此，在极为不利的形势之下，南洋兄弟烟草公司依然大体实现了产供销纵向一体化战略，成为民族卷烟业中少有的能与英美烟公司抗衡的企业，在不对称竞争之下取得如此成就实属不易，也再次证明纵向一体化是后发小资本企业突破行业内大规模甚至垄断性企业压制围堵的有效战略。

---

① 上海社会科学院经济研究所编《英美烟公司在华企业资料汇编》（全四册），中华书局，1983，第514~515页。
② 1919年12月24日费尔莱（英美烟中国分公司华南地区代表）致唐默思（英美烟中国分公司执行董事）函，转引自〔美〕高家龙《中国的大企业——烟草工业中的中外竞争（1890~1930）》，樊书华、程麟荪译，商务印书馆，2001，第233页。
③ 《南洋兄弟烟草公司停业之原因》，《工商半月刊》第2卷第8期，1930年4月15日，"调查"第45页。

第四章 "多角"战略:近代民族企业的 混合一体化

混合一体化战略以多元化经营为主要内容,在横向和纵向维度上均有展开。以多元生产或业务之间的关系分,近代中国民族企业的混合一体化战略有三种类型。其一,同类关联型,代表性企业是范旭东企业集团,实现了制盐、制碱、制酸生产的联营。由于同属基础化工行业,三部类的生产及业务既具有相对独立性,又存在多处交集。其二,有限关联型,代表性企业是荣氏集团,实现了棉纺织生产和面粉生产的联营。这两种生产及业务并不属于同类行业,总体上并不存在重要的联系,但荣氏集团的申新棉纺织系统为面粉厂提供包装袋,属于有限关联。其三,无关联型,代表性企业是刘鸿生企业集团。该企业所涉生产或业务较为广泛,且彼此之间不存在明显的直接的关联性,企业投资的分散性较为突出。类似的企业还有大生集团、孙氏通孚丰集团、永安集团、周学熙企业集团。三种类型的混合一体化企业集团都较为重视推进集团的统一经营管理,均做出了创建集团中枢机构的尝试,实际效果虽各有不同,但体现了在混合一体化战略态势下企业内部组织结构的集中化和协调化趋势。

第一节 同类关联:范旭东企业集团的 盐碱酸联营

近代中国民族资本主要集中在轻工业,范旭东企业集团是为数不多的涉足化工类重工业的近代民族企业。盐、碱、酸同为重要的基础化工原料,被称为"化学工业之母",与轻工业生产及人们日常生活均息息相关。"化工先导"范旭东先后创办了久大精盐厂、永利制碱厂和硫酸铔厂以及黄海化学工业研究社,实现了以盐、碱、酸生产为主的多元混合一体化战略,被称为"永久黄"团体。

一　战略步骤：盐→碱→酸

从 1914 年至 1937 年，范旭东企业集团多元化经营的展开经历了从制盐到制碱，再到制酸的三个战略步骤，最终形成以久大盐业公司、永利化学工业公司、黄海化学工业研究社为主体的企业集团。

（一）制盐：久大盐业公司及永裕盐业公司

我国盐资源丰富，但近代中国传统制盐的氯化钠含量较低，所产盐品质亟待改良。1913 年，尚在北洋政府财政部任职的范旭东去欧洲考察，对西方工厂生产出的高纯度食盐深有感触，回国后的当年冬天即赴天津塘沽考察。此地盐田广阔，交通便利，又近于开滦煤矿，是理想的精盐生产设厂地，进而也能成为以盐为主要原料的化工基地。

1914 年 7 月，创设久大精盐公司的申请获得北洋政府盐务署的批准，并且久大援引大生纱厂成案，于 9 月获批"百里以内不得另设他厂"的特权。翌年 4 月，久大塘沽制盐厂正式成立，10 月 30 日第一座工厂完工，12 月呈报开始制造。[①]

由于"赶制济销"，久大首厂设立时未购有盐滩，不能直接制成精盐，需购用坨盐提炼制造。其一，购买坨盐，中间多了一层交易环节，增加了成本；其二，坨盐出坨须先纳税，制成精盐运销各口岸，"税高者，须照补税，低者又未返还"，徒增耗费。对此，久大在建设新厂时"急图改良以为补救"，陆续购置盐滩，新厂"即于滩内建筑"，既"免暗中之亏耗"，又"免种种手续"[②]。久大于 1918 年添设第二、第三制盐厂，1920 年设第四厂，1921 年设第五、第六厂。此时，久大塘沽精盐厂已形成"东西两大工厂内分六制盐厂"的规模。[③]

---

① 《盐务署批为禀请设立久大精盐公司事》《盐务署为批准立案事》，赵津主编《"永久黄"团体档案汇编——久大精盐公司专辑》上册，天津人民出版社，2010，第 4、6 页；《久大精盐公司历年大事纪略》，《盐政杂志》第 23 期，1918 年 2 月 15 日，"附刊"第 1~2 页。

② 赵津主编《范旭东企业集团历史资料汇编——久大精盐公司专辑》上册，天津人民出版社，2006，第 144 页。

③ 卞锦涛：《久大精盐工厂访问记》，《文化建设》第 2 卷第 6 期，1936 年 3 月 10 日，第 81~82 页。

至 30 年代，久大有 95% 的产品销往南方，"不如就地设厂制造为宜"①，再加上受华北事变影响，盐务运署与稽核所分离，将来税收与中央脱离，企业经营不免发生困难，且此种局势会"更深刻化"，"行将扩大"，久大亦"宜从早南迁"②。1936 年 10 月，久大决定将总部由天津迁往上海，同时鉴于生产业务扩大，更名为久大盐业股份有限公司③，并在淮盐区建设新厂。1937 年 5 月，久大大浦分厂正式投产。④

久大的发展也体现在企业资本额的增长上。1914 年初始资本为 5 万元，1916 年增资 5 万元，1917 年又增募 5 万元，1918 年增加 15 万元，1919 年增加 20 万元，1923 年激增 120 万元，1924 年又增募 40 万元。至1927 年时，久大资本增至 250 万元，十余年增加了 50 倍。⑤

除塘沽和大浦制盐厂外，久大还持有一家控股公司，即永裕盐业公司。1922 年 2 月 4 日，中日签署《解决山东悬案条约》，中国政府将收回胶州湾沿岸日本人所占盐田 6 万余亩，制盐工厂 19 所。1923 年 9 月，久大精盐公司与济南东纲公所及胶澳盐商组成永裕盐业公司，以 300 万元的价格收买了这些盐产。⑥ 此后，"济南青岛让与永利三分之一"，久大实际掌握三分之二的股权。因此，久大对永裕拥有支配之权限，永裕"乃久大之分支"。除会计独立外，自创办以来至抗战时期，永裕经理向由久大总经理兼任，实际则请人代理。⑦

---

① 《久大精盐公司筹海州分厂》，《大公报》（天津），1936 年 10 月 1 日，第 1 张第 3 版。

② 赵津主编《"永久黄"团体档案汇编——久大精盐公司专辑》上册，天津人民出版社，2010，第 240 页。

③ 业务范围扩大到"精盐""砖盐""结晶盐""洗涤盐"及盐厂一切副产品、副产加工品，并关于盐的化学工业，办理各地原盐的代运和销售。《创办改组经过及资本变动情形》，赵津主编《"永久黄"团体档案汇编——久大精盐公司专辑》上册，天津人民出版社，2010，第 8 页。

④ 赵津、李建英：《中国化学工业奠基者："永久黄"团体研究》，天津人民出版社，2014，第 53、55 页。

⑤ 《创办改组经过及资本变动情形》，赵津主编《"永久黄"团体档案汇编——久大精盐公司专辑》上册，天津人民出版社，2010，第 8 页；《久大精盐公司概况》，《冶矿》第 1 卷第 1 期，1927 年 8 月，第 241 页；卜锦涛：《久大精盐工厂访问记》，《文化建设》第 2 卷第 6 期，1936 年 3 月 10 日，第 82 页。

⑥ 赵津、李建英：《中国化学工业奠基者："永久黄"团体研究》，天津人民出版社，2014，第 49 页。

⑦ 《久大盐业公司民国卅七年八月廿七日董监联席会议纪录》，赵津主编《"永久黄"团体档案汇编——久大精盐公司专辑》上册，天津人民出版社，2010，第 239 页。

在扩张制盐生产单位的同时，久大实施了供销纵向一体化的配合行为。

原料供应方面，盐品生产的原料是粗盐，主要由盐滩晒制而成。久大首厂因未购置盐滩，导致交易成本增加，表明后向一体化原料产出单位的重要性。塘沽制盐厂方面，截至 1931 年 10 月，久大陆续购置了六处盐滩，塘沽、汉沽两滩向西厂供应粗盐，东厂的原料来自家后、菜畦、小高跳、小夹道四处盐滩，1935 年又购置天津邓沽大碎滩一处。[①] 盐滩统一由恒丰堂经营，该机构由久大垫款和范旭东个人集资成立，虽"迄今划分独立"，将来"势必仍为久大所有"[②]。大浦制盐厂方面，久大在连云港东陬山聚隆滩、中正场宣七圩、大浦板浦场等处均购有盐滩，并从大浦自新公司购入自新盐坨以外的六十余亩地。[③] 永裕盐业公司的制盐厂统一由永大厂管理，盐田则由裕大厂管理。

产品销售方面，久大前向一体化销售单位，在全国多地设立支店作为自销机构，具体如表 4-1 所示。

表 4-1 久大精盐公司所设支店

城市	店址	设立时间	备注
天津	东马路	1916 年 9 月	通商口岸
汉口	前花楼	1916 年 11 月	通商口岸
江宁	下关二马路	1917 年 11 月	通商口岸
张家口	堡里	1918 年 2 月	通商口岸
江宁城内	西门内油市大街	1918 年 5 月	通商口岸
芜湖	望江门	1918 年 6 月	通商口岸
沙市	拖船浦	1918 年 6 月	通商口岸
武昌	大朝街	1918 年 7 月	自辟商埠
九江	西门外正街	1918 年 8 月	通商口岸

[①] 赵津主编《"永久黄"团体档案汇编——久大精盐公司专辑》上册，天津人民出版社，2010，第 241~244 页。

[②] 赵津主编《"永久黄"团体档案汇编——久大精盐公司专辑》上册，天津人民出版社，2010，第 243~244 页。

[③] 赵津主编《"永久黄"团体档案汇编——久大精盐公司专辑》上册，天津人民出版社，2010，第 241、243 页。

续表

城市	店址	设立时间	备注
长沙	城内太平街	1918 年 8 月	通商口岸
岳州	上街河口	1918 年 12 月	通商口岸
安庆	大南门外	1919 年 1 月	通商口岸
湘潭	九总正街	1919 年 1 月	自辟商埠
常德	大高山巷	1919 年 2 月	自辟商埠
苏州	阊门外万人码头	1919 年 3 月	自辟商埠
上海	英租界浙江路延吉里	1920 年 2 月	通商口岸
秦皇岛	秦皇岛	1920 年 3 月	自辟商埠
浦口	浦口	1920 年 5 月	自辟商埠
济南	不详	1920 年 6 月	通商口岸
久大晋店*	不详	1930 年	—
久大蚌店*	不详	1930 年	—

＊永利出碱后，"凡有久大支店诸埠概由总经理处公函委托其代销永碱"。《民国十九年度各处纯碱销量表》中显示有"久大晋店"和"久大蚌店"的销量数据，而此两支店在久大支店表中并未出现，应是 1930 年新设。赵津主编《"永久黄"团体档案汇编——永利化学工业公司专辑》上册，天津人民出版社，2010，第 92、216 页。

资料来源：《久大精盐公司八年五月二十八日以前所设备支店表》《久大精盐公司八年五月二十八日以后所设备支店表》，赵津主编《"永久黄"团体档案汇编——久大精盐公司专辑》上册，天津人民出版社，2010，第 107 页。

　　关于久大分支永裕公司盐品的销售，在该公司成立之时范旭东就订立了"永裕盐斤运销长江，概由久大代销之原则"[1]。

　　随着销售市场形势及自销机构经营状况的变化，久大对支店一级销售体系进行了整改和完善。其一，部分地区建立二级销售结构。1933年，久大设立汉口办事处，将汉口、沙市、九江、安庆、芜湖五个支店的事务均归该处调度。其二，联合强者，组成销售机构。1926 年，由于汉口精盐经理处增多，久大、永裕、通益合作设立大同字号，三年为期，"以抵御别家"[2]。永裕实属久大，因而大同字号实际由久大掌控。"仿大同办法，便于对外"的还有沙市的和丰字号。其三，加强支店管理，或

---

[1]　《久大盐业公司民国卅七年八月廿七日董监联席会议纪录》，赵津主编《"永久黄"团体档案汇编——久大精盐公司专辑》上册，天津人民出版社，2010，第 239 页。

[2]　赵津主编《范旭东企业集团历史资料汇编——久大精盐公司专辑》上册，天津人民出版社，2006，第 172 页。

整理，或清理。1928 年，久大对长江沿岸多处支店进行了调查和评估，对沙市、九江、汉口三处支店提出整理的要求，对湘潭、常德、芜湖、岳州四处支店做出了清理的决定。①

（二）制碱及制酸：永利化学工业公司

碱与酸是玻璃、造纸、染织、肥皂、化学药品等诸多工业的基础原料。集团创始人范旭东早年毕业于日本京都帝国大学应用化学专业，深知二者的重要性，将之比喻为中国基本化工的"两翼"。1913 年在欧洲考察时，他曾试图参观英、法、比等国的苏尔维法制碱工厂，均未成行，仅在英国卜内门碱厂见到了锅炉房。制碱的主要原料之一是盐，当时中国现代制盐生产尚未起步，盐政尚存诸多弊端，何谈制碱。回国后，范旭东先在塘沽创办了久大精盐厂，"为将来制碱树立基地"②。

当久大的经营管理走上正轨后，1917 年春，永利制碱公司正式发起筹建，其间经历了工厂设计及建筑、设备加工及安装、生产调试及改进等，艰辛努力逾十年，最终于 1926 年 6 月全厂开车生产成功。③ 永利的资本额，最初在 1918 年的创立大会上确定为 30 万元，此后为工厂建设需要，永利不断增资，1920 年 5 月第一届股东会时，实收 34.6 万元。因自制安摩尼亚④，遂增加资本至 40 万元。1921 年 9 月第二届股东会，又增改资本总额为 200 万元，先收 100 万元，但由于"数年间无分文利息可派"，仅收得数万元。不过，在久大资金挹注的支持之下，1927 年永利实用资本数额已超过 300 万元。⑤

自 1928 年开始，永利制碱工厂的经营状况明显好转，1928 年度纯盈

① 赵津主编《"永久黄"团体档案汇编——久大精盐公司专辑》上册，天津人民出版社，2010，第 157～159 页。
② 章执中：《爱国实业家范旭东》，《化工先导范旭东》，中国文史出版社，1987，第 33 页；陈调甫：《永利碱厂奋斗回忆录》，《化工先导范旭东》，中国文史出版社，1987，第 57 页。
③ 范锐（范旭东）：《永利制碱公司纪略》，《工业杂志（长沙）》第 1 卷第 10 期，1923 年（日期不详），第 71 页；《永利制碱公司》，《中国矿业纪要（第三次）》，1929 年 12 月，第 46 页。
④ 即氨，又称"安姆尼亚"，《永利制碱公司纯碱成本预算表》，赵津主编《"永久黄"团体档案汇编——永利化学工业公司专辑》上册，天津人民出版社，2010，第 415 页；亦称"亚摩尼亚"，《永利制碱公司》，《中国矿业纪要（第三次）》，1929 年 12 月，第 46 页。
⑤ 《海王团体上古史中的资源流通篇》，赵津主编《"永久黄"团体档案汇编——久大精盐公司专辑》上册，天津人民出版社，2010，第 231 页。

利比 1927 年增加近三倍，1931 年较 1928 年增加两倍多。[1] 从此，企业进入快速发展轨道，1933 年 2 月"应社会需求"投资 40 万元，烧碱厂开始试产[2]，1933 年 12 月获得硫酸铔厂承办权[3]。作为筹资准备，1934年 3 月永利增加股本至 550 万元，并更名为永利化学工业公司，12 月与银行团签订合约，质押透支借款 550 万元（后改为公司债名义），因而是年总资本额增至 1100 万元。1936 年 5 月，由于建厂所需，又向银行临时透支借款 110 万元。是年年底，为"事业扩大"所需，永利决定改发1500 万元公司债，分两期发行，第一期为 1000 万元（一部分用于归还旧公司债和临时借款，另一部分用于补充硫酸铔厂设备和建设新碱厂、炼焦厂、炼磺厂、烧碱溶液厂各一座）。1937 年 2 月硫酸铔厂正式投产，但至抗战全面爆发时，永利并未就此项公司债实现会签。不过，这一阶段永利实际获得各银行借款总计 970 余万元，资本总额已超过 1500 万元。[4] 至此，范旭东企业集团盐、碱、酸联营的多元化战略最终实现。

为保障制碱和制酸的原料及产品出路，永利在供销纵向链条上也有不同程度的一体化配合行为。

永利采用苏尔维法制碱，主要原料是粗盐、石灰石、煤等。工厂设于塘沽白河北岸，与久大精盐厂相邻。开办之初，生产所需粗盐主要来自自营盐滩，石灰石和煤向取自唐山，若陆路交通阻断，也可从海路转购于大连。[5] 1930 年，永利制碱公司开始后向一体化石灰石供应单位，向永成公司租办卑家店石山，约定该石山的采石和运石"一切手续均永远归永利全权办理，永成概不过问"，但仍使用永成公司名义，"所采之

---

[1] 1927 年、1928 年、1931 年度纯盈利分别为 24129.78 元、91842.27 元、300767.95 元。见赵津主编《"永久黄"团体档案汇编——永利化学工业公司专辑》上册，第 265、274 页。

[2] 赵津主编《"永久黄"团体档案汇编——永利化学工业公司专辑》上册，天津人民出版社，2010，第 418 页。

[3] 赵津主编《"永久黄"团体档案汇编——永利化学工业公司专辑》上册，天津人民出版社，2010，第 50 页。

[4] 邹秉文：《永利硫酸铔厂建厂经过》，《化工先导范旭东》，中国文史出版社，1987，第 114～115 页。

[5] 章执中：《爱国实业家范旭东》，《化工先导范旭东》，中国文史出版社，1987，第 34 页；《塘沽永利制碱工厂及新建烧碱工厂》，《工程周刊》第 1 卷第 17 期，1932 年 9 月 16 日，第 241 页；孙蕊榜：《永利制碱公司调查报告》，《河北省国货陈列馆月刊》1929 年第 1 期，"调查"第 7 页；《永利制碱公司》，《中国矿业纪要（第三次）》，1929 年 12 月，第 47 页。

石全数归永利公司无偿使用"。之所以到更远的滦县采石，是因为"自行租用专山比较容易选取成色合式（适）之石料"，不可用之石可以"抛弃不运"①。换言之，永利以往从唐山购买石灰石，由于供应商在运石之前并不会进行筛选，剔除不合适的石料，运费反而增加，且工厂对石料处理的成本也增加了。可见，与供应商交易，成本增加，导致企业放弃或部分放弃市场交易方式而实施后向一体化行为。

永利硫酸铔厂所需的主要原料是空气、水、焦煤、硫黄等，"都要办到能自给自足"，计划自炼焦煤，自开硫铁矿制硫黄。② 1936 年底，永利已将炼焦厂和炼磺厂作为公司债计划的资金分配对象，并已决定出资 80 万元与中兴煤矿公司（出资 80 万元）及金城银行（出资 40 万元）筹建永兴炼焦厂，但因厂长人选未能达成一致而迟迟未能进一步推进。虽然 1937 年1 月永利与中兴签订了一年期的供应合同，但"以重价卖与我厂"，而"灰分之重反不如由北方运来"的焦煤引起范旭东的强烈不满。他先后两次向金城银行董事长周作民去函表达废除供应合约，"先行独自设立"炼焦厂的意思。③ 最终，直至抗战全面爆发，建设焦、磺二厂的计划均未成行。

此外，永利铁工房成为制碱厂和硫酸铔厂部分设备的供应单位。化工生产设备与纺织、面粉生产设备不同，其专用性较高。永利制碱厂在建设过程中发现：一方面根据工厂设计，并非所有设备都有现成者可供购买，而国外特制的价格极高；另一方面同时使用国产和进口设备，存在配套问题，需要根据实际情况修改或制造相关部件，异常复杂的问题并非通过国外供应商就可以完全解决。因此，后向一体化设备供应单位，做到"可随作随装"④，是节省交易成本的必然选择。于是，永利铁工房势在必行，类似的部门还有电机房、翻砂厂等。1929 年 12 月，南京国民

① 赵津主编《"永久黄"团体档案汇编——永利化学工业公司专辑》下册，天津人民出版社，2010，第 420、422 页。
② 孙世华：《永利化学工业公司硫酸铔厂参观记》，《电业季刊》第 7 卷第 2 期，1937 年 6月 30 日，"专载"第 26 页。
③ 赵津主编《"永久黄"团体档案汇编——永利化学工业公司专辑》下册，天津人民出版社，2010，第 427~430 页。
④ 《永利制碱公司筹办烧碱工厂计划》，1932 年 3~4 月，原化工部久大永利公司历史档案之《筹设烧碱厂卷》，转引自赵津主编《"永久黄"团体档案汇编——永利化学工业公司专辑》上册，天津人民出版社，2010，第 101 页。

政府实业部技监徐善祥的调查报告称永利制碱厂"全厂机件除锅炉、电机及碳酸机系购自美国外，余皆本厂自制"[①]。不仅制碱厂，硫酸铔厂的一部分机器设备也由铁工房和翻砂厂制造。[②]

在销售方面，永利制碱厂正式开工后，直接设立的分销机构较少，碱品主要由久大支店代为销售。1927 年永利在汉口设立经理处，此后陆续在重要城市开设分销机构。随之，代销永碱的久大支店逐渐减少，1932 年开始，除久大牙粉部（后改为久大副产部）仍为永利代销碱品外，自销部分均由永利自设的分销机构承担。至 1937 年，永利设立的分销机构相关情况如表 4-2 所示。

表 4-2　永利化学工业公司所设分销机构一览

区域	范围	经售处	设立时间
华北区	河北、山东、陕西、山西、河南北部等	天津经理处	1933~1935 年
		济南经理处	1936~1937 年
		唐山经理处	1936~1937 年
沪区	江苏、浙江	上海营业处（后改称沪区）	1932 年
		镇江营业处（1935 年改为经理处）	1932 年
		南京经理处	1932 年
汉区	湖北、湖南、四川、安徽、河南南部、江西	汉口经理处	1927 年
		重庆经理处	1932 年
		长沙经理处	1932 年
		芜湖经理处	1931 年
港区	广东、香港、福建、云南	港区营业处	1932 年
		广州经理处	1932 年
		汕头经理处	1937 年

资料来源：根据永利 1935 年售货报告表、1927~1932 年各处纯碱销售量表、1936 年各区销货量及售价表、1937 年售货报告表中的销售区域及机构信息综合整理。赵津主编《"永久黄"团体档案汇编——永利化学工业公司专辑》上册，天津人民出版社，2010，第 116~117、210~228、238~242 页。

---

① 徐善祥：《调查报告》，赵津主编《"永久黄"团体档案汇编——永利化学工业公司专辑》上册，天津人民出版社，2010，第 295 页。
② 赵津、李建英：《中国化学工业奠基者："永久黄"团体研究》，天津人民出版社，2014，第 98~105、163 页。

1937 年 2 月硫酸铔厂正式投产后，永利化学工业公司总管理处"暂决以销碱方式"分配市销，"一切无庸急遽改变"。销售大埠由公司"自设一机关管理"，根据实际情况采取自销或代理的方式。华北区由营业部负责，华南各省则由沪区办理。①

（三）科研：黄海化学工业研究社

"永久黄"团体的"黄"指的是黄海化学工业研究社。该机构原为 1919 年设立的久大精盐厂化学试验部。范旭东认为，"近世工业非学术无以立其基，而学术非研究无以探其蕴"，"研学"是"最先之要务也"，而原有的久大化学试验部"与营业机关混同性质自难适合"，若要充分发挥其能力和作用，只有"使之确立纯科学基础之上"，"令其独立"②。

1922 年 8 月，黄海化学工业研究社正式成立，被称为"久大、永利两厂工作之神经中枢"③。其宗旨是"研究化学工业之学理及其应用，并辅助化学工业之企业家计划工程，及为现成之化学工厂改良工作增高效能"。研究社的经费主要来自范旭东所得的久大精盐公司创始人报酬及永利制碱公司创始人全体所得报酬④，1934 年又规定永利应用黄海社之研究结果而获得收益时，提纯利的 20% 作为报酬⑤。

管理方面，研究社延聘专家担任研究工作，不再由两厂技师兼任。关于研究方向的选择，研究社"尊重研究员个人意志"，在力量允许范围内"并不深加限制"。黄海社的研究部门是其核心部分，其设置前后有所变化，原设有机和无机两大部，从事合成分析和发酵制造等研究⑥，

① 赵津主编《"永久黄"团体档案汇编——永利化学工业公司专辑》上册，天津人民出版社，2010，第 133 页。
② 范旭东：《创办黄海化学工业研究社缘起》《黄海化学工业研究社》，赵津主编《"永久黄"团体档案汇编——永利化学工业公司专辑》上册，天津人民出版社，2010，第 507～508 页。
③ 赵津主编《"永久黄"团体档案汇编——永利化学工业公司专辑》上册，天津人民出版社，2010，第 522 页。
④ 学孙悟：《黄海化学工业研究社概况》，《中国建设》第 5 卷第 6 期，1932 年 6 月，第 94～95 页。
⑤ 赵津主编《"永久黄"团体档案汇编——永利化学工业公司专辑》上册，天津人民出版社，2010，第 523 页。
⑥ 赵津主编《"永久黄"团体档案汇编——永利化学工业公司专辑》上册，天津人民出版社，2010，第 508～509 页。

1932 年研究科目及社务进一步细分为特别科目、农业化学、分析化学、冶金及机械工业、制造化学工程、化学工厂设计及管理、出版七个系[1]。

黄海社对集团的贡献体现在两方面：其一，协助久大、永利解决生产问题，如帮助制碱厂改良了碳酸塔，增加了产量，协助硫酸铔厂制造磷钾肥；其二，取得一系列科研成果，如五倍子发酵及其综合应用，从盐中提取硼酸硼砂及其工业和医药应用，以及海藻研究、铝矿研究、铋矿研究等[2]，为今后集团的多元化战略提供了新的产业路径。

1935 年 10 月 10 日，中国工业服务社正式成立，由永利主办，并负一切经济、行政责任。该机构作为黄海社的外围组织，本身并不具备研究功能，仅提供咨询、接洽、宣传、顾问、委托技术支持等服务[3]，但范旭东企业集团通过该机构能够初步接触更广阔的工业领域，为更长远、更宏大的战略部署"打前站"。

二　关联属性：基础化工原料生产

范旭东企业集团的制盐、制碱、制酸部门相对独立，但都属于基础化工原料生产，在原料、设备、工序、人员、销售等方面又具有关联性，因而其企业战略是同类关联的多元混合一体化战略。

第一，原料关联。制盐和制碱生产都以粗盐为主要原料。久大精盐厂和永利制碱厂都坐落在塘沽地区，厂址相邻，久大公司在这一地区拥有多片盐滩，可向二厂提供粗盐原料。另外，制盐过程中还需用到少量石灰乳，用以将盐卤中的铁化合物杂质沉淀；新试验的真空制盐法也需要适量的石灰使盐卤中的硫酸盐变成石膏结晶，以及使苦土变为水酸化物全部沉淀，而石灰石亦是制碱的第二大原料。另外，在改良的精制方法中，久大利用纯碱溶液去除不纯物质。[4] 制碱与制酸都需要煤炭加工

① 学孙悟：《黄海化学工业研究社概况》，《中国建设》第 5 卷第 6 期，1932 年 6 月，第 97 页。

② 陈调甫：《黄海化学工业研究社概略》，《化工先导范旭东》，中国文史出版社，1987，第 149 ~ 153 页。

③ 赵津主编《"永久黄"团体档案汇编——永利化学工业公司专辑》上册，天津人民出版社，2010，第 526 ~ 527 页。

④ 赵津主编《"永久黄"团体档案汇编——久大精盐公司专辑》上册，天津人民出版社，2010，第 91、96、98 页。

资源，制碱需要烟煤，制酸需要焦煤。永利制碱厂需要硫酸铔原料，曾向井陉煤矿公司购买粗制铔液[①]，而这正是永利硫酸铔厂的成品之一。

第二，设备关联。因同属基础化工原料的生产，制盐、制碱、制酸的设备有相通之处，永利铁工房、翻砂厂等部门为范旭东企业集团的精盐厂、制碱厂、制酸厂制造或改良过生产设备。1931 年正在试验研究的真空制盐法所需的真空罐便计划由永利铁工房制造。[②]

第三，工序关联。基础化工原料生产过程中有一些物质可以相互利用，从而使生产工序也可以发生关联。在试验真空制盐法时，沈化夔提出更好的清卤方法，可以利用永利 NH_3（氨）及 CO_2（二氧化碳）以除苦土及硫酸盐，简要过程是 Mg（镁）及 Ca（钙）变为碳酸盐而沉淀，SO_4（四氧化硫）则成为 $(NH_4)_2SO_4$（硫酸铵），不结 Seale 退回至 NH_3，distill（蒸馏）时遇石灰又将 SO_4 除去，NH_3 收回，反复使用。[③]

第四，人员关联。由于制盐、制碱、制酸的同类性，其对技术人员的专业领域要求也趋于同质化。如陈调甫和侯德榜都具有化学专业教育背景，在建厂、生产及管理过程中都发挥了重要作用。黄海化学工业研究社的研究人才对三类化工生产均能提供有力的技术支撑，在研究活动中也大多集中在化生、矿物等同类领域。

第五，销售关联。作为基础工业原料，盐、碱、酸在玻璃、染料、造纸等行业以及化学工业均有广泛的应用，三者在销售方面有许多同类采购对象，因而可以共用分销机构，分享销售渠道和销售客服。

同类关联的多元混合一体化企业集团随着战略的进一步扩展，可以在原料、设备、技术、关联、销售等方面获得更多的积累性优势。1943年，范旭东企业集团制订的战后十厂计划[④]依然围绕基本化工领域，体现了战略实施的一贯性。

① 陈德元：《塘沽永利制碱工厂及新建烧碱工厂》，《工程周刊》第 1 卷第 17 期，1932 年 9 月 16 日，第 242 页。
② 赵津主编《"永久黄"团体档案汇编——久大精盐公司专辑》上册，天津人民出版社，2010，第 97 页。
③ 赵津主编《"永久黄"团体档案汇编——久大精盐公司专辑》上册，天津人民出版社，2010，第 97 页。
④ 赵津主编《"永久黄"团体档案汇编——永利化学工业公司专辑》中册，天津人民出版社，2010，第 667 页。

三　集团中枢：永久黄联合办事处

久大精盐公司、永利制碱公司、黄海化学工业研究社相继成立后，集团的规模及"事业范围仍日渐扩大"，各部类应付自身事务"有时已感困顿"，对于"各机关共同事务，仅能随时应付进行"，无合理组织，导致效能低下。更重要的是，集团对长远发展可能遇到的问题，"不可不趁早虑及"①。换言之，集团需要有这样一个机构，可以统一各部类的组织管理，对长远的发展做出战略性思考。

1932 年 6 月，范旭东企业集团在天津塘沽设立联合办事处，凡是久大精盐公司、永利制碱公司、青岛的永裕盐业公司、黄海化学工业研究社、恒丰堂等"各机关共同事务"，以及各地区、各城市的支店或经理处等"正式公务以外之事务上往来问讯"，皆可由联合办事处办理，从而达到"各机关得联成一气，收合作之效"的目的。久大、永利总经理处期望集团各机关能够充分利用这一机构，发挥其功效，却仅委任永裕归宿区经理阎幼甫先生兼任联合办事处主任之职，"主持处务进行"。可见，永久黄联合办事处无论是职权和地位的定位，还是负责人的身份和级别，都没有达到集团中枢机构的要求。然而有一点应该肯定，集团已经意识到建立中枢机构的重要性，只是如何进行，采取何种方式，还需探索和研究。无怪乎，集团称该机构尚属设立初期，仅"重在研究"，是为"将来组织化之准备"②。不过，此中枢机构的组织研究似乎在抗战全面爆发前并无实质性进展。

建立中枢机构的努力再次启动是在 1947 年 11 月，永裕盐业公司、久大盐业公司总管理处、永利化学工业公司总管理处及黄海化学工业研究社发布了《久大永利黄海永裕联合通知》。通知指出：为"一面各自独立发展，一面加强相互联系起见"，集团"所有学术研究，由黄海担任，技术改进，由侯致本先生指导；财务由范鸿畴先生筹划；对政府接洽由李烛尘先生负责"，但"各机关之内部行政，仍各自分别处理，互

---

① 赵津主编《"永久黄"团体档案汇编——久大精盐公司专辑》上册，天津人民出版社，2010，第 69 页。
② 赵津主编《"永久黄"团体档案汇编——久大精盐公司专辑》上册，天津人民出版社，2010，第 69、236 页。

不相混"①。为进一步落实《联合通知》的要求,1948 年 1 月 20 日永久黄集团高层核心李烛尘、孙学悟、侯德榜、范鸿畴四人②,认为"无周详之计划,则徒托空言,无具体之组织,则难付实施",于是共同署名发起成立久大永利黄海永裕协进会,由专人负责集团共同范围的"所有学术、技术、财务、外交"事宜③。

较联合办事处,此次成立的协进会有两点改进:其一,发起者和负责人的职权地位明显提高,属于集团最高层领导人,显示了此机构的重要性和权威性;其二,明确了共同事务的具体所指,并指明由专人负责,使中枢机构有了实质性的管理内容。然而,一个重要的问题,即制度支撑仍然没有解决。具体而言,作为股份有限公司,其各部类股东及董事会权力的集中问题依然没有得到解决,而这却是最根本的问题。否则,协进会的权威将没有制度来源,完全依赖四位负责人的个人威信及个人彼此间的约诺,将不能长久。成立该机构期望达到的功效是,改变集团"日趋涣散之形势","使之归于一元"。然而,事实上由于系"互约之承当",而非"职权上之责任",协进会"其效不彰"④。

对此,1948 年 10 月 4 日,永久黄集团发布《久永黄之大联合》意见书,再次予以推进。一方面,摆明事实。意见书称以往在已故总经理

① 赵津主编《"永久黄"团体档案汇编——久大精盐公司专辑》上册,天津人民出版社,2010,第 69 页。

② 李烛尘(1882~1968),原名华搢,湖南永顺人,1912 年赴日本留学,入东京高等工业学校电气化学科,回国后曾任久大精盐公司技师、董事长、总经理,永利塘沽碱厂厂长、副总经理。孙学悟(1888~1952),字颖川,山东威海人,1915 年获美国哈佛大学化学专业博士学位。1922 年担任久大盐业公司化学室主任,后任黄海化学工业研究社社长长达 30 年之久。侯德榜(1890~1974),名启荣,字致本,福建闽侯县人。1916 年获美国麻省理工学院化工科学士学位,1921 年获美国哥伦比亚大学博士学位,1921 年入职永利制碱公司,后历任永利总工程师、碱铔川各厂厂长、设计部化工研究部部长、永利化学工业公司总经理,历任永利董事 20 余年。范鸿畴(1901~?),湖南湘阴人,范旭东之堂弟,美国南加州大学经济系毕业,曾任久大营业部部长、永利汉区营业处区经理、永利协理兼财务部部长、久大渝分处运输部部长、久大业务部部长、建业银行总经理等职,范旭东逝世后曾任永利副总经理、代总经理,久大总管理处常务董事。《人名录》,赵津主编《"永久黄"团体档案汇编——久大精盐公司专辑》下册,天津人民出版社,2010,第 729、732、735、738 页。

③ 赵津主编《"永久黄"团体档案汇编——久大精盐公司专辑》上册,天津人民出版社,2010,第 69~70 页。

④ 赵津主编《"永久黄"团体档案汇编——久大精盐公司专辑》上册,天津人民出版社,2010,第 70 页。

范旭东先生的领导下，虽"机构各殊"，而"在行政上如人员之调动，财力之通融"，以及"管理规章之编讨"，均"早已趋于一致"。言下之意，永久黄集团管理的集中统一既具有基础，也是趋势。另一方面，借助威信。通告指出：抗战胜利后将"各单位设法完成为一整个之体系"是范先生生前拟定的战略方针，大联合的意见书也是根据"范先生之遗志"共同商定的。以此希望能够引起集团各方的重视以及通力合作。意见书认为永久黄之事业"欲实现最终之目的，非有统一之组织与机构，难期步调一致"。当然，更重要的是，意见书明确指出了关键的实际问题是"权益及股份如何分配"，而且认为需"在统一组织未完成以前妥为布置"，并给出了六个办法及步骤，向股东解释与宣传其是"今后必要之工作"①。然而，历史并没有给永久黄集团实践如此方法和步骤的时间和机会。

第二节　有限关联：荣氏集团的棉粉联营

近代民族工业发展最为繁盛的是棉纺织业和面粉业。荣氏兄弟在这两个行业成就了一番事业，成为"棉纱大王"和"面粉大王"。从企业生产部门看，荣氏茂、福新于面粉生产和申新于棉纺织生产有明显的横向一体化特点。从企业集团整体看，荣氏集团实际上实施了棉粉联营的混合一体化战略。其战略实现形式比较特殊：其一，荣氏集团所涉及的行业主要就是面粉业和棉纺织业两种，属于非典型的多样化经营；其二，荣氏集团三个系统各自的横向一体化非常明显。因此，荣氏集团的一体化战略既具有单一生产的横向一体化战略特点，同时也形成了棉与粉二元混合一体化的战略态势。

一　战略步骤：先粉后棉，供销配合

荣氏茂福申新集团的发展经历了从面粉业发起，然后进入棉纺织业，同时建立供销纵向配合体系，最终实现棉粉联营的战略步骤。

---

① 赵津主编《"永久黄"团体档案汇编——久大精盐公司专辑》上册，天津人民出版社，2010，第70~71页。

（一）先粉后棉，棉粉联营

1900 年庚子国变，荣氏兄弟发现"各业均平淡，惟面粉厂增裕、阜丰反好"，遂认为"大可仿制"[1]，当年即决定与人合办保兴面粉厂，1903 年实现独资，改名为茂新。不久，在实业救国思潮的感召和纱业厚利的驱使下，1907 年荣氏兄弟与人合办振新纱厂。其间，荣氏兄弟的横向一体化战略思想已经显现，面粉生产部门的横向一体化战略已经展开，他们有意在振新纱厂也如是推行，主张股东少分红利而大量投资以扩张纱厂，但遇到严重阻碍。于是，荣氏兄弟于 1915 年退出振新，转而在上海自创申新纱厂，开启在棉纺织业的横向一体化战略进程。可见，在 20 世纪初的十几年内，荣氏兄弟积累了工业企业经营管理的经验，初步开拓了混合一体化战略的两个生产领域。20 世纪第二个十年期开始后，荣氏集团启动了棉粉联营的二元混合一体化战略，分两个步骤，并有相应的配合行为。

第一步，1911～1920 年，荣氏集团实施了对面粉生产部门的横向扩张战略。1937 年前荣氏面粉生产系统所属或曾属的 14 个生产单位中，除 1903 年建的茂新一厂、1921 年所建的福新八厂、1926 年重建的福新三厂外，其余 11 个是在这十年间出现的。其中，又有 9 个单位是在 1916～1920 年开启的。扩张的高峰期处于这五年的重要原因之一是"欧洲战祸连绵，国外工厂生产力锐减，华粉遂乘机运销各国，粉业发达，于斯为盛。本厂际此营业鼎盛之时，乃力谋扩充"[2]。而后，直至 1937 年，荣氏面粉生产部门几乎停止扩张，与 1921 年后进口面粉数量急剧上升和国外面粉需求量骤然减少有密切关系，销售市场的萎缩使荣氏集团面粉生产部门的继续扩张失去了基础，且已出现产量和销量下降以及由盈转亏的迹象，如表 4-3 和表 4-4 所示。与此同时，荣氏棉纺织生产部门的扩张也已开始，集团的资源和精力将从面粉生产向棉纺织生产倾斜。在棉纺织生产不断扩张的同时，荣氏集团的二元混合一体化战略也逐步得到实现。

---

[1] 荣德生：《乐农自订行年纪事》，乐农史料选编《荣德生文集》，上海古籍出版社，2002，第 32 页。

[2] 《福新第二、四、八面粉厂概况》，上海大学、江南大学《乐农史料》整理研究小组选编《荣德生与企业经营管理》上册，上海古籍出版社，2004，第 306 页。

表4-3　福新一、三及七厂面粉的生产和销售（1921~1922年）

单位：千袋

年份	生产量		销售量	
	福一、三	福七	福一、三	福七
1921	1178	1993	1180	1915
1922	842	1359	856	1384

注：其他厂资料缺。

资料来源：上海社会科学院经济研究所编《荣家企业史料（1896~1937年）》上册，上海人民出版社，1962，第169页。

表4-4　茂新、福新各厂的盈亏（1921~1922年）

单位：千元

年份	茂新各厂	福新各厂
1921	+111.51	+9.94
1922	-37.52	-462.08

注：（1）茂新各厂包括一、二、四等三个厂，福新各厂包括一至八等八个厂；（2）1921年无锡茂新租办泰隆粉厂盈余3000元，又上海福新租办元丰恒粉厂亏26570元，均未计入。

资料来源：上海社会科学院经济研究所编《荣家企业史料（1896~1937年）》上册，上海人民出版社，1962，第169页。

第二步，继面粉生产部门扩张基本完成后，20世纪20年代至30年代初，荣氏集团的棉纺织生产部门也进行了扩张，始于1917年申新二厂创建，整个20年代增加的生产单位有5个。申新的扩张自然也与第一次世界大战的影响分不开，但其扩张的高峰期并没有像面粉生产部门一样出现在1920年前。这是因为一战期间棉纺织生产设备进口困难，无法建成新的生产单位。1920年后，国外棉纺织机器供应恢复，是申新得以扩张的前提。在1923年开始的棉纺织业萧条期以及随后的行业重组期，申新系统凭借强大的规模优势，总体上属于赢家。然而，进入30年代，随着粗纱市场的缩小，申新系统在与日资纱厂的竞争中艰难而勉强地继续扩张，增加了两个生产单位，最终形成了二元混合一体化的战略态势。

荣氏集团混合一体化战略实施的两步过程，实际上也是面粉和棉纺织两个生产系统在二元联营的企业集团内所占地位的变化过程。表4-5

反映了 1922 年和 1932 年荣氏集团两个生产系统的资产及其在整个集团中所占比重的对比与变化情况。1920 年,茂新和福新面粉生产系统已经基本完成扩张,拥有 11 个生产单位,而此时申新棉纺织生产系统仅建有两个生产单位。1920 年以后,荣氏集团混合一体化战略重心开始倾向棉纺织生产部门,仅两年时间,申新系统的资产额及其在整个集团中所占的比重已经超过茂、福新系统,但两者尚在伯仲之间。至 1932 年,申新的资产显著超过茂、福新系统,占整个集团的 2/3。

表 4 - 5 1922 年和 1932 年申新纱厂系统和茂、福新粉厂系统在荣家企业中所占比重对比

项目	1922 年				1932 年			
	申新纱厂系统		茂、福新粉厂系统		申新纱厂系统		茂、福新粉厂系统	
	金额(千元)	所占比重(%)	金额(千元)	所占比重(%)	金额(千元)	所占比重(%)	金额(千元)	所占比重(%)
自有资本	6084.89	58.3	4345.85	41.7	18022.18	61.9	11108.99	38.1
资产总值	15911.62	59.9	10665.57	40.1	64231.80	71.1	26157.65	28.9
固定资产	11645.12	59.5	7941.77	40.5	41858.10	77.0	12521.63	23.0

资料来源:上海社会科学院经济研究所编《荣家企业史料(1896~1937 年)》上册,上海人民出版社,1962,第 110、267 页。

一战前,荣氏兄弟即已开始经营面粉企业和棉纺织企业。一战的爆发给荣氏集团的扩张带来了机遇,荣德生在 1916 年的纪事中称:"时欧战已起……余认为可放手做纱、粉,必需品也。"[①] 然而,二元混合一体化战略先从哪个生产部门开始,是一个企业的战略性问题。如果两个生产部门同时开始扩张,对于缺乏资金的近代民族企业而言显然不切实际,容易导致企业战略发展动力的分散。从资金需求量、生产技术要求、市场前景等多方面考量,面粉生产较棉纺织生产更易于和适于作为二元混合一体化战略的施动力。面粉生产系统扩张成功后,荣氏企业可以利用此部门的盈利资金支持随后棉纺织生产系统的扩张。因此,荣氏集团先

---

① 荣德生:《乐农自订行年纪事》,乐农史料选编《荣德生文集》,上海古籍出版社,2002,第 76 页。

实施面粉生产部门的扩张，然后将战略发展重心转向棉纺织生产部门，是根据企业内外战略环境及条件做出的正确战略决策。

　　荣氏集团二元混合一体化战略重心的转移可以在中止创办福新九厂的事件中得到印证。1920 年，为筹办福新九厂，荣氏集团已在吴淞蕴藻浜购买 30 余亩地，计 3.8 万元，但一方面由于"面粉业发展困难而中止"①，另一方面因"致力于纺织，无暇及此"②。荣氏集团"对面粉事业本有远大计划"，不只是吴淞蕴藻浜，还有南京三叉河、汉口砧家矶两处购地，"所选地点均在水陆交通极便之处"③，但都出于上述两方面原因而中止。因此，这不只是福新九厂一厂停建的局部策略改变，而且是整个集团二元混合一体化战略重心由面粉生产向棉纺织生产转变的表现。

　　1920 年，正当福新计划创办大型面粉生产企业的时候，市场环境骤变，面粉生产经营遭遇困难，荣氏集团及时停止扩张，而当时棉纺织部门申新一厂的盈利呈现逐年上升趋势（见表 4-6）。于是，荣氏集团果断将资源及精力转向推动棉纺织生产部门的扩张。1921 年申新三厂的创建正是申新系统大举扩张的开始。福新九厂停建，而申新三厂兴建，实际上标志着荣氏集团的二元混合一体化战略及时实现了从第一步向第二步的转变。

表 4-6　申新一厂的资本和盈利（1918~1920 年）

年份	股本额（元）	纱厂、布厂的纯利（元）	盈利率（%）
1918	300000	222506	74.2
1919	800000	1048056	131.0
1920	1500000	1275878	85.1

　　资料来源：上海社会科学院经济研究所编《荣家企业史料（1896~1937 年）》上册，上海人民出版社，1962，第 84 页。

---

① 上海社会科学院经济研究所编《荣家企业史料（1896~1937 年）》上册，上海人民出版社，1962，第 169~170 页。
② 荣德生：《乐农自订行年纪事》，乐农史料选编《荣德生文集》，上海古籍出版社，2002，第 89 页。
③ 《福新面粉公司史略》，上海大学、江南大学《乐农史料》整理研究小组选编《荣德生与企业经营管理》上册，上海古籍出版社，2004，第 300 页。

(二) 纵向一体化的配合行为

先粉后棉两步走的同时，荣氏集团也在进行纵向配合。单一生产部门的规模化，需要稳定的生产要素供应和产品销售渠道以及必要的生产辅助部门支撑，而近代中国的市场环境和产业体系尚无法确保，甚至难以提供。于是，荣氏集团对粉棉两个生产部门的上游供应链、下游销售渠道以及一些生产辅助部门实施了有限的纵向整合措施。从表4-7可以看出，后向一体化行为涉及了原料采购及打包、机械修造、资金供应、劳动力培训等企业生产所需的重要资源，前向一体化涉及产品批发、产品再加工、仓储服务等与产品相关的生产、销售、服务环节。

表4-7 荣氏集团纵向一体化配合行为一览

维度	单位	功能	说明
前向	销售	产品批发	申新设分庄，茂、福新设批发处
	布厂	产品再加工	除申二、五、八外各厂均附设布厂
	堆栈	物流服务	茂新栈、福新运输堆栈
后向	采购	采办原料	申新设办花处，茂、福新设办麦处
	打包厂	包装服务	济南打包厂、郑州打包厂
	机械修造厂	机器供应及修理	公益铁工厂
	储蓄部门	资金供应	同仁储蓄部
	培训机构	劳动力供应	职员、女工、机工养成所

资料来源：分庄/批发处、麦庄/收花处，上海社会科学院经济研究所编《荣家企业史料（1896~1937年）》上册，上海人民出版社，1962，第97~103页；许维雍、黄汉民：《荣家企业发展史》，人民出版社，1985，第34~37页。布厂，《申新各厂的成立年份与规模（截至1932年底为止）》，上海社会科学院经济研究所编《荣家企业史料（1896~1937年）》上册，上海人民出版社，1962，第282页。堆栈、打包厂、机械修造厂、储蓄部门，《荣家企业所属各厂及其所在地（1931年底）》，上海社会科学院经济研究所编《荣家企业史料（1896~1937年）》上册，上海人民出版社，1962，第284页。培训机构，上海大学、江南大学《乐农史料》整理研究小组选编《荣德生与企业经营管理》下册，上海古籍出版社，2004，第807、811~812页。

其中，原料采购和产品销售单位是纵向配合行为的主体部分。在荣氏集团的纵向链条上，负责采购小麦的办麦处，负责采购棉花的办花处和负责面粉、棉纱、棉布销售的批发处，所设数量最多，分布地区最广，承担责任也最重要，详情见表4-8。

表 4 - 8　荣氏集团茂新、福新、申新所设采购和批发机构

机构名称	创办时间	地点	业务范围
茂新办麦处	1903 年	江苏姜堰下灞河	办麦、销粉
茂新办麦处	1908 年	江苏高邮南门外	办麦、销粉
茂新办麦处	1913 年	江苏镇江义渡码头	办麦
茂新批发处	1914 年	安徽蚌埠	办麦
茂新办麦处	1914 年	山东济宁	办麦
茂新办麦处	1919 年	江苏泰州东台溱潼	办麦
茂新批发处	1911 年	江苏苏州山塘桥醃猪河路	销粉
茂新批发处	1912 年	江苏南京下关鲜鱼巷	收花、办麦、销纱、销粉
茂新批发处	1913 年	江苏镇江	销粉
茂新批发处	1914 年	山东济南商埠十王庙	销粉
茂新批发处	1916 年	浙江杭州拱宸桥	销粉
福新办麦处	1915 年	江苏扬州便益门外	办麦
福新办麦处	1919 年	江苏常熟小东门东市河	办麦
福新办麦处	1919 年	江苏泰州东台溱潼	收花、办麦、销粉
申新办花处	1918 年	江苏太仓浮桥	收花
申新办花处	1918 年	江苏太仓六渡桥	收花
申新办花处	1921 年	江苏常熟支塘	收花、办麦
申新办花处	1922 年	江苏常熟何家市	收花
申新批发处	1922 年	江苏常熟大东门	销纱
申新批发处	1927 年	江苏常州青果巷	销纱
申新批发处	1927 年	江西九江麦城马路西一区二十一号	收花、办麦
茂新福新批发处	1917 年	浙江嘉兴碪石	销粉
茂新福新批发处	1920 年	浙江枫泾	销粉
茂新申新批发处	不详	江苏无锡北塘钱家弄口	销纱、销布
福新申新批发处	1914 年	天津	销纱、销粉
福新申新批发处	不详	湖北汉口歆生路鼎安里	不详(推测应销粉、销纱、销布)
茂福申新批发处	1928 年	浙江平湖东门外南廊下	收花、办麦、销纱、销布、销粉

　　注：（1）浙江枫泾的茂新福新批发处，在《荣家企业史料》中称为茂新枫泾批发处，但关系单位是"茂、福新"，这里根据档案中名称的称法改为"茂新福新批发处"；（2）表中所列机构 1937 年前或有关闭，确切情况有待考证；（3）九江申新批发处虽名为批发处，但档案资料中并未显示该机构每年销纱布的数额，无锡北塘茂新申新批发处虽名有茂新，亦未显示每年销粉

数额。

资料来源：《1922 年以前茂、福、申新分设各地的原料采购机构》《1922 年以前茂、福、申新分设各地的产品推销机构》，上海社会科学院经济研究所编《荣家企业史料（1896 ~ 1937 年）》上册，上海人民出版社，1962，第 97 ~ 98 页；《茂新福新申新总公司三十周年纪念刊（民国十八年一月）》附《批发处一览表》（1929），上海档案馆藏，档案号：Q466 - 1 - 189，页码编号：SC0104。

除作为主体的办花处、办麦处和批发处外，荣氏集团纵向一体化的链条中还包括储蓄部门、培训机构、机械修造厂、堆栈和打包厂等辅助单位。

为了给二元混合一体化战略建立一条资金供应渠道，荣氏集团于1928 年开设了同仁储蓄部。该机构的总部设于上海，下属四个分部：无锡分部，附设于申新三厂；常州分部，附设于申新六厂；杭州分部，附设于拱宸桥茂新批发处；汉口分部，附设于福新批发处。同仁储蓄部是管理规范，制定有《同仁储蓄部章程》。该机构设立的目的在于吸收职工存款，增加企业营运资金。存款利息较银行一般存款利息略高，而放款利息则相对较低。同仁储蓄部的存款最高时达到 750 余万元，是荣氏集团二元混合一体化战略资金的重要来源之一。[①]

充足的劳动力资源是企业一体化战略必要的准备条件。近代中国劳动力数量虽多，但适合现代工业生产的有一定文化素质的管理职员和技术熟练的操作工人却甚为缺乏。荣氏集团早在 1919 年便开设了公益工商中学[②]，培训现代企业技术管理人员，但此单位并非专门为荣氏集团培训职工，纵向一体化性质不明显。此后，荣氏集团设立了专门为本企业培养员工的养成所。养成所分为三种：职员养成所，培训基层管理人员；机工养成所，培训机械修理工；女工养成所，培训生产操作工。1928 年，申新创设职员养成所，同时，茂、福新系统也决议设立相同机构，不久又成立机工养成所，1932 年又建立女工养成所，逐步建立

[①] 上海社会科学院经济研究所编《荣家企业史料（1896 ~ 1937 年）》上册，上海人民出版社，1962，第 277 ~ 278 页；《同仁储蓄部章程（一九二八年）》，上海大学、江南大学《乐农史料》整理研究小组选编《荣德生与企业经营管理》下册，上海古籍出版社，2004，第 996 ~ 1007 页。

[②] 上海社会科学院经济研究所编《荣家企业史料（1896 ~ 1937 年）》上册，上海人民出版社，1962，第 73 ~ 74 页。

了养成工制度。① 养成所管理规范，招生、担保、管理、培养、任用以及奖惩等均有明确的规章制度。其与企业的纵向隶属关系明确，荣氏集团承担养成所一切开办费用以及学员的培训和生活费用。当然，荣氏集团对养成所培养的学员也有一定的专有权，即规定学员在升为正式工后必须为企业服务一定年限，职员最低三年，工人最低两年，否则将没收该学员的保证金和个人储金，并责令该学员的入所保证人赔偿养成费用。养成所培养的员工必须为企业服务一定年限的严格规定保证了荣氏企业能够获得一定数量的具备合格素质的现代企业职员。养成所及在此基础上形成的养成工制度是替代传统落后的包工头及包身工制度的有效途径，成为荣氏集团二元混合一体化战略人力资源的重要供应保障。

近代中国机械制造业发展极其薄弱，民族企业一体化战略所需要的大量机械设备主要依赖进口，这势必会增加企业成本，导致设备的修理、更换、改进等工作的展开也不甚方便。1919 年，公益工商中学附设了制造机械的工场，为学校学生实习所用。1927 年学校停办，公益铁工厂独立经营，"专为申新、茂新等及对外制造零件及修理机械之需"。1936年，在荣德生三子荣一心的主持下，公益铁工厂扩建、添机、聘请外籍工程师，已可以自制织布机、纺纱机、面粉机等，并决定自 1937 年起，第一个五年制造布机 2000 台，纱锭 10000 枚，之后每五年增加 1 倍产量，"达成不需舶来纺织机进口为目标"。抗日战争结束后，1947 年以开源机器厂之名延续。②

在纵向链条上还存在一些提供辅助服务的环节，如为原料提供打包服务的打包厂和为堆放及中转原料或成品提供仓储服务的大型堆栈。荣

---

① 上海社会科学院经济研究所编《荣家企业史料（1896～1937 年）》上册，上海人民出版社，1962，第 222～224、569 页；张荣：《回忆申新职员养成所》，上海大学、江南大学《乐农史料》整理研究小组选编《荣德生与企业经营管理》下册，上海古籍出版社，2004，第 809、811 页；陆涵若：《申新三厂考试女工养成所新生志》，上海大学、江南大学《乐农史料》整理研究小组选编《荣德生与企业经营管理》下册，上海古籍出版社，2004，第 812 页。

② 上海社会科学院经济研究所编《荣家企业史料（1896～1937 年）》上册，上海人民出版社，1962，第 224、524 页；《公益机器厂之内迁》《开源机器厂概况》，上海大学、江南大学《乐农史料》整理研究小组选编《荣德生与企业经营管理》上册，上海古籍出版社，2004，第 552、581 页。

氏集团在棉花和小麦富产区济南和郑州设有两个打包厂，并在全国经济中心上海设有茂新栈和福新运输堆栈。① 其中，福新堆栈建于1929年，由总公司与各有关系的工厂出资，福新三厂则提供建栈地皮。该堆栈另立营业组织，由福新三厂"带管"。福新堆栈有路轨接至栈房，山东、河南等地来货可直接卸栈，无锡来货更便利，不必上栈，"省费而无损失"②。此外，还有新仁堆栈，系荣氏专为纱布储存、面粉中转外运而设的仓库，对外不营业，地址在火车站铁路桥堍。③

此外，在纵向生产链条上，荣氏申新系统除二厂、五厂、八厂外均附设织布机，进行了有限的前向一体化。申新系统的主要产能来自纺纱生产，织布生产只是作为附带生产，企业出售市场的商品主要为棉纱，因而并没有改变整体横向扩张的战略方向。

荣氏集团纵向配合的行为是较为适度的。荣氏集团的一体化战略以二元混合为总体结构，以横向一体化为扩张特征，以纵向一体化为配合。供销纵向一体化支持了横向的规模经营，但仅作为战略配合部分。

从19世纪末到20世纪30年代中期，荣氏集团经过两步横向加纵向配合的一体化战略步骤，形成了庞大的规模和范围，茂、福新系统共有12个横向单位，申新系统共有9个横向单位，配有原料采购、打包、资金储蓄、员工培训、机械修造等后向一体化单位，以及产品批发、再加工生产、仓储服务等前向一体化单位，这些企业单位基本构成了荣氏集团的二元混合一体化战略态势。

二 关联作用：棉布与粉袋

棉纺织业和面粉业是两种不同的行业，在主体生产工序上并无关联性，但在包装材料上建立了联系，起到沟通作用的是织布单位。织布单

① 《荣家企业所属各厂及其所在地（1931年底）》，上海社会科学院经济研究所编《荣家企业史料（1896～1937年）》上册，上海人民出版社，1962，第284页。
② 荣德生：《乐农自订行年纪事》，乐农史料选编《荣德生文集》，上海古籍出版社，2002，第104页。
③ 蔡子坚、朱培荣：《无锡粮食堆栈业简史》，中国人民政治协商会议江苏省无锡市委员会文史资料研究委员会编《无锡文史资料》第十六辑，1987，第97页；荣德生：《乐农自订行年纪事续编》，乐农史料选编《荣德生文集》，上海古籍出版社，2002，第122页。

位的原料是棉纱，可以由申新纱厂提供，织出的布匹可以制成布袋，供应给茂、福新粉厂，用来包装面粉。对作为主体的纱厂而言，申新织布单位是企业前向一体化再加工生产的环节，对粉厂而言，其则是企业后向一体化产品包装生产的供应单位，这样，荣氏集团二元混合一体化战略中的两个不同行业便建立了生产联系。但这种关联并非主线生产的关联，因而二元联营之间是有限关联。

表 4 - 9　申新一厂供应市场销售和本厂织布的棉纱量值
比较（1921～1923 年）

| 年份 | 数量 | | | | | | 价值 | | | | | |
| | 市场销售 | | 本厂织布 | | 合计 | | 市场销售 | | 本厂织布 | | 合计 | |
	数量（千件）	占总数量比重（%）	数量（千件）	占总数量比重（%）	数量（千件）	占总数量比重（%）	金额（千两）	占总金额比重（%）	金额（千两）	占总金额比重（%）	金额（千两）	占总金额比重（%）
1921	19.27	75.9	6.13	24.1	25.40	100.0	2644.44	75.4	864.01	24.6	3508.45	100.0
1922	16.90	65.3	8.99	34.7	25.89	100.0	2275.73	64.7	1243.91	35.3	3519.64	100.0
1923	14.21	59.6	9.63	40.4	23.84	100.0	2073.98	58.1	1497.45	41.9	3571.43	100.0

资料来源：上海社会科学院经济研究所编《荣家企业史料（1896～1937 年）》上册，上海人民出版社，1962，第 155 页。

表 4 - 10　申新一厂供应市场销售和本厂制袋的棉布量值
比较（1921～1923 年）

| 年份 | 数量 | | | | | | 价值 | | | | | |
| | 市场销售 | | 本厂制袋 | | 合计 | | 市场销售 | | 本厂制袋 | | 合计 | |
	数量（千匹）	占总数量比重（%）	数量（千匹）	占总数量比重（%）	数量（千匹）	占总数量比重（%）	金额（千两）	占总金额比重（%）	金额（千两）	占总金额比重（%）	金额（千两）	占总金额比重（%）
1921	14.11	7.2	182.37	92.8	196.48	100.0	68.01	7.9	791.57	92.1	859.58	100.0
1922	252.43	71.3	101.64	28.7	354.07	100.0	1139.41	72.0	443.19	28.0	1582.60	100.0
1923	166.11	44.1	210.81	55.9	376.92	100.0	820.74	46.2	953.88	53.8	1774.62	100.0

注：（1）1922 年制袋用布数量大减，乃这年粉厂营业受美粉倾销影响之故；（2）1923 年制袋用布的比重虽仍低于 1921 年，但绝对量则高过 1921 年。

资料来源：上海社会科学院经济研究所编《荣家企业史料（1896～1937 年）》上册，上海人民出版社，1962，第 155 页。

荣氏最初创办申新布厂即有为粉厂制造包装布袋的目的。1917年申新一厂"创设布厂……所出布匹，除销售各埠外，余悉自制粉袋，供给本公司各面粉厂应用"①。申四的创建则更加直接地体现了自制包装布袋的迫切性，1921年"汉口福五粉销尚佳，因用袋不便，拟设纱厂"②。申新布厂对于整个荣氏集团的价值之最大体现还是在纱厂遇到困境的时候。"纱业至此，除内地厂或有立脚，上海、天津均不振。惟我局则因粉厂小小帮助，尚堪存在……布厂尤加注重，出布做袋，占光极巨。"③ 从表4-9可以看出，申新一厂每年有三成左右的棉纱是供应给本厂用来织布的，大部分棉纱产品则通过市场出售，因而织布生产并非申新的主体；表4-10显示几乎超过一半的布匹都是供应给集团粉厂用来制袋的，1921年甚至达到了90%以上，可见申新织布生产与粉厂之间的关联对荣氏集团而言是较为重要的。1922年以后，中国民族棉纺织企业普遍遇到困难局面，荣氏申新也不例外，但棉粉联营使荣氏集团内的两大行业可以通过布厂互相接济，从而减小了荣氏企业遭受冲击的力度。

三 集团中枢：茂福申新总公司

荣氏集团的一体化战略推进势头正猛之时，旗下生产及业务单位日益增多，为协调管理，1919年，荣氏兄弟"议建总公司"④。总公司成立之前，茂新公司批发处附设于广生钱庄，1920年茂新公司独立自成，不久，福新、申新公司相继成立，三大系统各自统一管理机构的成立为荣氏集团总公司的成立创造了条件。1921年，茂新、福新、申新三公司一起迁入新建成的茂福申新总公司办公大厦，总公司正式成立。

茂福申新总公司内部设有庶务、文牍、会计、粉麦、花纱、五金、电气、运输各部，后又添设同仁储蓄部。部门与部门之间分工明确，均设有

---

① 《申新第一纺织厂概况》，上海大学、江南大学《乐农史料》整理研究小组选编《荣德生与企业经营管理》上册，上海古籍出版社，2004，第336页。

② 荣德生：《乐农自订行年纪事》，乐农史料选编《荣德生文集》，上海古籍出版社，2002，第90页。

③ 荣德生：《乐农自订行年纪事》，乐农史料选编《荣德生文集》，上海古籍出版社，2002，第93页。

④ 荣德生：《乐农自订行年纪事》，乐农史料选编《荣德生文集》，上海古籍出版社，2002，第85页。

主任一职。总公司没有董事会，股东会也没有管理企业的权力。总经理"掌握全权，一切集中于总经理"。从批发处发展成为总公司后，茂福申新总公司便掌握了各厂的购料与销售等业务，体现了总公司的集权。①

总公司成立后，其与茂新、福新、申新各系统及生产工厂之间的关系结构类似事业部制。总公司有三个生产系统，各系统厂经理于制造方面有自主权，而采购及销售都需联络总公司进行。本地各厂经理时常一起议事，外地各厂经理则用邮电传递消息。总公司"犹人体之有脑，各厂则五官百骸，其关系视唇齿尤为密切。是以总公司对于各厂无分轩轾，酌盈济虚，以冀平均发达"②。总之，各厂对工厂生产负责，而总公司则集中管理各厂的购料、产品销售和资金调配。后来，各厂也经办小部分原料，辅助总公司工作上的不足。

总公司与各厂具体负责的事务有：

> 总公司为各厂（包括面粉厂和纱厂）统一采购原料，销售成品，统筹资金；各厂只管工务。
>
> 各厂多余资金必须存总公司，存息比行庄多一些。总公司代筹资金给各厂，照行庄利息率加二厘半，作为总公司的经费。
>
> 总公司采购原料，配给各厂。销售则照原售价结给各厂。③

茂福申新总公司实际上是上海各生产单位的业务机构，外地各厂的上海总部。除业务部门外，总公司再分设外账房和银账房，外账房办理进货、出货的手续单据，并向各厂汇报；银账房专管银钱出纳和资金周转。除此之外，总公司没有设立职能部门，没有决策、审议等职能，一切都由总经理荣宗敬决断，因而并不完全等同于企业集团的总管理处。④

---

① 上海社会科学院经济研究所编《荣家企业史料（1896~1937年）》上册，上海人民出版社，1962，第96~97页。
② 上海社会科学院经济研究所编《荣家企业史料（1896~1937年）》上册，上海人民出版社，1962，第96页。
③ 上海社会科学院经济研究所编《荣家企业史料（1896~1937年）》上册，上海人民出版社，1962，第96页。
④ 上海社会科学院经济研究所编《荣家企业史料（1896~1937年）》上册，上海人民出版社，1962，第97页。

可见，荣氏集团茂福申新总公司作为战略中枢机构，在组织制度、决策机制、职能设置等方面存在一些问题。总公司的组织制度和决策机制在运行过程中存在很大的"人治"成分。组织结构和职能设置并不完备，不能完全发挥中枢机构的统一管理作用。茂福申新总公司的成立虽然是荣氏集团二元混合一体化战略深入推进的表现，但旧式制度文化仍然充斥其中，很多组织内容的构架尚不完善，我们可以将其视为近代民族企业集团中枢机构的雏形。20 世纪 20 年代后半期至 30 年代初，荣氏申新系统进行的管理改革主要集中于企业中下层，未见企业战略层面和集团高层组织的革新举措。这对于荣氏集团的长远发展显然是不利的。

第三节　无关联：刘鸿生企业集团的多元经营

企业所涉生产或业务之间存在的同类关联和有限关联的关系，属于中度多元化，而无关联则属于高度多元化。在近代中国民族企业中，刘鸿生企业集团涉及煤炭、煤球，码头、仓储，火柴，水泥，毛纺织品，搪瓷制品，银行、保险等生产及业务，相互之间基本不存在明显的关联关系，是高程度多角经营的典型代表。此外，大生集团、通孚丰集团、永安集团、周学熙企业集团也都具有类似的无关联多元混合一体化战略特征。

一　多元一体的实现：多角经营

刘鸿生早年为买办，以销售开滦矿务局煤炭起家。自创企业之后，他这样形象地描述自己一贯奉行的扩张战略："我并没有让我所有的鸡蛋都放在一个筐子里，那就是说，所有我的资财都是分开投资的。如果一个企业组织亏损了，其余的还可以赚到大量利润。总起来看，在收支差额上还会表现出一种盈余的情况。"[①] 至 1937 年，刘鸿生先后创办或主持经营了华商上海水泥公司、东京煤公司、中华码头公司、中华煤球公

---

① 上海社会科学院经济研究所编《刘鸿生企业史料（1931～1937 年）》中册，上海人民出版社，1981，第 29 页。

司、大华保险公司、华丰搪瓷公司、中华工业厂、章华毛绒纺织公司、大中华火柴公司、华东煤矿公司、中国企业银行、中国企业经营公司等十二家企业。

20 世纪初，中国"建筑渐趋西式"，尤其是随着 1919 年左右兴起的建厂高潮，国内对水泥的需求激增。① 刘鸿生认为有利可图，于 1920 年 9 月与 20 多人共同创办了华商水泥公司，1923 年 7 月，水泥厂正式开工生产。该公司创办时资本为 100 万元，建设过程中于 1921 年增资到 120 万元，1924 年底资本额是 140 万元，1928 年增加至 150.5 万元。为了保证水泥生产的原料供应，上海水泥公司早在 1921 年就后向一体化石料供应源，在浙江长兴陈湾购买山地 27 亩，此后又陆续添置，至 1931 年 8 月，共计有土地 210 余亩。翌年 5 月，公司成立湖州采石处进行采石作业，并建轻便铁道把石料自山运往水口。1922 年 10 月，公司在青浦县佘山地方购地 120 余亩，设立佘山采泥处，开采黏土，将其作为水泥制造的原料。前向一体化销售机构并不明显，主要采取与销售区签订特约经销合同的方式推销产品。在华北地区，公司派于守一负责华北经销事务，在天津设立办事处。②

煤炭销售业务是刘鸿生的老本行，企业最初的创办资本即来源于此。他作为开滦矿务局的买办，主要销售开滦煤炭，采取的方式有两种：一种是与上海当时最大的义泰兴煤号合作，但未投入任何资金；另一种是与煤炭商人合伙设立销煤机构，如上海的福泰、元泰煤号，苏州的同和义煤号，南通、南京、芜湖、江阴等地的生泰恒煤号等。1926 年，刘鸿生与义泰兴、涌记、升记、镇江和兴四家煤号合组了东京煤公司，并取得在江苏独家经销鸿基煤的权利③，资本 6 万两，1929 年 3 月在汉口建立经销机构④。

---

① 《中国洋灰输入及生产情形》，《中外经济周刊》第 22 号，1923 年 8 月 4 日，第 1 页。
② 上海社会科学院经济研究所编《刘鸿生企业史料（1911～1931 年）》上册，上海人民出版社，1981，第 157～158、162～163、166～169、176～177、184～185 页。
③ 上海使用的小炉煤以法商德威洋行由海防（越南）运来的鸿基块煤为主。上海社会科学院经济研究所编《刘鸿生企业史料（1911～1931 年）》上册，上海人民出版社，1981，第 34 页。
④ 上海社会科学院经济研究所编《刘鸿生企业史料（1911～1931 年）》上册，上海人民出版社，1981，第 6、17～20、33～36 页。

随着煤炭销售量的增加，最多时年销量达 200 万吨，刘鸿生认为："要扩展煤炭的经销业务，非自己设立码头堆栈不可。"由于刘鸿生本身是上海开滦矿务局买办，不便自己经营码头堆栈业务，于是与义泰兴煤号合作，连续收购码头堆栈。1919 年，义泰兴委托英商壳件洋行向外商购得浦东董家渡码头，即义泰兴董家渡北栈，1921 年 7 月已从公和祥码头公司购进董家渡南栈产业，9～10 月又从英商怡和洋行购进浦东沿浦场地，即义泰兴董家渡南栈北部，1922 年购进亚细亚火油公司码头，即义泰兴董家渡南栈南部。1924 年义泰兴董家渡南、北栈资产总值接近 170 万两。该年，刘鸿生与多人合伙承租地皮，设义泰兴白莲泾栈。1926 年，与煤商合伙设立上海煤业公栈公司，同年，购买周家渡地产，设立码头。除上海外，刘鸿生于 1919 年以 3 万多两购得南京下关九夹圩，设立南京码头，1921 年设江阴码头，1925 年租镇江码头。由于码头和堆栈已有相当规模，需要"合并起来，集中经营"，刘鸿生于 1927 年设立中华码头公司，注册资本为 30 万元，1934 年增为 300 万元。[①]

出于利用东京煤公司余下煤屑的考虑，开拓家用煤球市场，刘鸿生决定涉入煤球生产。1926 年 2 月开始筹备中华煤球公司，在上海董家渡南栈建设中华煤球公司第一厂，年底正式开工生产。之后，刘鸿生认为"有扩充之必要"，于 1928 年在浦东周家渡码头设立第二厂，1929 年并购虹口大连湾路唐山路口的上海第一煤球公司，成立第三厂，1938 年在上海租界内设立第四厂。[②]

1926 年，刘鸿生购买下上海第一毛织厂（原名日晖织呢厂），迁往中华码头公司浦东周家渡，1929 年改组成立裕华毛绒纺织厂，1930 年改名为章华毛绒纺织股份有限公司，位置在华丰搪瓷厂和中华煤球厂之间。[③] 此后，公司于 1934 年在天津租办天津市党部所办五三工厂，改组

① 上海社会科学院经济研究所编《刘鸿生企业史料（1911～1931 年）》上册，上海人民出版社，1981，第 47～51、57、60～61、64、66、72 页；上海社会科学院经济研究所编《刘鸿生企业史料（1931～1937 年）》中册，上海人民出版社，1981，第 21 页。

② 上海社会科学院经济研究所编《刘鸿生企业史料（1911～1931 年）》上册，上海人民出版社，1981，第 233、235、237～239 页；上海社会科学院经济研究所编《刘鸿生企业史料（1931～1937 年）》中册，上海人民出版社，1981，第 142 页。

③ 上海社会科学院经济研究所编《刘鸿生企业史料（1911～1931 年）》上册，上海人民出版社，1981，第 245～249 页。

为章华天津分厂，主要为章华沪厂供应纱线驼绒[①]；在各地设分销机构，1933 年上海除原有南京路门市外，在蓬莱市场和曹家渡设门市，1934 年在南京太平街设门市 1 所，同年在杭州也添设门市 1 所（1935 年撤销），1936 年在汉口又添设支店 1 所[②]。

刘鸿生的企业财产不断增加，财产保险成为很大一块业务，于是设想成立一家保险公司。原本计划设立拥有 50 万~100 万元资本的大公司，1927 年最终仅办成 12 万元资本规模的大华保险公司。刘鸿生和刘吉生共投资 6 万元，是最大股东。1936 年，资本才增至 20 万元。最初大华保险公司与刘鸿生所属企业均有业务往来，但往后渐少，"作用是不怎么重要的"[③]。

1928 年刘鸿生与人合资共 20 万元，在上海浦东周家渡中华码头筹建华丰搪瓷厂，1929 年建设过程中增加 10 万元资本，于是年 9 月开工生产。1935 年，因"营业衰落，资金困窘"，刘鸿生辞去公司董事长职务，翌年售出大部分股份。[④]

中华工业厂最初由刘鸿生的同学林桂庆于 1919 年创办，当时刘鸿生和刘吉生各投资 5000 元。1929 年，该企业因多年亏损而资金匮乏，刘鸿生组织的惠工银团入驻，筹集资金，并进行改组，工厂生产也由原来的绣花、织花边转为人造丝织。1933 年资本达 44 万元，刘鸿生为董事长。[⑤]

火柴生产系统是刘鸿生企业集团所涉生产及业务中最重要的部分，资本额所占比重最大，接近 30%，其以合并方式实现横向一体化战略，在近代中国民族企业中具有代表性，前文已有详细论述。

1929 年，刘鸿生接办江苏徐州贾汪煤矿，资本总额为 160 万元，两

① 陈真、姚洛合编《中国近代工业史资料》第一辑《民族资本创办和经营的工业》，生活·读书·新知三联书店，1957，第 412~413 页。
② 上海社会科学院经济研究所编《刘鸿生企业史料（1931~1937 年）》中册，上海人民出版社，1981，第 65~66 页。
③ 上海社会科学院经济研究所编《刘鸿生企业史料（1911~1931 年）》上册，上海人民出版社，1981，第 276~278、281 页。
④ 上海社会科学院经济研究所编《刘鸿生企业史料（1911~1931 年）》上册，上海人民出版社，1981，第 270、273 页。
⑤ 上海社会科学院经济研究所编《刘鸿生企业史料（1911~1931 年）》上册，上海人民出版社，1981，第 274~275 页。

方各 80 万元，1930 年改组为华东煤矿公司。由于本身担任开滦售品处经理，为避免两矿发生矛盾，刘鸿生并未亲自出面，而是委派亲信组织公司。①

刘鸿生企业经营范围扩大之后，所属公司增多，对于资金，无论是内部调度还是外部筹措都越显捉襟见肘。一方面，为"集中调度资金"，便于"各企业间相互调剂"；另一方面，希望"自己能拥有一个金融机构，以免仰人鼻息"，可以"吸收游资"，以"充实企业资金的来源"，1931 年，刘鸿生组织了中国企业银行，资本约 100 万元。②

为实行对所属企业的集中管理，刘鸿生于 1932 年组织了中国企业经营公司，资本总额 20 万元，但并未注册，仅存在 3 年多即解体。③

二 集团中枢：中国企业经营公司

随着企业数量增多，刘鸿生"颇感管理不易，乃有设置中央管理机关之议"，即"别创一企业公司，以为业集管理之总枢纽"。这样，整合经营欠佳的公司，调动流动资金，采购原料物品，改良会计制度，以及实施科学管理，"均由该公司为发号施令之司令部焉"④。1930 年 11 月，刘鸿生专门草拟了《实行集中管理之计划及其方案》，"计划把所有刘氏企业合并改组成为一个托拉斯组织"⑤，称为中国企业经营公司。为此，1931 年，他先设立了中国企业银行，以实现资金的集中调度，后设立了采办事务所，以实现物料的集中采购。

中国企业银行于 1931 年 11 月 12 日正式开业，原本预定资本总额为200 万元，实际收了半数，且基本来自刘鸿生和刘吉生兄弟。该银行规模较小，营业种类不多，主要业务来自刘鸿生所属各企业，盈利状况较

---

① 上海社会科学院经济研究所编《刘鸿生企业史料（1911~1931 年）》上册，上海人民出版社，1981，第 257~258、260 页。

② 上海社会科学院经济研究所编《刘鸿生企业史料（1911~1931 年）》上册，上海人民出版社，1981，第 293~294、296~297 页。

③ 上海社会科学院经济研究所编《刘鸿生企业史料（1931~1937 年）》中册，上海人民出版社，1981，第 20、22~23 页。

④ 匀庐：《记刘鸿生先生》，《大风》（香港）第二十七期，1939 年 1 月 25 日，第 845 页（每年统一编页）。

⑤ 刘念智：《实业家刘鸿生传略——回忆我的父亲》，文史资料出版社，1982，第 38 页。

好，自创办后盈利率基本维持在 10% 以上。然而，由于资金力量有限，中国企业银行很难完成刘鸿生所属各企业的资金集中调度任务，尽管关系放款一直占很大比重，1932～1935 年一直保持在 60% 上下，1931 年更是达到了 87%，但仍不能满足各企业的资金需求，于是企业与其他银行的资金往来也就不可避免。因此，中国企业银行并未充分起到集中资金调度的作用。①

在采办事务所成立之前，刘鸿生所属各企业的物料采办事宜，已是"大半系顾君丽江经管"，但由于无明确组织机构，采购工作有"诸多窒碍"。为集中办理各企业采购事务，刘鸿生专门设立了采办事务所。该机构分经常部和事业部，经常部主要为刘鸿生主持的大中华火柴公司、章华毛绒纺织公司、华丰搪瓷公司、华东煤矿公司、中华煤球公司、上海水泥公司、中华码头公司、中华工业厂等八家企业采办应用物料，事业部则代外部企业购买原料或物件。采办处由顾丽江担任主任，重要问题则由八企业组成的采办管理委员会决定。抗战全面爆发后，刘鸿生去往重庆，该机构无人支持，经费发生困难，1939 年后独立，归顾丽江个人经营。②

按刘鸿生的设想，中国企业经营公司应作为一个"总管理机构"，对所属企业"实行集中管理"；公司内部采取董事制，常务董事下设总务、财务两处，技术、考工、采办、运输四科；除营业和制造两部分外，各公司的组织管理权均"统行集中于本公司"，即"由本公司充任各公司之总经理"。1932 年中国企业经营公司成立，事实并未如刘鸿生所愿，"各公司还是各干各的，并没有统一起来，谈不上集中管理"，三年多后该组织"自消自灭"③。

究其原因，有四个：其一，各企业经营状况不平衡，境况好的企业担心集中管理后受到牵连，都为自身利益考虑，统一事权较难；其二，各企业经营管理多年，都自成一体，各成势力，担心集中管理后权力旁落；其

---

① 上海社会科学院经济研究所编《刘鸿生企业史料（1931～1937 年）》中册，上海人民出版社，1981，第 284～285、287、289～291 页。

② 上海社会科学院经济研究所编《刘鸿生企业史料（1931～1937 年）》中册，上海人民出版社，1981，第 10～11、15 页。

③ 上海社会科学院经济研究所编《刘鸿生企业史料（1931～1937 年）》中册，上海人民出版社，1981，第 15～16、23 页。

三，刘鸿生的个人威信还不足以迫使各企业接受中国企业经营公司代为管理；其四，当时，刘鸿生本人的经济状况不佳，遭遇严重的财务危机，1935~1936 年"真有倒闭之势"①，开滦矿务局企图取消售品处合同②。

应当注意的是，刘鸿生推行的企业集中管理制，是一种企业制度化集中管理的改革。大中华火柴公司拒绝由中国企业经营公司这一组织作为总经理，但仍请刘鸿生个人担任总经理③，说明此时的企业及企业管理者还处于依靠个人魅力和威信管理企业的阶段。刘鸿生个人可以管理多个企业，而刘鸿生组织的总公司却不能，说明当时企业制度化管理尚未成熟，或者说当时刘鸿生企业集团正处于从"人治"向"制治"转变的过程中。这一转变正是多元混合一体化战略进行到一定阶段的必然要求。

三　其他无关联多元战略：大生、通孚丰、永安、周学熙企业集团

除刘鸿生企业集团外，近代中国民族企业中的大生集团、通孚丰集团、永安集团、周学熙企业集团等亦较为明显地实施了以无关联多元化为总体特征、横向和纵向均有展开的混合一体化战略。

（一）大生集团

江苏中部南通地区的大生集团是近代中国较早出现的大型民族企业集团，创始人是张謇。大生涉及棉纺织、海外航业贸易、交通运输、食品、金融、交易所、商业、服务业等各种行业。

大生集团的主体是棉纺织部类。经历艰难的筹办过程，1899 年，大生纱厂在通州正式开工，此后多次横向扩张。1907 年，大生二厂在崇明久隆镇（今属启东市）建成开车。大生计划增设三厂于海门，四厂于四扬坝，五厂于天生港，六厂于东台，七厂于如皋，八厂于南通江家桥，以及在吴淞设大生淞厂。其中，大生三厂和八厂分别于 1921 年和 1924

① 上海社会科学院经济研究所编《刘鸿生企业史料（1931~1937 年）》中册，上海人民出版社，1981，第 45 页。
② 上海社会科学院经济研究所编《刘鸿生企业史料（1931~1937 年）》中册，上海人民出版社，1981，第 23 页。
③ 上海社会科学院经济研究所编《刘鸿生企业史料（1931~1937 年）》中册，上海人民出版社，1981，第 21 页。

年正式开车。大生纱厂系统拥有一厂、二厂、三厂、八厂四个生产单位，规模在当时相当可观。① 为了给纱厂生产提供原料，大生采取了两种方式的后向一体化行为。一种是设立收花机构，设立于各厂门口的称"门庄"，设立于产棉区和棉花集散地的称"分庄"②。另一种是创办种植棉花的农业公司，1901 年张謇创办了通海垦牧公司。③ 产品销售方面，大生未有明显纵向一体化行为，各厂采取"开盘"的方式批给纱庄。④

海外航业贸易部类公司的创办较为曲折。为开辟南通土布的南洋市场，计划成立中比航业公司，但最终"搁浅"，同样"夭折"的还有左海实业公司和中国海外航业公司的计划。1920 年，南通绣品公司在上海成立，向国外销售南通绣织局的绣品以及上海、浦东、苏州等地产的发网、花边等。1921 年，新通贸易公司成立，此公司经营范围甚广，包括进口粮食、纸张、玻璃、机器、颜料以及汽车、灭火机、小五金等。⑤

运输物流部类的企业众多。交通运输类企业：1901 年创办的大生轮船公司，1902 年开设的大中通运公行，1903 年设立的大达内河轮船公司，1905 年成立的上海大达轮步公司和泽生水利（船闸）公司，1906 年建成的通州天生港大达轮步公司和达通航业转运公司，1915 年修建的大达通靖码头，1918 年由大生一厂、二厂海门分销处兴办的海门大达趸步公司。物流仓储类企业有 1917 年兴建的南通大储栈，设有唐闸一栈（附打包服务）、天生港二栈、南通城三栈，此外还在海门和上海经营储栈业务，为棉纺织产品提供仓储服务。⑥

食品生产部类的企业：1901 年的大兴面厂及其后继者 1909 年成立的

---

① 《大生系统企业史》编写组：《大生系统企业史》，江苏古籍出版社，1990，第 16、42 ~ 43、142 ~ 144、148 页。
② 《大生系统企业史》编写组：《大生系统企业史》，江苏古籍出版社，1990，第 111 页。
③ "张謇创办通海垦牧公司的初衷，是为纱厂提供原棉。以后创立的淮南各盐垦公司，虽然不完全是张氏兄弟亲自创立，但它们与大生纱厂有着密切的经济联系。"张氏所涉盐垦公司虽多，但属于一体化行为的只有通海垦牧公司。《大生系统企业史》编写组：《大生系统企业史》，江苏古籍出版社，1990，第 46、176 ~ 177 页。
④ 《大生系统企业史》编写组：《大生系统企业史》，江苏古籍出版社，1990，第 117 页。
⑤ 《大生系统企业史》编写组：《大生系统企业史》，江苏古籍出版社，1990，第 189 ~ 195 页。
⑥ 《大生系统企业史》编写组：《大生系统企业史》，江苏古籍出版社，1990，第 64 ~ 71、182 ~ 185 页。

复兴面粉公司，1901 年在通海垦牧公司垦区设立的颐生酿造公司，1903 年在唐闸附近建成的广生油厂，颐生罐诘公司（创始年代不详），1921 年为利用大生纱厂多余电力及南通周边稻谷资源成立的大达公碾米厂。此外，大生集团还涉入盐业，于 1903 年收购李通源盐垣，创设了同仁泰盐业公司，1908 年前向一体化销售机构，设立大咸盐栈。①

金融部类企业：1911 年大生一厂内设有大生储蓄账房，收受职工存款；1920 年南通淮海实业银行（附大同钱庄）正式成立，并于 1921 年在海门、扬州、南京、汉口、上海、镇江、苏州设立分行，在盐城、阜宁、东台各垦区设立分理处。②

其他工业企业：1903 年设立的阜生蚕丝染织公司，后向一体化茧行和蚕桑学校，前向一体化织绸及染色生产③；为利用广生油厂下脚油脂制造皂烛，于 1902 年设大隆皂厂，同年，为了给通州师范学校印刷教科书和讲义，创办了翰墨林印书局；1905 年创办资生冶厂，翌年又创建了资生铁厂；为利用大生纱厂下脚飞花，给纱厂提供包纱纸和翰墨林书局所需印刷用纸，于 1908 年创立大昌纸厂；1919 年在天生港成立通燧火柴公司。④

从事房地产业的公司：1905 年左右成立了懋生房地产公司；1920 年设闸北房地公司，主要出租房屋给各厂职工及市镇其他居民；1920 年大生上海事务所租用地基自建"南通大厦"，遂成立南通房产公司经营大厦出租业务。⑤

大生所经营的旅馆：1914 年于南通开办的第一家新式旅馆有斐旅馆；1921 年创办的南通俱乐部，实际为接待贵宾的高级宾馆；1919 年在南通桃坞路开设的桃之华旅馆，是一家新式旅馆兼菜馆。⑥

---

① 《大生系统企业史》编写组：《大生系统企业史》，江苏古籍出版社，1990，第 81、88、93～96、99 页。

② 《大生系统企业史》编写组：《大生系统企业史》，江苏古籍出版社，1990，第 185～186 页。

③ 《大生系统企业史》编写组：《大生系统企业史》，江苏古籍出版社，1990，第 92～93 页。

④ 《大生系统企业史》编写组：《大生系统企业史》，江苏古籍出版社，1990，第 72～73、92～93、97～99、200～201 页。

⑤ 《大生系统企业史》编写组：《大生系统企业史》，江苏古籍出版社，1990，第 98、202～203 页。

⑥ 《大生系统企业史》编写组：《大生系统企业史》，江苏古籍出版社，1990，第 203、209 页。

涉及公共事业的企业：1913 年创办的大聪电话公司，以及 1917 年在南通成立的通明电气公司。[①]

此外，大生集团于 1921 年设立了"南通棉业、纱业、证券、杂粮联合交易所"[②]。

（二）孙氏通孚丰集团

通孚丰集团的创立者是安徽寿州的孙氏家族成员，如孙多鑫、孙多森、孙多钰等。"通"系通惠实业公司，"孚"即中孚银行，"丰"是阜丰面粉厂。可见，通孚丰是一个以面粉业为主体，兼营多种实业，并结合银行业的多元混合一体化企业集团。[③] 其中，阜丰面粉厂的横向和纵向均有明显展开。

"丰"字系统的第一个企业是 1900 年创办的上海阜丰面粉厂。它也是通孚丰集团最早创办的企业。此后，"丰"字面粉生产系统实施了横向一体化战略，1916 年在山东济宁创办济丰面粉厂，1919 年以通惠实业公司的名义在河南新乡与人合股创办通丰面粉厂（后由阜丰完全收买），1923 年在上海开办长丰面粉厂（1927 年被焚），1924 年租办无锡泰隆面粉厂（1927 年归还），1926 年租办上海裕通面粉厂（续租至中华人民共和国成立后合营），20 年代还在哈尔滨租办过俄商面粉厂，1935 年租办上海祥新面粉厂（后并购），1936 年租办上海信大面粉厂（1940 年归还），抗日战争时期收购了蚌埠的信丰面粉厂。[④] 在纵向链条上，为保证制粉生产的原麦供应，阜丰后向一体化采办机构，在长江下游如江苏的无锡、扬州、泰州与淮海流域的蚌埠等地设麦庄，常年收购小麦。[⑤] 为了扩大销售额，孙多森还在沿海沿江内地各埠设立分庄，如在扬州城内

---

① 《大生系统企业史》编写组：《大生系统企业史》，江苏古籍出版社，1990，第 100、201 页。

② 《大生系统企业史》编写组：《大生系统企业史》，江苏古籍出版社，1990，第 195 页。

③ 徐新吾、黄汉民主编《上海近代工业史》，上海社会科学院出版社，1998，第 151 ~ 152、199 ~ 200 页。

④ 上海市粮食局、上海市工商行政管理局、上海社会科学院经济研究所经济史研究室编《中国近代面粉工业史》，中华书局，1987，第 200 ~ 201 页；陈真、姚洛合编《中国近代工业史资料》第一辑《民族资本创办和经营的工业》，生活·读书·新知三联书店，1957，第 474 ~ 476 页。

⑤ 杨涂：《孙多森、孙多鑫与上海阜丰面粉厂》，寿充一、寿墨聊、寿乐英编《近代中国工商人物志》第一册，中国文史出版社，1996，第 171 页。

砖街设分销处，专售阜丰面粉。[①] 为方便存储转运原麦和面粉成品，前向一体化仓储部门，在上海设立沪丰堆栈。[②]

"通"字系统从1915年创办于北京的通惠实业公司开始。创办该公司的初衷是袁世凯、孙多森、周学熙企图垄断北方实业的组织，公司一开始就控制在孙多森手中，专营各种企业性投资，在北京设立总公司，上海、汉口等地设分公司。1918年，通惠公司在山东烟台创办通益精盐公司，同年在哈尔滨创办通森采木公司。[③]

"孚"字系统的主体是1916年孙多森以通惠为母公司成立的中孚银行。中孚银行分四级经营机构，即总管理处（总行）、分行、支行、办事处。总管理处设于天津（1933年撤销，并改上海分行为总行），在天津、上海、北京设立分行，先后在上海、北平（北京）、南京、苏州等城市设立支行多处，另在天津、郑州、定县等设立办事处。除主营银行业外，1926年"孚"字系统还与阜丰在上海合股成立协孚地产公司，与通惠在天津合作开设了通孚堆栈。[④]

（三）永安集团

永安集团的创始人是华侨郭乐、郭顺兄弟，该集团涉及工、商、贸易、金融各业，是一个大型的多元混合一体化企业集团。

悉尼永安系统始于"永安果栏"的小本经营。1897年，郭乐与人合伙盘下澳洲悉尼一家华侨的"永安栈"果栏，改名永安果栏，开始经营以水果为主，兼中国土特产和当地杂货的批发及零售业务。横向上，20

---

① 张业赏：《孙多森》，孔令仁、李德征主编《中国近代企业的开拓者》上册，山东人民出版社，1991，第134页。
② 张业赏：《孙多森》，孔令仁、李德征主编《中国近代企业的开拓者》上册，山东人民出版社，1991，第143页。
③ 包培之：《寿州孙家与中孚银行》，寿充一、寿墨聊、寿乐英编《近代中国工商人物志》第一册，中国文史出版社，1996，第181页；张业赏：《孙多森》，孔令仁、李德征主编《中国近代企业的开拓者》上册，山东人民出版社，1991，第143页；上海市粮食局、上海市工商行政管理局、上海社会科学院经济研究所经济史研究室编《中国近代面粉工业史》，中华书局，1987，第205页。
④ 包培之：《寿州孙家与中孚银行》，寿充一、寿墨聊、寿乐英编《近代中国工商人物志》第一册，中国文史出版社，1996，第179页；上海市粮食局、上海市工商行政管理局、上海社会科学院经济研究所经济史研究室编《中国近代面粉工业史》，中华书局，1987，第205~206页；张业赏：《孙多森》，孔令仁、李德征主编《中国近代企业的开拓者》上册，山东人民出版社，1991，第143页。

世纪初先后设立了永安果栏第二店、第三店、第四店（以零售为主）。
为了给永安果栏提供充足的香蕉货源，郭乐进行了后向一体化，设立
"生安泰"公司，自辟多处香蕉园种植香蕉。①

香港永安系统自 1907 年香港永安百货公司成立开始，遂推行混合一
体化战略。在金融业，1907 年在永安百货公司内附设金山庄，吸收侨胞
储蓄，1910 年在广东中山石岐设立永安银号，专营储蓄和侨汇。在保险
业，1915 年开设永安水火保险公司，于汉口、广州、上海和国外新加坡
等地都设有分局或代办处，1925 年设立永安人寿保险公司。在旅店、餐
饮业，1914 年在广州开设大东酒店，1918 年开设香港大东酒店。在轻工
织业，1919 年收买香港维新织造厂制造针织品。在仓储业，1919 年在香
港设立永安货仓。②

上海永安系统的扩张从 1918 年设立的上海永安百货公司开始。上海
永安继续香港永安的混合一体化战略，扩张的范围更加广泛，其中最重
要的企业即上海永安纺织印染公司。该公司拥有六个生产单位，永安纺
织第一厂于 1922 年正式投入生产，永安纺织第二厂由 1925 年收购的上
海大中华纱厂改组而来，永安纺织第三厂即 1928 年收购的上海鸿裕纱
厂，永安纺织第四厂于 1930 年建成，永安纺织第五厂系 1931～1933 年
被逐步兼并的上海纬通纱厂③，大华印染厂于 1935 年落成开工④。在纵
向供销方面，永安专设分庄及其支庄。业务兼具收购原棉和推销纱布的

---

① 上海社会科学院经济研究所编著《上海永安公司的产生、发展和改造》，上海人民出版
　　社，1981，第 2～4 页；上海市纺织工业局、上海棉纺织工业公司、上海市工商行政管
　　理局永安纺织印染公司史料组编《永安纺织印染公司》，中华书局，1964，第 2～8 页。
② 上海社会科学院经济研究所编著《上海永安公司的产生、发展和改造》，上海人民出版
　　社，1981，第 7～9、19 页；上海市纺织工业局、上海棉纺织工业公司、上海市工商行
　　政管理局永安纺织印染公司史料组编《永安纺织印染公司》，中华书局，1964，第 10～
　　12 页。关于永安货仓创办的时间，两种史料显示有出入，前者认为是 1916 年（第 19
　　页），后者认为是 1919 年（第 12 页）。
③ 上海市纺织工业局、上海棉纺织工业公司、上海市工商行政管理局永安纺织印染公司
　　史料组编《永安纺织印染公司》，中华书局，1964，第 32、47、113～116 页。
④ 对大华印染厂名称的说明：据估计，当时大华的坯布用量中，购用日厂坯布加工的比
　　重为 30%～40%。既然采用日厂坯布，又要顾到他们一向以国货为标榜的"信誉"，
　　这也就是这个印染厂虽为永纱的一个组成部分，而在厂名上不称"永安印染厂"却要
　　另行定名"大华印染厂"的原因所在。上海市纺织工业局、上海棉纺织工业公司、上
　　海市工商行政管理局永安纺织印染公司史料组编《永安纺织印染公司》，中华书局，
　　1964，第 118～119 页。

采购单位：1923 年所设汉口分庄和郑州分庄（设支庄一处），1927 年所设天津分庄，1931 年所设济南分庄，1935 年所设西安分庄。购棉的分庄有 1923 年所设南通分庄（设支庄八九处）。推销纱布的采购单位：1924年所设广州分庄（1925 年改为专设），1926 年所设长沙分庄（设支庄三处）和梧州分庄（由代理改为专设），1929 年所设南昌分庄，1930 年所设烟台分庄、重庆分庄（设支庄两处）、昆明分庄（设支庄一处）、青岛分庄，1934 年所设汕头分庄。[1] 上海永安所涉及的其他产业有 1918 年开设的大东旅社和天韵楼游乐场，以及 1919 年开始经营的房地产业。[2]

为给香港及上海永安公司采办货物，同时将中国出品输往国外，永安集团于 1933 年设立永安伦敦分公司，1939 年设立永安纽约分公司和旧金山分公司，开展国际贸易业务。[3]

（四）周学熙企业集团

周学熙企业集团是脱胎于官僚资本的民族企业。与周学熙有关的企业单位较多，但严格来讲，由周学熙资本控制及经营的企业单位只有启新洋灰公司、华新纺织公司、华新银行、普育机器厂等。

启新洋灰公司成立于 1907 年，1914 年横向并购了湖北大冶水泥厂。[4] 纵向上，该公司前向一体化销售机构，在天津、上海、奉天（今沈阳）、汉口四个城市分别设立北、南、东、西部总批发所[5]；后向一体化原料供应源，购买安徽芜湖陶家山、江苏句容龙潭以及山东峄县台庄的矿石产地[6]。

华新纺织公司的天津华新一厂于 1920 年投产，青岛华新二厂于 1921

---

① 上海市纺织工业局、上海棉纺织工业公司、上海市工商行政管理局永安纺织印染公司史料组编《永安纺织印染公司》，中华书局，1964，第 59、163~164 页。

② 上海社会科学院经济研究所编著《上海永安公司的产生、发展和改造》，上海人民出版社，1981，第 56、59~60、62 页。

③ 陈真、姚洛合编《中国近代工业史资料》第一辑《民族资本创办和经营的工业》，生活·读书·新知三联书店，1957，第 423 页。

④ 南开大学经济研究所、南开大学经济系编《启新洋灰公司史料》，生活·读书·新知三联书店，1963，第 36、203~205 页。

⑤ 南开大学经济研究所、南开大学经济系编《启新洋灰公司史料》，生活·读书·新知三联书店，1963，第 177 页。

⑥ 南开大学经济研究所、南开大学经济系编《启新洋灰公司史料》，生活·读书·新知三联书店，1963，第 196 页。

年投产，唐山华新三厂于 1922 年投产，河南卫辉华新四厂于 1922 年投产。为了统一管理，华新曾于 1922 年在总公司下设总管理处，1931 年总公司和总管理处宣告撤销。① 1930 年左右，华新放弃原先的横向战略，转向生产纵向一体化战略。三厂于 1929 年设布厂，1932 年设漂染厂，二厂于 1935 年、1936 年、1937 年连续设立布厂、染厂、印花部。在纵向供销方面，青岛华新厂于 1935 年先后在高密、昌邑、平度等地设立植棉试验场，建立美棉运销合作社 350 多处②，在上海设立办事处，直接运销32 支细纱，在西安设庄销售平布、色布③，从而建立了从原棉种植到纺织染印联营生产，再到花色布销售的纵向一体化体系。同时，青岛华新厂后向一体化职工培训机构，设立棉业传习所，分纺织、植棉两科，培养纺织和植棉技术人才④，植棉科毕业生一般分配至各植棉场，纺织科毕业生大多派至华新纱厂技术管理岗位；另一种培训单位是职工补习学校，以提高纺织工人的纺织技能和基本科学文化知识水平⑤。华新卫辉厂在纵向上也有一定程度的展开，在京汉铁路沿线石家庄、顺德（今邢台）、邯郸、彰德、郑州、许昌、灵宝、高邑等地设立栈庄，专管办花售纱。⑥

华新银行于 1921 年下半年开始筹办，总行设于天津，分行开于上海。该行业务主要为存放款，存款除启新、滦矿等企业外，以周氏亲友为主，放款则以四家华新纱厂为主。⑦

---

① 中国近代纺织史编委会编著《中国近代纺织史》下卷，中国纺织出版社，1997，第 210 ~ 211 页。
② 中国近代纺织史编委会编著《中国近代纺织史》下卷，中国纺织出版社，1997，第 211 ~ 212 页。
③ 周小鹏：《周志俊与久安资本集团》，寿充一、寿墨聊、寿乐英编《近代中国工商人物志》第一册，中国文史出版社，1996，第 284 页。
④ 中国近代纺织史编委员会编著《中国近代纺织史》上卷，中国纺织出版社，1997，第 377 页。
⑤ 周志俊：《青岛华新纱厂概况和华北棉纺业一瞥》，中国人民政治协商会议全国委员会文史资料研究委员会编《工商经济史料丛刊》第一辑，1983，第 32 页。
⑥ 河南省华新棉纺织厂志编纂委员会办公室编著《河南省华新棉纺织厂志》，新华出版社，1995，第 16 页。
⑦ 施公麟：《天津华新银行》，中国人民政治协商会议天津市委员会文史资料研究委员会编《天津文史资料选辑》总第七十三辑，天津人民出版社，1997，第 52 页；周志俊：《周学熙与北洋实业》，寿充一、寿墨聊、寿乐英编《近代中国工商人物志》第一册，中国文史出版社，1996，第 279 页。

普育机器厂1920年左右创办于天津，由周学熙第三个儿子周志和支持经营，企业技术人员均系其在同济大学的同学。[1]

为统一管理，周学熙于1924年成立了实业总汇处，"有类似联合企业之总管理机关"，但由于企业集团内部矛盾重重，一年后便改为实业联合会，亦称实业协会，1927年又改组为实业学会，完全成为一个学术团体，失去了企业集团统一管理机构的职能。[2]

---

[1] 周禹良：《周学熙的一生及其所办企业》，中国人民政治协商会议天津市委员会文史资料研究委员会编《天津文史资料选辑》第三十八辑，天津人民出版社，1987，第65页。

[2] 南开大学经济研究所、南开大学经济系编《启新洋灰公司史料》，生活·读书·新知三联书店，1963，第179~180、182、185页；周志俊：《周学熙与北洋实业》，寿充一、寿墨聊、寿乐英编《近代中国工商人物志》第一册，中国文史出版社，1996，第279页。

第五章 战略评价

实施一体化战略必然会给近代中国民族企业带来一定的效应。所谓一体化战略效应，是指企业实施一体化战略后在经营管理上所产生的反应和效果，能够产生降低成本、节约费用、抵御风险、优化管理等正向效应，也会出现增加成本、浪费资源、协同问题等负向效应。横向一体化战略效应的产生主要是基于生产及业务规模的扩大，纵向一体化战略效应的产生主要是基于企业从获取原料经生产各阶段至销售以及一些辅助环节相结合的关联性，混合一体化战略主要是基于多样化经营、不同产业的跨度及关联类型。当然，企业的扩张发展，横向一体化、纵向一体化、混合一体化的行为并不是截然分开的，只是以某种维度为主，以某种行为作为战略行为。从前三章战略实施的个案研究中我们可以看到：横向一体化战略实施过程中可以有纵向一体化配合行为，纵向一体化战略实施过程中也会有横向规模的扩大，混合一体化战略实施过程中多元的每个部类都可以有横向和纵向的一体化行为。近代中国民族企业一体化战略具有正向和负向两方面效应，针对负向效应，民族企业也采取了应对措施。当然，企业经济效应层面之上，一体化战略对于近代中国民族企业的发展更具有民族经济主义层面的价值。

第一节 正向效应

由于扩张维度的不同，一体化给企业带来的正向效应会有所差别。横向一体化的正向效应基于同类单位数量的增加和规模的扩大，大规模生产或业务的集合是经济效应产生的原因；纵向一体化战略正向效应的产生主要源于企业纵向链条的连贯性和可控性；混合一体化战略的正向效应来自多种经营，不同种类的生产或业务之间具有相对独立性。

一　横向一体化：规模经济效应

横向一体化对企业产生的正向效应集中体现在同类生产及业务的规模经济效应上，管理改进及复制和改善及运用市场两项积极作用均是基于大规模经营的结果而间接产生的。

（一）规模经济效应

规模一般指的是生产的批量。生产批量的变化有两种情况：一是生产设备条件不变，即生产能力不变的情况下生产批量的变化；二是生产设备条件（生产能力）变化时生产批量的变化。规模经济概念中的规模指的是后者，即伴随生产能力的提高而出现的生产批量的增加。而经济则含有节省、效益、有利等意思，西方经济学概念表述为收益递增现象。规模经济是指"在某项产品或服务的生产过程中，如果在某个产量范围内，平均成本（即单位产出成本）随着产量的增加而下降，那么就说这个产量范围内存在规模经济"[1]。横向一体化是选择在相同生产经营内进行扩张，在一定范围内会给企业带来规模经济效应。近代中国民族企业中横向一体化战略比较突出的荣氏茂、福新面粉生产系统，荣氏申新棉纺织生产系统以及无锡永泰缫丝集团，这些企业的规模经济的正向效应表现得比较明显。

横向一体化战略的规模经济效应体现在节约运输费用上。企业实施同行业内的横向一体化，生产所需原料和生产产品的数量增加，有利于在采购或销售的运输过程中实现运输工具满载，相对于数量较少不能满载的情况降低了运输费用。由于规模较大，荣氏茂、福新"需要洋麦数量大，可以整船装运来我国，所以水脚比拼船便宜，相差约一倍以上。销粉时整船装运出去，水脚也便宜得多"[2]。可见，采购原料时大规模企业所需原料的数量多，批量运输会减少运输费用，从而降低原料进厂成本，间接节省生产成本；运送成品至销售地点也是同样道理，运费的节省也就降低了成品的销售价格。规模经济使运费减少，成本降低，从而

---

[1] 〔美〕贝赞可、德雷诺夫、尚利、谢弗：《战略经济学》（第三版），詹正茂、冯海红、林民旺、李诺丽译，中国人民大学出版社，2006，第76页。

[2] 上海社会科学院经济研究所编《荣家企业史料（1896～1937年）》上册，上海人民出版社，1962，第82页。

降低了产品价格，利于企业销售量的提高，可使企业获得丰厚利润。

　　同样，以永泰为核心组织的兴业制丝公司，基本控制了无锡绝大多数丝厂，各厂"出口生丝多数委托永泰代销"，"所需原料，由公司统一调度"。大规模的产品销售和原料采购必然可以减少运输费用，从而降低生产成本和商品价格。尽管兴业公司仅存在 1 年，但获利却达到80% ～90%。①

　　永泰缫丝集团将租办下的缫丝厂由兴业公司统一管理，后又由永泰直接管理，比原先各厂分散经营管理节省了生产费用。以缫丝生产用煤为例，100 部丝车每月用煤 77 吨，而实施横向一体化战略，规模扩大后，300 部丝车一起生产，每月用煤 168 吨，大大低于 3 个 100 部丝车的生产单位分开生产每月所需用煤量（231 吨）。②

　　规模经济效应还体现在减少生产管理成本方面。相同行业内的横向一体化，由于采购、生产、销售以及辅助条件的管理相同，在管理体系上，企业不需要做实质性改变即可运转更多的生产单位，从而减少单位产品的生产管理费用。荣氏申新在并购三新纱厂和厚生纱厂后，总公司"只需添一本帐簿，也不要专门设立一个经营管理机构"。1932 年度总公司的营业报告书中提到："盖产额愈多，则进料、销货亦愈便易，而管理、营业各费亦愈节省也。"③

　　总之，规模经济在生产数量增加的基础上能达到降低成本的目的。此外，企业达到一定规模后，还能给企业带来一些间接的正向效应，如深厚的信誉优势。这种无形资产将十分有利于企业的发展。荣氏申新便利用了规模经济所产生的信誉优势，在没有预付资本的情况下并购了三新纱厂和厚生纱厂。规模经济所带来的信誉优势对企业在贷款、销售、采购等方面的活动均有很大帮助。

---

① 高景岳、严学熙编《近代无锡蚕丝业资料选辑》，江苏人民出版社、江苏古籍出版社，1987，第 356～359 页。

② 每月以 28 天计，100 部丝车每日用煤 2.75 吨，300 部丝车每日用煤 6 吨。高景岳、严学熙编《近代无锡蚕丝业资料选辑》，江苏人民出版社、江苏古籍出版社，1987，第73～74 页。

③ 上海社会科学院经济研究所编《荣家企业史料（1896～1937 年）》上册，上海人民出版社，1962，第 254 页。

（二）管理改进及复制

企业管理经验也是一种无形资源。企业实施横向一体化后，由于规模的扩大是在相同生产及业务范围内产生，某一生产单位经营管理的成功经验可以被其他兄弟单位借鉴。由荣德生主持的申新三厂于 1924 年率先进行内部整改，改革工头制，实行学生制。此后，申新三厂焕然一新，成为申新系统的模范厂。于是，荣德生"力劝各厂整理革新"，"申一等亦改良"①。申新四厂灾后重建，"仿申三工作"② 管理新工厂的生产。大成纺织染公司并购汉口震寰纱厂后，刘国钧认真分析了震寰出现经营问题的原因，认为主要是管理与操作不善。于是，他"把常州大成的一套管理方法与操作方法全面推行到汉口去"。此后，大成四厂"面貌大为改变，产量、质量可与常州大成相媲美，盈利率也不亚于常州大成"③。企业建立之初，在经营管理方面不成熟，探索的过程需要付出很大的失败成本。横向一体化战略使宝贵的管理经验能在企业集团内部实现复制，使新办生产单位的管理工作能够快速走上正轨，从而有利于集团整体的发展。

劳动力的互相调度也是复制管理的重要方式。劳动力，尤其是熟练工人和基层管理人员在当时的中国十分缺乏。实施横向一体化战略后，由于经营范围相同，可以从老厂中抽调劳动力去新厂。这样不仅可以减少一部分招募和培训新劳动力的成本，还可以让这些熟练工人带动新工人提高生产技术。

以劳动力的调度来推动企业改革发展最典型的案例是汉口大成四厂。汉口震寰纱厂改组为大成四厂后，刘国钧认为要推动该厂生产管理的改革，必须有高素质的劳动力，包括操作工、基层管理人员和中高层管理人员。而这些，原来的震寰纱厂都不具备，对外招募聘请则成本太高。于是，刘国钧采取劳动力调度的办法，将常州大成厂的人力资源系统性

---

① 荣德生：《乐农自订行年纪事》，乐农史料选编《荣德生文集》，上海古籍出版社，2002，第 93 页。

② 荣德生：《乐农自订行年纪事》，乐农史料选编《荣德生文集》，上海古籍出版社，2002，第 115 页。

③ 巢福偕：《实业家刘国钧》，中国人民政治协商会议全国委员会文史资料研究委员会编《文史资料选辑》第一〇〇辑，文史资料出版社，1985，第 276 页。

地调往汉口大成四厂。他在大成一厂"物色七十多位女工和艺徒，准备调至汉口工作，并授意她们与汉口工人交朋友，一帮一在车间实际操作……管理班子也大部分由常州大成一厂调派"，厂长、纺部主任、织部主任、业务主任、事务主任、人事主任等均是如此。这实质上是通过人力资源的系统调度实现管理体系的复制。1936年冬局部开工，"管理与操作完全按常州大成一厂的一套办理"①。如此调度收到了很好的效果，推动了大成四厂的改革。其生产数量和质量与常州大成厂不相上下，如同"复制"了一个高效先进的大成生产单位。

收买三新纱厂和厚生纱厂时，荣宗敬考虑到："收买后，旧职员归原主资遣，申新不需要添人，只要从各厂抽调，负担反可减轻。"② 可见，荣氏企业的管理者看到了横向一体化内部劳动力的抽调可以降低成本的优势。

唐、蔡企业系统考虑到原料采购的季节性，安排劳动力在锦丰丝厂蚕茧采购和庆丰纱厂棉花采购之间调度使用。其时，"锦丰全厂职员不过二十人，为收茧而成立的茧务处，人员从唐氏其他企业中抽调，主要是从庆丰办花人员中临时抽调来的。因为办花和收茧都有季节性，春秋蚕茧登场，收花已经落令，忙闲调剂，节约劳力"③。唐、蔡企业系统内部的劳动力调度，一方面精减了人员，另一方面提高了劳动力利用率，从而节省了可变资本。

大中华火柴公司合并前，各工厂"制度不一"，"旧习惯势力很大"，合并后设总事务所，掌管所属各厂的经营管理，推行企业制度的改革，"旧习惯势力已被削弱"。管理经验和规章制度在各生产单位得到共享复制，在经营管理方面，"比合并前的各公司进步了，建立了好多规章制度"④。

---

① 巢福倩：《实业家刘国钧》，中国人民政治协商会议全国委员会文史资料研究委员会编《文史资料选辑》第一○○辑，文史资料出版社，1985，第276页。

② 上海社会科学院经济研究所编《荣家企业史料（1896～1937年）》上册，上海人民出版社，1962，第254页。

③ 黄厚基：《无锡民族资本家唐保谦父子经营工商业简史》，中国人民政治协商会议江苏省无锡市委员会文史资料研究委员会编《无锡文史资料》第四辑，1982，第68页。

④ 上海社会科学院经济研究所编《刘鸿生企业史料（1911～1931年）》上册，上海人民出版社，1981，第148、150、152页。

此外，基于管理复制，企业更便于实现内部的原料调度。企业实施横向一体化后，尤其是在不同区域设厂，各个生产单位的原料供应条件存在差异。由于各厂同属一个企业，管理制度相近，便于调度对接，而且所用原料相同，很自然地便可以实现原料的调度使用。1936 年，上海福新面粉厂因原料缺乏，二厂、七厂曾一度被迫停工。总公司"为发展营业起见，特电致外埠各货栈，迅将去年所收小麦大量运沪"①。七厂、二厂相继开工，茂新系统不久后也开工。企业内部原料调度可以使部分生产单位在原料缺乏时仍能顺利生产，在市场竞争中可高出对手一筹，同时也解决了原料富庶地区生产单位的储藏问题，减少了服务性成本的支出。

（三）改善和运用市场

企业实施横向一体化战略，在相同生产或业务范围形成较大规模后，成为某一行业市场内强大的主动力量，可以一己之力作用于行业市场，使之向有利于自身经营发展的方向运行。当然，这种影响力只是相对的，没有哪个企业可以绝对控制市场。关于影响市场的作用，必须是企业在某一行业取得相当规模才能实现。荣氏申新系统在棉纺织业，茂新、福新系统在面粉业，大中华火柴公司在火柴业，以及永泰缫丝集团在缫丝业都具有相当强的实力，对市场的改善和运用效果较为明显。

改善市场的一个突出表现是抑制恶性竞争。企业可以通过租赁、并购的方式实施横向一体化战略，以减少行业内的恶性竞争。荣氏申新并购三新纱厂和厚生纱厂，"减少一家纱厂，也可减少竞争对手；而在申新方面，并进一家，力量便更加增大，竞争也就更为有利"②。可见，横向一体化具有抑制市场恶性竞争、增强自身实力的作用。

抑制恶性竞争的作用较为突出地体现于永泰缫丝集团的横向一体化案例中。1934 年，国际市场上丝价大跌，售价之低，前所未有。一些资力较强的丝厂主都希望减少竞争，限制办厂数，以防止生丝多产后的竞销和原茧的竞购。由于上海厂商来锡租厂经营的渐渐增多，无锡部分停工的丝厂也逐步复工，这对正在开工生产的各丝厂极为不利，对永泰缫

① 上海社会科学院经济研究所编《荣家企业史料（1896～1937 年）》上册，上海人民出版社，1962，第 525 页。
② 上海社会科学院经济研究所编《荣家企业史料（1896～1937 年）》上册，上海人民出版社，1962，第 254 页。

丝集团各缫丝厂也形成一定的威胁。于是，薛寿萱发起组织以永泰为主的兴业制丝股份有限公司。这一公司的主要任务就是"把其他各厂，包括未开工的和已开工的，只要能够租下，便全部租下，或开或停都由兴业公司统一管理，需要开工的由兴业公司投资经营"①。可见，在缫丝业恶性竞争越来越明显的情况下，永泰缫丝集团采取租赁中小企业的措施，将其掌握在自己手里，根据市场情况来决定是开工还是停工。这样就有力地控制了市场竞争程度，为企业创造了一个良好的市场竞争环境。

这种改善市场竞争环境的效果也存在于其他行业。20世纪20年代末期，火柴业恶性竞争愈演愈烈，民族火柴厂"互相倾轧"，售价"愈抑愈低，至不能保持成本"。大中华火柴公司成立后，"此弊立除，售价遂得陆续提涨"。此后，公司继续采取收买、承租和合并的方式"消灭竞争对手"，以"扩大控制和进一步垄断市场"。1931年，大中华分别收买和租用了已停工的扬州耀扬火柴厂与芜湖大昌火柴厂，"予以长期停顿，使之不能再起竞争"②。

横向一体化达到一定规模后，企业一定程度上具备影响市场价格的能力。申新纺织公司经常在交易所"大量抛出棉花来压低花价"，"全国各地棉花行情是看上海的市价而涨落，上海棉价压低了，其他各地市价也就跟着下落。这时，申新便叫各地分庄大量收花"。同时，申新还在"交易所中吸进棉纱，到期要逼空头交现货，对方就不得不向市场搜购补进，这就把市场纱价哄抬起来"，申新就乘机通过各批发处推销棉纱。荣氏茂、福新也同样存在这种现象。这种影响市场价格的贱买贵卖行为让荣氏集团获利不少。然而深究起来，实施横向一体化战略所造就的大规模生产事实是荣氏申新及茂、福新系统获得如此能力的条件。能够影响市场价格必须有大量实物作为后盾，在此过程中，申新"如果手中没有现货交付，他便从申新自己各厂仓库里运出存棉来抵解"。总之，横向一体化战略使荣氏茂、福、申新系统分别在面粉业和棉纺织业具备了影响市场价格的实力，一定程度上可以使原料或产品的价格向有利于自身的

---

① 无锡市政协文史资料研究委员会整理《无锡永泰丝厂史料片断》，中国人民政治协商会议江苏省无锡市委员会文史资料研究委员会编《无锡文史资料》第二辑，1981，第68页。

② 上海社会科学院经济研究所编《刘鸿生企业史料（1911～1931年）》上册，上海人民出版社，1981，第143、153页。

方向运转，从而为集团发展创造了良好的市场价格环境。[1]

企业在达到一定规模后凭借自己的实力积极主动地改变市场环境以促进自身发展的行为是横向一体化能动性的体现。

二　纵向一体化：节省交易成本

企业实施纵向一体化战略的根本动因是节省交易成本，防止机会主义，产生防御效应，缓解供、产、销矛盾都是针对市场交易不确定性而产生的具体效用，获得更高利润率和提高差别化能力则源于纵向链条一体化后企业生产或业务能力的提高。

（一）节省交易成本

交易成本是经济主体之间交换经济资产的所有权和实施专有权时产生的成本，可分为事前为达成意向合同而发生的搜寻成本、谈判成本和事后为监督、贯彻该项合同而发生的履约成本。科斯在《企业性质（1937）》一文中这样总结："市场的运行需要成本，而组成组织，并让某些权威人士（如企业家）支配其资源，如此便可节省若干市场成本。"[2] 近代中国民族企业的纵向一体化战略普遍达到了这种效果。

一方面，纵向一体化战略可以节省供应交易中的成本。

企业纵向一体化至生产要素的供应源，包括原料、人力资源、资金、机械修造等，通过企业内部方式满足某种要素需求的成本比通过市场方式的成本要低，这样，两者的差额即所节省的交易成本。

企业后向一体化原料生产部门，改进原料，可以降低原料成本。永泰缫丝集团自设了制种场培育新蚕种，自制蚕种的成本要比原来的土种蚕降低30%以上。不仅成本降低，自制蚕种的销价每担比土种蚕还高5～10元。因此，自主开发新蚕种的行为不仅降低了成本，而且获得了一定的销售利润。[3]

① 上海社会科学院经济研究所编《荣家企业史料（1896～1937年）》上册，上海人民出版社，1962，第100～101页。

② 〔美〕奥利弗·E. 威廉姆森、西德尼·G. 温特编《企业的性质——起源、演变和发展》，姚海鑫、邢源源译，商务印书馆，2009，第26～27页。

③ 无锡市政协文史资料研究委员会整理《无锡永泰丝厂史料片断》，中国人民政治协商会议江苏省无锡市委员会文史资料研究委员会编《无锡文史资料》第二辑，1981，第62页。

后向一体化原料生产部门不仅可以在原料生产价格上实现节省，还可以使企业对原料规格和品质的要求得到较为便利的满足，从而可以节省因市场交易双方不协调产生的交易失败成本或重复多次交易而产生的交易成本。大成纺织染公司第二工厂主要负责印染生产，所需坯布部分向南通等地购进，但"成本既大，规格亦不能统一"①。其中的交易成本：一方面，来自生产、运输成本以及对方企业的利润；另一方面，由于规格不统一，与供应商协商改进规格的谈判成本将增加。于是，大成为节约交易成本，决定筹建大成三厂，以纵向一体化的内部供应关系代替资源外取的市场供应关系。同样的情况也出现在丽新。1936年，丽新董事会报告提到："自纺纱织布，成本减轻，而以前购买他厂棉纱时所不能仿造者，均能次第制造，解除困难不少。"②

大型企业对机械的修理、改进及制造的需求比中小企业大得多。当通过外部市场满足需求所花费的资金超过建立和管理一个机器修造部门的资金时，企业后向一体化机器修造服务供应源便可以节省这方面的资金。

1895～1912年，一般数百元到一千元③的资金即可创办一家纺织机器修配厂。而当时大生一厂、二厂两个生产单位每年用于修理机器的费用就高达2万元左右，少则也接近万元。④ 荣氏申新棉纺织生产系统的规模比大生更大，后向一体化机器修造部门，设公益铁工厂，其生产的新式布机的价格"较日本丰田式、英国狄更式的布机便宜五成左右"⑤，加上机器修配，这方面节省的费用会更多。

这种交易成本的节省不仅体现为修理及制造机器价格上的降低，还体现为节省生产部门与机器修造供应部门之间协商、信息沟通等成本。

---

① 巢福偕：《实业家刘国钧》，中国人民政治协商会议全国委员会文史资料研究委员会编《文史资料选辑》第一○○辑，文史资料出版社，1985，第274页。
② 无锡国棉三厂编史组：《三十年代的无锡丽新厂》，中国人民政治协商会议江苏省委员会文史资料研究委员会编《江苏文史资料选辑》第十一辑，江苏人民出版社，1983，第111页。
③ 《纺织机修配专业（1895～1913年）》，上海市工商行政管理局、上海市第一机电工业局机器工业史料组编《上海民族机器工业》上册，中华书局，1966，第183页。
④ 《大生一、二两厂机件修理费用表（1908～1913年）》，马俊亚：《规模经济与区域发展——近代江南地区企业经营现代化研究》，南京大学出版社，1999，第30页。
⑤ 许维雍、黄汉民：《荣家企业发展史》，人民出版社，1985，第112页。

生产部门时常会根据生产的具体要求对原有购进机器设备进行适当的改进，如荣氏福新三厂改造面粉生产设备中的圆筛部件，永泰缫丝集团改造烘茧机。这些设备的改进需要建立在对本企业生产十分熟悉的基础上，如果聘用外部机器修造企业，相关信息并不能很好地被接收，必须在多次协商磨合之后才能达到最佳的交易状态，而如果建立内部机器修造部门，便可以避免这些麻烦，节省交易成本。

资金缺乏是近代中国民族企业的显著问题，而"中国企业家之最大痛苦之一，即为金融界放款利率之高"①，有条件的企业后向一体化资金供应源，建立储蓄部门。荣氏集团设立同仁储蓄部为系统内各企业贷款，"自己吸收存款后可免受制于人，仰承金融资本家的鼻息"，较银行放款利息为低，"估计每年可节省利息支出二十万至三十万元"②。

近代中国不缺乏劳动力，但是缺乏能够胜任现代生产工作的工人和技术人员。近代中国民族企业在建厂初期都会聘请外国技术人员，所耗聘任费用极高。若自己培训员工，企业便可以节省一部分费用。开办之初，丽新纺织印染整理公司在订购机器设备的同时也聘用了"洋工程师"。外聘技术人员的工资是交易成本中主要的部分，其"全年工资六千二百八十元。而这一年全部职工工资包括经理在内也不过五千元左右"。丽新管理者感到"太不上算"，"就加紧培养优秀职工作替代准备"③。这样，通过后向整合培训机构，企业自己培训技术人员，相比从人才市场聘请人员，节省了相当一部分的交易成本。

同样，在动力供应方面，相较于通过市场获取动力供应，企业后向一体化动力供应源可以节省一部分成本。由于规模扩大，唐、蔡系统企业的庆丰纺织漂染厂需增加动力供应，由范谷泉主持增加安装2000千瓦的发电机两组，"电力成本每度仅一分六厘，比戚墅堰电厂低二倍以上"④。

① 权时：《本报使命的前瞻后顾》，《银行周刊》第17卷第28期，1933年7月25日，第1页。
② 上海社会科学院经济研究所编《荣家企业史料（1896～1937年）》上册，上海人民出版社，1962，第277页。
③ 中国人民政治协商会议江苏省无锡市委员会文史资料研究委员会编《无锡文史资料》第七辑，1984，第76页。
④ 黄厚基：《无锡民族资本家唐保谦父子经营工商业简史》，中国人民政治协商会议江苏省无锡市委员会文史资料研究委员会编《无锡文史资料》第四辑，1982，第73页。

另一方面，纵向一体化战略也可以减少销售交易中的费用。

企业在销售产品的过程中，往往通过中间商及零售商层层推广至消费者面前。如果中间环节过多，则产品销售的交易费用也随之增多，无疑将提高消费者直接面对的价格。因此，如果企业前向一体化销售机构，接近最终顾客的成本低于层层中间交易费用，即为有利。

西部一些省是大成纺织染公司重要的销售市场，但产品到达这些地区的消费者手中，一般要通过产地批发字号、地区之间的客帮、销地批发商和零售商四个环节，每通过一个环节均要加价，再加上地方军阀政府的各种税，如此，流往内地的棉布每匹价格会增加约 80%。大成在这些地区直接设立推销机构，跳过 3 个流通环节，使"大成色布价廉物美，深受当地消费者的欢迎，大成公司在不景气的 30 年代能连年获利，与这有很大关系"[1]。类似情况在民族棉纺织企业中普遍存在。以荣氏集团为例，其在苏州、南京、镇江、杭州、嘉兴、枫泾、济南、天津均设立批发处，其中，天津批发处经销棉纱和面粉，其他则是经销面粉。[2] 这些前向一体化销售机构的行为都为企业节省了与中间商交易的大量成本。

近代中国缫丝企业的产品外销主要通过外国在华洋行进行，受其盘剥严重。永泰缫丝集团于 1930 年在上海发起组织通运公司，摆脱了洋行的束缚，使销售成本降低。不过，这只是丝厂之间在销售方面的合作战略，通运公司并非永泰的下属单位。此后，1933 年永泰在纽约开设"永泰公司"，直接在美国市场销售产品，省去支付给通运公司的 2% 的手续费[3]，从而大大降低了外销过程中的交易成本。

近代中国时局不稳，经常影响企业的市场交易行为。如果实施纵向一体化战略，将市场交易转变为企业内部交易便可以避免这种困扰。1932 年日本侵略淞沪时，交通被阻断，上海棉纱一时不能运抵无锡，当

---

① 史全生、张士杰：《刘国钧经营大成公司的特点》，李文瑞主编《刘国钧文集·附录》，南京师范大学出版社，2001，第 133～134 页。

② 《1922 年以前茂、福、申新分设各地的产品推销机构》，上海社会科学院经济研究所编《荣家企业史料（1896～1937 年）》上册，上海人民出版社，1962，第 98 页。

③ 无锡市政协文史资料研究委员会整理《无锡永泰丝厂史料片断》，中国人民政治协商会议江苏省无锡市委员会文史资料研究委员会编《无锡文史资料》第二辑，1981，第 65～66 页。

地出现原料恐慌的局面，"丽新幸设有纺部而未受波及"。1936年受时局影响，市场纱贵布贱，布厂又遭打击，"丽新厂亦幸自纺细纱，原来购进原棉价廉，仍能得利不小"①。

（二）防止机会主义

交易成本分析方法"采用不完美个人理性的假设"，有限理性意味着市场交易存在机会主义。② 机会主义是"人或企业为了自身利益的考虑和追求，可能会采用非常微妙的手段或玩弄伎俩"。换言之，"人们单靠契约并不一定能最终完成交易，契约是不完备的"。机会主义是"依靠市场协议来组织生产所造成的一种成本"③。纵向一体化将企业的资源外取关系转变成内部交易，在统一管理之下，产生机会主义的动机会很小。这一正向效应在采购、生产、销售等方面均有体现。

第一，防止原料和设备采购环节的机会主义。

主要原料的供应对企业生产而言尤为重要，后向一体化行为可以消除市场交易中机会主义的威胁。1931年大中华火柴公司成立后，对梗片的需求日益增加，难免"有掣襟见肘之虞"，尤其是长期合作的华昌厂"出品未能尽数供给本公司，致各厂不得不停工以待，所受痛苦，足为明证"。由于供应商未能如约满足梗片供应量，大中华火柴公司各厂竟不得不停工，给公司带来了巨大损失。9月，东沟梗片厂建成开工生产，"规模是相当大的"，"产品不对外营业，而只供应大中华火柴公司各火柴厂的需要"，"资本并不单独划分，原材料的供应和产销，都由总公司掌握"④。大中华火柴公司通过自设原料生产单位，避免再遭供应商的机会主义威胁，稳定了主要原料梗片的供应，确保了生产的顺利进行。

近代中国棉纺织企业的生产设备向由洋行代购，交易过程常受制于

---

① 无锡国棉三厂编史组：《三十年代的无锡丽新厂》，中国人民政治协商会议江苏省委员会文史资料研究委员会编《江苏文史资料选辑》第十一辑，江苏人民出版社，1983，第111页。
② 〔美〕埃里克·弗鲁博顿、〔德〕鲁道夫·芮切特：《新制度经济学——一个交易费用分析范式》，姜建强、罗长远译，上海三联书店、上海人民出版社，2006，第5~6页。
③ 王迎军、柳茂平主编《战略管理》，南开大学出版社，2003，第239页。
④ 上海社会科学院经济研究所编《刘鸿生企业史料（1896~1937年）》上册，上海人民出版社，1981，第144~146页。

人。荣氏申新系统在向洋行订购生产设备的时候，经常受到洋行的敲诈。1919 年，其向三井洋行订购两批纱机，"按合同规定，机器应于合同签订日起约十八个月内开始装运，但三井洋行违约，当限期已过，机器仍未起运，申新被迫认加价六成，要求及早起运"①。类似的情况在华商中比较普遍。1921 年 3 月 7 日，荣宗敬、穆藕初在华商纱厂联合会提议，"全国新旧各厂因订购机件不到，损失甚巨，请由本会召集各厂代表，会议办法案"②，但并无有效办法和措施。荣氏集团创立公益铁工厂之后，可以不用完全依赖洋行订购机器，从而有了相对稳定的供应关系，在机器供应方面一定程度上减轻了来自洋行的机会主义威胁，也减少了由此造成的额外交易成本。

对于其他辅助材料，企业也可以后向一体化供应单位以避免机会主义的攻击。南洋兄弟烟草公司的简英甫在董事会上提出：印刷品是除烟叶之外的重要原料，"若终恃外来，殊非久远之策，我宜早谋预备"③。可见，他意识到通过市场交易方式满足企业对印刷品的需求，存在不稳定性，难免会遭遇供应商机会主义行为的威胁。"早谋预备"实际上指的是自设印刷厂，以消除这种威胁。

第二，避免销售渠道上的机会主义。

生丝外销在国产缫丝产品的销售中占重要地位，但中国大部分的生丝外销渠道均被洋行垄断。这不仅增加了前述之中间交易成本，在洋行居于垄断地位的局面下，民族缫丝企业还极易遭受机会主义威胁。由于生丝价格由洋行决定，外汇由洋行结算，检验也基本上以洋行的检验为准，在丝市下落时，洋行往往"借端向厂方提出苛刻无理的要求，榨取'赔偿'"④，厂方无权拒绝。即使永泰打出质量很高的"金双鹿"名牌

---

① 上海社会科学院经济研究所编《荣家企业史料（1896～1937 年）》上册，上海人民出版社，1962，第 89 页。
② 上海社会科学院经济研究所编《荣家企业史料（1896～1937 年）》上册，上海人民出版社，1962，第 88 页。
③ 中国科学院上海经济研究所、上海社会科学院经济研究所编《南洋兄弟烟草公司史料》，上海人民出版社，1958，第 211 页。
④ 无锡市政协文史资料研究委员会整理《无锡永泰丝厂史料片断》，中国人民政治协商会议江苏省无锡市委员会文史资料研究委员会编《无锡文史资料》第二辑，1981，第 65 页。

后，仍不免时遭洋行退货。① 面对这种近乎敲诈勒索的机会主义交易方式，中国缫丝企业无可奈何。无怪乎唐、蔡系统企业主唐保谦会深感"缫丝工业不能掌握自己的命运"②，选择退出。1933 年美国纽约永泰公司建立后，永泰缫丝集团的生丝产品不用再仰人鼻息，可以直接与有生丝需求的美国客户联系，从而消除了生丝交易过程中的机会主义威胁，建立起稳定的交易关系。对以外销为重要盈利来源的永泰缫丝集团，这无疑是突破性的战略部署。

第三，消除生产工序上的机会主义。

无锡唐、蔡系统的庆丰纱厂在 1934 年前没有前向一体化染色生产，只能进行纺纱和织布两种生产。当时丽新纺织印染厂是"本地唯一的一家纺织印染设备俱全的联合企业"。庆丰在丽新纺织漂染整理股份有限公司也有一部分股金，两厂曾约定每月由丽新代庆丰漂染 2000 匹白坯布。第二工场开工后，庆丰坯布产量猛增，要求丽新每月代为漂染坯布的数量增加 2000 匹。由于色布利润高，市场销路好，且丽新自己也有本厂坯布需要漂染，所以出于自身利益的考虑，这一要求遭到拒绝。③ 未经漂染整理的坯布出售价格很低，利润很少，庆丰的利益受到丽新机会主义的损害。由此可见，庆丰与丽新之间关于坯布漂染的契约关系由于机会主义的干扰而并不稳定。当庆丰前向一体化漂染生产后，对坯布的再加工工序成为企业内的一个生产单位，消除了市场交易对象的机会主义影响，减少了市场交易不稳定带来的交易成本。

类似的担忧也曾困扰着永安纱厂。郭乐在股东大会上报告筹建大华

① "金双鹿"是永泰丝厂开发的一种优质桑蚕丝，纤度齐一、偏差小、丝身洁净、拉力强、抱力好，能织造上等高级绸缎和高级丝林，获一九二一年美国纽约万国博览会"金象奖"，被国外用户称为"纤维皇后皇冠上的一颗明珠"。即使是这样高质量的桑蚕丝也时常遭到垄断中国蚕丝外销的洋行的刁难，可想而知洋行在中国缫丝产品外销渠道中间所制造的机会主义危害有多大。钱耀兴、尤兴宝、金铸凡：《誉满中外的"金双鹿"》，中国人民政治协商会议江苏省无锡市委员会文史资料研究委员会编《无锡文史资料》第七辑，1984，第 95~96 页；无锡市政协文史资料研究委员会整理《无锡永泰丝厂史料片断》，中国人民政治协商会议江苏省无锡市委员会文史资料研究委员会编《无锡文史资料》第二辑，1981，第 54 页。
② 黄厚基：《无锡民族资本家唐保谦父子经营工商业简史》，中国人民政治协商会议江苏省无锡市委员会文史资料研究委员会编《无锡文史资料》第四辑，1982，第 69 页。
③ 《无锡第二棉纺织厂厂史》，油印本，1984，第 31 页。

印染厂的经过时曾指出："本公司所制各种纱布，向托别人漂染，不知感受几许烦难，久欲设厂自办，以免受人牵制。"① 此处所谓"烦难"和"牵制"实际上指的是市场交易过程中存在的机会主义威胁。1935年大华印染厂建成后，永安纱厂生产的坯布均能自染自印，从而达到了防止机会主义的目的。

（三）缓解产、供、销矛盾

企业若要顺利运转，最重要的是保持供、产、销通畅。当市场不能满足原料需求或解决产品销路问题的时候，企业可以实施纵向一体化战略，后向靠近供应源或前向接近顾客，以缓解供、产、销矛盾。

一方面，后向一体化可以缓解产供之间的矛盾。

首先，解决原料供应不足的问题。

由于规模大、生产能力强，荣氏集团的茂、福新系统所需的原麦数量很多，仅依靠市场渠道供应不能满足需求。于是，茂、福新系统"在各主要产麦区都设有专门机构和专门人员，以便大量采购原料小麦"②。这样，通过后向一体化原料采购机构，企业更加接近原料供应源，原料的采购活动将更加可控。

由于原料采购的市场竞争激烈，本地区原料市场不能满足生产需求，企业可以通过在外地的原料产区设立采购机构缓解产供之间的矛盾。近代无锡是粮食集散地，所产的杜麦，品质优良，最受粉厂欢迎。当时，除无锡各粉厂外，上海的福新、阜丰等厂也都在无锡设庄，竞相采购，以至于供不应求。于是，唐、蔡系统企业的九丰面粉厂在苏北溱潼、黄桥、姜堰、泰兴等地设立分庄，派员常驻当地采办，称"水客"③。可见，对外埠原料供应源的后向一体化行为可以缓解本地市场竞争激烈导致原料供应不足的问题。

后向一体化原料供应源的行为在近代中国民族企业中比较普遍，另

① 上海市纺织工业局、上海棉纺织工业公司、上海市工商行政管理局永安纺织印染公司史料组编《永安纺织印染公司》，中华书局，1964，第117页。
② 许维雍、黄汉民：《荣家企业发展史》，人民出版社，1985，第23页。
③ 黄厚基：《无锡民族资本家唐保谦父子经营工商业简史》，中国人民政治协商会议江苏省无锡市委员会文史资料研究委员会编《无锡文史资料》第四辑，1982，第64页。

一种情况则是后向一体化生产工序，解决再加工生产对初级加工原料的需求问题，以生产纵向一体化为特点的无锡丽新厂和常州大成厂比较典型。

丽新纺织印染整理公司开办初期，由于坯布供应不足，"印染设备往往停工待料，得不到充分利用"。于是，1923年丽新添置英制电力织机200台，以增加坯布产量。同时又购置上光机、精元机、折布机和全套染色新设备，每天的产量可达3吨。此后，丽新产品的销售情况逐渐好转。[①]

大成纺织染公司一厂纺成之纱，织成之布，"全数供给二厂织布整染"，二厂每日可染整印40码布，约5000匹。除自制坯布3000匹外，大成二厂每日尚有染整印2000匹的余力，因而随时在上海订购坯布，并代上海、无锡、常州各单一织布厂进行整染加工，以便尽量利用生产余力。其时，染色印花布十分紧俏，以至于供不应求，故经大成股东会议决，"添设三厂，以适应需要"[②]。

可见，为保持生产工序的延续性，企业对由市场供应不足的上游初级加工原料采取后向一体化该生产单位的策略，达到自己生产、自给自足的目的。

其次，解决资金缺乏的问题。

资金是企业实施一体化战略的重要条件，而资金缺乏是近代中国民族工业企业普遍遇到的问题。解决一体化资金供应问题的方法通常有政府关系贷款、加大盈利转入、大举外借贷款、横向内部调剂、吸收内外存款等。其中，吸收内外存款是后向一体化资金供应源的行为。建立企业直属的储蓄机构可以充分吸收企业内外的闲置资金，为企业一体化战略的实施提供一定程度的资金支持。

企业员工的自身利益与企业的经营状况直接相关，再加上企业内部储蓄规章的推动，一些企业内部存款的数额还是相当可观的。荣氏申新系统"设立同仁储蓄部目的在吸收职工存款，增加企业营运资金。存款

---

① 中国人民政治协商会议江苏省无锡市委员会文史资料研究委员会编《无锡文史资料》第七辑，1984，第73页。

② 国棉一厂厂史办：《大成公司沿革简历》，常州市纺织工业公司编史修志办公室编《常州纺织史料》第十一辑，油印本，1987，第128页。

最高时达七百五十余万元"①。永泰缫丝集团自办"职工储蓄部"，存款最多时"达一百多万元"，永泰各厂"很大部分周转资金，是利用这笔存款"②。可见，企业后向一体化储蓄机构可以吸收大量内部存款，缓解企业一体化战略实施过程中资金短缺的压力。

企业自办的储蓄机构不仅可以吸收企业内部存款，还可以吸收社会闲散资金。良好的经营状况产生较好的企业信誉，对吸引存款更有利，从而形成良性循环。创办初期，丽新纺织印染整理公司多次遇到资金不足的问题，于是从1925年起以月息1%的利率吸收社会游资。1931年以后，丽新厂"生产兴旺，信誉提高，来厂存款也越来越多"，最多时达1000多万元，"远远超过丽新厂全部资金的数倍"③。自设储蓄机构吸纳的巨额存款为丽新推动一体化战略进程提供了强有力的支持。

再次，提供人力资源的支持。

在近代转型的过程中，中国人力资源市场缺少具有工业化生产技能的工人和具有企业管理知识的中下级职员，成为民族企业实施一体化战略的一大障碍。当时，中国的现代教育体系尚未形成，尤其是职业教育尚不发达，企业仅仅通过人力资源市场招聘员工无法跟上一体化战略的进程。企业后向一体化培训是解决现代化劳动力缺乏问题的有效途径。

1929年4月12日，荣氏福新公司会议议决设立养成所时有这样的说明："粉业人才深感缺乏，应设立养成所，延请粉业专家，教授技能，俾宏造就。"④ 同样的情况亦可见于荣氏茂新和申新系统。作为近代中国民族企业的代表，荣氏集团认识到外部市场现代化劳动力缺乏的问题，决定后向一体化培训机构，达到由企业自给的目的。这在近代中国民族企业中是比较普遍的现象。

① 上海社会科学院经济研究所编《荣家企业史料（1896～1937年）》上册，上海人民出版社，1962，第277页。

② 高景岳、严学熙编《近代无锡蚕丝业资料选辑》，江苏人民出版社、江苏古籍出版社，1987，第337、338页。

③ 无锡国棉三厂编史组：《三十年代的无锡丽新厂》，中国人民政治协商会议江苏省委员会文史资料研究委员会编《江苏文史资料选辑》第十一辑，江苏人民出版社，1983，第114页。

④ 上海社会科学院经济研究所编《荣家企业史料（1896～1937年）》上册，上海人民出版社，1962，第223页。

一体化培训机构的设立，不仅缓解了企业人力资源的供求矛盾，其在近代转型时期的中国还具有特殊的作用。民族企业的启动及初期的发展主要依靠工头制招募和管理劳动力。当企业规模扩大后，这种制度十分不利于新技术和新管理制度的推行。通过企业自设的培训机构培养熟练工人和基层管理人员，成为摆脱落后的工头制的新兴力量，巩固了一体化战略的发展成果，推动了近代民族企业的管理现代化进程。大成纺织染公司培养的管理人员、养成工及艺徒使企业"在管理上摆脱了过去受制于机目的状态；艺徒逐步替代了机目，革去了过去老的陋习，管理人员可以指挥他们；养成工队伍壮大后，听管理员的话，女工头的权势旁落了，调度上不再受到牵制，从而使厂级贯彻措施，推行工作，可以畅行无阻，真正掌握了工人的管理权"[①]。可见，培训机构的教育成果潜移默化地改革落后的工头制，是近代中国民族企业一体化战略得以顺利推进的重要条件。

最后，提供设备制造和修理的支持。

近代中国的机器制造业不如轻工业，发展比较缓慢。轻工企业实施一体化战略所需的机器设备基本依赖进口，成本高，时常受勒索，且不能在时间、数量和规格上满足企业一体化发展。这样，企业后向一体化机器设备修造部门便成了设备供应的重要补充。

范旭东企业集团建造永利制碱厂时，一些设备"必按其设计从新制造，并无现成者可购"，定制费用甚巨，初将部分设备交由上海大效工厂承造，但产品"不合用者甚多"，无疑增加了交易成本。于是，永利自设了铁工房、翻砂厂等单位，承担起部分设备的制造任务，制碱厂除锅炉、电机及碳酸机购自美国外，其余设备均为自制。1935 年，范旭东企业集团建设南京硫酸铔厂前，专门增修改建了天津塘沽的永利铁工房和翻砂厂，为自制"所有扩张工程之生铁大件"做准备。[②] 可以这样说，没有铁工房和翻砂厂，永利制碱厂和硫酸铔厂就无法顺利建设完工。该集团后向一体化铁工房和翻砂厂为企业提供了生产设备修造业务的支持。

荣氏集团推行一体化战略，对机器设备的需求量大，若完全采用资

①　《谈刘国钧先生的经营管理经验》，常州市纺织工业公司编史修志办公室编《常州纺织史料》第十一辑，油印本，1987，第 281 页。

②　赵津、李建英：《中国化学工业奠基者："永久黄"团体研究》，天津人民出版社，2014，第 100～102、105、163 页。

源外取的方式，成本高且易受机会主义威胁，于是创建了公益铁工厂，"民国二十五年已有制造母机百余部，储存钢铁材料数十吨，已能代申新制造自动布机及纺纱机"①。

自建机器修造厂不仅可以在数量上补充进口的不足，而且可以根据生产中的问题自行改造机器设备，使其更适合实际生产的要求。

荣氏福新三厂在生产中发现，由于"中国麦品，地区差别甚大，麦品较多泥灰杂质，所以清麦设备筛理不够，麦门关小，产量就少"。于是面粉师建议加宽清麦设备。经研究，决定添置五号立直打麦机一部，加添风箱等，产量大为增加。之后，"面粉筛理亦嫌粉路太短，决定添置圆筛辅助之。由自己工人仿造圆筛，机能效果甚好，麸心勿混"。改造机器设备后面粉产量从原来日产量两千四百包提高到三千七八百包。②

永泰缫丝集团为了保证茧质少受损失，并有利于和同业竞购原茧，于 1928 年交工艺铁工厂制造"带川三光火热式"烘茧机一台，在寺头公泰隆茧行装置，十天十夜可烘鲜茧 4500 担，最高时达 7000 担，效率比土灶大大提高。③

可见，近代中国民族企业，自建设备修造机构的后向一体化行为可以缓解依赖进口机器而遇到的问题和困难，也可以根据生产中的具体情况改进机器设备的结构以提高生产效率。

另一方面，纵向一体化亦可以缓解产销矛盾。

在市场经济时代，企业生产的产品最重要的是要得到市场的承认，才能实现自身价值。因此，产品销售问题是企业需要重点解决的难题。从一体化角度来看，解决产销矛盾有两种方式，一种是前向整合销售机构以接近顾客，另一种是前向整合使用该产品的生产部门，以改变需直接面对市场的最终产品的类型，如果这一产品的销售情况较好，便可以达到缓解主体产业产销矛盾的目的。

---

① 上海社会科学院经济研究所编《荣家企业史料（1937～1949 年）》下册，上海人民出版社，1980，第 13 页。

② 上海社会科学院经济研究所编《荣家企业史料（1896～1937 年）》上册，上海人民出版社，1962，第 37～38 页。

③ 无锡市政协文史资料研究委员会整理《无锡永泰丝厂史料片断》，中国人民政治协商会议江苏省无锡市委员会文史资料研究委员会编《无锡文史资料》第二辑，1981，第 62 页。

　　企业初建之时，打开产品销路十分艰难。在近代中国市场经济条件不充分的情况下，企业发展还会受到封建势力的阻挠。荣氏茂新系统开办面粉厂初期，机制面粉销售不畅，"原因除了顾客不习惯食用机制面粉外，主要是地方上豪绅的造谣中伤"[①]。后茂新在无锡和苏州设立批发处以接近客户推销产品，产品销售状况始有起色。当然，批发处有自设和代办合组两种。前者是由企业出资并派员设立的机构，属于纵向一体化行为；后者是与当地销售商签订合同代销产品，关系密切者则成为独家代理，属于长期合作行为。

　　通过前向一体化销售机构的行为来打开产品销路的做法在近代中国民族企业中均有存在。另一种方式，即前向一体化使用该产品的生产部门以寻找出路，体现于光裕营业公司并购苏纶纱厂的案例中。

　　光裕营业公司的大隆机器厂于1922年成功试制织布机，但"要向中国厂商推销也很困难"[②]。1927年光裕买下苏纶纱厂后，对其进行大规模整修，并增添2万枚纱锭，之后又增设布机1000台，除部分机器系进口外，均为大隆制造的。[③] 苏纶纱厂的整修和设备的扩充为大隆最初发展起来的棉纺织机器制造能力提供了用武之地。近代中国机器厂普遍处于"步履艰难、勉强维持"的境地，而大隆在实现铁棉联营之后生产业务却能稳步发展，并获得较高的盈利[④]，实在难能可贵。光裕营业公司前向一体化使用机器的棉纺织生产部门，为大隆机器厂的产品找到了出路。原先直接面对机器销售市场的大隆机器厂，后来转而面对棉纺织产品市场。而棉纺织产品是人们的日常生活用品，市场需求状况相对机器设备要好得多。

（四）产生防御效应

　　如果竞争者中多数已实现供销纵向一体化，将可能阻遏企业的优良

① 上海社会科学院经济研究所编《荣家企业史料（1896～1937年）》上册，上海人民出版社，1962，第13页。
② 中国科学院上海经济研究所、上海社会科学院经济研究所编《大隆机器厂的发生发展与改造》，上海人民出版社，1958，第22页。
③ 中国科学院上海经济研究所、上海社会科学院经济研究所编《大隆机器厂的发生发展与改造》，上海人民出版社，1958，第33页。
④ 中国科学院上海经济研究所、上海社会科学院经济研究所编《大隆机器厂的发生发展与改造》，上海人民出版社，1958，第35～36页。

原料供应、稳定的客户或零售销路，从而增加企业实施生产纵向一体化战略以获得较高差别化能力的难度。在这种情况下，没有实现纵向一体化的企业将不得不去争夺剩余的较差的供应商和销售客户，以及在产品销售市场上受到其他企业多样化产品的挤压。如果较早实现纵向一体化，便可以产生防御效应，避免出现这种被动局面。

前文已提及，由于无锡小麦质量上佳，除了无锡各面粉厂采办外，一些外地面粉厂也在无锡设庄采购，以至于供不应求，于是九丰面粉厂实施后向一体化战略，在外埠设庄采购原麦，于更广泛的地域内抢占原料供应源。这一情况亦为纵向一体化防御效应的体现。若各面粉生产企业均积极实施后向一体化战略，落后者将会失去原麦产地尤其是优质产地的原料供应渠道。无锡麦区竞购激烈，不易再实施后向一体化战略，九丰面粉厂只有积极寻求外埠麦原，继续后向一体化原料采办机构，才能防御其他面粉生产企业后向一体化的强大攻势。同理，在销售市场，同业竞争企业积极建立批发机构也会起到防御对手前向一体化的作用。

实现纺织染印生产纵向一体化的棉纺织企业极少，其防御效应主要体现在与外国尤其是日本棉纺织企业的竞争中。其时，中国棉纺织业中棉纺和棉织企业占绝大多数。这一弱点被日本等国的棉纺织企业利用。它们凭借资本和技术上的优势，以及不平等条约给予的特权，在市场上"千方百计地抑制棉纱、坯布的价格"，实行削价倾销的策略，同时"竭力抬高色布和花布的价格"，使这类商品的商业利润率大幅提高，"如日产的每匹双童鹿元直贡色布，利润率 16.67% ~ 23.37%，英产的访友图印花色丁的商业利润率为 21.79%，而华厂产喂马粗白布的商业利润率仅为 10.90%"。日本等外国棉纺织企业实施生产纵向一体化战略，使企业生产的差别化能力增强，产品的利润率提高，在市场竞争中给中国民族棉纺织企业带来极大的压力。刘国钧意识到："要抵制外国货物的倾销，争回利权，求得自身的发展，只有向印染方面发展。"[①] 换言之，中国民族棉纺织企业必须积极推动生产纵向一体化战略才能防御日本等外

---

① 史全生、张士杰：《刘国钧经营大成公司的特点》，李文瑞主编《刘国钧文集·附录》，南京师范大学出版社，2001，第 129 ~ 130 页。

国企业在市场上的进攻。

卷烟业中亦存在类似的情况。在大陆市场，英美烟公司先于南洋兄弟烟草公司建立分销机构，1915 年南洋兄弟烟草初入上海市场即遭遇强大的销售壁垒。公司调查员卢尧臣的报告称："上海地大同行 20 余家，固是曾与英美公司订立有约，不能代售别家之货，即小同行 170 余家，亦受其大同行之压力，不敢代售别人之货……连日奔走，自南京路以徂里外虹口，竟是不但无人肯定货，即欲将货交托其代卖，卖出而后交银，亦竟有多数拒而不纳……仅得 4 店。"[1] 究其原因，王世仁指出，"沪市'飞艇'销滞，实缘'空山'全力对待；惟我亦有以御之之法"，沪局开幕，"补烟与同行，作为赠彩，则必获畅销"[2]。南洋兄弟烟草公司通过前向一体化设立分销机构形成对英美烟公司的销售防御体系。

可见，对手实施纵向一体化战略以争夺供应和销售市场以及提高差别化能力之时，若本企业依然"固守城池"，终将发现自己处于对手的"重重包围"之中。只有积极实现自身企业的纵向一体化，建立起纵向链条的纵深防御系统，才能有效抵御竞争压迫。

（五）获得更高利润率

一般说来，企业对产品的生产加工程度越高，凝结在产品中的社会劳动就越多，于市场交换时所能实现的价值也就可能越高，当然会比低加工产品所表现出的价格要高，给企业带来的利润率也会越高。企业在生产过程中实施的纵向一体化战略正是对产品原料从低到高的加工层次的整合行为。

大成纺织染公司是当时中国少有的实现了纺织染印联营的棉纺织企业。近代中国民族棉纺织厂生产的白坯布一般要经过"白货字号"进行销售，"它向棉纺织厂趸批买进期货，有 1% 佣金回扣可得。'白货字号'再按厂盘出售给印染厂，白坯布加工后每匹可以长二三码并以新价出售，为印染厂的额外收入，因此，利润很高"。这样，白布深加工成为市场上畅销的花色布，中间"被'白货字号'和印染厂分去一部

---

[1] 中国科学院上海经济研究所、上海社会科学院经济研究所编《南洋兄弟烟草公司史料》，上海人民出版社，1958，第 41 页。

[2] 中国科学院上海经济研究所、上海社会科学院经济研究所编《南洋兄弟烟草公司史料》，上海人民出版社，1958，第 46 页。

分可观的利润"①。而近代中国各大棉纺织企业均能进行织布生产，"所能织制之布匹，其销售价格竞争剧烈，利益极微"②。因此，大成实施生产纵向一体化战略，实现了"自纺自织自染之一贯工程"③，既可以避免在低加工低利润产品市场与众多强大竞争对手互相倾轧，又可以提高企业最终产品的销售利润率，获得较高盈利。

（六）提高差别化能力

差别化战略的核心是取得某种独特性，要求企业尽可能地实现自身产品属性与其他企业产品之间的有用性差异，以满足广大顾客消费需求的多样化。从生产部门而言，若要实现产品的差别化，需要增加产品加工的层次，增加产品的技术含量。纵向一体化战略可以增强企业差别化能力，而销售产品的差异化可以增加企业利润。实现了纺织染印联营的常州大成和无锡丽新在这方面的正向效应表现较为突出。

早在开办广益布厂时，刘国钧便"大翻花色品种，生产的品种有蓝布、元布、漂布、绒布、绉皮布、贡呢、哔叽等。色织布的利润高于白布数倍，再加上勤翻品种，提高质量，适合市场需要，获利极丰"④，大成二厂的前身即广益布厂。1934 年底，大成二厂安装了日本八色印花车，并且为适应市场花色需求的多样化设立了花样设计室，大成成为名副其实的纺织印染全能厂。大成二厂被刘国钧称为整个集团的"最后一道工序，事关重要"⑤。其原因就在于，大成前向一体化印染生产增强了企业差别化能力，增加了企业的市场利润。

丽新早于大成实现纺织染印生产纵向一体化。20 世纪 30 年代，根据市场需要，丽新依靠其全能优势，纺制出 42 支、60 支、80 支、100 支

---

① 史全生、张士杰：《刘国钧经营大成公司的特点》，李文瑞主编《刘国钧文集·附录》，南京师范大学出版社，2001，第 130 页。

② 国棉一厂厂史办：《大成公司沿革简历》，常州市纺织工业公司编史修志办公室编《常州纺织史料》第十一辑，油印本，1987，第 127 页。

③ 史全生、张士杰：《刘国钧经营大成公司的特点》，李文瑞主编《刘国钧文集·附录》，南京师范大学出版社，2001，第 130 页。

④ 巢福倩：《实业家刘国钧》，中国人民政治协商会议全国委员会文史资料研究委员会编《文史资料选辑》第一〇〇辑，文史资料出版社，1985，第 267 页。

⑤ 巢福倩：《实业家刘国钧》，中国人民政治协商会议全国委员会文史资料研究委员会编《文史资料选辑》第一〇〇辑，文史资料出版社，1985，第 271 页。

及 23 支、34 支等"独特的高档或冷门纱支",织制出各种各样的府绸、麻纱或其他提花织物,并能自己设计制样,"印染出多种多样花布、色布,以投用户之好"①。可见,差别化能力的提高增强了企业产品的独特性,赢得了顾客,提高了利润。

其时,上海一地的纱锭占全国的 40%,绝大多数企业是纺织厂或纺纱厂②,亦存在几家具有纺织染三道生产工序的企业,但纺织染印四道生产工序俱全的棉纺织企业在当时的中国极为少见。可见,对照当时中国工业最发达的上海地区的情况,生产纵向一体化战略给常州大成和无锡丽新带来的差别化优势亦是领先的。

三　混合一体化:范围经济效应

近代中国民族企业混合一体化战略的正向效应主要有范围经济效应、内部协同互助、规避萎缩与分散风险三个方面。

(一) 范围经济效应

范围经济与规模经济是相互联系的两个概念,范围经济是指"如果随着生产的产品或服务的种类的增加,企业能实现成本节约,则存在范围经济"③。规模经济来自产品数量的增加,而范围经济则源于产品或业务种类的增多。如果随着企业活动的多样化,诸如生产系统的多部门和产品生产的多种类,企业能够降低成本,则存在范围经济效应。具体而言,范围经济主要来源于共享要素的充分利用。一旦某种共享要素为某一生产系统投入,无须增加太多的费用,甚至不需要代价便可以部分或全部地用于其他系统的生产,此时即存在范围经济。对此,盐碱酸联营的范旭东企业集团和棉粉联营的荣氏集团表现得较为突出。

一方面,范围经济效应可以通过有形资源共用而实现。

电力是现代工业生产过程中重要的有形资源,多个生产部门之间充

---

①　无锡国棉三厂编史组:《三十年代的无锡丽新厂》,中国人民政治协商会议江苏省委员会文史资料研究委员会编《江苏文史资料选辑》第十一辑,江苏人民出版社,1983,第111页。

②　史全生、张士杰:《刘国钧经营大成公司的特点》,李文瑞主编《刘国钧文集·附录》,南京师范大学出版社,2001,第129页。

③　〔美〕贝赞可、德雷诺夫、尚利、谢弗:《战略经济学》(第三版),詹正茂、冯海红、林民旺、李诺丽译,中国人民大学出版社,2006,第77页。

分利用和共享电力是范围经济的重要表现。1922 年，荣氏申新三厂自建发电厂，购置两座美制电机，"与茂新粉厂合用"，"耗电省，动力成本减轻"①。汉口申新四厂原用蒸汽动力，"旋以用煤颇费"，后与福新五厂"共购一千基罗华次之透平发电机一副"，共用电力，用煤节省，动力增大，成本降低。② 同样，唐、蔡系统企业为给庆丰纺织漂染厂配备发电设备，由范谷泉主持增加安装两组 2000 千瓦的发电机（原来已有 1000 千瓦和 1600 千瓦的发电机各一组），"还有剩余电力可供九丰面粉厂和益源仓库的碾米厂应用"③。如此，企业内各生产单位共用动力资源，使之得到充分利用，减少了资源浪费。

马克思指出大规模生产有利于节约动力成本，"在一个有一台或两台中央发动机的大工厂内，发动机的费用，不会和发动机的马力，因而不会和发动机的可能的作用范围，按相同的比例增加"④。这句话可用范围经济的概念进一步解释，即电力资源在企业内某一生产单位中所发挥的作用并不完全，还有余力，其他生产单位可以共享，这样不仅可以减少动力成本的浪费，还可以创造新的价值。

除电力资源共用以外，企业内多种生产部门在批发和销售机构及人员上的共用情况也是范围经济的表现之一。荣氏集团在各地建立了许多采购原料的办花处、办麦处以及销售产品的批发处。表 4 - 8 显示，在 27 个供销机构中，有 8 个属于棉纺织生产和面粉生产两系统的供销业务共用机构，其有棉纺织生产和面粉生产的采购和销售共用机构，小麦和棉花原料的共同采购机构，棉纱、棉布和面粉的共同销售机构等多种共用形式。锦丰丝厂是唐、蔡系统所属企业之一，其收茧人员抽调至企业内其他生产单位，主要依靠庆丰纱厂的办花人员。这是因为，办花和收茧均有季节性，"春秋蚕茧登场，收花已经落令，忙闲调剂，节约劳力"，也就节省了成本。⑤

① 许维雍、黄汉民：《荣家企业发展史》，人民出版社，1985，第 28 页。
② 《申新第四纺织厂概况》，上海大学、江南大学《乐农史料》整理研究小组选编《荣德生与企业经营管理》上册，上海古籍出版社，2004，第 361 页。
③ 黄厚基：《无锡民族资本家唐保谦父子经营工商业简史》，中国人民政治协商会议江苏省无锡市委员会文史资料研究委员会编《无锡文史资料》第四辑，1982，第 73 页。
④ 马克思：《资本论》（纪念版）第三卷，人民出版社，2018，第 91 页。
⑤ 黄厚基：《无锡民族资本家唐保谦父子经营工商业简史》，中国人民政治协商会议江苏省无锡市委员会文史资料研究委员会编《无锡文史资料》第四辑，1982，第 68 页。

可见，机构人员在企业内的共用行为，节省了人力资源成本，亦体现了范围经济效应。

企业内各生产单位共享原料也会产生范围经济效应。范旭东企业集团的制盐、制碱、制酸同属基础化工原料的生产，在原料方面有共通之处。久大制盐和永利制碱均以粗盐作为原料，二厂地理位置相邻，久大拥有多片盐滩，所产粗盐便于和永利共享，从而产生了范围经济效应。此外，盐、碱、酸的生产在石灰石、煤炭及焦煤等原料方面都有不同程度的交集。该集团租办卑家店石山直接开采石灰石，筹建炼焦厂，其产品均可在三类生产单位实现共享。原料共享节省了开发和采购原料的成本。

共享销售机构及销售渠道的现象在范旭东企业集团也有出现。盐、碱、酸同属基础化工原料，在很多生产或生活领域的市场均有交集。永利的纯碱产品在初期由久大各地的分销机构代为销售，后逐步设立专门的销碱机构。硫酸铔厂投产后，以销碱方式分销产品。这实际上是销售资源在企业集团各生产部类的共享，帮助新产品打开了销路，节省了销售成本。

另一方面，无形资源共享也能产生范围经济效应。

无形资源是指企业所拥有的不具实物形态、对生产经营长期发挥作用且能带来经济利益的资源，如品牌、信誉等。申新三厂在筹办期间向洋行订购机器，前以申新名义订购多次，考虑到面粉系统的盈利稳定，信誉较好，后以茂新面粉厂名义订购。① 申新三厂利用茂新面粉系统良好信誉的无形资源在购买机器设备时获得了便利。类似的情况还出现在福新和茂新系统之间。福新和茂新虽然都从事面粉生产，但属于荣氏集团两个不同的生产系统。福新开办之后，"因为与茂新是兄弟公司，都是荣宗敬一手主持的，所以出粉亦以绿兵船牌为商标。由于牌子硬，销路畅，货还在车间，没有制出来，便为客帮订购一空……起初，福新在无锡麦行麦号中还未打开关系和信用，浦文汀便把福新所需要的麦搭在茂新的麦一起办，这样问题也解决了"②。新创建的福新面粉厂能够不耗费

① 《申新三厂的创办、资本与财产》，上海大学、江南大学《乐农史料》整理研究小组选编《荣德生与企业经营管理》下册，上海古籍出版社，2004，第 619~620 页。
② 上海社会科学院经济研究所编《荣家企业史料（1896~1937 年）》上册，上海人民出版社，1962，第 34 页。

任何成本而直接利用原茂新面粉厂在长期经营过程中逐渐获得的品牌资源、信誉资源和原料采购渠道，节省了长期积累的成本，从而能够迅速地成长起来，适应残酷的市场竞争环境，增强了企业集团的整体实力，是企业混合一体化产生范围经济效应的重要表现。

（二）内部协同互助

混合一体化企业集团的多个生产部类处于同一公司管理之下，彼此之间易于且宜于实现互助协作关系。这种关系将有利于充分调动内部的积极因素，组成合力，推动企业集团整体发展。内部协同互助集中体现为企业内部各单位之间的资源调度行为。所谓的资源，主要指企业的有形资源，包括资金、劳动力、原料等。内部资金的调度和内部作业的合作是企业内部协同互助较为突出的两种形式。

内部资金的调度是指企业内部富余资金向亏缺单位的挹注行为，集中反映在个别生产单位经营困难时的救济作用上。

较充分地发挥了企业内部资金调度作用的近代中国民族企业是荣氏集团。该集团拥有一个集中管理的机构，即茂福申新总公司。总公司经常根据粉厂盈利和纱厂困难的情况，进行粉与纱生产系统之间的资金调度（见表5-1）。

表5-1 茂福申新总公司与茂、福新粉厂的资金往来（1927~1929年）

单位：千元

年份	粉厂在总公司的存款	粉厂欠总公司的款项	差额
1927	557.79	1964.35	粉厂欠 1406.56
1928	890.11	624.41	粉厂存 265.70
1929	1360.33	900.13	粉厂存 460.20

资料来源：上海社会科学院经济研究所编《荣家企业史料（1896~1937年）》上册，上海人民出版社，1962，第278页。

从表5-1可以看出，粉厂在初建之时得到了总公司调剂的大量资金。待发展壮大之后，粉厂则在总公司存款，为整个企业集团的资金调度提供支持。总体而言，荣氏集团的粉厂系统的盈利较为稳定，资金调剂的对象主要是纱厂。

汉口福新五厂和申新四厂之间的资金调剂行为较为突出。汉口福新和申新的直接管理者李国伟回忆说："由于花贵纱贱，申新汉口厂自开创以来，就受着市面不景气的影响，无日不在困苦挣扎之中。可是我们汉口厂具备着一个优越的经济条件，即是和福新汉口厂在同一领导之下推进业务，资金来源绝大部分同是荣家产业资本。福新年年有利，申新依赖福新财力常年挹注，虽在事业亏累之中，仍不断扩充生产设备，对外亦以福新关系，周转灵活。"[1] 表 5 - 2 显示，1931 年申新四厂的借入资本数额较 1927 年增长了近一倍，其中，借自福新五厂的资金逐年递增，可见内部资金调剂对申新四厂经营发展的重要性。

表 5 - 2　申四对福五的欠款（1927～1931 年）

单位：千元

时间	申四借入资本额	其中：借自福五部分
1927 年底	2542. 48	480. 33
1928 年底	3274. 95	1077. 43
1929 年底	3223. 43	1185. 37
1930 年底	3900. 78	1355. 66
1931 年底	4930. 71	2260. 70

资料来源：上海社会科学院经济研究所编《荣家企业史料（1896～1937 年）》上册，上海人民出版社，1962，第 279 页。

永安集团内部资金挹注的行为亦十分突出，如表 5 - 3 所示。永安纱厂开办后的两年间经营状况良好，尚能在上海永安公司存放一笔资金。1923 年，随着整个中国棉纺织业进入萧条时期，永安纱厂长期在"逆势中挣扎图存"，却仍能够"从事扩充和兼并"[2]，背后离不开上海永安公司强有力的资金支持。1924～1930 年，永安纺织印染公司在上海公司的欠款，平均每年增加约 105 万元，1930 年高达 750 万元，已经超过了原始资本 600 万元的数额。永安集团的内部资金挹注成为永安纱厂能够度过经营困难期的重要支撑。进入 20 世纪 30 年代，永安纺织印染公司的

---

[1] 李国伟：《荣家经营纺织和制粉企业六十年概述》，中国人民政治协商会议全国委员会文史资料研究委员会编《文史资料选辑》第七辑，中华书局，1960，第 37 页。

[2] 上海市纺织工业局、上海棉纺织工业公司、上海市工商行政管理局永安纺织印染公司史料组编《永安纺织印染公司》，中华书局，1964，第 42 页。

经营状况好转，在上海公司的欠款开始减少，1932 年在上海公司银业部的欠款已降至约 260 万元。[①] 此时，永安纱厂实现了纺织染联营，成为仅次于荣氏申新棉纺织系统的中国第二大民族棉纺企业。集团内部资金的往来调剂，既解决了港、沪两地永安百货"资金多余的出路问题"，又解决了永安纱厂"发展扩张中的资金需求以及在纱市不利情况下的资金运用问题"[②]。

表 5 -3　永安纺织印染公司与上海永安公司往来款项（1921～1931 年）

单位：千元

年份	往来款项		年底结余额	
	调入	调出	存公司	欠公司
1921	2931	1114	1817	
1922	3659	4223	1253	
1923	1107	3098		738
1924	1805	2265		1198
1925	2490	3425		2133
1926	2024	3035		3144
1927	1502	2432		4074
1928	2187	3558		5445
1929	1094	1810		6161
1930	4078	5420		7503
1931	7540	4879		4842

资料来源：《上海永安公司与主要联号企业往来款项（1918～1931 年）》，上海社会科学院经济研究所编著《上海永安公司的产生、发展和改造》，上海人民出版社，1981，第 73 页。

　　范旭东企业集团通过内部资金挹注的方式支持了永利制碱厂的建设。永利制碱厂于 1917 年开始筹办，由于工厂设计方案一改再改，设备及技术困难超过预期，对资金的需求与日俱增。由于建造久未成行，碱厂无法生产，也就无从获利，继续招股筹资难以进行。在最艰难的时候，集

---

① 《上海永安公司银业部资金利用情况（1931、1932 年）》，上海社会科学院经济研究所编著《上海永安公司的产生、发展和改造》，上海人民出版社，1981，第 77 页。
② 上海市纺织工业局、上海棉纺织工业公司、上海市工商行政管理局永安纺织印染公司史料组编《永安纺织印染公司》，中华书局，1964，第 177 页。

团内久大精盐厂利用自身良好的盈利状况多次招股增资，将资金转移至永利，支持兄弟单位的工厂建设。1923 年，久大资本从 50 万元跃至 170 万元（原计划招股 160 万元，超额的 10 万元由董事会追认），共增加 120 万元，其中自身需求只占 20%，即 24 万元，有 96 万元"用之于照顾老弟（指永利）"，1924 年又增资 40 万元，"完全用于济接永利"[1]。永利制碱厂的建设工程历经十年最终能够成功的关键在于久大的资金支持。

光裕营业公司的房地产业务部门向大隆机器厂挹注资金的现象也十分明显。近代中国机器制造业发展所遇到的资金困难比轻工业大得多。为了解决大隆机器厂的资金问题，严裕棠将资金从房地产业务部门调向机器制造部门。他在"房地产的经营中扩大了他所掌握的财产，使他能在铁业和房地产经营之间调剂资金，收相互为用之功"[2]。处于相比其他产业更为恶劣的生存环境之下，大隆机器厂"有庞大的房地产经营作后盾，可以相互调剂资金"[3]，是其能够生存并发展壮大的重要原因之一。

诸如此类一体化企业的内部资金挹注在近代中国民族企业中十分普遍。唐、蔡系统企业庆丰纱厂成立后不久便遭遇 1923 年的棉纺织业大萧条，企业的经营十分困难。其间，庆丰"主要依靠九丰面粉厂来调度维持"[4]。无锡民族企业中，"比较实力厚雄的申三、丽新、庆丰、广勤几家，在遇到困难时，也还需要兄弟厂或联合企业来支持和挹注的如申三与茂新，福新面粉厂和申新其他各厂；丽新与丽华、协新；庆丰与九丰；广勤与杨氏设资诸企业"[5]。

企业内部资金的调度挹注，一方面有助于企业内部某个生产单位渡过难关，使其在整个企业的协助下成长起来；另一方面也使企业内部的

---

① 《海王团体上古史中的资源流通篇》，赵津主编《"永久黄"团体档案汇编——久大精盐公司专辑》上册，天津人民出版社，2010，第 232 页。

② 中国科学院上海经济研究所、上海社会科学院经济研究所编《大隆机器厂的发生发展与改造》，上海人民出版社，1958，第 23 页。

③ 中国科学院上海经济研究所、上海社会科学院经济研究所编《大隆机器厂的发生发展与改造》，上海人民出版社，1958，第 25 页。

④ 中国人民政治协商会议江苏省无锡市委员会文史资料研究委员会编《无锡文史资料》第七辑，1984，第 69 页。

⑤ 中国人民政治协商会议江苏省无锡市委员会文史资料研究委员会编《无锡文史资料》第七辑，1984，第 76～77 页。

闲置资金得到充分利用，实现了资金的合理分配。

内部作业合作也是协同互助的表现之一。混合一体化企业内部生产单位发挥各自的优势和特点可与其他生产单位在经营管理上进行合作，从而使局部优势扩大到整个企业，推动企业整体发展。

内部作业合作可以在各生产单位之间实现原料的代办。福新五厂地处小麦产区，原料采购比较方便，于是便发挥它在这方面的优势，"为申厂兼代办麦"[1]。同样，荣氏集团的浦文汀将福新所需原麦由茂新一起采办，茂新发挥其原料采购渠道的优势，帮助成立初期的福新面粉厂拥有稳定的原料供应。

内部作业合作重要的表现是生产合作，突出体现于棉和粉生产的横向联营中。荣氏申新系统增添布厂的目的之一是为粉厂制造包装布袋。申新一厂于 1917 年创设布厂，"自制粉袋，供给本公司各面粉厂应用"[2]。申新四厂的创建则更加直接地体现出自制面粉包装布袋的迫切性，"汉口福五粉销尚佳，因用袋不便，拟设纱厂"[3]。生产合作不仅解决了面粉生产系统的包装袋问题，还在棉业市场不景气时为荣氏棉纺织生产系统提供了产品出路。荣氏申新"是在总公司的统一领导和经营管理之下，具有别家纱厂所没有的在粉、纱两行业中互相调剂的优越条件"[4]。棉粉联营模式通过布厂联结两大不同生产系统，达到了互相救济的目的，降低了荣氏申新遭受行业萧条打击的程度。类似的情况还有无锡杨氏系统企业的广勤纱厂和广丰面粉厂，唐、蔡系统企业的九丰面粉厂和庆丰纺织漂染厂。[5]

此外，还有一种比较特殊的合作形式，即企业内部基础设施建设的建材生产合作。唐、蔡系统企业建造庆丰厂房时使用内部利农砖瓦厂生

---

① 荣德生：《乐农自订行年纪事》，乐农史料选编《荣德生文集》，上海古籍出版社，2002，第 82 页。

② 上海社会科学院经济研究所编《荣家企业史料（1896～1937 年）》上册，上海人民出版社，1962，第 59 页。

③ 荣德生：《乐农自订行年纪事》，乐农史料选编《荣德生文集》，上海古籍出版社，2002，第 90 页。

④ 许维雍、黄汉民：《荣家企业发展史》，人民出版社，1985，第 65 页。

⑤ 《解放前的无锡面粉业》，无锡地方志编纂委员会办公室、无锡县志编纂委员会办公室编《无锡地方资料汇编》第八辑，1986，第 100～101 页。

产的砖料，"摆脱了砖瓦商的获利，节约了购砖用款，保证了用砖的质量"。其中，"二寸二分红砖，因厚薄统一，砖身比一般砖大、厚、质量好、价格低，堆砌时省工省料，强度好"[①]。庆丰，乃至唐、蔡系统企业扩建、改建和修理所用大量砖瓦均由利农供应。

(三) 规避萎缩与分散风险

规避萎缩和分散风险是混合一体化企业通过多种经营抵御行业困境的两种表现形式。

如果企业实施了混合一体化战略而涉入多个行业，当某一行业前景不佳、经营困难时，就可以通过放弃经营来避开行业危机，以维护企业经营全局的稳定。

规避萎缩效应突出表现在唐、蔡系统企业对锦丰丝厂的战略性处理上。1923 年前，锦丰丝厂"每年都有盈余"[②]。之后，一方面受到丝价暴涨暴跌的影响，另一方面在销售上又受到洋行盘剥，锦丰的效益一直不佳。此时，庆丰纺织漂染厂已开工，唐保谦无暇兼顾锦丰丝厂，随即将其出租，但丝厂依然亏本。在这种情况下，唐、蔡系统企业果断地关闭了锦丰丝厂，退出了屡办不盈的缫丝业，从而摆脱了成为企业负担的缫丝业。这样做并没有使企业受到损失，丝厂关闭后，地皮作为庆丰纱厂扩建第二工厂的厂基，反而增强了主体行业的实力。总之，锦丰的停办不仅规避了缫丝业的萎缩，还为企业主体生产单位的发展做出了贡献。

企业经营涉及多种行业，各种行业所处的市场环境及其行业特性不同，某种行业出现风险，而其他行业经营良好，则企业某一生产单位的风险被其他生产单位分散，整个企业的风险也会降低，即所谓分散风险。

荣氏集团实施的是棉粉二元混合一体化战略。当棉纱业不景气时，面粉业盈利比较稳定，再加上企业集团内部可以实现调剂，因而荣氏集团棉纺织生产系统的经营风险常常可以分散于面粉生产系统，从而可以保障企业的整体稳步发展。若企业经办更多产业，分散风险的效应将更加明显，因为分散风险的渠道更多了。唐、蔡系统企业涉及面粉业、仓

---

① 《无锡第二棉纺织厂厂史》，油印本，1984，第 8 页。

② 黄厚基：《无锡民族资本家唐保谦父子经营工商业简史》，中国人民政治协商会议江苏省无锡市委员会文史资料研究委员会编《无锡文史资料》第四辑，1982，第 68 页。

储业、碾米业、榨油业、缫丝业、砖瓦业、棉纺织业等多种产业。由于近代中国棉纺织业境况波动较大，庆丰纱厂经营时常遭遇行业风险。不过，企业其他大生产单位的经营状况较好，如九丰面粉厂和益源堆栈，即便是利农砖瓦厂"规模虽小，但经济效果很好，每年盈利可达三万元，一年就把投资额全部收回"①。因此，庆丰纱厂开设后不久，即遇一战后纱业的萧条时期，经营十分困难，但企业其他生产单位情况尚佳，尤其是九丰和益源，成为唐、蔡系统企业风险分散的主要力量，所以整个企业仍然能够稳步发展。度过风险期后，庆丰纱厂获得迅速发展，实现了纺织染联营，成为企业的重要支柱之一。可见，混合一体化的风险分散效应可以弱化企业内某个生产单位的经营风险，保证企业整体的稳定发展。近代中国民族企业中最典型的混合一体化企业集团是刘鸿生企业集团，刘鸿生的一句话以朴素的表达形式阐明了规避萎缩与分散风险的意义，他认为："如果一个企业组织亏损了，其余的还可以赚到大量利润。总起来看，在收支差额上还会表现出一种盈余的情况。"②

第二节 负向效应及应对

与正向效应的产生一样，由于扩张维度的不同，一体化战略给企业带来的负向效应也会有所差别。依据结果而言，横向、纵向、混合三种维度的一体化战略都会导致企业组织结构扩大，从而带来管理成本的上升。然而，横向一体化负向效应的产生主要是由于企业同类生产单位增多而导致的管理经营成本的增加，而纵向一体化负向效应的产生主要是由于企业纵向链条上各环节的衔接出现的问题，混合一体化是由于经营管理不同类生产部门所带来的技术及经验方面的多种复加。当然，在实际情况中，一个企业往往以某种一体化类型为主，作为战略行为，其他类型的一体化行为也会兼有。横向一体化战略为主的企业也会有纵向链条的延展；企业在实施纵向一体化战略时也会伴随产品或业务单位数量或种类的增加；混合一

---

① 黄厚基：《无锡民族资本家唐保谦父子经营工商业简史》，中国人民政治协商会议江苏省无锡市委员会文史资料研究委员会编《无锡文史资料》第四辑，1982，第70页。
② 上海社会科学院经济研究所编《刘鸿生企业史料（1931～1937年）》中册，上海人民出版社，1981，第29页。

体化战略中，企业也会有横向和纵向上的扩张。因此，在一个企业中，横向、纵向、混合一体化负向效应都会不同程度地出现。这里，我们依然对三种维度的一体化战略各自较为突出的负向效应分别进行论述。

一 横向一体化：规模不经济效果

横向一体化以相同生产或业务单位的增加为特点，企业的大规模经营是其表现，规模经济效应是其正向效应的集中体现。然而，当生产或业务的规模扩大到一定程度时，企业继续扩张规模未必能带来进一步的效益增长，相反，效益会逐渐减少，即经济学中所谓边际效用递减。由此，规模的继续扩张会给企业带来管理成本增加的问题，若仍不做出战略调整，形成过度资源投入的局面，将使企业陷入困境，从而产生规模不经济的后果。

（一）规模不经济

荣氏申新棉纺织生产系统一贯奉行横向一体化的扩张战略，至1932年已拥有9家纱厂，其中，4家为自建设立，5家为并购具有。1920年前后的横向扩张使申新获得了大规模生产带来的经济效益，并购行为多为1925年之后出现。申新收购纱厂后，"大事更张，闻改造房屋、修添机器之资数越百万"。经过横向扩张，申新投入了大量的资金，至1932年形成的规模占全国民族棉纺厂的20%以上，占全国棉纺厂的10%以上。如此巨大的资金投入，以及由此形成的庞大生产规模，"果成绩卓色，尚可取偿"。然而，国民政府实业部调查报告书称：其结果却是"证以数年之成绩，并未见何大效"[1]。该报告书有为国民政府将申新收归官有提供借口之嫌，或许存在夸大其词的情况。但是，申新屡屡举债并购扩张，导致债台高筑，几近资不抵债[2]却是事实。再加上原本企业集团内的诸多弊端，如各厂生产不统一、设备参差不齐、原料采购管理混乱等问题没有得到根本解决，庞大的规模反而成为申新进一步发展的累赘，最终酿成了1934年的"搁浅"事件，诸如此类均为不争的事实。可见，企业

---

① 《申新纺织公司调查报告书辑要》，上海大学、江南大学《乐农史料》整理研究小组选编《荣德生与企业经营管理》上册，上海古籍出版社，2004，第428页。

② 申新纺织公司全部资产按账面价净计6851.5万元，按估计价净计5883.3万元，负债净计6375.9万元。《申新纺织公司调查报告书辑要》，上海大学、江南大学《乐农史料》整理研究小组选编《荣德生与企业经营管理》上册，上海古籍出版社，2004，第425页。

规模扩张到一定程度，规模经济效应并不总是存在，"在某些情况下，企业规模越大，可能越糟"①，导致规模不经济。

（二）管理成本增加

随着横向一体化规模扩大，企业所属单位和部门增多，势必增加管理人员的配置。一方面，如果管理人员配备不科学且组织不力，将导致人员冗繁，会直接增加无用管理费用；另一方面，如果不重视提高人力资源的管理水平，则会降低企业内部关系的协调性和管理的有效性，从而间接增加无用管理成本。

荣氏集团的茂福申新总公司成立后，荣德生有如下评价："用人既多，耗费日加。进此屋后，从此多事，口舌时现，反不若三洋泾桥为静。"② 可见，荣氏集团最高管理者之一已经对横向一体化规模日益扩大后所造成的管理人员增多、人浮于事、关系复杂、效率降低、无用管理成本增加的现象表示不满。

荣氏集团的最高管理者虽然认识到无用管理成本的问题，但一直到申新系统搁浅前始终未能将其有效解决。国民政府实业部的《申新纺织公司调查报告书》在营业概论部分批评荣氏申新系统管理"组织不良，经营毫无系统，成本又无预算与决算"③。如果说实业部的调查报告怀有吞并阴谋而或许言过其实的话，那么荣氏集团在实业部的亲信商业司司长张翼后致薛明剑的信中所言就不能不引起注意了："至其〔笔者按，实业部调查报告〕批评，如营业概论及公务概论两章所述，不妨虚心接受，以资借鉴……果能从此管理科学化，出品标准化……则真所谓因祸得福者也。"④ 可见，申新系统一味进行横向一体化，追求企业规模，而对企业管理中出现的无用成本问题却没有积极解决。申新"搁浅"有其偶然的触发因素，但无用管理成本增多是这一事件的内在深层原因之一。

---

① 〔美〕贝赞可、德雷诺夫、尚利、谢弗：《战略经济学》（第三版），詹正茂、冯海红、林民旺、李诺丽译，中国人民大学出版社，2006，第79页。
② 荣德生：《乐农自订行年纪事》，乐农史料选编《荣德生文集》，上海古籍出版社，2002，第91页。
③ 《申新纺织公司调查报告书辑要》，上海大学、江南大学《乐农史料》整理研究小组选编《荣德生与企业经营管理》上册，上海古籍出版社，2004，第426页。
④ 上海社会科学院经济研究所编《荣家企业史料（1896～1937年）》上册，上海人民出版社，1962，第437页。

生产规模日益扩大之后，永泰缫丝集团的管理成本不断增加。永泰管理成本的增加集中体现在旧有管理人员的"思想比较保守"[1]，而横向一体化后企业生产部门的增多上，要求更加科学的管理，然而两者之间矛盾重重，不利于高效发挥横向一体化企业集团的规模优势。

杨氏企业系统先后开设了业勤和广勤纱厂，但杨氏兄弟（杨艺芳、杨藕芳）相继病故之后，长房的杨翰西（杨艺芳之子）和三房杨森千（杨藕芳之子）在企业经营方面产生矛盾[2]，两个生产单位的联合管理始终未能形成，家族内部的矛盾转化为企业内部的分散组织管理问题。家族矛盾造成无用管理成本也是近代中国家族企业横向一体化战略的负向效应的一种表现。

（三）过度资源投入

实施横向一体化战略需要投入大量的企业资源，如果这些投入能够获得超过资源本身价值的收益，那么横向规模化经营就是比较成功的，但当这些投入没有获得超过或相当于资源原有价值的收益，甚至倒亏，长此以往将给企业带来严重危机。

荣氏集团依靠举债推动横向一体化战略，虽然使企业逐步壮大，成为近代中国棉纺织业和面粉业的第一巨头，但过度依赖举债获得一体化资金也使企业出现了严重的"副作用"。1934年，申新纺织公司的资产和负债额之比是1.08:1[3]，资债数额已十分接近。至该年6月底，"到期应付五百万元，银行方面已无物可押；十六家往来钱庄，谨防自己危险，不肯再放，危急存亡，到期若无头寸应付，势必搁浅"[4]。可见，申新的资金周转已经到了千钧一发的时刻。虽然企业高层管理者积极寻求方法

① 黄厚基：《无锡民族资本家唐保谦父子经营工商业简史》，中国人民政治协商会议江苏省无锡市委员会文史资料研究委员会编《无锡文史资料》第四辑，1982，第58页。
② 杨世奎主编《慎终追远——无锡杨氏（杨菊仙系）创业纪实》，澳门天成（国际）文化艺术出版社，2003，第122页。
③ 截至1934年6月30日，申新纺织公司的资产总额为68986410元，负债总额为63759150元，68986410:63759150≈1.08:1。见表《申新纺织公司资产（1934年6月30日）》和《申新纺织公司负债（1934年6月30日）》，上海社会科学院经济研究所编《荣家企业史料（1896~1937年）》上册，上海人民出版社，1962，第404~405页。
④ 上海社会科学院经济研究所编《荣家企业史料（1896~1937年）》上册，上海人民出版社，1962，第406页。

解决危机，但申新终因银团止付贷款而"搁浅"。荣氏集团出现申新"搁浅"危机的原因有很多，最直接的便是其在横向一体化战略上过度投入资金，而这些资金又以外部贷款居多，致使一遇市场较大波动和投机失败的偶然因素，整个申新系统即陷入危机。

过度投入资源的另一个教训来自大生集团。为给大生纱厂提供原棉，1901年，张謇创办了通海垦牧公司。此后，大生集团直接或间接投资的盐垦公司约有15家。由于规模庞大，资金缺乏，经营维持多赖大生纱厂支持。1922年以前，大生纱厂与各盐垦公司往来款项已达130多万两，成为整个企业集团的沉重负担。大生集团对滩涂开发的过度投资"使得规模经济变成规模不经济，并最后导致了集团的全面瓦解，这是惨痛的教训"①。

二　纵向一体化：上下游协调问题

纵向一体化是对从各类原材料到各生产工序，再到各级销售过程中连续环节的整合，因而容易产生纵向链条上游和下游环节的协调问题，主要表现为生产管理成本问题和生产平衡问题。

（一）生产管理成本问题

纵向一体化与横向一体化都会带来企业内部管理部门增多、管理成本增加的问题，但纵向一体化企业内部的管理问题主要表现为对新生产及业务的管理及其与原有生产及业务部门的纵向关联管理问题。由于纵向一体化需要向前或向后整合相关部门，企业所遇到的将是有与原来不同生产结构、技术和管理特点的部门。熟练地、高效地管理这些部门将使企业付出一定的成本。而这些成本若大于纵向一体化后所带来的效益，整合行动就是失败的。

刘国钧并购大成纱厂后，并没有把广益染织厂收歇，他"对大成的前途还缺乏足够的把握"②。从染织生产后向一体化纺纱生产后，企业的生产管理有很大变化，他并不确定自己是否能管理好。刘国钧需要一个

① 单强：《工业化与社会变迁：近代南通与无锡发展的比较研究》，中国商业出版社，1997，第102~105、152页。
② 巢福倍：《实业家刘国钧》，中国人民政治协商会议全国委员会文史资料研究委员会编《文史资料选辑》第一〇〇辑，文史资料出版社，1985，第271页。

熟悉的过程，其间，管理的成本当然会增加。

同样，当大成纺织染公司前向一体化印花生产后，由于初步涉入新业务范围，对生产技术及管理并不熟悉，缺乏管理经验，导致管理成本增加。刘国钧从日本购回八色印花机，屡次试产均未成功，经过大半年的修理调试才正式生产。可见，企业在实施纵向一体化战略的过程中涉入上游或下游的新生产领域都会带来生产管理成本问题。当然，大成较快地熟悉了新生产的管理，没有使其成为企业负向效应，广益染织厂与大成纱厂平稳结合。

南洋兄弟烟草公司曾后向一体化生产锡纸、铁罐等辅助材料的工厂，但因"成本较重，制成品积存过多，无法销用"[1] 而停办。可见，由于不善管理，成本增加，企业不得不解体部分纵向一体化单位。

(二) 生产平衡问题

纵向一体化企业上下游链条的生产需要保持平衡，纵向链条中任何一个有剩余生产能力的环节（或有多余需求量的环节）必须在市场上销售一部分产品（或购买一部分原料），或调整企业内部上下游生产能力以使其相互衔接，否则就会造成纵向链条的前后失衡问题。这无疑会增加协调纵向一体化生产经营活动的难度。

荣氏集团公益铁工厂主要向荣氏企业提供机器设备及修理业务，同时也对外销售部分产品及提供服务，以维持生产的平衡。当1943年市场情况变化后，章剑慧致函申新四厂负责人李国伟，称"最近各种工业俱萎缩，而最感困难者为铁工厂。盖生意既少，流动资金缺乏，前途又悲观多于乐观"。由于市场调节作用减弱，荣氏集团无法解决纵向一体化内部上下游生产平衡问题，徒耗资金，"公益工作不能敷本，申四不能再填"，最终被迫出售厂产。[2]

广益染织厂并入大成之后，刘国钧又陆续添置了染色整理设备，使大成的染织产量大大增加，日需坯布5000匹。而大成一厂、二厂生产的坯布远远不能满足大成二厂染整的需要，只得向南通等地购进。为此，

---

① 中国科学院上海经济研究所、上海社会科学院经济研究所编《南洋兄弟烟草公司史料》，上海人民出版社，1958，第215～216页。

② 上海社会科学院经济研究所编《荣家企业史料（1937～1949年）》下册，上海人民出版社，1980，第246页。

大成一厂又增加了 10500 枚纱锭，同时大成一厂和二厂也增加了相应数量的布机，增加坯布产量，以满足二厂染整生产的需要。① 可见，由于大成内部生产纵向链条上的染色环节生产能力增强，对上游织布原料需求增大，从而出现了纵向链条上下游生产不平衡的问题。大成及时扩大纺织生产规模，缓解了这一矛盾。

光裕营业公司先租办接着收买苏纶纱厂的行为使大隆机器厂的产销矛盾得到暂时缓解。但当大隆的生产能力大幅提高之后，其"在纺机的生产上已有年产 4 万纱锭机器的能力"，而"这样的生产力已远非与它联营的纱厂所能容纳"，因为"现有联营的纱厂，总锭数不过 10 万锭，添置扩充为数有限"。可见，在实施了产用纵向一体化战略后，光裕营业公司虽然将大隆与外部市场的产销关系转变为企业集团内部与苏纶纱厂的产用联系，使机器产品获得了暂时的出路，但随之出现的是纵向一体化内部生产平衡问题。此时，大隆仍试图通过市场解决部分产品的销路问题，但"环顾国内，则绝无纯粹用大隆机器之纺织厂"。于是，光裕营业公司的高层管理者们商讨并确定了"大隆纺织厂"的计划，通过扩大纺织生产的规模以解决生产平衡问题，但因抗日战争全面爆发而未能实现，所以这一问题一直没有得到很好的解决。②

从以上分析可见，生产平衡问题实际上是纵向一体化企业不可避免的矛盾。这一问题根源于市场供求的波动。市场对企业最终产品的需求增加，企业的最高层加工工序的生产能力必然会相应提高，从而引发纵向链条上下游的连锁反应，反之亦然。在这种情况下，如果生产平衡问题处理不好，将会造成生产资源浪费、管理成本增加等一系列问题。因此，纵向链条上下游各环节的生产平衡问题是纵向一体化企业需要长期面对并予以重视的矛盾。

三　混合一体化：分散不经济行为

混合一体化战略的要点在于多样化经营，由此会给企业带来过度分

---

① 巢福侪：《实业家刘国钧》，中国人民政治协商会议全国委员会文史资料研究委员会编《文史资料选辑》第一〇〇辑，文史资料出版社，1985，第 272 页。

② 中国科学院上海经济研究所、上海社会科学院经济研究所编《大隆机器厂的发生发展与改造》，上海人民出版社，1958，第 56 页。

散投资、不经济内部挹注的负向效应。

（一）过度分散投资

由于涉及多种行业，在某种行业经营遇到不利时，实施混合一体化战略的企业可以分散风险。然而，如果企业过于追求经营种类的多样化，而忽视其管理成本、市场前景、经营难度等问题，一方面，企业投资过于分散，不能集中发展某一种或某几种重点生产或业务，即使其具有良好的行业前景，也无法扩大经营，反而会错失发展良机；另一方面，投资过于分散，经营种类虽多，但未必都能获得较好的收益，某一个或几个生产或业务单位遭遇风险时，其他单位未必能够分担危机，最终使整个企业陷入困境。

20 世纪后半叶，刘鸿生企业集团多元投资的项目越来越多，范围越来越广，而收益并未立竿见影，遂出现资金周转困难的问题，并愈演愈烈，以致企业集团出现危机。刘鸿生积极周旋于银行和钱庄之间，筹措借款，最终使企业渡过难关。尽管如此，对出现危机的原因不能不进行反思，刘鸿生的账房秘书袁子巍专门致函称：

> 此种谣风，无谓之至。但责人总不如守己。若专营开滦煤、南北栈、火柴厂数种事业，不出三年，非但庄款可以扫清，即押款亦可透还半数（押款多，亦危险），岂不风险小、心力宽，利益亦未始不厚。①

袁子巍认为，虽然此次资本周转危机夹杂着谣言的推波助澜，但刘鸿生企业集团还是应该检讨自身的问题。他向刘鸿生建言：以后刘鸿生企业集团应集中力量专门经营三种收益较好的事业，这样不仅风险小，而且游刃有余，公司获益必将越来越丰厚。换言之，他实际上也是在提醒刘鸿生之前的危机与企业过度分散投资有关。

无锡杨氏系统企业涉及棉纺织业、通信业、榨油业、制皂业、酿酒业、采木业、缫丝业、面粉业、餐饮旅店服务业等 9 种业务，先后开办

---

① 上海社会科学院经济研究所编《刘鸿生企业史料（1911～1931 年）》上册，上海人民出版社，1981，第 291 页。

过 11 个生产或业务单位①，其中，只有棉纺织业、通信业、面粉业 3 个业务范围的约 5 个企业经营成功，并一直延续下去，其他单位均在短时间内关闭或转让。可见，杨氏系统企业并没有合理规划多元混合一体化战略，过度分散资源，投入于多个业务范围和多个生产及业务单位，以致无暇顾全，所以杨氏系统企业虽发轫较早但终究未能在民族企业中脱颖而出。

（二）不经济内部挹注

不经济内部挹注指企业过分强调内部各单位之间的资金互助，忽视市场规律的作用和施助单位的自身发展，从而使内部互助的结果低于互助内容所应达到的价值。

这种不经济的互助行为突出表现在荣氏集团内部面粉系统对棉纺织系统的资金调剂行为上。在棉纺织生产单位刚刚起步或遇到行业不景气时，荣氏集团适当用面粉生产系统的资金进行调剂，有利于申新系统渡过难关，走上正轨。之后，申新系统一味追求规模化经营，过度推行横向一体化，而又不注重扩张后的内部管理改革，导致系统运转成本增加，维持如此庞大的生产系统需要更多的资金来填充。表 5 - 1 和表 5 - 2 显示，从 1927 年往后，茂、福新系统用于纱厂的调剂资金呈增长趋势。然而，1927 年以后，有较好盈利的面粉系统在设备上却未有增加。相反，申新四厂从福新五厂借入的资金却在增加。荣氏集团以面粉生产系统的盈利资金协助棉纺织生产系统的过度横向一体化，而放弃自身的一体化战略发展，是否符合当时的实际情况呢？历史已经给出答案，申新系统 1934 年"搁浅"暴露出其内部诸多严重的经营管理问题。荣氏集团以牺牲茂、福新系统的战略推进，而坚持面向申新系统的不经济互助行为，值得质疑与反思。

范旭东企业集团久大精盐厂对永利制碱厂挹注大量资金的行为，导致久大"自己灯里的油也愁着枯竭了"，"自身在泥坑中越陷越深，越挣扎越见其捉襟见肘"，"账底里已是百孔千疮了"②。可见，一味资助永

---

① 杨氏系统企业曾开办过的 11 个生产及业务单位分别是业勤纱厂、广勤纱厂、锡金电话公司、电话两合公司、润丰机器榨油厂、广勤肥皂有限公司、啤酒厂、机器锯木厂、广勤丝厂、广丰面粉厂、国际饭店等。经营较成功的 5 个是业勤、广勤、锡金电话、电话两合、广丰。杨世奎主编《慎终追远——无锡杨氏（杨菊仙系）创业纪实》，澳门天成（国际）文化艺术出版社，2003。

② 《海王团体上古史中的资源流通篇》，赵津主编《"永久黄"团体档案汇编——久大精盐公司专辑》上册，天津人民出版社，2010，第 232 ~ 233 页。

利，使久大产生不经济后果，自身发展严重受限。

为筹建庆丰纱厂，唐、蔡系统企业从九丰面粉厂挪用 40 万元。建厂初期，庆丰遭遇市场萧条，陷入困境，九丰先后对其挹注二三百万元资金。虽然庆丰渡过了 1922～1930 年的难关，但至抗战全面爆发前九丰都没有大规模更新、添置设备。

由此可见，一体化企业内部不符合经济发展规律的互助行为反而会牵制施助单位的发展，同时也会让受助单位产生依赖性，使本以共同发展为初衷的互助行为成为一种束缚优者而庇护劣者的错误行为。

四 应对措施：经营管理的改革完善

一体化战略给近代中国民族企业带来正向效应的同时也产生了负向效应，给企业发展带来了一定阻力。然而，企业对此并非束手无策，依然拥有应对的余地。实质上，在缓解或解决负向效应的同时，企业的应对措施也是近代中国民族企业自身经营管理不断改革和完善的体现。

在实施横向一体化战略的过程中面对管理成本增加的问题，荣氏申新系统采取了改革管理制度的措施：一方面打破基层管理中工头制的统治地位，招录学校毕业的管理人员，试图建立学生制，以提高管理效率；另一方面开办养成所，为学生制的管理制度供应适合现代企业工作的职员和员工，为管理改革的成功打下基础。然而，管理制度的改革并没有完全获得成功，基层管理制度改革并不彻底，"工头制也未完全废除……尽管如此，改革后申新三厂的生产效率仍有一定的提高"[1]。荣氏集团高层管理组织结构尚不完善，作为横向一体化的大型企业竟然对各生产单位没有一个统一的强有力的生产管理部门。对此，荣氏集团高层管理者并非没有认识到。荣德生次子荣尔仁在 1931 年第 4 期《人钟月刊》中撰写了题为《本总公司成立生产部之商榷》的文章，指出了成立申新系统生产部的重要性和紧迫性。他认为：

> 我总公司由一厂、二厂、三厂、四厂、五厂而递增至六厂、七厂、八厂、九厂。纱锭总数达五十万枚，布机有五千余架。范围之

---

[1] 许维雍、黄汉民：《荣家企业发展史》，人民出版社，1985，第 77 页。

广大，事业之宏伟……范围既广，则管理恒难于周密。事业既博，则措施每艰于一致。故今后唯一之方针，在谋事业之精进而已……有健全之组织，缜密之系统，而后运用科学管理之方法，以收统一合作之功效……我总公司将于最短期内，设立生产部，以谋各厂工务之标准化。此实当务之亟，切要之图。①

然而，荣尔仁提出的改革措施并没有得到推行，直至"搁浅"后荣氏申新系统的管理制度才在银行团的监督下有所改进。过度的资源投入是荣宗敬依靠个人威望而强力推动的，面对庞大的生产体量，申新管理制度的改革却始终未能及时跟上。尽管荣氏申新在20世纪20年代后半期采取了一些改革措施，如对工头制的改革，也取得了一些成绩，但并未深入进行，尤其是企业集团高层的组织结构和制度安排，总公司对各生产单位的统一管理也未能完全展开，30年代的进一步扩张使负向效应暴露得更加明显，直至出现危机。申新"搁浅"后，银行团加入了申新部分纱厂的经营管理中，并要求申新成立改进委员会，加强了对企业原料采购、生产管理、产品销售等方面的全面整理，银行团的监管以及财务上的规范统一推动了申新管理制度的改革，为防止企业过度投入资金，以及避免由此带来的负向效应打下了基础。

同样，横向一体化较为典型的永泰缫丝集团在薛寿萱的主持下进行了一系列的改革。他任用了一批国外留学生作为企业中高管理人员，如毕业于日本桑蚕学校的邹景衡担任机器设备工务，曾留学日本的费达生负责女工管理及生产技术指导，从美国留学归来的薛祖康被任命为华新制丝养成所所长，从日本留学归来的张娴被聘为永盛厂长等②，而薛寿萱本人亦曾留学美国。这些留学生把欧美及日本先进企业管理制度引入永泰，推行科学管理，从而在一定程度上化解了横向一体化战略所带来的管理成本增加的负向效应。

由此可见，横向一体化战略所带来的管理成本增加、资金投入过度

① 荣尔仁：《本总公司成立生产部之商榷》，《人钟月刊》第1卷第4期，1931年12月1日，"言论"第1~2页。
② 无锡市政协文史资料研究委员会整理《无锡永泰丝厂史料片断》，中国人民政治协商会议江苏省无锡市委员会文史资料研究委员会编《无锡文史资料》第二辑，1981，第59页。

的负向效应可以通过企业内部管理制度的改革加以减弱、化解，或者防止、避免。

面对纵向一体化战略所带来的生产管理成本增加的负向效应，大成纺织染公司采取了比较稳妥的应对措施。刘国钧"步步为营"，虽在1930年与人合资购买了常州大纶纱厂，并改名为大成纱厂，但并没有将其经营较好的广益染织厂与之合并，而是通过个人威信在两个企业都有实际控制权的便利，一方面探索纺纱生产的经营管理，另一方面尝试磨合纺织生产与染织生产的联营管理。这样可以避免纵向一体化后管理成本增加，给其原本盈利的企业带来负面影响，刘国钧称之为"进则可取，退则可守"①。经过两年左右的实践，刘国钧基本熟习了纺纱生产的经营管理，纱厂的效益开始提升，实施纵向一体化战略后的生产管理成本增加问题已基本解决。于是，1932年冬至1933年春，刘国钧将广益染织厂正式并入大成纺织染集团。对上下游纵向生产单位的一体化，先采取相对独立的管理，待经营管理成熟、上下游生产协调后，再进行完全的正式的合并，这是大成纺织染公司解决纵向一体化后生产管理问题的有效措施。

1918年，南洋兄弟烟草公司筹划后向一体化印刷生产单位，预料到"印务之艰难，乃工业中最繁难之事"，对与卷烟生产不同的生产单位的经营管理尚无十足把握，于是计划"先从简单入手，如街招传单一切粗纸等印刷，先置石印机两部，暂设厂内，俟有成绩乃逐渐扩充"②。有限涉入上游生产，逐步积累经营管理经验，成为民族企业避免纵向一体化战略带来的生产管理问题的应对措施。

实施纵向一体化战略后，丽新纺织印染整理公司的内部机构及人数增加，如何管理人力资源，使之发挥的作用达到最大化，成为必须面对的问题。程敬堂向来主张"用一个人不光派一个人的用场，要顶两个人或几个人的用场"③。厂长唐君远懂外语，除管理厂务外，向洋行订机、

---

① 巢福傛：《实业家刘国钧》，中国人民政治协商会议全国委员会文史资料研究委员会编《文史资料选辑》第一〇〇辑，文史资料出版社，1985，第271页。
② 中国科学院上海经济研究所、上海社会科学院经济研究所编《南洋兄弟烟草公司史料》，上海人民出版社，1958，第211页。
③ 中国人民政治协商会议江苏省无锡市委员会文史资料研究委员会编《无锡文史资料》第七辑，1984，第75页。

订货等事也由他一手办理。会计部不仅负责财务工作，还兼办总务以及一部分属于人事、供销等部门的事务。工务主任除负责工务外，对业务、财务、人事、采购等事务也要参与。如此，"不但企业可以节约开支，而且几个主要负责人配合得当，灵活机动"①。丽新通过对管理人员的充分配用，防止了纵向一体化之后企业管理成本的增加。

生产平衡问题是纵向一体化战略最突出的负向效应。大成纺织染公司的应对策略效果较好。大成为缓解生产平衡问题，在企业内部纵向生产链条上搭建了内外相通的结构。大成面对市场的最终产品是花色布，前向一体化印染生产后，花色布产量逐步提高，对纵向链条上游的棉纱和坯布需求增大。大成没有一味地扩大纺织生产单位的规模，在适当添设纺织设备的同时，在企业内部纵向链条上维持上游纺织生产单位的产量略小于下游印染生产单位需求的局面，不足的少部分需求量则通过市场购进。以自供为主、市场采购为辅的纵向生产链条结构，将市场作为调解企业内部生产衔接的渠道，有效缓解了大成内部上下游生产平衡问题，使大成又不至于陷入反复调整上下游生产规模的困境。

与之相比，实施产用纵向一体化战略的光裕营业公司面对棉纺织机器修造与棉纺织生产之间的生产平衡问题，处理的效果并不好。棉纺织机器修造需求市场十分狭小，而棉纱坯布市场竞争又十分激烈，市场起到的调节作用有限。光裕采取对纵向链条上下游生产环节轮番扩张的措施，很难解决根本问题，反而使企业在生产平衡问题的泥潭中越陷越深。所以，缓解纵向一体化生产平衡问题最有效的措施是发挥市场对企业内部供需的调节作用。

混合一体化战略会带来过度分散投资和不经济内部捭注的问题。对此，相关的近代中国民族企业均试图建立中枢管理机构，以考察、决策、管理企业多元投资的行为，以及考量协调内部捭注的行为。

刘鸿生企业集团先后设立了中国企业银行和中国企业营业公司对集团所属各生产及业务单位进行统一管理；荣氏集团成立了茂福申新总公司，周学熙企业集团设立实业总会处，后改组为实业联合会（又称实业

---

① 朱复康：《唐骧庭、程敬堂与丽新布厂》，寿充一、寿墨聊、寿乐英编《近代中国工商人物志》第二册，中国文史出版社，1996，第564页。

协会）；范旭东企业集团成立了联合办事处；等等，这些都是为了达到合理安排集团的内部协助和资金挹注的目的。当然，事实上，近代中国民族企业中混合一体化企业集团所设立的中枢管理机构的运行效果并不好。这些企业集团的中枢管理机构，要么统一协调及管理的作用发挥得并不充分；要么成为名不副实的虚设机构，分部企业仍然各自经营；要么集团内部矛盾重重，没有存在多久就停办。诸如此类的结局，从一个侧面反映出近代中国民族企业的混合一体化战略尚在起步阶段，多数企业在实施这一战略时表现得尚不成熟，更没有将混合一体化战略内化为企业结构制度的创新。尽管如此，我们仍应该肯定近代中国民族企业推行混合一体化战略的努力。混合一体化战略作为一体化战略第三阶段的方向，虽然被战争打断，却仍具有一定的借鉴意义。

为减轻内部不经济的资金挹注对久大精盐厂产生的强大压力，范旭东企业集团积极需求外部资金支持，主要是来自银行团。对此，该集团具有与其他民族企业不同的办法，即寻求政府的支持。由于化工原料生产受到当时南京国民政府的重视，范旭东企业集团承担了国家建设硫酸铔厂的项目，于是借此获得政府特许发行公司债券的机会[1]，获得了银行团的大量资金支持。对私营性质的民族企业而言，寻求政府特殊的政策支持未免不是一个奇招。

一体化战略使近代中国民族企业的发展取得了显著的成绩。就个体企业而言，荣氏集团通过积极的横向一体化战略成为中国民族棉纺织业和面粉业的双巨头；永泰缫丝集团垄断了无锡及其周边地区的缫丝生产，成为"缫丝大王"，并通过建立跨国销售机构使企业走向世界；大成纺织染公司成功地实施了纵向一体化战略，一直保持稳定快速的发展，当时的经济学家马寅初这样评价，"象大成这样八年增加八倍的速度，在民族工商业中，实是一个罕见的奇迹"[2]；丽新纺织印染整理公司也实施了纵向一体化战略，其产品在与强劲的日本产品的竞争中毫不逊色，1933

---

[1] 该公司债是永利公司呈准实业部提请行政院转交中央政治委员会予以特许，并在1936年12月1日通知了银行团。邹秉文：《永利硫酸铔厂建厂经过》，《化工先导范旭东》，中国文史出版社，1987，第115页。

[2] 胡毓奇：《民族棉纺织业中一个成功企业——大成纺织染公司的分析》，常州市纺织工业公司编史修志办公室编《常州纺织史料》第十一辑，油印本，1987，第44页。

年日本《朝日新闻》称丽新厂为日商的"劲敌"①；光裕营业公司完成了棉纺织机器修造与棉纺织生产的产用纵向一体化战略，作为战略配合行为，联合房地产业务为其主体工业生产提供资金支持，虽然没能像其他民族企业那样取得骄人的战绩，但在近代中国重工业几无发展的整体状况下，光裕能生存下来，并取得一定发展，这本身就是一个奇迹；南洋兄弟烟草公司顶住了来自垄断组织英美烟公司的挤压，在中国卷烟市场获得一席之地；范旭东企业集团最终实现了制碱和制酸基础化工"双翼齐备"的理想，开创了我国自主化工工业之路。总体而言，1895～1937年，一体化战略的实施对中国民族企业的发展起到了积极的推动作用，成功的大型民族企业及企业集团在民族资本较为集中的行业中纷纷涌现，成为近代中国民族资本的中坚力量。

第三节　战略特点

19世纪末，当世界主要资本主义国家的工业企业普遍推行一体化战略之时，中国的民族企业才刚刚经历了二三十年的发展时间。环视世界企业一体化战略的发展趋势，再反观国内的恶劣环境以及中国民族企业本身不成熟的条件，尤其是资本积累薄弱的现状，中国民族企业是应该因循欧美企业的传统一体化道路，潜心谨慎地进行前期积累，等待中国经济政治环境好转，还是应该以开创性的勇敢精神去迎接世界企业一体化战略的潮流，并以积极的姿态在一体化过程中夯实自身的基础和改造恶劣的环境呢？由于外国一体化先进企业的竞争逼迫和民族企业发展环境的缓慢改善，欧美式一体化战略道路的可行性对于稚嫩的中国民族企业而言已经微乎其微。按部就班必然会使民族企业失去一体化战略发展的先机，并最终在与外国强大企业的竞争中落败。那么，"在中国民族资本主义经济尚未获得充分发展的状态下形成的企业集团，便具有明显的超前性"②，近代中国民族企业必将沿着追赶性一体化战略道路前行。

---

① 无锡国棉三厂编史组：《三十年代的无锡丽新厂》，中国人民政治协商会议江苏省委员会文史资料研究委员会编《江苏文史资料选辑》第十一辑，江苏人民出版社，1983，第116页。

② 吴承明、江泰新主编《中国企业史·近代卷》，企业管理出版社，2004，第529页。

　　欧美企业一体化战略行为是在有充分积累之后，即在第一次工业革命的自由竞争时代获得发展之后兴起的。中国民族企业出现在 19 世纪六七十年代，那时全国范围内只有零星的几家，真正迎来大发展是从甲午战争后清政府鼓励工商业开始。当时，中国民族企业若要实施一体化战略，需面对恶劣的外部环境和未充分积累的不利现实。在外国一体化企业的"逼迫"和"引导"之下，为争夺自身的发展空间，近代中国民族企业寻找到了一体化战略的特殊支持条件。相对于西方工业企业而言，近代中国民族企业的一体化战略显然带有追赶性，并非仅以"变异"现象和"奇异"行为[①]可以解释，而有其现实的必要性和可行性，是在特殊环境下殊途同归的一体化战略选择。

一　追赶性、自主性、多样性

　　整体来看，与国外主要资本主义国家的工业企业相比，近代中国民族企业的一体化战略具有追赶性和多样性，与近代中国早期商办企业相比，20 世纪开始涌现的民族企业更具自主性。

　　第一，与外国主要资本主义国家的情况相比，从当时中国民族企业发展水平来看，其一体化战略的实施带有明显的追赶性。

　　在企业一体化潮流兴起之前，欧美主要资本主义国家的企业经过了一个较长的单一小规模生产组织的时期。在这一时期内，小规模企业获得了充分的生产技术、资金、管理经验等要素的积累，整个社会各行业的小规模企业都获得了发展，为之后全面的企业一体化战略的实施和大型企业及企业集团的出现奠定了基础。而近代中国民族企业并未经历一个单一小规模状态的充分发展时期，当世界范围掀起企业一体化潮流的时候，多数中国民族企业才刚刚发轫。于是，近代中国民族企业越过了

---

①　"变异"现象和"奇异"行为的观点由林刚提出，特指 30 年代棉纺织业危机中民族棉纺织工业"不但没有缩减生产规模，反而在极力扩大。主要体现在纱锭的增加和新厂设立数的增加"，实际上指的是企业的横向一体化。他在此文导言部分指出："19 世纪以来，在帝国主义严重影响全球包括中国政治经济大局的总背景下，中国已经不能按'资本主义正常规律'走上'现代化'进程……深受传统影响的民族工商业者个人的作用——其中有可为今天借鉴的宝贵经验，也有惨痛的失败教训。"林刚：《试论列强主导格局下的中国民族企业行为——以近代棉纺织工业企业为例》，《中国经济史研究》2007 年第 4 期，第 100～101、103 页。

单一小规模生产组织的发展时期，在经营时间不长、积累不充分的情况下，便开始实施一体化战略。因此，相对于欧美企业，近代中国民族企业实施一体化战略的路径具有特殊性，由此形成的企业集团具有明显的"超前性"。企业集团是单一企业实施一体化战略后部门单位增多，形成统一管理组织的结果，近代中国民族企业实施一体化战略亦具有超前性。同时，考虑到近代中国民族企业实施一体化战略深受外国大型企业及企业集团的"逼迫"和"引导"，中国民族企业总体仍处于落后水平，在这一过程中，民族企业的各个方面的发展都处在与之竞争、向其追赶的状态，因此这种特殊性可以称为"追赶性"。

近代中国民族企业一体化战略具有追赶性的原因有二。

其一，近代中国工业化进程多次并举的特点是民族企业一体化战略追赶性特点形成的大环境。近代中国工业化启动之时，世界范围内的第二次工业革命已经开始，第一、第二次工业革命的任务叠加进行。当第三次工业革命兴起时，中国尚未完成前两次工业革命的任务。可见，中国工业化进程是多次工业革命任务并举的过程。正因为如此，近代中国工业的发展可以借用历次工业革命的新成果。近代中国民族企业可以借鉴新的经营管理经验，避免走不必要的弯路，跨越可以节省的过程。近代中国正是在工业化的追赶进程中才出现了民族企业实施追赶性一体化战略的情况。追赶性一体化战略实际上是中国工业化多次并举在企业层面的表现。

其二，适应本国企业发展不良环境和抵御外国大型企业及企业集团竞争的需要。由于近代中国特殊的社会经济环境，很多不利于现代企业发展的因素存在，如不稳定的政治局面、割据的地方势力、不平等条约体系等，同时，市场不能完全满足企业发展对各种资源的需求，如资金、现代人力资源等。通过实施一体化战略，企业可以将原来在市场中进行的交易活动转变为企业的内部行为，可以自设各种资源的供应机构，自我生产或筹备资源以满足生产需求。外国企业发轫早，经营时间长，实施一体化战略后实力更加雄厚，进入中国市场后，中国的小规模企业很难与之竞争。如此，近代中国民族企业只有在实施追赶性一体化战略过程中加快积累、加快发展，才能抵御外国一体化大型企业及企业集团的竞争。就此而言，近代中国民族企业的追赶性一体战略又具有鲜明的民族意义。

近代中国民族企业的一体化战略带有追赶性是时代的必然结果，也具有时代的民族意义。追赶性一体化战略的实施过程就是近代中国民族企业加速资本集中和积聚的过程，是实现快速发展的有效战略道路。追赶性一体化战略能够使相对落后的近代中国民族企业获得快速发展，可以抵御外国强大企业对中国市场的垄断，有利于推动中国工业化的发展。因此，追赶性一体化战略不仅具有企业战略经营的经济意义，还具有摆脱工业落后局面的民族意义。

第二，与中国早期现代化中的商办或官督商办民用企业相比，20 世纪初涌现的民族企业在实施一体化战略的过程中表现出较强的自主性。

在一体化战略进程中，主要的中国民族企业自主经营的能力加强。无论是晚清政府还是民国初年政府，其政策性支持已经从早期的起主要作用的地位转而作为辅助手段。当然，很多企业仍在一体化战略进程中依靠人脉关系从政府获得资金或政策上的支持，可以说政府的支持作用依然存在，尤其是企业初创阶段，但从整个一体化战略的经营过程来看，这些民族企业主要还是依靠自身的主动性进行组织，如大生集团、周学熙企业集团、裕大华纺织集团、范旭东企业集团等。

这一时期近代中国民族企业一体化战略自主性的产生，一部分源于地区较为雄厚的传统经济基础，如苏南地区，该地区民族企业发起资金的来源较为丰富，民族企业家大部分均为商人身份，自主经营管理的思想日趋坚定，如杨氏兄弟、周舜卿、薛南溟，他们与政府的关系远远不及大生集团的张謇和周学熙企业集团的周学熙那样强实。

当然，即便是周学熙，尽管在前期经营和管理企业时享有过政府资金和政策的帮助，但之后他也极力想把自己的私人资本与政府资本撇清关系，"宁可舍弃官银号优厚借款而将启新全部转为私人资本，亦不愿蹈日后可能因官场变化而发生的风险"[①]，可见自主经营的意识已经增强，而大生集团在张謇去世之后，较强的官方联系也逐渐失去，不得不走上自主经营的道路。

此外，曾是买办身份的民族企业家，如光裕营业公司的严裕棠、刘鸿生企业集团的刘鸿生，在早期生涯中从外国洋行和资本企业中获得了

---

① 周叔弢、李勉之：《启新洋灰公司的初期资本和资方的派系矛盾》，中国人民政治协商会议全国委员会文史资料研究委员会编《文史资料选辑》第五十三辑，文史资料出版社，1964，第 6~7 页。

经验和资金的积累，当自创企业后，实施一体化战略的过程中，保持了自主经营意识，并敢于抵御外国垄断企业的竞争逼迫，体现了较强的民族自主意识。作为华侨资本的代表，永安集团的孙氏兄弟，从海外经商发起，坚持自主实施一体化战略，创立并形成主体在上海的大型民族企业集团。可见，在近代中国民族企业的一体化战略进程中，无论是从本土或海外自主创业发轫，还是依靠本国政府或外国资本发起，企业家都具有较强的自主经营意识和能力，企业都掌握着经营管理的自主权和控制权，这与早期工业化时期的官督商办、官商合办，甚至商办企业有明显的区别。

实施一体化战略的自主性较强是中国民族企业进步的重要表现。这一时期，中国民族企业经营管理活动摆脱了政府的直接干预，基本消除了政府作用下的弊端，具有更大的创业积极性。自主性较强也标志着民族企业力量的增强，标志着民族企业已经开始走向成熟，不需要依赖其他力量的直接扶持。近代中国民族企业自主实施一体化战略，增强了自我独立的力量，在近代中国落后的社会经济环境下，发挥大企业的社会作用，推动政府做出有利于社会发展的决策，进而有利于中国社会经济的进步。近代中国财税制度的改革，如废两改元及法币制度的建立、关税自主运动等，均与近代中国民族企业自主力量的存在及其要求改善发展环境的呼声有密不可分的关系。同时，民族企业自主力量的增强也能够抵制政府操控民族企业经营管理，甚至吞并的企图。荣氏申新"搁浅"后，国民政府实业部妄图接收，但荣氏集团实施一体化战略以来一直具有较强的自主性，与之进行了坚决的抗争，最终保持了民族企业性质。总之，近代中国民族企业实施一体化战略具有较强的自主性，是中国工业化，乃至整个社会经济发展进步的表现。

第三，近代中国民族企业一体化战略实现方式和战略选择类型呈现多样性。

从欧美企业来看，一体化战略的实现方式主要是并购，有研究将之称为美国"五次企业并购浪潮"[1]。由于欧美企业经历了一个单一小规模生产组织的较长发展时期，至19世纪末企业一体化战略兴起之时，优势企业并购其他小企业自然成为主要的实现方式。可以说，单一小规模企

---

[1]　邵万钦：《美国企业并购浪潮》，中国商务出版社，2005，第1页。

业在欧美各行业中普遍存在是其一体化战略主要表现为并购方式的基础。
而近代中国民族企业并没有经历单一小规模企业长期充分发展的时期，
1895年之后民族企业迎来发展机遇时，世界范围已经掀起企业一体化战
略的潮流，一些有实力的企业便通过自建方式率先启动一体化战略。对
于缺乏资金且积累不充分的民族企业来说，这是非常艰难的起步，因而
才会出现荣氏集团低分红高盈利转资的策略。20世纪二三十年代，中国
单一小规模企业已普遍存在于民族资本相对集中的几个行业，已形成一
定的一体化基础的优势企业便较多地以并购方式继续推进一体化战略。
这一时期，近代中国民族企业并购行为较多，正是基于中国单一小规模
企业有了一定发展。然而，并购行为并没有像欧美那样成为这一时期的
主要方式，租办也是一种比较重要的实现方式。这是因为，缺少大量持
续外部资金支持且自身积累不足是一直困扰近代中国民族企业发展的首
要问题，虽然此时已存在较多的单一小规模企业，具备了并购的前提，
但大多数已开始实施一体化战略的民族企业仍然缺乏足够的资金，以满
足必要的并购行为。于是，为了继续推进一体化战略，少量资金投入便
可获得一个小企业一段时间经营控制权的租办方式成为较"经济实惠"
的选择。此外，也有企业通过强强合并的方式实现一体化战略，如刘鸿
生企业集团在火柴行业实行横向一体化战略，但这种方式在全国范围内
不多见。因此，近代中国民族企业实施一体化战略的方式主要有自建、
并购、租办、合并等，相较欧美以并购为主而言具有多样性。

一体化战略实现方式的多样性保证了近代中国民族企业在积累不充
分和资金支持缺乏的情况下仍能够实施追赶性一体化战略，体现了近代
中国民族企业面对困难积极探索的开创精神，多种实现方式的结合使用
使近代中国民族企业能够在较为有限的资金支持条件下最大限度地实现
一体化战略，是实现追赶性一体化战略的成功经验。

除实现方式之外，近代中国民族企业一体化战略的类型也具有多样性。

1895年以后，尤其是一战爆发后，民族企业面对的市场迅速扩大，
抓住机遇尽可能多地占领市场份额是首要任务，因而横向一体化战略成
为首选。该战略的实施在棉纺织业、面粉业、火柴业等行业均有突出的
表现。横向一体化企业有无限公司和有限公司两种组织制度，以及租赁
企业、并购企业、合并公司业等多种组织形式。

　　一战后，随着棉品和面粉市场的扩大，在供销纵向一体化行为的配合下，荣氏集团分别在棉纺织生产和面粉生产两个部分推行横向一体化战略，荣氏兄弟获得了"棉纱大王"和"面粉大王"的赞誉。在较为完善的蚕丝原料供应的基础之上，外国直销机构的建立打开了更广阔的海外市场，永泰缫丝集团的横向一体化战略达到了缫丝生产的区域垄断的地位，薛氏父子被称为"缫丝大王"。为抵御外国垄断企业在火柴业的扩张，刘鸿生联合主要的民族火柴企业，采取强强合并的方式，组织大中华火柴公司，成为"火柴大王"。

　　就棉纺织行业而言，20世纪20年代后半期，市场空虚的机遇不再，单一行业内的横向一体化战略已经不再适应企业发展的环境。30年代，生产纵向一体化战略成为主流，常州大成纺织染公司、无锡丽新纺织印染整理公司、无锡庆丰纺织漂染公司、上海鸿章纺织染公司、上海达丰纺织染公司等企业实现了纺织染联营，是这一时期的代表。其中，大成与庆丰在实现纺织染联营的生产纵向一体化战略时选择了不同的路径，前者为往返延伸，后者为单向推进。就当时棉纺织品市场情况而言，往返延伸比单向推进更加合理。30年代的棉纺织业危机也严重冲击了弱小的民族棉纺织机器修造企业，为了寻求出路，上海大隆机器厂并购了苏州苏纶纱厂，实施了棉纺织机器修造和棉纺织生产的产用纵向一体化战略，尽管在内部上下游生产平衡上还存在问题，但这一战略不仅救活了大隆，而且使苏纶有了改进。

　　混合一体化战略有盐碱酸同类关联的化工原料生产企业范旭东企业集团，棉粉有限关联的荣氏集团，以及多元化无关联的刘鸿生企业集团、大生集团、通孚丰集团、永安集团、周学熙企业集团。当时的企业多元化战略虽然尚不成熟，却是日后近代中国民族企业更广范围、更大规模扩张的预演。

　　近代中国民族企业一体化战略类型的多样性，体现了民族企业家在应对艰难环境时的聪明才智，是对近代中国民族企业追赶性一体化战略具体实现的有益探索，为企业一体化战略的实施提供了经验和教训。

　　1895～1937年，中国民族企业一体化战略的追赶性、自主性、多样性是近代中国企业发展史上的闪光点。一体化战略的追赶性体现了晚发、落后、弱小的中国民族企业积极进取的精神；一体化战略的自主性体现了近代中国民族企业发展的进步性，是整个社会经济进步的缩影；一体化战略的多样性展示了近代中国民族企业在困境中取得的显著成果，是今后民族企业实施一体化战略的宝贵经验。

二　追赶的必要性、可行性及机遇

近代中国民族企业一体化战略的追赶性是首要特点。追赶性体现出近代中国民族企业经营战略的时代特征，自主性和多样性由之派生而出。在积累尚不充分的时候，只有敢于追赶，近代中国民族企业才有机会争得自主发展的权利，正是为了应对追赶中遇到的各种困难，才会有多样化的一体化战略表现形式。因此，我们有必要对近代中国民族企业一体化战略的追赶性特点进行重点分析。

（一）选择追赶的必要性

纯粹从经济学角度来说，企业实施一体化战略的动因是规模经济、范围经济以及减少交易成本的利益。近代中国民族企业实施一体化战略当然也是出于这些经济目的的考虑，但如要更深刻地揭示近代中国民族企业实施追赶性一体化战略的动因，必须将此放入近代中国历史环境中进行考察。

近代中国民族企业所处的外部环境十分恶劣，追赶性一体化战略是其应对恶劣环境的有效手段。

第一，追赶性一体化战略可以避免中国民族企业与外国工业企业的不平等竞争。

近代中外企业的不平等竞争突出表现在税收上。对此，当时著名的经济学家马寅初在《中国农工商矿之状况》一文中有过精辟的论述：

> 中国为协定关税制度，外国货进口税率值百抽五，百元货物抽税五元，加上二元五角子口半税，共纳税七元五角，各处皆可畅销。本国货物实相反是，此处有一厘卡，彼处有一捐局，货物走得愈远，税金征得愈大。生产地与消费地，不在一处。外国货物各处可以畅销，中国货物就不然了。[①]

---

① 《中国农工商矿之状况》，马寅初：《马寅初全集》第二卷，浙江人民出版社，1999，第502页。

中国民族企业家不止一次地抱怨税收繁重及民族企业与外国企业相比的不平等待遇。1924 年，在天津举行的华商纱厂联合会第七届年会上，荣宗敬指出："由洋商运送花衣，捐税一道，逢关遇卡，一体验放，概免税厘；华商运送花衣，既经捐税，逢关遇卡，一再照捐，此不平等者一。"[1] 1928 年 8 月 11 日，江苏火柴同业联合会呈国民党政府财政部发文称："硝磺运销处所需索之运单费，苛累特甚，且绝无存在理由。盖同属商人，何分中外，对外国商人并无运单费之征收，对中国商人独需索至每担二元之多，如此办理，何异奖进外商而摧残国内实业。"[2] 在这种情况下，中国民族企业降低产品销售成本的一个重要途径便是实施横向一体化战略。一方面，横向一体化可以形成规模经营，从而降低产品成本，以弱化不平等的税收所造成的危害；另一方面，横向一体化在原料产地和商品销售市场设立或并购生产单位，从而可以避免承受中间转运交税中的不平等待遇。

由于中国机器工业力量十分薄弱，无法承担起为本国民族企业提供机械设备的任务，外国公司凭借垄断机械进口货源的地位，见机要挟勒索。1921 年 3 月 7 日在华商纱厂联合会上，荣宗敬和穆藕初提议：全国新旧各厂因订购机件不到，损失甚巨，请由本会召集各厂代表，会议办法案。荣宗敬称，"查全国各厂所购机件，大半过期不交，镑价又见大跌。再查各洋行之惯性，于镑价低廉之时，则强迫加价；于镑价昂贵之时，则将现货售出，以图善价。种种不平，各厂吃亏太甚"[3]。可见，民族企业受制于外货机器是普遍现象。因此，有实力的民族企业便实施纵向一体化战略，后向整合机械设备供应源，以打破外国洋行垄断机器进口的局面，抵御由此产生的机会主义行为。

第二，追赶性一体化战略可以避开国内封建势力对新生民族企业的阻碍。

荣德生的女儿荣漱仁曾回忆荣氏面粉厂与"封建势力的阻挠和斗争

---

[1]　上海社会科学院经济研究所编《荣家企业史料（1896～1937 年）》上册，上海人民出版社，1962，第 149 页。

[2]　上海社会科学院经济研究所编《刘鸿生企业史料（1911～1931 年）》上册，上海人民出版社，1981，第 101 页。

[3]　上海社会科学院经济研究所编《荣家企业史料（1896～1937 年）》上册，上海人民出版社，1962，第 88～89 页。

的胜利"。她称,起初保兴面粉厂的产品销不出去的一个重要原因是顽固乡绅散布流言蜚语,"说什么机粉颜色太白,定是搀有洋药,其中有毒"①。于是,荣氏兄弟决定在"苏州设批发处于阊门内大街","无锡则在望湖楼",然后销售才有起色。② 这种直接建立销售点的前向一体化行为使企业产品直接靠近消费者,避开了封建势力的阻挠。

第三,中国政治环境不稳定,导致市场环境存在很多不利于现代企业发展的因素,追赶性一体化战略可以尽量减少企业与外部不确定市场环境因素的直接接触,保证采购、生产、销售等活动的顺利进行。

政治因素导致市场不稳定的情况,在当时的报刊中多有描述。1935年《中国实业》第4期中刊登的《从申新七厂事件说到中国的纱业》一文提到:

> 近年我国纱业产销不振,固然受了经济恐慌的影响。然而,政治不安定,亦为阻碍纱销原因之一。近年以来,国家多故,灾患频临,以致我国农村,日趋破产;人民的购买力量,愈形薄弱。"九一八"事变以后,东北纱销,随而断绝;"一·二八"战祸发生,上海纱厂,全部停业;长江匪患,更使纱业失了我国最大的销场。去年三月上海一地存纱,竟达十六万七千一百五十包之最高数。及至秋后,因各地渐告平靖,纱销始见活动,我国纱业方减其滞销之痛苦。③

对此,近代中国民族企业家也多有抱怨。常州大成纺织染公司的创始人刘国钧曾说:"政府无能,只管自己扩展势力,搜括民脂民膏,不注重发展工业、发展贸易;而日本、美国的商人,都有政府作后盾,并且政府也注重发展工业,注重贸易。这样,本国的商人就容易发展,国家

---

① 荣潄仁:《我家经营面粉工业的回忆》,中国人民政治协商会议全国委员会文史资料研究委员会编《工商史料》第二辑,文史资料出版社,1981,第44页。

② 上海社会科学院经济研究所编《荣家企业史料(1896~1937年)》上册,上海人民出版社,1962,第13页。

③ 谷正刚:《从申新七厂事件说到中国的纱业》,《中国实业》第1卷第4期,1935年4月15日,总第580~581页。

也易富强。"① 《中国银行民国十九年度营业报告》称，"苦于战事（指中原大战）……内地人民消费力减少，销数不旺。加以秋棉歉收，交通不便，原料益感不足"②。为此，一些大型棉纺织企业，如申新、永安等都实行减工。工业产品的捐税重叠，加之交通阻梗，而政府又没有什么得力的改革措施，由此，民族企业的发展困难重重。如果企业实施横向一体化战略，在原料产地和销售市场设厂就可以避开这些问题。荣氏集团在汉口设有福新五厂和申新四厂，在济南设有茂新四厂；刘鸿生大中华火柴公司并购九江裕生火柴厂和汉口燮昌火柴厂；刘国钧的大成纺织染公司合作租办汉口震寰纱厂等。

相对于西方主要资本主义国家，近代中国特殊时局下产生的恶劣环境是民族企业发展的一大障碍。这一恶劣环境基于近代中国复杂的内外忧患局势，无法在短时间内根本改变。身处这样环境的民族企业若要获得生存和发展，就必须适应它。追赶性一体化战略为中国民族企业指明了一条正确的道路。为避免恶劣环境的影响，在还没有获得充分积累的情况下，民族企业提前实施一体化战略，将一些原本暴露在恶劣环境下进行的交易活动纳入企业内部进行，缩小了经营环节与恶劣环境接触的范围，从而减轻了其对企业发展的影响。为躲避产品中间运输环节、苛捐杂税及封建势力的阻碍，民族企业实施一体化战略，以降低交易成本。民族企业将原本通过资源外取方式进行的经济活动纳入一体化组织内部完成，可以消除或减轻市场交易中的机会主义威胁。当然，如果从经济理论角度看，近代中国民族企业一体化战略的最终目的是降低市场交易成本。不过，近代中国的特殊性在于动因的产生是由于内忧外患的国家局势和现代转型过渡的时代特性所造成的市场不成熟性。为求生存与发展，近代中国民族企业不能等待自身有一定发展基础后再实施一体化战略，而必须提前启动和推进一体化战略，以减轻不良环境和强大竞争对手的影响。

追赶性一体化战略的实施是防御外来竞争者的需要。由于中国民族企业发轫较晚，尚处于积累阶段时，已实施一体化战略并形成强大规模，

---

① 刘国钧：《自述》，李文瑞主编《刘国钧文集·传记卷》，南京师范大学出版社，2001，第20页。

② 上海社会科学院经济研究所编《荣家企业史料（1896～1937年）》上册，上海人民出版社，1962，第245页。

甚至处于垄断地位的外国企业进入中国市场，必会给稚嫩的民族企业施加巨大的竞争压力。民族企业若要在竞争中求得生存，就不得不在尚未充分积累的情况下提前实施追赶性一体化战略。所以，从企业战略管理理论来看，中国民族企业实施追赶性一体化战略是为了抵制竞争对手在纵向链条前后，包括原料供应、产品销售、产品深度加工等方面的纵向扩张所带来的竞争压力，以及防御竞争对手企图横向垄断的危险。对此，《从申新七厂事件说到中国的纱业》一文也有相关论述：

> 中国是帝国主义者商品的销售场，同时又为他们原料的取给地。他们不仅将过剩的商品在我国倾销，且因有在华设厂的特权，故利用其雄厚的资本，熟练的技术，科学的管理及我国低廉的原料与贱值的人工；制造成本轻而品质良的货品，与我国幼稚的纱业相竞争，无疑的，我国纱业是要受重大的打击而处于失败的地位。①

荣氏兄弟在日本纱厂的逼迫下加快了一体化战略进程。1930年开始，日本在上海的纱厂"均纷纷从事增锭添械，大事扩张"（包括内外、日华、上海纺织、丰田、公大、同兴、裕丰、东华、日康，其中，同兴和裕丰于1931年合并以增强实力），以至于产量"反多于中国厂家"②。为防御日本纱厂的规模扩张，荣氏申新系统在缺乏资金的情况下，不惜借巨债继续推进横向一体化战略。1929年以后，申新共开设五家纱厂，除了申新八厂为盈余所建，其他皆是举债并购而设。

刘鸿生的大中华火柴公司是在瑞典火柴托拉斯的鞭挞之下成立的。瑞典火柴托拉斯"除法国火柴事业属诸国有外，其他各国之火柴厂，大半被其收买兼并"，一战后进入中国市场，"东三省及青岛各地，亦有数厂被其收买"。该公司规模庞大，"并吞野心则初未因此少戢"。为此，刘鸿生认为中国火柴业"惟有合并数厂为一厂，以厚集资力才力，藉图竞存"。然而，起初这种一体化战略的防御作用并未被其他火柴公司所认

---

① 谷正刚：《从申新七厂事件说到中国的纱业》，《中国实业》第1卷第4期，1935年4月15日，总第579页。

② 上海社会科学院经济研究所编《荣家企业史料（1896~1937年）》上册，上海人民出版社，1962，第243~245页。

识到。1928 年，刘鸿生的首次合并倡议由于中华火柴公司 "无甚表示" 而搁置。① 随着瑞典火柴在中国市场的进一步扩张，中国民族火柴业的危机加重。1930 年，在刘鸿生的再次倡议下，鸿生、荧昌、中华三家火柴公司合并为大中华火柴公司。②

范旭东于 1917 年在塘沽创办了永利制碱公司。该公司受到当时已垄断中国碱市场的英国卜内门洋碱公司的压制。当 1924 年永利开始产碱后，卜内门企图以降价的方式打垮永利。1926 年和 1927 年，卜内门碱价 "一直下泄，直降到 40% 以下才告终止"③。在其逼迫下，永利一方面通过混合一体化内部的久大精盐公司，调度资金以维持发展；另一方面实施前向一体化战略，在上海、香港、广州、南京、汉口、长沙等地单独设立永利营业和业务机构以直接推销产品。④ 成绩是显著的，从 1928 年开始，洋碱在中国市场上的销售额比重呈下降趋势。从 1933 年开始比重低于一半，1934 年、1935 年、1936 年的比重分别为 42%、38.5%、39.8%。⑤

为了抵御外来竞争，上海美亚织绸集团也走向一体化。1933 年的《纺织周刊》第 12 期专门以《美亚织绸厂十家合并为一》为题介绍了相关情况：

> 年来国产绸缎虽求过于供，而洋货仍充斥市上。欲求国产绸缎之大量推销，非有大组织大资本之机关，不足以敌外货之侵殖。该公司十余厂等之合并，规模宏大，洵为本国工业上合理化之一大进步，尤树国货工业界发皇之先声也。⑥

① 上海社会科学院经济研究所编《刘鸿生企业史料（1911～1931 年）》上册，上海人民出版社，1981，第 103～105 页。
② 上海社会科学院经济研究所编《刘鸿生企业史料（1911～1931 年）》上册，上海人民出版社，1981，第 135 页。
③ 余啸秋：《永利碱厂和英商卜内门洋碱公司斗争前后记略》，《化工先导范旭东》，中国文史出版社，1987，第 77 页。
④ 章执中：《爱国实业家范旭东》，《化工先导范旭东》，中国文史出版社，1987，第 36 页。
⑤ 陈调甫：《永利碱厂奋斗回忆录》，《化工先导范旭东》，中国文史出版社，1987，第 68 页。
⑥ 《美亚织绸厂十家合并为一》，《纺织周刊》第 3 卷第 12 期，1933 年 3 月 17 日，第 386 页。

由此可见,外国一体化企业的强大压力迫使近代中国民族企业提早实施一体化战略,以起到防御作用。

同时,在近代中国特殊的历史环境下,防御外来竞争的需要,不仅是企业层面的市场竞争防御,还具有国家层面上反抗经济侵略的防御性,即抵制外国经济侵略和保护民族经济的必要性。近代中国民族企业的竞争压力当然有来自国内企业的,但更多更强的是来自外国一体化大型企业及企业集团的。外国工业企业以其强大的实力及在中国市场获得的特权地位,占据了工业生产的重要原料供应源和产品销售渠道,并通过生产纵向一体化对产品进行深加工,提高产品的利润率。在这种情况下,近代中国国家政府未能采取有效措施保护民族工业。所以,在国家防御能力弱的时候,近代中国民族企业即使在没有充分积累的前提下也要主动推进一体化战略进程,与外国企业争夺原料及商品市场。它们中有坚持横向一体化战略以防御日本棉纺织企业的荣氏集团,通过强强合并的横向一体化战略以防御瑞典火柴托拉斯的刘鸿生大中华火柴公司,实施生产纵向一体化战略以防御日本纺织染联营企业的大成纺织染公司,建立了产供销纵向一体化体系以防御英美烟公司的南洋兄弟烟草公司等。近代中国民族企业的追赶性一体化战略不仅出于个体企业一体化防御的需要,还出于整个民族企业对于外国企业的民族防御需要。否则,中国民族工业的发展将岌岌可危,中国社会的现代化将失去主动权。因此,中国民族企业的一体化战略担负着抵御外国资本主义扩张的艰巨任务和保卫民族工业发展空间的神圣使命。

实施追赶性一体化战略也是创造发展条件的需要。在近代中国特殊的社会状况下,无论是经济体系内部,还是各种相关事业,其专业化发展程度均十分落后,同时政府又不能很好地履行服务经济的职能,民族企业发展所需要的各种资源无法从企业外部的市场上得到充分的满足。因此,近代中国民族企业必须自己去创造发展的条件,在没有充分积累的条件下实施追赶性一体化战略。

追赶性一体化战略可以为企业发展创造良好的采购和销售条件。近代中国工业发展有诸多不利条件:原料产地往往与生产地相分离,如面粉业"粉厂太集中沿海都市,未能与原麦产地、食民销地作计划分布之配合"①；交通运输业尚不能完全承担起原料及产品的调运任务，如棉纺织业，"吾国棉花供给不足之原因，不在产量之小，乃在交通之不便"②；中国传统商业系统中间商环节多，会增加商品的交易成本；中国棉花品质不利于生产细纱，需大量高价进口外棉，而政府对于棉种改良的工作又迟迟没法广泛开展；等等。在这种情况下，近代中国民族企业必须实施追赶性一体化战略，使企业经营范围后向接近原料供应源或前向接近消费者，甚至直接参与原料的生产及改良工作。

追赶性一体化战略可以为近代中国民族企业创造合格的现代人力资源条件。现代企业的生产操作和组织管理需要现代人力资源的支持。关于这一点，马寅初在《中国工业进步迟滞之原因及其救济办法》一文中这样评论：

> 我国工厂工人皆来自乡村，其平日所见所闻，不过牛锄头等农具，皆简单而易御者。若一往工厂，所见者则为庞大的机器，机声轧轧，力大无朋，竟不知如何管理。故农村农人一到工厂，不但不知用机器，反为机器所用，自身俨如机器之奴隶。若熟练工人，则比较有驾御机器之能力。我国新式工厂之历史甚短，所训练之工人为数不多，故不但专门人才缺乏，即普通之熟练工人亦不易得，大规模的工厂生产，又安可能？③

近代中国的劳动力数量并不少，但大都成长于农村，缺乏基本的文化知识和现代机械操作知识。除熟练工人外，中低层企业管理的职员也十分缺乏。当时政府及社会的教育能力较弱，基础教育尚未普及，更不用说中高等教育以及与现代生产及业务直接相关的职业教育了。尽管近代中国教育事业处于不断发展中，但可以肯定的是，当时的教育机构尤其是职业教育机构不能很好地完成为中国近代民族企业发展提供足够现

---

① 荣毅仁：《中国面粉工业前途瞻望》，上海大学、江南大学《乐农史料》整理研究小组选编《荣德生与企业经营管理》下册，上海古籍出版社，2004，第1263页。
② 《今日吾国之经济状况》，《马寅初全集》第二卷，浙江人民出版社，1999，第165页。
③ 《中国工业进步迟滞之原因及其救济办法》，孙大权、马大成编注《马寅初全集补编》，上海三联书店，2007，第261~262页。

代人力资源的任务。因此，民族企业"欲为养成现代工业人员起见"①，必须实施追赶性一体化战略，后向整合教育培训机构，在生产过程中为自己培育足够的熟练工人和基层管理人才。

追赶性一体化战略可以使民族企业进入相关经济部门，从而为企业发展提供条件。近代中国经济发展的体系是畸形的，专业化程度不高，无法起到互相支持、协同发展的作用。现代金融业发展缓慢，资本主要由外国金融机构控制，中国民族银行力量弱小，无法满足企业发展对资金的需要。在工业体系内，最大的特点就是重工业和轻工业发展极不平衡。近代中国民族机器工业发展十分缓慢，无法承担为民族工业提供机器设备的任务，民族企业发展所需大量的主要机器设备需从国外进口。在这种情况下，中国民族企业有必要通过实施追赶性一体化战略后向整合资金供应源和机器设备供应源，这样虽然不能达到完全自给的目的，但是仍可以缓解供应不足的压力、减轻市场交易中机会主义的威胁，为企业发展创造条件。

总之，相对于西方主要资本主义国家，近代中国民族企业发展的各方面条件并不如意，甚至是恶劣的，追赶性一体化战略是其根据实际情况有意识创造的经营战略，与外国工业企业的一体化战略有所不同。

实施追赶性一体化战略是加速自身积累的需要。近代中国民族企业一体化战略之"追赶"的特点有两种含义：一是近代中国民族企业在追赶外国企业一体化发展的过程中求得自身的生存；二是近代中国民族企业的一体化战略选择了跨越前期积累阶段的道路，或者说采取了一种通过实施一体化战略，边积累企业实力，边扩张谋求快速发展的路径。

中外工业企业发展状况及其发展环境的差异是近代中国民族企业选择追赶性一体化发展道路的重要原因。从工业企业的发展现状来看，近代中国民族企业起步较晚，因而当世界企业一体化战略潮流兴起之后，已经没有足够的时间去完成前期积累任务，而且外国强大的一体化企业的压力也不允许民族企业完成自然状态下的积累。在"起跑"落后的情况下，民族企业只有通过提前"加速"，提前实施一体化战略来弥补积

---

① 《茂福申新职员养成所章程》，上海大学、江南大学《乐农史料》整理研究小组选编《荣德生与企业经营管理》下册，上海古籍出版社，2004，第1137页。

累的不足。从发展环境来看，中外相比差距甚大，在恶劣环境下，民族企业若选择西方企业在良好环境下形成的传统一体化发展道路，显然不可行。中国资本主义自由市场并未形成，再加上动荡的政局和外国资本主义的压迫，完全通过市场来主导企业的发展无异于"刻舟求剑"。在这种情况下，企业的主体作用尤为重要。企业可以通过自身的努力来弥补市场不成熟的弱点，解决市场不能很好地解决的供求问题。而这种自身的努力正体现在一体化的战略思路中。一体化是以企业内部的方式来代替外部市场解决途径的企业发展战略。因此，仅从中外企业发展环境的比较来看，近代外国企业较中国民族企业更能从市场中得到生产经营的所需，而民族企业需要通过自身的努力获得。从此种意义来说，近代中国民族企业较外国企业更需要一体化战略。

因此，近代中国民族企业的积累问题可以在一体化战略推进过程中完成。与外国企业在积累完备之后再实施一体化战略不同，民族企业可以走边一体化边积累的战略道路。一体化战略要求企业对当前经营活动进行横向、纵向、混合的展开，这本身就是企业实力增强的过程。对于已有良好积累的外国企业而言，一体化战略可以达到扩张企业实力甚至垄断行业部门、完善企业组织的目的，而对于处在发轫初期的近代中国民族企业而言，该战略一方面可以起到积累经济实力的作用，另一方面也达到了追赶西方企业发展步伐的目的。总之，追赶性一体化战略是以提前一体化的加速度弥补民族企业晚发的劣势，在追赶性一体化的过程中完成民族企业的积累任务。

（二）实施追赶的可行性

近代中国民族企业实施追赶性一体化战略不仅是必要的，而且具有一定的可行性。20 世纪初的中国，尽管尚不够充分，事实上已具有一定的现代社会经济基础条件，不仅如此，还具备一些特殊的条件支持，民族企业可以适时利用发展机遇，采取适当的实施策略，以解决追赶性一体化中的困难。

实施追赶性一体化战略具有一些基本条件的支持。

中国的早期现代化成果使中国民族企业初步具备了一体化战略实施的条件。尽管当时的中国社会经济现代因素还不够充分，远没有达到主要资本主义国家的水平，但现代企业发展的金融、交通、通信等基础行业技术条件已基本成熟，民族企业的初步发展已开始形成一定的市场竞争环境，社会观念已转向有利于工商发展的一面，相关政府立法也初步出台，诸如此类均构成民族企业实施追赶性一体化战略的基本条件。

初步发展的近代金融机构给予民族企业一定的资金支持。当时中国金融系统可分为三股力量：外国洋行、国内银行、传统金融组织。荣氏集团一体化战略的资金来源与这三股力量都有密切的关系：外商银行有汇丰银行、麦加利银行、通和洋行等；国内银行有中国银行、上海银行、中南银行等；钱庄有惠丰钱庄、致祥钱庄、滋丰钱庄等。[1] 永安集团于1930年起向渣打银行（英商麦加利银行），1933年起向美商花旗银行，1934年向中国、交通、中南等3家银行以及同润等4家钱庄借款。[2] 范旭东创办永利制碱公司时得到了金城银行及上海银行的大力支持。[3] 可见，近代金融业对中国民族企业提供了必要的资金支持，"尤其是在本国银行资本的产生还要迟于工业资本的特殊条件下，银行资本在形成的全部工业资本总额（实为资产总值）中所占有的份额，从战前来看，已经不算太低"[4]。资金缺乏成为近代中国民族企业发展遇到的最普遍和最主要的困难，近代金融业，尤其是民族银行成为民族企业实施追赶性一体化战略的重要的资金供应源。

现代工业的发展需要有现代化的技术手段来推动，交通和通信等现代基础设施的初步建设给中国民族企业实施追赶性一体化战略提供了条件。以铁路和轮船航运为代表的现代交通工具、以电报为代表的现代通信工具，成为支持民族企业战略发展的主要现代技术手段。

从1876年中国第一条铁路铺设起，至1911年，全国已修筑铁路9618.10公里，1927年为13040.48公里，1931年为14238.86公里，到

---

[1] 《申新厂基抵押借款明细表（1934年6月30日）》《股票地产押款（1934年6月30日）》，上海社会科学院经济研究所编《荣家企业史料（1896~1937年）》上册，上海人民出版社，1962，第404~405页。

[2] 上海市纺织工业局、上海棉纺织工业公司、上海市工商行政管理局永安纺织印染公司史料组编《永安纺织印染公司》，中华书局，1964，第194页。

[3] 陈真、姚洛合编《中国近代工业史资料》第一辑《民族资本创办和经营的工业》，生活·读书·新知三联书店，1957，第514页。

[4] 李一翔：《近代中国银行与企业的关系（1897~1945）》，东大图书股份有限公司，1997，第232页。

抗战全面爆发前共有 21036.14 公里。[①] 重要的大城市如上海、北京、武汉、广州、济南等均已开通铁路。虽然对于中国辽阔的国土来说，如此铁路线路规模尚远远不够，但铁路已成为民族企业运输原料及产品的一个重要方式。同时，中国的现代航运业也有很快发展，主要分为内河航运、沿海航运、外洋航运。其中，内河航运从上海至武汉，沿海航运从上海至天津，是民族企业的集中地区与北方和内地采购原料和销售商品的重要运输通道，而进口机器设备、采购部分原料则需依靠外洋航运。相对于铁路运输，航运费用廉价，是近代中国民族企业经常使用的运输方式。

从 1871 年丹麦大北公司在中国架设第一条电报线路开始，至 1908年电报设施全部收归国有为止，全国商办电报线路共计建成 41417 里，地方官办电报线路共计建成 49480 里，总共有 90897 里，官办和商办电报局共有 394 处。[②] 大规模通信基础设施的建设方便了近代中国民族企业传递商业信息，尤其对跨地区经营的一体化企业，其生产部门、原料采购部门和产品销售部门分散于各地。企业内各分散部门需要及时共享商业信息，如原料和产品的市场价格、运输过程和情况、竞争对手的信息等。对分散于各地的机构部门，企业需要进行及时有效的管理，现代通信手段可以满足一体化企业对快速信息传递的要求。

近代中国已形成一定的市场竞争环境，为企业实施追赶性一体化战略提供了条件。一定程度的市场竞争环境触发了近代中国民族企业的一体化趋势。一战后，外国企业大规模在华设厂，加之中国现代工业的发展，市场竞争日趋激烈。企业为了争夺原料和商品市场，兼并和收购行为经常发生。为了在竞争中获胜，企业实施横向一体化战略以扩大企业经营规模，实施纵向一体化以确保产供销的稳定，实施混合一体化以拓展企业经营范围。荣氏申新系统 9 个生产单位中有 5 个是通过并购设立，永安纺织印染公司的 5 个纺织厂中有 3 个是通过并购建立[③]，刘鸿生占大

---

① 《铁路的兴建情况（三）历年里程（1876—1948 年）》，严中平、徐义生、姚贤镐、孙毓棠、汪敬虞、李一诚、宓汝成、聂宝璋、李文治、章有义、罗尔纲编《中国近代经济史统计资料选辑》，科学出版社，1955，第 180 页。
② 邮电史编辑室编《中国近代邮电史》，人民邮电出版社，1984，第 65 页。
③ 陈真、姚洛合编《中国近代工业史资料》第一辑《民族资本创办和经营的工业》，生活·读书·新知三联书店，1957，第 425～427 页。

部分股份的大中华火柴公司由三大火柴公司合并组成，范旭东的久大精盐公司大量投资青岛永裕公司[①]，最终完成控股兼并。外国企业并购中国纱厂的情况：一战期间及其以前有5家被并购，20世纪20年代有9家被并购，1931～1936年有8家被并购。[②] 可见，激烈的市场竞争推动了中国民族工业企业一体化战略的进程，外商企业施加的兼并压力也迫使民族企业加紧实施一体化战略进行防御。

传统观念转变和企业立法的保障也为追赶性一体化战略的实施提供了条件。甲午战争后，清政府开始改变压制民族工商实业的态度，转而采取支持和鼓励的政策。此后，无论是北京政府，还是南京国民政府，均延续及加强这种观念，而最终的确立则表现在政府的立法行为上。中华民国成立后，北京政府和南京国民政府分别于1914年和1929年颁布了关于公司的立法，前者称《公司条例》，后者称《公司法》，以法律的形成规定了公司的组成、形式、股份、内外关系、解散等内容，为民族企业实施一体化战略进程中的并购、租赁、自建等活动提供了法律依据。

近代中国企业实施追赶性一体化战略还具有一些特殊条件。

中国特殊的市场环境需要中国民族企业集团实施追赶性一体化战略，但从西方传统步骤来看，实施一体化战略的条件并不充分的这一事实却不能回避。现代经济部门虽已出现但尚不发达，对民族工业企业一体化战略的支持并不理想；民族工业企业产生不久，积累有限，一体化战略基础薄弱。然而，西方传统一体化战略步骤可以作为参考比较的对象，却不能作为唯一正确的线路来框定世界其他国家尤其是近代中国特殊社会情况下民族工业企业的发展历程。近代中国民族企业集团追赶性一体化战略有其特殊的充分条件。这种特殊支持也是基于近代中国特殊的社会经济状况，在近代中国从传统社会向现代社会的转型过程当中，传统因素和外来因素是不可避免的两种力量。[③] 中国近代民族工业企业追赶

①　陈真、姚洛合编《中国近代工业史资料》第一辑《民族资本创办和经营的工业》，生活·读书·新知三联书店，1957，第513页。
②　严中平、徐义生、姚贤镐、孙毓棠、汪敬虞、李一诚、宓汝成、聂宝璋、李文治、章有义、罗尔纲编《中国近代经济史统计资料选辑》，科学出版社，1955，第138页。
③　传统因素能长时间有效地发挥作用是基于近代中国"二元经济"，而积极方面的外来因素主要是指在全球化趋势下，第一、第二次工业革命的成果可以被共享。吴承明：《论二元经济》，《历史研究》1994年第2期，第96页。

354　横连与纵合：近代民族企业战略研究

性一体化战略的特殊支持，其一是传统钱庄的资金支持，其二是外国工业的机械供应。

　　资金是企业一体化战略的首要支持因素。没有足够的资金，一体化战略难以维持。中国近代民族工业企业在积累较少的情况下实施追赶性一体化战略，自有资本少，而当时现代银行业又不能完全承担起资金供应的任务。现代银行业的不发达导致对中国民族企业集团一体化战略的资金支持不力。自从鸦片战争以来，中国一直都在强调现代化，而在现代化过程中的传统因素所起到的积极作用却被轻视或忽视。中国传统金融组织，如钱庄、票号等，在中国民族企业集团的一体化战略过程中提供了重要的资金支持。清末民初，"新式银行开设不多，亦不做商业往来。工商业资金融通完全依靠钱业……因此对那时方在成长的民族工商业发展起到了一定的扶助作用"①。从钱庄方面来看，以上海的钱庄为例，1930年以后，上海福源钱庄对工厂的放款比重逐步由23%增加至30%，福康钱庄的工厂放款在放款总额中占25%～30%。② 从企业方面来看，以荣氏申新系统为例，从荣氏集团截至1934年6月30日的申新定期信用借款来看，在总共2875990元的借款中，钱庄承借金额占了55.11%，银行及信托公司占了22.32%，私人和其他占了22.57%；从到这一时间为止的申新股票、地产押款来看，在3041720元的借款中，钱庄承借金额占34.52%，银行占53.00%，其他占12.48%。③ 出于资料不足的原因，钱庄借款在荣氏集团一体化过程中所借款额的总体比重无法准确得知。然而，"窥一斑以见全豹"，通过这两项资料得出钱庄在荣氏集团一体化战略过程中起到了重要作用的结论是不过分的。也就可以看出，钱庄作为中国传统金融组织，在近代中国民族企业的一体化战略实施过程中，弥补了尚未发展完善的现代金融机构——银行对企业一体化战略进行资金支持而力度不够的缺陷。或者可以这样说，在近代中国，不发达的现代金融机构与传统金融组织共同构成了民族工业企业一体化战略较充分的

① 中国人民银行上海市分行编《上海钱庄史料》，上海人民出版社，1960，第170页。
② 中国人民银行上海市分行编《上海钱庄史料》，上海人民出版社，1960，第171～172页。
③ 百分比数据根据表《股票地产抵押款（1934年6月30日）》和《定期信用借款（1934年6月30日）》中数字计算获得。上海社会科学院经济研究所编《荣家企业史料（1896～1937年）》上册，上海人民出版社，1962，第404～405页。

外部资金供应条件。这种以不发达的现代经济力量和仍有活力的传统经济力量的合力作为近代中国民族工业企业一体化的充分条件，与外国工业企业一体化战略主要以现代经济力量充分发展作为前提的情况截然不同。

大量的机械设备是民族企业一体化战略扩张的前提，没有机械设备，一体化战略也就无从谈起。然而，近代中国工业发展极不平衡，重工业发展十分缓慢。中国民族机器工业远远无法支撑其他行业民族企业的追赶性一体化战略。尽管中国民族机器工业仍有发展，到抗日战争全面爆发前已经有企业可以生产整套棉纺织机械，但国产机械设备并未得到广泛购用。民族企业追赶性一体化战略所需的大量机械设备仍主要从国外进口获得。1931年，全国进口机器数值所占比重为91.4%，进口机器占绝大多数，各类进口机器所占比重如下：动力机器为92.2%，农业机器为81.9%，抽水机器为98.7%，针织机器为79.8%，印刷造纸机器为82.7%，纺织机器为92.6%。[1] 可见，在工业生产普遍需要的动力机器和民族工业获得最大发展的纺织业所用机器中，进口机器均占绝大多数。近代中国民族企业的追赶性一体化战略所需的生产设备依赖外国机械工业，尽管存在一些不利条件，如机器设备成本较高、受到中间商洋行的勒索盘剥等，但这一局面在短期内却无法得到根本改变。

（三）进行追赶的机遇

重大的历史机遇是中国民族企业实施一体化战略的"催化剂"。甲午战争带给中国的当然是伤痛，但它也带来了清政府工商业政策从压制到鼓励的转变。辛亥革命后，发展民族企业更是在国家层面得到了认同。第一次世界大战的爆发给中国民族工业的发展带来了"短暂的春天"。由于"进口净值最低的1915年比1913年减少了20%，而按货物量计算，减少了30%；到1920年仍低于战前物量水平……这就大大减轻了进口货对国产品的压力，而有利于中国工业的发展"[2]，这一时期被一些学者称

---

① 比重数值根据表《民族机器工业制造产值与进口数值之比较（1931年）》中的数据计算得出。上海市工商行政管理局、上海市第一机电工业局机器工业史料组编《上海民族机器工业》下册，中华书局，1966，第545~546页。
② 许涤新、吴承明主编《中国资本主义发展史》第二卷《旧民主主义革命时期的中国资本主义》，人民出版社，2003，第865页。

为"黄金时代"[①]，之后的 1920～1936 年，有学者称为"白银时代"[②]。以棉纺织业为例，1912～1920 年，全国华商纱厂纱锭数和布机数分别增长了 12.1% 和 11.0%[③]，1921～1936 年分别为 5.45% 和 9.35%，其中，1921～1930 年分别增长 7.58% 和 10.44%，1931～1936 年为 1.19% 和 6.32%[④]。第二次工业革命推动了世界经济的第二次迅猛发展，各主要资本主义工业强国的大型企业及企业集团均在这一时期形成。而此时民族企业也以弱小的身躯赶上了这次经济发展的大潮，紧跟世界工业企业一体化战略步伐。

处于晚发地位的近代中国民族企业实施追赶性一体化战略，虽然有诸多不利条件，但也享有借鉴外国工业企业一体化战略实施经验的机会。认识到外国企业一体化战略的发展成果之后，民族企业家们激发了加速自身一体化的动力，从而推动了一体化战略进程。荣氏集团的创始者之一荣德生早年就通过阅读《事业》杂志和《美十大富豪传》了解外国工业企业一体化战略的状况，为其以后荣氏企业实施一体化战略汲取了经验。1931 年荣氏申新代表荣伟仁参观了日本纺织厂，在总结日本纺织今后的趋势时，他提出一个观点，即"合并化"[⑤]。先进国家棉纺织企业的战略趋势或多或少会影响到荣氏申新纺织系统的战略决策。事实上，是年，申新即并购了厚生纱厂和三新纱厂，成立了申新六厂和申新九厂。申新借鉴外国企业一体化战略经验的做法并不是个例。创办常州大成纺织染公司的刘国钧，1934 年第三次访问日本时，参观了该国当时最大漂染印花工厂之一的"钟渊纺织会社淀川工场"。看着该厂出品的各种花

---

① 1912～1920 年，国产工业品销路扩大，企业利润丰厚，新厂不断开设，史家曾把这一时期称为近代中国民族工业的"黄金时代"。陈争平：《中国近代民族工业"白银时代"的组织调整》，朱荫贵、戴鞍钢主编《近代中国：经济与社会研究》，复旦大学出版社，2006，第 373 页。

② 吴承明、江泰新主编《中国企业史·近代卷》，企业管理出版社，2004，第 390 页。

③ 许涤新、吴承明主编《中国资本主义发展史》第二卷《旧民主主义革命时期的中国资本主义》，人民出版社，2003，第 875 页。

④ 许涤新、吴承明主编《中国资本主义发展史》第三卷《新民主主义革命时期的中国资本主义》，人民出版社，2003，第 121 页。

⑤ 荣伟仁：《考察日本纺织厂续记》，上海大学、江南大学《乐农史料选编》整理研究小组编《荣德生与企业经营管理》下册，上海古籍出版社，2004，第 1226～1227 页。

色布，他感叹道："我们将如何谋有以改进而期抗争，端赖国人之努力矣。"① 此次访问结束后，刘国钧便带着在日本购买的八色旧印花车回国了。虽然购买的是旧机器，但在他的努力下，大成于这一年开始印染花色布。鉴于日本纱厂能够印花的情况，刘国钧实施了前向整合印花生产工序的纵向一体化战略，大成纺织染公司也最终成为名副其实的纺织染印全能企业。因此，借鉴外国企业一体化战略的经验可以使近代中国民族企业的追赶性一体化战略更加切实可行。

三　追赶中战略实施的成就

近代中国民族企业的追赶性一体化战略体现了一种意愿，一种目标，一种过程。然而，毋庸置疑，民族企业的整体发展水平，以及在许多具体方面，如规模实力、经营业绩、管理制度等，一直落后于主要资本主义国家的企业。陈志武和李玉主编的《制度寻踪·公司制度卷》一书收罗了当时报刊关于近代中国公司企业的言论，他们在前言的最后说道："从本卷的论篇中，我们还是会真切地感受到，中国社会的危机与追赶的紧迫性到今天还是那么一如既往。"② 尽管如此，近代中国民族企业追赶性一体化战略还是取得了一些难能可贵的成绩。

近代中国民族棉纺织企业取得了不错的成绩。1932 年以后，从棉纱总销量来看，民族棉纺织企业"势力为最大"，且基本控制了国内粗纱市场。③ 尽管在棉纱细支化进程中落后于日资纱厂，但通过有实力的几大民族棉纺织企业的努力，如荣氏申新棉纺织系统、永安纺织印染公司等，上海民族纱厂的平均纱支有明显提高。④ 此外，个别民族棉纺织企业在与外资纱厂的竞争中表现出色，甚至有超过之势。1933 年日本《朝

---

① 刘靖基：《看看日本》，常州市纺织工业公司编史修志办公室编《常州纺织史料》第八辑，油印本，1986，第 175～176 页。
② 陈志武、李玉主编《制度寻踪·公司制度卷》，上海财经大学出版社，2009，"前言"第 7 页。
③ 严中平：《中国棉纺织史稿》，科学出版社，1955，第 215～216 页。
④ 〔日〕森时彦：《中国棉纺织业史研究》，袁广泉译，社会科学文献出版社，2010，第 280～281 页。

日新闻》称无锡丽新纺织印染整理公司为日本棉纺织工业的"劲敌"①。
1935 年中国纺织业尚处于危机之时，常州大成纺织染公司的盈利率竟能
超过外商的 14.6%，达到 16%。②

从数量上看，近代中国民族面粉企业全面赶超外资企业。1914 ~
1921 年，中国民族面粉企业"很快赶上并超过外国资本"，达到了全盛
时期，即使在此后的 14 年里进入了困难时期，发展缓慢，至 1936 年与
外资面粉企业相比仍然占有绝对优势。③ 具体如表 5 - 4 所示。

表 5 - 4　1921 年和 1936 年中外面粉厂对比

	1921 年			1936 年		
	民族面粉厂	外资面粉厂	比值	民族面粉厂	外资面粉厂	比值
厂数（家）	137	14	9.79 : 1	152	17	8.94 : 1
资本额（元）	32869000	7963000	4.13 : 1	52822400	15385000	3.43 : 1
日生产能力（包）	312643	49546	6.31 : 1	452218	58500	7.73 : 1

资料来源：《1921 年全国近代机器面粉厂实存数、资本额、生产能力表》和《1936 年全国
近代机器面粉厂实存数、资本额、生产能力表》，上海市粮食局、上海市工商行政管理局、上海
社会科学院经济研究所经济史研究室编《中国近代面粉工业史》，中华书局，1987，第 48、
66 页。

近代中国民族化工工业的代表——永利碱厂在与外国企业的销售战
中获得胜利。通过实施一体化战略，范旭东企业集团所属永利碱厂在中
国市场的销售量逐渐反超英商卜内门洋碱公司，如图 5 - 1 所示。

通过以上分析，我们可以看出近代中国民族企业的追赶性一体化战
略有着不同于外国企业的特殊的必要性、可行性及机遇。当然，我们也
应该看到追赶性一体化战略中不可避免的困难。在缺乏如外国工业企业
一样厚实的原始积累的前提下，近代中国民族企业在实施一体化战略的
过程中会出现很多的困难和矛盾。例如，传统金融组织资金较少、较分
散，且依附于外国银行，与一体化战略实施过程中大量稳定资金的需求

---

① 中国人民政治协商会议江苏省无锡市委员会文史资料研究委员会编《无锡文史资料》
　第七辑，1984，第 74 页。
② 胡毓奇：《民族棉纺织业中一个成功企业——大成纺织染公司的分析》，常州市纺织工
　业公司编史修志办公室编《常州纺织史料》第十一辑，油印本，1987，第 48 页。
③ 上海市粮食局、上海市工商行政管理局、上海社会科学院经济研究所经济史研究室编
　《中国近代面粉工业史》，中华书局，1987，第 44、52 页。

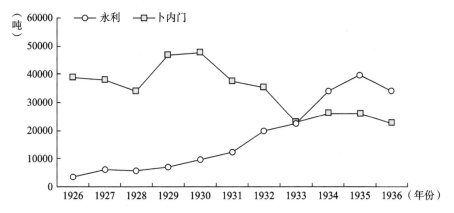

图 5 - 1　永利与卜内门中国及香港纯碱销量对比（1926~1936 年）

数据来源：《中国及香港最近十五年之碱类销量·表一 纯碱》，天津碱厂编《沉钩："永久黄"团体历史珍贵资料选编》，天津碱厂，2009，第 265 页。

之间产生矛盾；民族企业初期发展不充分及管理不完善，与一体化战略展开后扩大规模的企业需要和科学的管理之间产生矛盾；等等。然而，近代中国民族企业的一体化战略也并不是"空中楼阁"。部分民族企业在实施一体化战略的具体策略上做出适当的调整，不强调像外国企业那样横向一体化形成庞大的规模，甚至是取得垄断地位，而是注重生产纵向一体化发展，深入对产品的再加工，明确并增强企业的核心竞争力，实现有限横向一体化，注意一体化内部整合，完善经营管理，加强一体化内部纵向链条之间的衔接稳定性，进而探索出一条适合追赶性一体化战略的现实和有效的实施路径。事实上，出于种种原因，尽管近代中国民族企业的一体化战略并没有实现追赶的目标，但仍然取得了一些令人欢欣鼓舞的成绩，这也证明了追赶性一体化战略的现实可行性。

结语:对近代中国企业战略史研究的
初步思考

19 世纪末,世界企业掀起了一体化战略的发展浪潮,主要资本主义国家都出现了令人瞩目的大型企业及企业集团。在这种企业战略发展形势下,近代中国民族企业中也涌现出一批实施一体化战略的企业,表现出企业一体化的趋势,这成为本研究所立足的客观历史存在。对此,当时的企业实践者和理论者均有不同程度的认识,产生了"事业集合"的企业战略经营思想。尽管近代中国的话语表达并未使用"一体化"一词,且理论的体系性亦不强,但对企业一体化的世界性趋势,以及现代一体化理论中提出的基本概念、核心内涵、积极作用及弊端等均有一定程度的体现,这也是本书得以展开研究的历史意识来源。为了更好地考察及分析近代中国民族企业的一体化战略,本书借鉴了现代战略经济学中已成一定体系的一体化理论和纵向链条概念,以助研究。

在 1895 ~ 1937 年的四十多年的时间里,中国出现了一个连续的相对稳定的时期。甲午战争后,民族企业发展的良好氛围已经形成,实业救国思潮掀起。在早期工业化发展的基础之上,中国部分地区,如上海、苏南、京津、武汉等地的民族企业蓬勃发展。其中,一部分企业选择了一体化战略的发展道路,形成了一批有代表性的大型企业及企业集团,如上海的荣氏集团、刘鸿生企业集团、永安集团、简氏兄弟南洋烟草公司等,苏南地区的兴业制丝公司(永泰缫丝集团)、大成纺织染公司、丽新纺织印染整理公司、光裕营业公司等,京津地区的周学熙企业集团、范旭东企业集团等,武汉地区的裕大华纺织集团等。

从整体上看,在这四十多年里,这些大型企业及企业集团的一体化战略进程经历了横向为主、纵向为主及混合为主的三个阶段。

与西方国家企业不同,近代中国民族企业未经历一个较长时间的单一生产组织发展期,19 世纪末 20 世纪初即有企业开启一体化战略。各行业一体化战略的进程稍有差别,只有民族棉纺织企业在横向、纵向、混合分别为主的三个阶段均有明显表现；面粉业、火柴业、缫丝业在横向为主的阶段有明显表现，火柴业、缫丝业、烟草业在纵向为主的阶段仅有个别企业的表现；混合为主趋向的阶段，出现了低程度兼营化的企业、非典型"多角"化经营企业及较充分的"多角"化企业。

从个体上看，近代中国民族企业实施的一体化战略可以分为横向、纵向、混合三种不同的类型。

横向一体化战略在近代中国民族工业发展最为繁荣的棉纺织业、面粉业、缫丝业、火柴业四个行业中较为突出。荣氏申新系统和茂、福新系统分别在民族棉纺织业和面粉业占据近半壁江山。永泰缫丝集团通过横向一体化战略实现了在无锡地区的区域垄断。值得一提的是，由于资金不足，永泰为实现横向一体化战略并取得在无锡地区的垄断地位，在实施过程中采用了渐进式一体化的策略，即先利用已有的实力联合无锡其他几个大型缫丝企业组成兴业制丝公司，从中获利后，永泰实力进一步壮大，再对该公司的所属企业单位进行完全一体化，接办了兴业公司。永泰横向一体化战略的成功得益于较为完善的原料供应体系和国外销售机构的支持。在火柴业，为了防御瑞典火柴公司的横向一体化战略，阻止洋商垄断中国市场，鸿生火柴公司与其他两家重要的民族火柴企业合并组成了大中华火柴公司。

近代中国民族企业推行一体化战略的实践表现出一些经营经验。在没有稳定的原料供应和销售的支持之下，单一生产的横向一体化战略往往需要企业实施供销纵向一体化配合行为。由于近代中国民族企业未经过一个单一生产组织长期发展的积累阶段，其一体化战略的实现方式并不像外国主要资本主义国家的企业那样以并购为主，而是呈现多样性，早期以自建为主，后期并购较多。由于积累少、资金少，在实施一体化战略时，近代中国民族企业较多地采用租办的实现方式。租办方式可以较少的资金获得对一个企业一定时期的实际控制权，并且如果租办获利较多，则还可以转向并购。这是近代中国民族企业一体化战略的特殊实现方式。

近代中国民族企业的纵向一体化战略有三种形式。一是生产纵向链条的一体化战略。大成和丽新实现了纺纱、织布、染色、印花四级生产加工的纵向一体化，在当时中国棉纺织业内极其少见。生产纵向一体化战略保证了大成和丽新的稳定盈利，甚至在 20 世纪 30 年代棉纺织业危机时期，两家企业仍能有不错的盈利。比较大成和唐、蔡系统企业所属庆丰纺织漂染厂的战略进程，我们发现纺织染联营可以有往返延伸与单向推进两种不同的实现路径。考虑当时的棉纺织市场环境，往返延伸的战略路径更适合后发小资本的棉纺织企业。二是产用纵向一体化。光裕营业公司对两个身处困境的企业——大隆机器厂和苏纶纱厂实施一体化经营，使两者均摆脱了危机，但由于棉纺织市场的萧条和波动，光裕营业公司的战略出路并不保险，棉纺织机器修造与棉纺织生产的一体化类型存在隐患。光裕没有抓住印染生产兴起、花色布市场扩大的战略机遇，失去了战略结构调整的转机，前景不容乐观。三是产供销的纵向一体化战略。为防御英美烟草公司的纵向一体化，南洋兄弟烟草公司也积极地建立原料收购点和产品销售处。

近代中国民族企业的混合一体化战略有三种关联模式。第一种为同类产品的关联模式，如范旭东企业集团对基础化工原料盐、碱、酸的联营生产。第二种为有限关联模式，即荣氏集团实施的棉粉联营的二元混合一体化战略。第三种为无关联的模式，如刘鸿生企业集团、大生集团、通孚丰集团、永安集团、周学熙企业集团等。这一时期，多元混合一体化战略的实施成效虽然有所显现，但总体上不够成熟，还有很多不足的地方，如多元化地域范围不广，各单位业务过于分散且发展不平衡，中枢管理机构的设立尚在探索阶段。

从战略效果上看，一体化战略给近代中国民族企业带来了正向和负向的效应。横向一体化战略的正向效应有规模经济、复制管理、改善和运用市场三个方面，其负向效应有管理成本增加、资源投入过度两个方面。纵向一体化战略的正向效应有节省交易成本、防止机会主义、缓解供产销矛盾、获得高利润率、提高差别化能力、产生防御效应六个方面，其负向效应有生产管理成本问题和生产平衡问题两个方面。混合一体化战略的正向效应有范围经济、内部协同互助、规避萎缩与分散风险三个方面，负向效应有过度分散投资、不经济内部捆注两个方面。对于一体化战略的负向效应，近代中国民族企业采取了一些应对措施，以减轻甚至一定程度上化解其消极作用。因此，这一时期近代中国民族企业实施一体化战略所获得的正向效应是主要方面。

与国外或国内其他地区大型企业及企业集团一体化战略实施情况相比，近代中国民族企业的一体化战略有追赶性、自主性、多样性三个特点。追赶性体现了晚发、落后、弱小的中国民族企业积极进取的精神；自主性体现了近代中国企业发展乃至整个社会经济的进步；多样性展示了近代中国民族企业在困境中取得的显著成果，也是当前民族企业实施一体化战略可资借鉴的经验。

对近代中国民族企业一体化战略的研究促进了笔者对近代中国企业战略史研究的思考。

战略选择与企业发展有密切的联系。战略是企业发展长期性和总体性的规划和行为，企业战略一旦确定，便不应轻易更改。因此，战略的选择对企业发展的影响应该是长远性和全局性的。

战略选择将对企业今后较长一段时期内的发展方向、内部结构、策略制定以及最终成败产生连锁性的深刻影响。战略既定，最先确定的是企业的发展方向，即企业将在什么领域发展，怎么发展。例如，一个选择横向一体化战略的企业会在某一业务领域以扩张规模作为主要发展方式，比较典型的是永泰缫丝集团，其重点在于生产规模的扩大和单位数量的增加，以及供销的配合；一个选择生产纵向一体化战略的企业便会建立某一业务领域生产加工的连贯性，将发展重心放在形成最终产品的生产环节，比较典型的是大成纺织染公司和丽新纺织印染整理公司；一个选择混合一体化战略的企业会在多个业务领域，以扩大经营范围作为主要发展方式，比较典型的有刘鸿生企业集团，其重点是多种投资项目的选择，以及企业内部在资金和市场方面的协调合作。

企业发展方向选定后，企业各项行为活动均要以此为核心和目标。因此，企业发展惯性也随之产生，转向不是轻而易举的事。为了实现选定战略下的发展目标，企业内部结构也受其影响而确定。选择混合一体化战略的企业，由于涉及不同的多元业务领域，往往要求各单元有相对独立的经营管理权力，常会形成事业部制结构，而选择生产纵向一体化战略的企业要求各生产环节的有效关联，往往会形成职能制结构或直线职能制结构。这些结构均是为适应战略推进的需要而构造的。当企业战略确定后，企业所有的技术性策略活动都将围绕既定的战略展开，包括资金的分配、人员的安排、机构的设置等。战略之下许多技术性策略随之贯彻，资源既已投入，战略性的转向往往会导致已投入资源的浪费。企业战略选定后无法轻易地改变，或者说改变的成本很高。由此，战略选择不同，企业最终发展的效果也会产生极大的偏差。如果企业战略选择错误，战略之下的企业结构、策略制定都会随之产生错误，将会导致企业发展陷入困境。在近代中国民族企业发展史上，战略选择有误的典型案例是南通的大生集团。在民族工业的黄金时期，企业选择棉纺织生产的横向一体化战略较为适合，但大生却以混合一体化战略将生产及业务范围全面铺开，导致其错失了扩大棉纺织生产规模的良好时机，最终败落。相反，常州大成纺织染公司选择纺织染印生产纵向一体化战略，从准近代的织布厂发起，在大型棉纺织企业的夹缝中生存下来，并发展成为中型棉纺织印染企业，获得了成功。可见，错误的战略选择会导致企业的失败，而正确的战略选择是企业成功的决定因素之一。

战略是企业为适应环境而采取的长期的总体的规划和行动。因此，战略的选择应该根据企业内外环境来确定。

企业外部环境包含的范围很广，有政治环境、社会环境、经济环境、技术环境等。企业在不同的阶段所处的外部环境是不一样的，应有不同的战略选择。一战开始后至 1920 年，是中国民族工业发展的黄金时期，由于外国商品退出中国，市场出现巨大空缺，此时，横向一体化战略是适应这样的外部环境的。横向一体化战略可以使企业扩大生产规模，快速占领市场，荣氏申新棉纺织系统便是如此发展起来的。相反，荣氏兄弟原先参与投资经营的振新纱厂没有选择横向扩张，故步自封，当申新纱厂遍布全国几大城市时，它还是单一生产组织的规模，无较大发展。当黄金时期过去之后，中国棉纺织业的环境波动很大，继续推进棉纺织生产的横向一体化战略变得不合时宜。此时，花色布市场开始逐步扩大，成为外部环境的一个重要变化。常州广益布厂抓住了这个机会，相应实施了纺织染联营的生产纵向一体化战略。此后，该企业发展迅速，赢利稳定，甚至在 30 年代的棉纺织业危机时也有不错的盈利。相比之下，荣氏申新系统仍固守横向一体化战略，大举外债，强行扩张，最终导致"搁浅"的危机。可见，在不同阶段的不同环境下，企业应选择不同的经营战略，应适时地转变战略方向。

如果把阶段的范围扩大为时代，我们可以说：在不同的经济时代，会有不同的战略范式。在工业经济时代，经济发展主要取决于自然资源的占有和配置。企业战略范式认识中，战略形态主要是线性战略，战略选择偏好为一体化战略，这就是从 19 世纪末 20 世纪初开始的一体化战略成为世界企业发展潮流的原因。到了知识经济时代，经济发展主要建立在知识和信息的生产、分配及使用之上。于是，企业战略范式发生转变，战略形态为企业非线性战略，战略选择偏好为基于合作和竞争的网络战略。①

尽管战略是企业长期的规划选择，一旦选定，不易变换，但当整个外部环境甚至时代背景发生重大变化时，企业应该不失时机地转变战略方向。当然，这就需要企业高层管理者对时局环境有超强的预判能力。正因为如此，企业战略能从近代根据企业家个人经验认识而产生发展到现在由企业专门战略管理部门有意识地研究和规划，企业战略也就由个人经验成为一门企业战略管理学科。

同一阶段相同生产及业务领域的企业，由于内部环境不同，也会有不同的战略选择。企业内部环境包括企业家精神、企业物质基础、企业组织结构、企业文化。就近代中国民族企业发展水平而言，企业组织结构和企业文化正在成长过程中，尚不成熟，对企业战略的影响程度有限。因此，从内部环境来讲，近代中国民族企业的战略主要由企业家和企业实力基础决定。无锡振新纱厂创办较早，但没有发展壮大，这与它没有选择横向一体化战略有关。而作为经理及股东之一的荣氏兄弟曾向振新纱厂的其他大股东提出少分红利，多积累资金，多办纱厂，甚至把纱厂开到外地去。这样的战略提议没有得到董事会其他大股东的认同。荣氏兄弟自创申新纱厂，将他们的横向一体化战略设想付诸实施，最终创造了历史。可见，近代民族企业的高层管理者对企业战略的认识不同是企业战略选择不同的主要因素。大成纺织染公司从织布生产开始，通过往返延伸的战略路径实现纺织染印联营，而唐、蔡系统企业的庆丰纺织漂染厂从纺纱生产开始，通过前向直线推进线路实现纺织染联营。虽然两者差不多是同时期成长起来的棉纺织企业，但由于发轫时企业实力和企业家的战略认识不同，两者选择了不同的战略路径。在广益布厂时期，

---

① 周三多、邹统钎：《战略管理思想史》，复旦大学出版社，2002，"总序"第 5 页。

刘国钧所拥有的资本少，织布生产成为其能承受的投资项目，他不能像荣氏兄弟一样实施需要大量资金支持的横向一体化战略，而是选择了纵向一体化战略，不强调生产的规模，而是注重深度加工。刘国钧和荣宗敬的性格精神也大不一样，刘国钧谨慎稳重，而荣宗敬"气魄宽广，大度磅礴，遇事勇往直前"①，这也导致了他们在选择企业战略时的取向性差别。可见，企业的自身实力，企业家的性格、精神、认知，是导致同一阶段同一业务领域的近代中国民族企业采取不同战略的重要因素。

企业战略决定着企业发展的方向、内部结构、具体策略以及结局成败。在不同阶段，由于外部环境不一样，企业会有不同的战略选择。在不同的经济发展时代，企业也会有不同的战略范式。在相同阶段的同一业务领域，由于内部环境不同，企业也会有不同的战略选择。企业的战略选择受到企业内外环境的影响，并决定着企业发展的大局。

现今，在近代企业史的研究领域，对微观和中观层面企业经营策略的研究比较多，而对宏观层面的企业战略的研究尚不多见。现有的企业战略史研究不成体系，也没有得到企业史研究者的重视。鉴于战略对于企业发展的重要地位，我们有必要对近代中国企业战略史做全面系统的研究。

近代中国企业战略史的研究可以借鉴贝赞可等所著《战略经济学》一书提出的企业战略的基本框架。该书认为，企业为了成功地制定和实施一个战略，必须面对四大类问题：一是"企业边界（boundaries of the firm）。企业应该做些什么？它的规模应该有多大？它应该开展哪些业务？"；二是"市场与竞争分析（market and competitive analysis）。企业所处的竞争市场的性质是什么？在这些市场中，企业间的竞争关系是什么样的？"；三是"战略定位及其动态（position and dynamics）。企业如何在竞争中定位？竞争优势的基础是什么？企业应该如何随着时间不断调整自身的竞争优势？"；四是"内部组织（internal organization）。企业应该如何安排它的内部结构与系统？"②。

---

① 荣德生：《先兄宗敬纪事述略》，乐农史料选编《荣德生文集》，上海古籍出版社，2002，第316页。

② 〔美〕贝赞可、德雷诺夫、尚利、谢弗：《战略经济学》（第三版），詹正茂、冯海红、林民旺、李诺丽译，中国人民大学出版社，2006，第7~8页。

本书研究的近代中国民族企业一体化战略主要关注的是"企业边界"问题。一体化战略实际上是企业开拓边界的战略，而与一体化战略相对的合作战略在近代中国企业界则较少发生。企业在实施一体化战略的同时也会有一些合作联合的行为，如荣氏集团建立批发处的同时，在某些地方会与商铺老板签订长期代销合同，即合作行为，但并没有上升至战略地位。近代中国企业间的合作还有常州布厂与荣氏申新系统建立的长期棉纱供应合作。近代中国没有像日本那样形成起棉纺织业内的合作或联盟局面。合作战略在近代中国企业发展史上较为少见的原因值得探讨。

对近代中国企业竞争的研究比较有影响是两部著作，即高家龙的《中国的大企业——烟草工业中的中外竞争（1890～1930）》和金志焕的《棉纺之战：20世纪30年代的中日棉纺织业冲突》。前者是对近代中国烟草行业中南洋兄弟烟草公司与英美烟公司之间竞争较为全面的研究，后者是在国家宏观角度下对中日棉纺织业之间竞争的研究。两者均不是从企业战略层面上以企业为主体去考察竞争博弈下的战略定位、制定、实施、调整、效果等。近代中国企业竞争较为典型的案例有棉纺织业中荣氏集团的申新棉纺织系统与日资内外棉纺织公司之间的竞争，火柴业中刘鸿生企业集团的大中华火柴公司与瑞典火柴公司和美国金刚钻火柴公司组成的国际火柴公司之间的竞争，制碱业中范旭东企业集团的永利碱厂与英商卜内门洋碱公司之间的竞争等。从企业战略层面对这些企业的市场竞争历史进行研究应该是近代中国企业战略史的重要内容。

企业战略与内部组织结构有着密切联系。企业史学家、战略管理学奠基者之一的艾尔弗雷德·D.钱德勒在《战略与结构》一书中提出了"结构追随战略"的观点，是战略管理的经典理论。遗憾的是，本书在研究近代中国民族企业一体化战略的同时对相应的企业内部组织结构疏于考察。学界曾有学者对荣氏集团组织结构的演变做过探讨，但对其他近代企业尚无专门的深入的考察，而且在讨论企业结构的时候没有与企业所选择的战略联系起来进行分析。因此，现有研究对近代中国民族企业组织结构的剖析尚不深入。另外，由于近代中国特殊的社会环境，民族企业发展过程中的传统组织因素，如血缘、地缘等关系，仍在强烈地影响着企业内部组织结构的生成，近代民族企业并不是单纯的层级管理体制。对此，高家龙所著《大公司与关系网——中国境内的西方、日本和华商大企业（1880～1937）》一书有所论述。对近代中国民族企业内部组织结构的研究，一方面，不能仅仅从组织结构的本身去看，而应在企业运行的动态过程中勾勒组织结构的脉络，有些组织形式企业并没有明确展现出来；另一方面，应该根据"结构追随战略"的原则，联系企业战略来考察企业内部组织结构的演变。只有观照到了这两点，研究才能更加深刻。

企业发展由战略而组织结构，进而产生制度效应，与战略的经济效应相对。制度效应实际上是实施一体化战略后，管理大规模企业要求近代民族企业制度跟进演变的问题。西方的公司制和层级管理制引入近代民族企业，但并未完全铺展及深化，它将与中国传统的非正式制度融合。近代中国民族企业的家族管理及关系网的规则需要根据管理大型企业的要求进行适变。对此进行研究可以选择多个企业的具体制度安排进行考察，然后总结制度特征。

以上是笔者对近代中国企业战略史研究的一些不成熟的看法。目前，当代中国企业经营战略的研究已受到学者的关注和重视，但近代中国企业战略史却鲜有论及，除本研究所论民族企业外，近代官办企业及在华外资企业的经营战略有待考察，计划经济时代的企业战略仍可进行讨论，从而形成中国企业战略的发展历史。

参考文献

一　史料

（一）档案

1. 上海市档案馆藏南洋兄弟烟草股份有限公司档案，全宗号：Q91、U181。
2. 上海市档案馆藏申新纺织企业联合全宗，全宗号：Q193。
3. 上海市档案馆藏丽新纺织总管理处档案，全宗号：Q195。
4. 上海市档案馆藏永安纺织股份有限公司档案，全宗号：Q197。
5. 上海市档案馆藏上海纺织系统各厂全宗汇集档案，全宗号：Q199。
6. 上海市档案馆藏上海永安股份有限公司档案，全宗号：Q225。
7. 上海市档案馆藏大隆机器厂档案，全宗号：Q456。
8. 上海市档案馆藏机械系统零星档案汇集，全宗号：Q459。
9. 上海市档案馆藏阜丰面粉公司档案，全宗号：Q465。
10. 上海市档案馆藏福新面粉公司档案，全宗号：Q466。
11. 苏州市档案馆藏苏州商会（民国）档案，全宗号：I14。
12. 苏州市档案馆藏苏纶纺织厂（民国）档案，全宗号：I33。
13. 常州市档案馆藏大成公司档案，全宗号：E9。
14. 上海社会科学院经济研究所中国企业史资料研究中心藏刘鸿记帐房档案。
15. 上海社会科学院经济研究所中国企业史资料研究中心藏刘鸿生企业资料。
16. 上海社会科学院经济研究所中国企业史资料研究中心藏荣家企业资料。
17. 上海社会科学院经济研究所中国企业史资料研究中心藏英美烟公司抄档。

(二) 资料汇编

18. 立法院编译处编《中华民国法规汇编》，中华书局，1934。

19. 严中平、徐义生、姚贤镐、孙毓棠、汪敬虞、李一诚、应汝成、聂宝璋、李文治、章有义、罗尔纲编《中国近代经济史统计资料选辑》，科学出版社，1955。

20. 陈真、姚洛合编《中国近代工业史资料》第一辑《民族资本创办和经营的工业》，生活·读书·新知三联书店，1957。

21. 汪敬虞编《中国近代工业史资料》第二辑（上），科学出版社，1957。

22. 中国科学院上海经济研究所、上海社会科学院经济研究所编《南洋兄弟烟草公司史料》，上海人民出版社，1958。

23. 中国科学院上海经济研究所、上海社会科学院经济研究所编《大隆机器厂的发生发展与改造》，上海人民出版社，1958。

24. 中国科学院上海经济研究所、上海社会科学院经济研究所编《恒丰纱厂的发生发展与改造》，上海人民出版社，1958。

25. 中国人民银行上海市分行编《上海钱庄史料》，上海人民出版社，1960。

26. 山西资料汇编编辑委员会编《山西资料汇编》，山西人民出版社，1960。

27. 陈真编《中国近代工业史资料》第四辑《中国工业的特点、资本、结构和工业中各行业概况》，生活·读书·新知三联书店，1961。

28. 上海社会科学院经济研究所编《荣家企业史料（1896～1937年）》上册，上海人民出版社，1962。

29. 南开大学经济研究所、南开大学经济系编《启新洋灰公司史料》，生活·读书·新知三联书店，1963。

30. 上海市纺织工业局、上海棉纺织工业公司、上海市工商行政管理局永安纺织印染公司史料组编《永安纺织印染公司》，中华书局，1964。

31. 上海市工商行政管理局、上海市第一机电工业局机器工业史料组编《上海民族机器工业》上下册，中华书局，1966。

32. 中国科学院经济研究所、中央工商行政管理局资本主义经济改造研究室主编《旧中国机制面粉工业统计资料》，中华书局，1966。

33. 上海社会科学院经济研究所编《荣家企业史料（1937~1949年）》下册，上海人民出版社，1980。

34. 常州市纺织工业局编史修志办公室编《常州纺织史料》第一至十一辑，油印本，1982~1987。

35. 上海社会科学院经济研究所编著《上海永安公司的产生、发展和改造》，上海人民出版社，1981。

36. 上海社会科学院经济研究所编《刘鸿生企业史料》（全三册），上海人民出版社，1981。

37. 上海社会科学院经济研究所编《英美烟公司在华企业资料汇编》（全四册），中华书局，1983。

38. 《裕大华纺织资本集团史料》编写组编《裕大华纺织资本集团史料》，湖北人民出版社，1984。

39. 高景巘、严学熙编《近代无锡蚕丝业资料选辑》，江苏人民出版社、江苏古籍出版社，1987。

40. 《中国近代经济史研究资料》（6），上海社会科学院出版社，1987。

41. 南京图书馆特藏部、江苏省社会科学院经济史课题组编《江苏省工业调查统计资料（1927—1937）》，南京工学院出版社，1987。

42. 上海市档案馆编《吴蕴初企业史料：天原化工厂卷》，档案出版社，1989。

43. 上海市档案馆编《吴蕴初企业史料：天厨味精厂卷》，档案出版社，1992。

44. 中国近代纺织史编辑委员会编《中国近代纺织史研究资料汇编》第17辑，中国近代纺织史编辑委员会，1992。

45. 上海印染行业修志办公室编《上海印染行业史料汇编》，1996年印。

46. 上海大学、江南大学《乐农史料》整理研究小组选编《荣德生与企业经营管理》（全二册），上海古籍出版社，2004。

47. 赵津主编《范旭东企业集团历史资料汇编——久大精盐公司专辑》（上、下册），天津人民出版社，2006。

48. 陈志武、李玉主编《制度寻踪·公司制度卷》，上海财经大学出版社，2009。

49. 天津碱厂编《沉钩："永久黄"团体历史珍贵资料选编》，天津碱厂，2009。

50. 赵津主编《"永久黄"团体档案汇编——久大精盐公司专辑》（上、下册），天津人民出版社，2010。

51. 赵津主编《"永久黄"团体档案汇编——永利化学工业公司专辑》（上、中、下册），天津人民出版社，2010。

52. 上海商业储蓄银行文教基金会编《中国民族工业先驱荣宗敬生平史料选编——荣宗敬先生诞辰一百四十周年纪念集》，广陵书社，2013。

（三）年鉴、志、文集、回忆录、传记

53. 江苏省长公署统计处编纂《江苏省政治年鉴》，江苏省长公署统计处，1924。

54. 穆湘玥：《藕初五十自述》，商务印书馆，1928。

55. 《茂新福新申新总公司卅周年纪念册》，茂新福新申新总公司，1929。

56. 无锡县政府、无锡市政筹备处主编《无锡年鉴》（第一回），无锡县政府、无锡市政筹备处，1930。

57. 实业部国际贸易局编纂《中国实业志·江苏省》，实业部国际贸易局，1933。

58. 全国经济委员会编《火柴工业报告书》，全国经济委员会，1935。

59. 实业部国际贸易局编纂《中国实业志·山西省》，实业部国际贸易局，1937。

60. 民生实业公司十一周年纪念刊编辑委员会编《民生实业公司十一周年纪念刊》，民生实业股份有限公司，1937。

61. 上海市机器染织业同业公会编《染织业国货证信集》，1938。

62. 刘念智：《实业家刘鸿生传略——回忆我的父亲》，文史资料出版社，1982。

63. 张怡祖编《张季子九录》，文海出版社，1983。

64. 周小鹍：《周志俊小传》，兰州大学出版社，1987。

65. 孔令仁、李德征主编《中国近代企业的开拓者》（上、下册），山东人民出版社，1991。

66. 寿充一、寿墨聊、寿乐英编《近代中国工商人物志》（第一册、第二册），中国文史出版社，1996。

67. 中国科学技术协会编《中国科学技术专家传略·工程技术编·纺织

卷 1》，中国纺织出版社，1996。

68. 山西省史志研究院编《山西通志》第二十卷《纺织工业志》，中华书局，1997。

69. 江苏省地方志编纂委员会编著《江苏省志·纺织工业志》，江苏古籍出版社，1997。

70. 孔令仁、李德征主编《中华老字号·贰·工业卷》（上），高等教育出版社，1998。

71. 马寅初：《马寅初全集》（全十五卷），浙江人民出版社，1999。

72. 李文瑞主编《刘国钧文集》（全六卷），南京师范大学出版社，2001。

73. 周晓主编《潮人先辈在上海》，艺苑出版社，2001。

74. 乐农史料选编《荣德生文集》，上海古籍出版社，2002。

75. 杨世奎主编《慎终追远——无锡杨氏（杨菊仙系）创业纪实》，澳门天成（国际）文化艺术出版社，2003。

76. 陈歆文：《中国化学工业的奠基人——范旭东》，大连出版社，2003。

77. 孙大权、马大成编注《马寅初全集补编》，上海三联书店，2007。

78. 《上海通志》编纂委员会编《上海通志》第三册，上海人民出版社、上海社会科学院出版社，2005。

79. 朱羲农、朱保训编纂《湖南实业志》，湖南人民出版社，2008。

（四）厂史

80. 永泰丝厂厂史编写组编《永泰丝厂发展史》，油印本，1958。

81. 《无锡第二棉纺织厂厂史》，油印本，1984。

82. 许维雍、黄汉民：《荣家企业发展史》，人民出版社，1985。

83. 《利农砖瓦机械厂厂史》编写组编《无锡市利农砖瓦机械厂厂史》，油印本，1986。

84. 苏纶纱厂编《苏纶纺织厂建厂九十周年纪念册（1897—1987）》，1987，苏州图书馆地方文献阅览室藏。

85. 常州东风印染厂厂志编纂办公室编《常州东风印染厂厂志》，铅印本，1988。

86. 中国人民政治协商会议石家庄市委员会文史资料委员会编《石家庄文史资料》第十辑《大兴纱厂史稿》，1989。

87. 《大生系统企业史》编写组编《大生系统企业史》，江苏古籍出版社，1990。

88. 高进勇主编《常州国棉一厂志（1916—1990)》，江苏人民出版社，1995。

89. 河南省华新棉纺织厂志编纂委员会办公室编著《河南省华新棉纺织厂志》，新华出版社，1995。

（五）文史资料

90. 中国人民政治协商会议全国委员会文史资料研究委员会编《文史资料选辑》第七辑，中华书局，1960。

91. 中国人民政治协商会议全国委员会文史资料研究委员会编《文史资料选辑》第十九辑，中华书局，1961。

92. 中国人民政治协商会议全国委员会文史资料研究委员会编《文史资料选辑》第二十四辑，中华书局，1962。

93. 中国人民政治协商会议全国委员会文史资料研究委员会编《文史资料选辑》第三十一辑，文史资料出版社，1962。

94. 中国人民政治协商会议全国委员会文史资料研究委员会编《文史资料选辑》第四十四辑，文史资料出版社，1964。

95. 中国人民政治协商会议全国委员会文史资料研究委员会编《文史资料选辑》第五十三辑，文史资料出版社，1964。

96. 中国人民政治协商会议全国委员会文史资料研究委员会编《文史资料选辑》第一〇〇辑，文史资料出版社，1985。

97. 中国人民政治协商会议全国委员会文史资料研究委员会编《工商史料》第一辑，文史资料出版社，1980。

98. 中国人民政治协商会议全国委员会文史资料研究委员会编《工商史料》第二辑，文史资料出版社，1981。

99. 中国人民政治协商会议全国委员会文史资料研究委员会编《工商经济史料丛刊》第一辑，文史资料出版社，1983。

100. 中国人民政治协商会议全国委员会文史资料研究委员会编《工商经济史料丛刊》第三辑，文史资料出版社，1984。

101. 中国人民政治协商会议江苏省委员会文史资料研究委员会编《江苏文史资料选辑》第十一辑，江苏人民出版社，1983。

102. 江苏省政协文史资料委员会编《江苏文史资料集粹·经济卷》，《江苏文史资料》编辑部，1995。

103. 中国人民政治协商会议山西省委员会文史资料研究委员会编《山西文史资料》第四十九辑，1987。

104. 中国人民政治协商会议河北省委员会文史资料研究委员会《河北文史资料》编辑部编《河北文史资料》第三十三辑，1990。

105. 中国人民政治协商会议河南省委员会文史资料委员会《河南文史资料》编辑部编《河南文史资料》总第四十二辑，1992。

106. 中国人民政治协商会议江苏省无锡市委员会文史资料研究委员会编《无锡文史资料》第二辑，1981。

107. 中国人民政治协商会议江苏省无锡市委员会文史资料研究委员会编《无锡文史资料》第四辑，1982。

108. 中国人民政治协商会议江苏省无锡市委员会文史资料研究委员会编《无锡文史资料》第七辑，1984。

109. 中国人民政治协商会议江苏省无锡市委员会文史资料研究委员会编《无锡文史资料》第十二辑，1985。

110. 中国人民政治协商会议江苏省无锡市委员会文史资料研究委员会编《无锡文史资料》第十六辑，1987。

111. 中国人民政治协商会议江苏省无锡市委员会文史资料研究委员会编《无锡文史资料》第十八辑，1987。

112. 无锡地方志编纂委员会办公室、无锡县志编纂委员会办公室编《无锡地方资料汇编》第七辑，1986。

113. 无锡地方志编纂委员会办公室、无锡县志编纂委员会办公室编《无锡地方资料汇编》第八辑，1986。

114. 中国人民政治协商会议天津市委员会文史资料研究委员会编《天津文史资料选辑》第三十八辑，天津人民出版社出版，1987。

115. 中国人民政治协商会议天津市委员会文史资料委员会编《天津文史资料选辑》总第七十三辑，天津人民出版社，1997。

116. 常州市地方志编纂委员会办公室、常州市档案局编《常州地方史料选编》第一辑《工商业史料专辑》，1982。

117. 中国人民政治协商会议陕西省宝鸡县委员会文史资料研究委员会：《宝鸡县文史资料》第一辑，1983。

118. 中国人民政治协商会议江苏省江阴县委员会文史资料研究委员会编

《江阴文史资料》第五辑，1984。

119. 中国人民政治协商会议青岛市委员会文史资料研究委员会编《青岛文史资料》第七辑，1986。

120.《化工先导范旭东》，中国文史出版社，1987。

121. 中国人民政治协商会议浙江省湖州市委员会文史资料委员会编《湖州文史》第八辑《工商史料专辑》，1990。

122. 中国人民政治协商会议济南市市中区委员会文史资料委员会编《市中区文史资料》第一辑，1991。

123. 潘君祥主编《中国近代国货运动》，中国文史出版社，1996。

124. 毛德富主编《百年记忆：河南文史资料大系·经济卷（卷一）》，中州古籍出版社，2014。

（六）工具书

125. 中国企业管理百科全书编辑委员会、中国企业管理百科全书编辑部编《中国企业管理百科全书》（下），企业管理出版社，1984。

126. 郭吴新主编《国际经济辞典》，武汉大学出版社，1988。

127. 济南市档案馆编《济南市档案馆指南》，济南出版社，1990。

128. 薛荣久、王绍熙、刘舒年、雷荣迪主编《当代国际贸易与金融大辞典》，对外经济贸易大学出版社，1998。

129. 张宪文、方庆秋、黄美真主编《中华民国史大辞典》，江苏古籍出版社，2001。

130. 金普森、孙善根主编《宁波帮大辞典》，宁波出版社，2001。

（七）报刊

131.《东方杂志》

132.《申报》

133.《大公报》（天津）

134.《纺织周刊》

135.《纺织时报》

136.《纺织年刊》

137.《染织纺周刊》

138.《纺织染季刊》

139. 《纺工》

140. 《杼声》

141. 《天津棉鉴·天津棉业调查专号》

142. 《火柴月刊》

143. 《盐政杂志》

144. 《冶矿》

145. 《中国矿业纪要（第三次）》

146. 《电业季刊》

147. 《经济汇报》

148. 《经济周报》

149. 《中外经济周刊》

150. 《中国实业》

151. 《中国工业月刊》

152. 《中国工业》

153. 《工业杂志（长沙）》

154. 《工程周刊》

155. 《商业月报》

156. 《工商半月刊》

157. 《商业杂志（上海1926）》

158. 《华商纱厂联合会季刊》

159. 《企业周刊》

160. 《钱业月报》

161. 《钱业月刊》

162. 《中行月刊》

163. 《中华周报》

164. 《中华国货产销协会每周汇报》

165. 《上海市之国货事业》

166. 《机联会刊》

167. 《国货月报》

168. 《国货汇刊》

169. 《新世界》

170. 《远东月报》

171. 《中国建设》

172. 《文化建设》

173. 《时事月报》

174. 《广东建设月刊》

175. 《海王》

176. 《人钟月刊》

177. 《自修》

178. 《大风》

二　著作

179. 永嘉徐寄庼编辑《最近上海金融史》，永嘉徐寄庼，1926。

180. 吴应图编《资本问题》，中华书局，1929。

181. 《企业的结合》，蔡庆宪译述，大东书局，1929。

182. 王云五：《科学管理法的原则》，中国工商管理协会，1930。

183. 周纬编著《工厂管理法》，商务印书馆，1931。

184. 中国工商管理协会编《工商问题之研究》，中国工商管理协会，1931。

185. 曾广勋编著《世界经济与产业合理化》，上海社会书店，1932。

186. 王子建：《日本之棉纺织工业》，社会调查所，1933。

187. 上海市商会商品陈列所编辑《工商必备》，1934。

188. 卢作孚：《中国的建设问题与人的训练》，生活书店，1934。

189. 财政部财务人员训练所、盐务人员训练班编《工商管理》，1943。

190. 严中平：《中国棉业之发展》，商务印书馆，1943。

191. 吴景超：《中国经济建设之路》，商务印书馆，1944。

192. 杨端六：《工商组织与管理》，商务印书馆，1944。

193. 张方佐：《棉纺织工场之设计与管理》，崇文印刷所，1945。

194. 蒋乃镛：《中国纺织染业概论》，中华书局，1946。

195. 屠哲隐：《工商企业管理》，世界书局，1947。

196. 严中平：《中国棉纺织史稿》，科学出版社，1955。

197. 青岛市工商行政管理局史料组编《中国民族火柴工业》，中华书局，1963。

198. 上海市工商行政管理局、上海市毛麻纺织工业公司毛纺史料组编《上海民族毛纺织工业》，中华书局，1963。

199. 中华民国史事纪要编辑委员会编《中华民国史事纪要（初稿）·1914年》影印本，（台北）中华民国史料研究中心，1974。

200. 〔美〕本·巴鲁克·塞利格曼：《美国企业史》，复旦大学资本主义国家经济研究所译，上海人民出版社，1975。

201. 〔日〕柴垣和夫：《三井和三菱》，复旦大学历史系日本史组译，上海译文出版社，1978。

202. 邮电史编辑室编《中国近代邮电史》，人民邮电出版社，1984。

203. 郑友揆：《中国的对外贸易和工业发展》，程麟苏译，蒋学桢、汪熙校，上海社会科学院出版社，1984。

204. 上海市粮食局、上海市工商行政管理局、上海社会科学院经济研究所经济史研究室编《中国近代面粉工业史》，中华书局，1987。

205. 〔美〕小艾尔弗雷德·D. 钱德勒：《看得见的手——美国企业的管理革命》，重武译，商务印书馆，1987。

206. 茅家琦、李祖法主编《无锡近代经济发展史论》，企业管理出版社，1988。

207. 赵靖主编《中国近代民族实业家的经营管理思想》，云南人民出版社，1988。

208. 陈慈玉：《近代中国的机械缫丝工业（1860~1945）》，中央研究院近代史研究所，1989。

209. 上海社会科学院经济研究所、轻工业发展战略研究中心：《中国近代造纸工业史》，上海社会科学院出版社，1989。

210. 方宪堂主编《上海近代民族卷烟工业》，上海社会科学院出版社，1989。

211. 徐新吾主编《中国近代缫丝工业史》，上海人民出版社，1990。

212. 上海市丝绸进出口公司、上海社会科学院经济研究所编写《近代江南丝织工业史》，上海人民出版社，1991。

213. 杜恂诚：《民族资本主义与旧中国政府（1840—1937）》，上海社会科学院出版社，1991。

214. 钟祥财：《中国近代民族企业家经济思想史》，上海社会科学院出版社，1992。

215. 王赓唐、汤可可主编《无锡近代经济史》，学苑出版社，1993。

216. 段本洛：《中国资本主义的产生和早期资产阶级》，苏州大学出版社，1996。

217. 〔美〕李明珠：《中国近代蚕丝业及外销（1842～1937年）》，徐秀丽译，上海社会科学院出版社，1996。

218. 段本洛主编《苏南近代社会经济史》，中国商业出版社，1997。

219. 单强：《工业化与社会变迁：近代南通与无锡发展的比较研究》，中国商业出版社，1997。

220. 中国近代纺织史编委会编著《中国近代纺织史》上下卷，中国纺织出版社，1997。

221. 李一翔：《近代中国银行与企业的关系（1897～1945）》，东大图书股份有限公司，1997。

222. 徐新吾、黄汉民主编《上海近代工业史》，上海社会科学院出版社，1998。

223. 潘君祥主编《近代中国国货运动研究》，上海社会科学院出版社，1998。

224. 单强：《江南区域市场研究》，人民出版社，1999。

225. 沈祖炜：《近代中国企业：制度和发展》，上海社会科学院出版社，1999。

226. 马俊亚：《规模经济与区域发展——近代江南地区企业经营现代化研究》，南京大学出版社，1999。

227. 金占明编著《战略管理——超竞争环境下的选择》，清华大学出版社，1999。

228. 黄汉民、陆兴龙：《近代上海工业企业发展史论》，上海财经大学出版社，2000。

229. 〔美〕高家龙：《中国的大企业——烟草工业中的中外竞争（1890～1930)》，樊书华、程麟荪译，商务印书馆，2001。

230. 孙海泉：《上海辐射与苏南发展研究》，人民出版社，2002。

231. 〔美〕高家龙：《大公司与关系网——中国境内的西方、日本和华

商大企业（1880～1937）》，程麟苏译，上海社会科学院出版
社，2002。

232. 张忠民：《艰难的变迁——近代中国公司制度研究》，上海社会科学
院出版社，2002。

233. 周三多、邹统钎：《战略管理思想史》，复旦大学出版社，2002。

234. 〔美〕奥利弗·E. 威廉姆森：《资本主义经济制度——论企业签约
与市场签约》，段毅才、王伟译，商务印书馆，2002。

235. 许涤新、吴承明主编《中国资本主义发展史》（全三卷），人民出版
社，2003。

236. 唐文起、马俊亚、汤可可：《江苏近代企业和企业家研究》，黑龙江
人民出版社，2003。

237. 严克勤、汤可可等：《无锡近代企业和企业家研究》，黑龙江人民出
版社，2003。

238. 马俊亚：《混合与发展——江南地区传统社会经济的现代演变
（1900～1950）》，社会科学文献出版社，2003。

239. 刘云柏：《近代江南工业资本流向》，上海人民出版社，2003。

240. 王迎军、柳茂平主编《战略管理》，南开大学出版社，2003。

241. 吴春岐、刘贵之、郭树进编著《公司法新论》，中国政法大学出版
社，2003。

242. 孟卫东、张卫国、龙勇编著《战略管理：创建持续竞争优势》，科
学出版社，2004。

243. 吴承明、江泰新主编《中国企业史·近代卷》，企业管理出版
社，2004。

244. 〔美〕A. D. 钱德勒等主编《大企业和国民财富》，柳卸林主译与主
审，北京大学出版社，2004。

245. 万志芳：《国有林区林业微观主体重构论》，东北林业大学出版
社，2004。

246. 张东刚等主编《世界经济体制下的民国时期经济》，中国财政经济
出版社，2005。

247. 胡晓阳：《企业控制权的理论解释与实证分析》，经济科学出版
社，2005。

248. 张隆高、张晖、张农编著《美国企业史》，东北财经大学出版社，2005。

249. 邵万钦：《美国企业并购浪潮》，中国商务出版社，2005。

250. 胡宗良、臧维编著《集团公司战略：分析、制定、实施与评价》，清华大学出版社，2005。

251. 〔美〕迈克尔·波特：《竞争战略》，陈小悦译，华夏出版社，2005。

252. 〔美〕迈克尔·波特：《竞争优势》，陈小悦译，华夏出版社，2005。

253. 朱荫贵、戴鞍钢主编《近代中国：经济与社会研究》，复旦大学出版社，2006。

254. 芮明杰、刘明宇、任江波：《论产业链整合》，复旦大学出版社，2006。

255. 金志焕：《棉纺之战：20世纪30年代的中日棉纺织业冲突》，上海辞书出版社，2006。

256. 刘兰兮主编《中国现代化过程中的企业发展》，福建人民出版社，2006。

257. 方行主编《中国社会经济史论丛：吴承明教授九十华诞纪念文集》，中国社会科学出版社，2006。

258. 程莉：《近代实业家周学熙研究》，合肥工业大学出版社，2006。

259. 〔美〕贝赞可、德雷诺夫、尚利、谢弗：《战略经济学》（第三版），詹正茂、冯海红、林民旺、李诺丽译，中国人民大学出版社，2006。

260. 〔美〕钱德勒：《规模与范围：工业资本主义的原动力》，张逸人、陆钦炎、徐振东、罗仲伟译，华夏出版社，2006。

261. 陈郁编《企业制度与市场组织——交易费用经济学文选》，上海三联书店、上海人民出版社，2006。

262. 〔美〕埃里克·弗鲁博顿、〔德〕鲁道夫·芮切特：《新制度经济学——一个交易费用分析范式》，姜建强、罗长远译，上海三联书店、上海人民出版社，2006。

263. 陈歆文编著《中国近代化学工业史（1860～1949）》，化学工业出版社，2006。

264. 彭南生：《半工业化：近代中国乡村手工业的发展与社会变迁》，中华书局，2007。

265. 王国平、周新国等：《江苏经济发展与现代化历史进程研究》，苏州大学出版社，2008。

266. 金其桢、黄胜平：《大生集团 荣氏集团 中国两大民族企业集团比较研究》，红旗出版社，2008。

267. 张忠民、陆兴龙、李一翔主编《近代中国社会环境与企业发展》，上海社会科学院出版社，2008。

268. 中国社会科学院近代史研究所编《中华民国史研究三十年（1972～2002）》，社会科学文献出版社，2008。

269. 白永秀、惠宁主编《产业经济学基本问题研究》，中国经济出版社，2008。

270. 〔美〕奥利弗·E.威廉姆森、西德尼·G.温特编《企业的性质——起源、演变和发展》，姚海鑫、邢源源译，商务印书馆，2009。

271. 许金生：《近代上海日资工业史（1884—1937）》，上海世纪出版股份有限公司、学林出版社，2009。

272. 聂志红：《民国时期的工业化思想》，山东人民出版社，2009。

273. 郭毅等：《组织与战略管理中的新制度主义视野——理论评述与中国例证》，格致出版社、上海人民出版社，2009。

274. 朱方明、姚树荣编著《企业经济学》，经济科学出版社，2009。

275. 〔英〕马克·布劳格：《经济理论的回顾》，姚开建译校，中国人民大学出版社，2009。

276. 〔日〕森时彦：《中国近代棉纺织业史研究》，袁广泉译，社会科学文献出版社，2010。

277. 方显廷：《中国之棉纺织业》，商务印书馆，2011。

278. 何世鼎：《中国近代民族工业企业的科技进步——与近代外国工业企业的比较研究》，天津古籍出版社，2011。

279. 王强：《近代外国在华企业本土化研究——以英美烟公司为中心的考察》，上海人民出版社，2012。

280. 陈继祥主编《战略管理——基于三元论视角》，清华大学出版社，2013。

281. 吴承明：《经济史：历史观与方法论》，商务印书馆，2014。

282. 吴翎君：《美国大企业与近代中国的国际化》，社会科学文献出版社，2014。

283. 赵津、李建英：《中国化学工业奠基者："永久黄"团体研究》，天津出版社，2014。

284. 孟卫东主编《战略管理：创建持续竞争优势》，科学出版社，2014。

285. 张耕：《中国近代民营工业企业集团研究》，人民出版社，2015。

286. 宋磊：《追赶型工业战略的比较政治经济学》，北京大学出版社，2016。

287. 〔美〕迈克尔 A. 希特、R. 杜安·爱尔兰、罗伯特 E. 霍斯基森：《战略管理：竞争与全球化（概念）》，焦豪等译，魏江审校，机械工业出版社，2017。

288. 马克思：《资本论》（纪念版），人民出版社，2018。

289. 杜恂诚：《中国的民族资本主义（1927—1937）》，上海财经大学出版社，2019。

290. 孙圣民：《经济学范式的应用——基于经济史研究的分析》，社会科学文献出版社，2019。

291. Sherman Cochran, *The Lius of Shanghai* (Cambridge: Harvard University Press, 2013).

三　期刊、论文

292. 姜铎：《略论旧中国两个资产阶级》，《学术月刊》1983 年第 11 期。

293. 盛斌：《关于周学熙资本集团性质的变化问题——与姜铎同志商榷》，《学术月刊》1984 年第 5 期。

294. 朱复康：《企业家的经营心理学——刘国钧经营大成纱厂的特点》，《上海经济研究》1985 年第 3 期。

295. 朱复康：《引进—消化—改革——严庆祥经营企业的一条成功道路》，《上海经济研究》1985 年第 7 期。

296. 沈剑华：《提高生丝质量　保持名牌信誉——永泰丝厂薛寿萱的生财之道》，《上海经济研究》1985 年第 8 期。

297. 严学熙：《张謇与淮南盐垦公司》，《历史研究》1988 年第 3 期。

298. 李林：《从周学熙集团看官僚资本的转化》，《二十一世纪》1991 年第 3 期。

299. 汤可可：《近代企业管理体制的演进——无锡民族资本企业发展历程中的变革性转折》，《中国经济史研究》1994 年第 3 期。

300. 朱以青：《论近代中国企业集团》，《中国经济史研究》1994 年第 3 期。

301. 吴承明：《论二元经济》，《历史研究》1994 年第 2 期。

302. 王双：《早期招商局的多元化经营战略》，《学术月刊》1995 年第 10 期。

303. 陈自芳：《论近代民族资本的企业联合》，《北方论丛》1996 年第 4 期。

304. 张守广：《荣家企业组织形式和经营特点探析》，《苏州大学学报》1996 年第 3 期。

305. 邹进文：《论中国近代制度变迁的家族特色——读荣敬本、荣勉韧等著〈梁溪荣氏家族史〉》，《经济社会体制比较》1996 年第 3 期。

306. 马俊亚：《中国近代的资本集中及其经济功能》，《近代中国》1996 年第 6 辑。

307. 林本梓：《无锡近代六大资本集团崛起的成功经验》，《史林》1997 年第 4 期。

308. 杜恂诚：《抗战前上海民营企业的资本集中》，《上海经济研究》1997 年第 9 期。

309. 杜恂诚：《近代中国民族企业的兼并与重组》，《改革》1998 年第 2 期。

310. 汤可可：《荣氏企业的资本运筹与扩张》，《江南论坛》1998 年第 3 期。

311. 潘必胜：《荣家企业组织研究》，《中国经济史研究》1998 年第 2 期。

312. 谢玉梅：《论无锡近代企业产权结构》，《江南学院学报》1998 年第 3 期。

313. 贺水金：《近代民族工业永纱企业的经营战略－－规模化与多角化并举》，《改革》1998 年第 6 期。

314. 蒋顺兴：《江苏近代民族企业兴起的几种模式》，《学海》1999 年第

5 期。

315. 《郭泉自述：四十一年来营商之经过》，《档案与史学》2003 年第 3 期。

316. 苏全有：《从荣张企业集团的盛衰看近代中国家族企业》，《华中师范大学学报》（人文社会科学版）2003 年第 6 期。

317. 张余华：《重新认识家族企业　推动家族企业健康发展——中国首届家族企业国际研讨传统综述》，《科技进步与对策》2003 年第 1 期。

318. 刘德强、陈俊芳、姜秀珍：《近代企业经营战略的历史演变》，《上海交通大学学报》（哲学社会科学版）2003 年第 2 期。

319. 李玉：《中国近代企业史研究概述》，《史学月刊》2004 年第 4 期。

320. 黄汉民：《荣氏家族企业的公司制度变革》，《近代中国》第 15 辑，2005 年。

321. 张朔人：《20 世纪 20 年代民族资本在水泥业的整合》，《华中科技大学学报》（社会科学版）2006 年第 1 期。

322. 吕庆广：《荣氏企业文化的建构与特点》，《江南大学学报》（人文社会科学版）2006 年第 5 期。

323. 朱晋伟、金其桢：《民族实业家荣氏兄弟的企业发展战略》，《苏州大学学报》2006 年第 6 期。

324. 赵波、吴永明：《近代家族企业人力资源管理思想的博弈分析——以荣氏企业为中心的讨论》，《上海经济研究》2006 年第 12 期。

325. 徐梁伯：《荣德生在中国近代化进程中的历史定位新论》，《江苏社会科学》2006 年第 1 期。

326. 江满情：《论刘鸿生的同业合并思想及其实践》，《安徽史学》2006 年第 3 期。

327. 李福英：《规模扩张与近代企业集团的兴衰》，《贵州社会科学》2007 年第 11 期。

328. 林刚：《试论列强主导格局下的中国民族企业行为——以近代棉纺织工业企业为例》，《中国经济史研究》2007 年第 4 期。

329. 何新易、金其桢：《荣氏企业集团实业投资分析》，《南京理工大学学报》（社会科学版）2007 年第 2 期。

330. 赵伟：《论荣氏企业的一体化战略（1895—1937）》，《苏州科技学院学报》（社会科学版）2007年第3期。

331. 金其桢、黄胜平：《大生集团与荣氏集团兴衰成败之道探究》，《江南大学学报》（人文社会科学版）2008年第2期。

332. 梁捷：《中国经济史：范式的讨论更为重要》，《社会科学报》2008年9月25日。

333. 杨栋樑：《我国近代印染业发展简史（二）》，《印染》2008年第13期。

334. 兰日旭：《近代中国银行联合兼并活动探析》，《青海社会科学》2009年第3期。

335. 彭南生、严鹏：《严庆祥经济思想的主要内容及其特点》，《西北师大学报》（社会科学版）2009年第2期。

336. 秦祖明、秦燕：《20世纪30年代经济危机与荣氏企业》，《经济与社会发展》2009年第6期。

337. 吴志国：《五四抵货运动中对"奸商"惩罚的行为研究》，《湖北社会科学》2009年第5期。

338. 赵伟、朱从兵：《近代光裕集团铁棉联营战略新探》，《苏州大学学报》（哲学社会科学版）2010年第5期。

339. 赵伟：《纵向一体化：近代中国后发小资本进入棉纺织业的成功战略——以大成纺织印染集团为例》，《兰州学刊》2011年第2期。

340. 赵伟：《民国苏南企业史研究动态及思考》，《民国研究》2013年第2期。

341. 赵伟：《往返延伸与单向推进：拓展纵向链条的两种战略路径——近代常州大成厂和无锡庆丰厂纺织染联营的比较》，《上海经济研究》2013年第10期。

342. 欧绍华：《论近代中国民族企业战略管理思想及其实践》，《中国流通经济》2013年第4期。

343. 赵伟：《抗战前细纱交易困境及民族染织厂的应对》，《中国经济史研究》2014年第1期。

344. 杜恂诚：《1928—1937年中国的新设企业与政府投资》，《中国社会科学》2015年第3期。

345. 高超群：《中国近代企业史的研究范式及其转型》，《清华大学学报》（哲学社会科学版）2015 年第 6 期。

346. 李健英、李娟：《近代上海化工企业的纵向一体化战略——以天字号企业集团为例（1923 – 1937）》，《兰州学刊》2015 年第 7 期。

347. 赵伟：《论近代中国民族企业"事业集合"思想》，《江海学刊》2016 年第 6 期。

348. 赵伟：《新史料、新契机、新视野：〈刘国钧日记 1945〉与刘国钧及大成企业史研究》，《民国研究》2017 年第 2 期。

349. 钟树杰：《主导行业与区域经济发展——大成集团研究》，硕士学位论文，苏州大学社会学院，2004。

350. 卞欣然：《申新纺织公司兼并时期的财务分析》，硕士学位论文，上海社会科学院经济研究所，2006。

351. 赵伟：《近代苏南企业集团的一体化战略研究（1895—1937）——以近代中国企业战略史为视角的探讨》，博士学位论文，苏州大学社会学院，2011。

352. 王旺旺：《近代中国荣家企业并购发展战略研究——基于竞争优势理论的分析》，硕士学位论文，复旦大学，2014。

353. Alfred D. Chandler, Jr. , "The Beginnings of 'Big Business' in American Industry," *The Business History Review* 33 (1959).

后　记

　　我刚上小学，父亲便早早地买来一套林汉达、曹余章编著的《上下五千年》，分上、中、下三册，由少年儿童出版社出版。书里一个个历史故事深深地吸引我，简单线条的黑白插图也能令我看得津津有味。至今仍记得书中对"商汤革命"的解释：改朝换代，天命的变革，称谓"革命"，与现在所说的革命完全是两回事。幼小的我对这句话很是不解，什么是天命？为什么同样的词会是完全两回事？现在的革命是什么？父亲的解释，我已不记得，但孩童时对历史知识那份困惑懵懂，成了我珍贵的记忆。人生与电影不同——人生，难多了；历史与故事亦不同——历史，难多了。研究历史需要有人生阅历的感悟。

　　为了找到问题的答案，我不顾父母的一再劝说，本科读了历史师范专业。大学四年是充实的，只是毕业时我未能如愿成为一名中学历史教师，而是远赴深圳闯荡，感受了一番改革开放前沿的春风。在一家企业，我协助厂长管理生产，体验了 ISO 质量管理体系认证的过程。销售经理不在时，由我负责用电话和传真与英国客户进行业务沟通。由于本人非英语专业，每次我都捏把汗，现学现用，竟也能一次次过关。大学毕业后的两年，社会的人情世故和企业管理的经历改变了我看待世界的方式。工作的忙碌与辛劳、生活的自主与不易、领导的批评与关心、同事间的争论与友情，均化作收获的快乐。为读研我离开了那里。我始终认为这段时间获得的感悟是超越性的，成为此后从事历史研究的重要思想源泉之一。

　　攻读硕士学位期间，我的导师跟我说：你师爷做过煤矿企业史，我做近代苏南发展研究，这个传统要延续，你就做近代苏南企业吧。于是，十五年的民族企业史研究生涯就此开始。棉纺织企业是民族企业中的"佼佼者"，阅读"申新"史料的过程中，我不禁想起祖父。他曾是旧上海英商棉纺织厂的工人，据说后来成为"那摩温"，新中国成立之初，为支援江苏省首家国有棉纺织企业的扩建，来到丹阳，后来成长为企业的管理者，20 世纪 60 年代还曾赴巴基斯坦实施技术援助。读研的前两年半是快乐的，研二暑假我在学校攻研毕业论文，这期间还就盐、碱、酸生产关联的问题请教在化肥厂工作的父亲，但半年后突如其来的家庭变故使我深受打击。手里拿着父亲生前买给我的动车票，我掩藏好悲痛，依然奔赴博士研究生入学考试的考场。我知道，这是父亲希望我坚持做的事。

读博之始，博士导师给我列了几个铁路史的题目，问我想做哪个。我回宿舍想了几天，忐忑地跟导师说：我想继续做硕士论文的题目。结果，老师同意了。我很庆幸自己遇到了一位开明包容的好老师。他不仅口头上同意了，而且认真帮我重新调整了结构，让我注意对企业战略意识层面的考察。在老师的指导下，我的研究能力获得了实实在在的提升，最终递交的博士论文较之硕士论文，无论是学理深度，还是史料广度，均有质的提高。读博期间，一心从事学术研究，或是埋头苦作，或是奔波于各地档案馆、图书馆查阅史料，参加学术会议、暑期培训等学术交流活动，这些学术的思想碰撞让我欣喜，师门融洽的氛围，可爱的师兄弟姐妹们，更是让人温暖。不过，夜晚，安静下来，对父亲的思念不时地涌上心头。我又时常牵挂独自一人在家的母亲，她有什么伤痛总是放在心里。毕业典礼上，看着礼堂里的博士们及其家人，我只是一个人感到欣慰和淡淡地落寞。

博士毕业后，我来到博物馆工作，不久又获得做博士后的机会。还未正式办理进站手续，我便迫不及待地去见了导师。入站事宜一波三折，终于成行，三位导师助力，使我得以站在更高的平台获得学术研究的锻炼。博士后导师在企业史研究领域颇有建树，影响了我的研究思维和方法，由此我也取得了更多的学术成果。在站期间，研究工作之余，人生又多三两好友。这里的师门气氛依然其乐融融，只是多了很多户外活动，如爬山、郊游等。两年多后，虽有不舍，我匆匆出站，随后也离开了安静的博物馆，离开了那些古老的文物。

博士导师半开玩笑地批评我说：博物馆轻松的工作不要，非得往高校这"火坑"里跳。听时不以为然，进了高校，我才切身体会到科研的压力，项目、论文、奖项"三座大山"压得人喘不过气来。绞尽脑汁写的申报书没能获得国家社会科学基金的青年项目的资助，却遇贵人指引成功申报后期资助项目，如今终成此书，真是"山重水复疑无路，柳暗花明又一村"。世事的无常，有时让你应接不暇，这千回百转，谁又能说得清楚？此后不久，两位重要的人物走进了我的世界。妻子豁达开朗、贤德聪慧、俏丽大方，遇见她是我此生最大的幸运。女儿聪明伶俐、淘气可爱，让我原本单调的生活增添了许多色彩。伴随着孩子的成长，后期资助项目逐步完成，然后是书稿的修改、校对、出版。至此，尽管存在不足和留有遗憾，十五年的企业史研究终于有了一个交代。

如今的成绩与导师的指导、关爱，以及众多前辈、师友、领导、同学、家人的关心、支持及帮助分不开。

首先要感谢的是我先后遇到的三位恩师，孙海泉教授、朱从兵教授、李玉教授，学生的点滴进步均源于你们的教诲，授业以来每到关键之处总有你们的助推。企业史研究领域的前辈，是我自本科以来就一直仰慕的治学名家，虞和平先生倾心作序，朱荫贵先生在考察旅途中对学术及人生侃侃而谈，张忠民先生多次指点迷津，杜恂诚先生和陈慈玉女士慷慨赠书，晚辈在此表示感谢。亦需感谢学界师友的指教和帮助，袁为鹏教授和高超群研究员多次在学术会议上悉心指导，杜师弟子张秀莉研究员为我"穿针引线"。从事研究以来，每阶段均有给予我指教和帮助的老师，在此一并致谢。他们是：南京大学茅家琦先生、崔之清先生、陈谦平先生、张生先生、张海林先生、陈蕴茜女士、张学锋先生等，苏州大学王国平先生、陆建洪先生、臧知非先生、池子华先生、王卫平先生、余同元先生、朱小田先生、李峰先生等，江苏师范大学余明侠先生、安宇先生、姜新先生、赵明奇先生、吴汉全先生、刘一兵先生等。此外，感谢中国第二历史档案馆曹必宏副馆长、苏州档案馆沈慧瑛副馆长等，在研究过程中给予我史料方面的帮助。感谢《中国经济史研究》王小嘉女士、《江海学刊》潘清女士、《史学月刊》张秀丽女士、《民国档案》胡震亚先生和廖利民先生等，学术研究的每进一步都离不开各位编审老师的指点、指教。

迄今，我先后走入三个单位。感谢深圳枫丹实业有限公司刘民仁厂长、镇国飞经理等对初入社会的我的关心，亦须感谢昔日的同事何志荣、黄佩，时隔多年，天各一方，仍愿意不厌其烦、竭尽全力地帮助我。感谢苏州市文化旅游局及苏州博物馆的尹占群副局长、陈瑞近副局长、张欣馆长、程义副馆长、茅艳副馆长、谢晓婷副馆长等领导对我研究及深造的支持和帮助，亦庆幸与同事沈晓峰、漆跃文、王振、张进等人之间互协互助，结成友谊。感谢苏州科技大学人文社科处陆道平处长、社会发展与公共管理学院王本立院长的赏识，让我有机会进入高校工作，入职后本人亦得诸多前辈、领导及同事的关心、帮助，来日方长，不再一一致谢。

然后是我的同学和学友们，学术研究的路上，因有你们而不孤单。感谢南京大学段锐博士、周明长博士、胡中升博士、魏晓锴博士、黄雪垠博士等，博士后在站期间多有打扰，每次都得到大家的关照和款待，一直记在心里。黄鹏博士从本科到硕士再到博士，一路"尾随"我而来，虽是师弟，却为我分忧不少。蒋宝麟、魏兵兵二友在学术路上对我多有指教，相识较早，交往多年后，一成同门，一成校友，另有老哥杨荣庆教我良多，在此表示感谢。苏州大学同级的朱煜博士、李继业博士、刘京博士、樊翠花博士、李忠萍博士、丁戎博士、梅立乔博士、邵宝博士，对我这唯一的应届博士生多有关心和照顾，同时与庞广义博士、黄华平博士、章建博士、李喆博士、曾凡贞博士、李海涛博士、何晓坚博士、代华博士等相学相长，一并致谢。此外，还要感谢胡进、孙凯、束江涛、谢良平、王方星、戴娟、岳鹏星、夏雪、叶舒、葛吉霞、李鸿敏、李崇超、顾居、李浩、朱爱林、景丽慧、岳钦韬等，在收集资料、文稿修改、信息检索等方面，他们对我多有帮助。

从国家社会科学基金后期资助项目的申报至书稿的出版，社会科学文献出版社给予了大力支持。感谢陈凤玲女士，在您的指引下我才获得了申报的机会，感谢宋淑洁、陈美玲两位女士专业和细致的编校，你们的辛劳使书稿能够顺利出版。

一直以来，对家人总是心存愧疚。感谢我的妻子、岳母、岳父，挑起了照顾女儿的重担，使得我能够安心学术研究，项目完成、书稿出版应有他们的一份功劳。感谢我的母亲，为我操劳担忧得太多太多了，以及感谢这些年来关心帮助过我们的家乡亲友们。

最后，当然也是最重要的：将此书献给我的父亲——赵斌雄，一位普通的产业工人。

赵　伟

2021 年 5 月 6 日于姑苏石湖

图书在版编目（CIP）数据

横连与纵合：近代民族企业战略研究／赵伟著. --
北京：社会科学文献出版社，2021.6（2022.3重印）
国家社科基金后期资助项目
ISBN 978 - 7 - 5201 - 8325 - 3

Ⅰ.①横… Ⅱ.①赵… Ⅲ.①民族工业 - 工业企业 -
企业史 - 中国 - 近代 Ⅳ.①F429.05

中国版本图书馆 CIP 数据核字（2021）第 080603 号

·国家社科基金后期资助项目·

横连与纵合：近代民族企业战略研究

著　者／赵　伟

出 版 人／王利民
组稿编辑／陈凤玲
责任编辑／宋淑洁
文稿编辑／陈美玲
责任印制／王京美

出　　版／社会科学文献出版社·经济与管理分社（010）59367226
　　　　　　地址：北京市北三环中路甲29号院华龙大厦　邮编：100029
　　　　　　网址：www. ssap. com. cn
发　　行／社会科学文献出版社（010）59367028
印　　装／北京虎彩文化传播有限公司

规　　格／开 本：787mm×1092mm　1/16
　　　　　　印 张：26　字 数：410千字
版　　次／2021年6月第1版　2022年3月第2次印刷
书　　号／ISBN 978 - 7 - 5201 - 8325 - 3
定　　价／128.00元

读者服务电话：4008918866